KB270150

커리어 바이블

커리어 바이블

요헨 마이 지음 · 유혜자 옮김

중앙 books
JoongAng Ilbo

365일,
매일 하나씩 읽는
커리어 매니지먼트 비법

성공은 10퍼센트의 능력과 심리학, 사회학, 전략, 외교술, 홍보, 일종의 쇼맨십 등이 함께 어우러져야 가능하다. 자기 이름을 딴 자동차 회사를 세운 헨리 포드는 '정확한 시점에 꼭 필요한 능력을 갖고 있는 것이 성공의 열쇠' 라고 확신했다.

'커리어' 는 원래 프랑스어로, '경주차' 에서 나왔다. 위로 올라가려는 경쟁 과정에서 누구나 자신이 속해 있는 팀의 동료들과 균형을 맞추는 동시에 상사의 우호적인 배려에 기대야만 한다.

인간이 분업을 시작한 이래 경쟁은 그룹이나 조직 내에서뿐만 아니라, 사람들 사이에서도 존재하게 되었다. 성공은 일차원적인 것이 아니라 다차원적인 게임으로, 능력 발휘의 의지만으로 섭렵하기 어려운 일련의 대상들을 뛰어넘는 것이다. 많은 이들이 그와 반대되는 주장을 펼치기도 하지만 내 생각은 그렇다.

그러나 너무 많은 걱정으로 의기소침해질 필요는 없다. 5천 년도 넘는 문명사에서 성공이라는 이름의 게임에 사용되는 방법은 다양해졌지만, 어떤 사람은 성공하고 어떤 사람은 성공하지 못하는 이유와 방법의 메커니즘과 규칙은 변하지 않았다. 성공의 가장 중요한 법칙은 절대 변하지 않는다. 얼마나 다행스러운 일인가! 덕분에 그것을 이 한 권의 책에 모두 담을 수 있다.

《커리어 바이블》은 이런 책이라고 자신 있게 말하고 싶다. 다양한 시대를 살아간 인간들이 찾아낸 행복과 성공의 비법, 시대를 앞서간 사상가들의 명언, 과학적 연구, 역사적 사례, 중국의 손자(孫子)부터 독일의 카를 폰 클라우제비츠에 이르기까지 공통적으로 이어지는 전략 등을 한자리에 모아놓았다.

따라서 《커리어 바이블》은 당신의 직업적 성공을 이끌어주는 안내서가 될 것이다. 성경과 달리 이 책은 이미 세상에 공개된 훌륭한 조언이나 신비한 자각이 아니라 일상에서 만나는 주요 과제에 대해 수백만 번 입증된 지식으로 성공을 다루고 있다.

틈틈이 전문 서적을 들춰볼 시간 여유가 많지 않거나, 책을 읽기 위해 또 다른 책을 읽어야만 되는 번거로움에서 벗어나고픈 사람, 그리고 몇 날 며칠 동안 삶을 이끌어가도록 도움을 주는 세미나에 참석할 시간이 여의치 않은 사람들을 위해 만들어진 책이다.

또한 이 책은 삶과 비즈니스 세계에서 당신을 격려해줄 뿐 아니라, 1년 내내 매 순간 당신과 함께하면서 가장 중요하고 좋은 성공의 법칙과 원칙 그리고 지혜를 제시한다.

커리어의 첫 단계 1월을 시작으로 12월까지 언제, 어떻게 가장 이상적으로 커리어를 쌓아나갈 것인지에 대한 고민을 다뤘다. 소개되는 모든 조언과 훈련 과정은 일상생활에서 쉽게 접목할 수 있게 만들었다. 이미 알고 있는 것들도 이 책에 포함되어 있다. 얼마나 다행인가. 그런 것들은 실생활에 그대로 옮겨주기만 하면 될 테니 말이다. 그렇지 않은 것들은 당신에게 귀한 자극과 신선한 '충격'을 안겨줄 것이다.

나는 일부러 '충격'이란 단어를 사용했다. 누구에게든 하루하루가 마음에 쏙 드는 날만 있을 수는 없다. 많은 방법과 전략이 당신에게 맞지 않을 수도 있다. 이는 당연하다. 사람은 제각각 다르니까.

어떤 사람은 성공 가도의 출발 단계에 서 있고, 어떤 사람은 중간에 서 있다. 더구나 사람들마다 각자 소중하다고 생각하는 가치와 목표가 서로 다르다. 그것들이 어떤 것이고, 어떤 방법으로 그것들을 달성하고 싶은지, 그 결정은 당신 혼자 내려야 한다. 어느 누구도 당신에게서 그 일을 빼앗아갈 수는 없다. 친구나 전문 상담가 혹은 어떤 책의 지은이라도 대신해줄 수는 없다. 그럼에도 불구하고 이 책이 당신의 안목을 넓히고, 당신이 가고자 하는 길의 좌우를 살피게 해주고, 다른 대안과 지름길을 알게 하는 데 도움을 줄 것이다.

이 책을 어떻게 읽을 것인지에 대해서는 당신 스스로 결정할 문제다. 일기처럼 하루씩 읽을 수도 있고, 당신과 관련된 주제를 찾아 읽을 수도 있다. 물론 처음부터 끝까지 통독할 수도 있다. 하지만 그렇게 하면 본문 내용을 제대로 해석하기 위해 시간을 할애해야만 알 수 있는 것들을 이해하지 못할 위험에 빠질 수 있다. 시간을 갖고 정독해야 이 책이 각자에게 귀중한 책이 될 것이다.

호라티우스가 한 말로 서문을 마무리지으려 한다.

"오늘을 최대한 활용하고, 다른 사람은 최소한으로 믿어라!"

모두에게 성공을 기원하며!

contents

4월 직장 상사, 동료와의 관계 맺기

5월 창의력으로 커리어 쌓아올리기

6월 직장에서의 승진 비결

9월 변화처럼 지속적인 것은 없다

10월 다른 사람을 이끄는 예술

11월 권력의 전략

12월 사회 생활의 기술

JANUARY

1월

직업을 구하는 길

1월 1일
커리어를 위한 비법은 없다

태초에 하느님이 하늘과 땅을 만들었다. 그리고 며칠 후 인간을 만들었다. 그것도 제각각 다르게 만들었다. 이는 엄청난 창의력이었다. 그런데 오늘날 우리는 그 반대로 하고 있다. 많은 사람들의 살아가는 방식이 비슷하고, 모습도 복제 인간을 닮아간다. 좋은 대학에서 공부하고, 외국어 실력을 높이고, 정형화된 미소를 짓고, 유행에 따라 말끔하게 머리를 정돈하고, 파트너를 만나지만 파트너에 완전히 매여 있지는 않다.

좀 더 높이 오르고자 하는 소망은 오스트레일리아의 아웃백을 통과하는 오지 체험 여행처럼 삶의 여정을 신중히 계획하고 실행하도록 만든다. 그 모든 것들이 의미 있고, 전략적으로 지혜로운 일이겠지만 그 과정에서 가장 중요한 것이 간과되기 일쑤다. 그것은 바로 '개인의 특성'이다.

전문 지식, 전략적 사고, 실용적인 경험, 이 모든 것들은 오늘날 취직을 원하는 사람들에게 거의 부족함이 없을 정도로 갖춰져 있다. 이미 수년 전에 대학은 산업체가 원하는 지식에 학업을 접목시켜 사례 연구, 의무적인 현장 체험, 자기 의사 표현법 등의 강좌를 개설해왔다. 그것들이 취업 경쟁 상황에서 점점 더 중요한 의미를 갖기 때문이었다. 그런 상황에서 취업에 성공하고, 승진하는 사람들은 분석을 훌륭하게 해낸 사람들뿐이다.

그러나 그들의 사회적 능력은 자아와 지적 능력이 서로 조화를 이루는 경우가 별로 많지 않다. 말하자면 지적 능력만 뛰어난 자들이 되어버린 것이다. 다행히 다른 방법으로 인재를 찾는 회사도 있다. 그들은 특정 능력보다 지원자의 인성을 기준 삼아 결정한다. 때문에 뛰어난 학업 성과가 창의력 발휘에 반드시 필요한 것은 아니다. 오히려 사회적인 능력 발휘에 방해가 될 수도 있다.

개념을 명확히 하고, 과정을 현대화하고, 동료에게 동기를 부여하는 사회적 활동 능력이 점점 더 중요한 의미를 지닌다. 학교에서 성공한 사람이 조직 사회에서 갈등이 생길 경우, 실패를 경험할 수도 있다.

커리어를 쌓기로 작정한 사람들의 사고는 직선적이다. 그들은 목표를 똑바로 바라보며 나아가고, 필요에 따라서는 맨몸으로 벽을 뚫고서라도 목표에 이르러야 한다고 교육받아왔다. 그것은 매우 위험한 생각이다. 직원은 직책이 높아질수록 자신이 근무하는 회사를 대표하고, 회사의 가치를 드러낸다. 모든 것이 별문제 없이 진행되고 있는 동안에는 무난한 자질로도 충분하지만 문제가 발생하면 그 사람의 본질이 중요해진다. 그때 비로소 개인의 인성이 나타나기 때문이다.

회사를 성공하게 만드는 것은 고임금을 받는 일벌레나 특수 상황에 적합한 돌연변이가 아니라 이성과 감성이 조화를 이루어 모범을 보여줄 수 있으며, 가치 있는 삶을 살아가고, 유연한 사고로 상황을 통찰할 수 있는 사람이다.

직업적 성공을 위한 비법 같은 것은 없다. 이 책에만 366개의 조언과 전략 그리고 방법이 제시되어 있다. 몇 가지 표본의 미래 계획을 여기에 소개하는 것은 아무 의미도 없고, 비생산적인 일이다.

1월 2일
성격이 성공에 미치는 영향

커리어를 위해서는 치러야 할 값이 있다. 그에 대해 언급해야 한다는 것을 깜박 잊었다가 그 값이 제법 높아지고 나서야 비로소 생각나 뒤늦게 말하는 경우가 많기 때문에 여기서는 초반부터 밝혀두고 싶다. 또, 나중에 그 값을 언급하는 경우에도 사람들은 흔히 가장 많은 비용이 드는 것을 빼놓기 일쑤인데, 그것은 바로 시간이다.

직업적 성공은 다른 사람보다 더 많고, 더 나은 것을 해냈을 때 가능하다. 그러므로 가족, 자식, 친구, 취미와 같은 개인적인 용무를 볼 수 있는 여유가 점점 줄어든다. 처음에는 친구나 배우자도 비슷한 욕구를 갖고 노력하기 때문에 별로 부담이 되지 않는다. 그러나 시간이 지나면 일 때문에 다른 사람들과의 만남이 점점 줄어든다.

휴가는 주말에 겨우 다녀오는 나들이로 교체되고, 우정은 목적을 달성하기 위한 모임으로 변질된다. 그러다 보니 외로움은 점점 더 커진다.

성공이 타협을 필요로 한다는 것은 확실하다. 그런데 많은 사람들은 소중한 가치까지 희생한다. 뻔히 보이는 것을 침묵하는 이유가 무엇인가? 양심이 '노'를 외치는데 왜 입으로는 '예스'라고 말하는 걸까? 그런 과정은 자기도 의식하지 못하는 사이에 슬그머니 일어난다.

양보가 처음에는 말로만 이뤄지다가 그다음에는 행동으로 이뤄지고, 결국에는 관습에 대한 자기변명으로 마무리된다. 다들 그렇게 산다고 말하는 것이다. 그런 타협안을 너무 자주 내놓는 사람은 자기 자신과 점점 멀어지게 되고, 결국에는 등뼈가 없어도 똑바로 서 있는 게 가능할 정도로 단단해진 껍질이 되고 만다.

전문 서적을 보면 '직업적인 변형'이라는 표현이 있다. 인성이 바뀌는 것이다. 어떤 이는 심지어 그것을 하나의 재능으로 보는 실수를 저지르기까지 한다.

일에 대한 책임은 사람의 성격까지 변화시킨다. 내면의 변화를 일으키지 않고 효율과 인성 사이에서 줄타기하는 것은 쉽지 않다. 지속적인 성과에 대한 압박과, 감춰져 있거나 노출된 적대감은 필연적인 결과를 유발한다.

많은 경영인들이 어느 정도 시간이 흐르면 비판을 피하면서, 자신의 자아를 강화한다. 자기 보호 본능이지만 그렇다고 위험하지 않은 것은 아니다. 자신의 역할과 자기 자신을 구분하는 것을 잘 못하고, 그것의 필요성을 무시하기 시작하면 현실과 점점 멀어진다. 그런 사람은 언젠가는 다른 사람들에게서 멀어진다. 바로 파국의 전 단계다.

성공은 자기 자신의 목표에 대한 균형의 문제다. 그러므로 일주일 혹은 한 달 또는 1년의 시간에 대해 우선순위를 먼저 정하는 게 중요하다.

자신이 내린 결정에 대한 반응을 주시하고, 비판을 허용하고, 자신의 신분에 대해 건강한 거리를 유지하고, 현실 감각을 잃지 않는 것이 파국을 미연에 방지하기 위한 최고의 방법이다. 특히 자신이 값을 지불하려 하는 것에 대해 확실하게 파악하고 있어야 한다.

1월 3일
자기 평가의 시간

비자 회사를 설립하고 오랫동안 회장으로 일했던 드 호크는 수년간 경영을 연구하여 '성공하고 싶은 사람은 자신의 목표, 원칙, 동기와 행동을 더 잘 이해하고, 지속적으로 유지하기 위해 자신에게 주어진 시간의 50퍼센트를 자기 경영에 투자해야 한다'는 결론을 내렸다. 그리고 25퍼센트는 자기보다 더 높은 위치에 있는 사람들에게 영향을 미치기 위해 노력하는 데 쓰고, 20퍼센트는 동료나 고객 혹은 경쟁자를 이끄는 시간으로 분배해야 한다는 것이다. 그런 다음 남는 시간을 자기가 책임지고 있는 일을 위해 투자해야 한다고 조언했다.

자신의 성격과 열정을 계속 유지하는 것은 무척 힘든 일일 뿐 아니라, 무시되어왔던 일이다. 대부분의 사람들은 다른 이에게 길을 알려주는 데 시간을 허비하거나 자기 자신에게 몰두하지 않기 위해 다른 것에 관심을 갖고 시간을 쓴다. 텔레비전을 보거나 모임에 참여하는 것 등이 그것인데, 이는 비생산적인 에너지 소비다. 자신이 무엇을 원하는지도 모르고, 자기 자신을 경영할 능력조차 없는 사람이 어떻게 다른 사람을 이끌겠는가?

그런 이유에서 직업적 성공의 초기에는 자기 분석이 이뤄져야 한다. 현명한 사람들은 새해의 시작을 자기 평가의 시간으로 삼는다. 그들은 어떤 것이 좋았는지, 어떤 것이 더 개선되어야 하는지, 무엇을 배웠고, 어떤 실수를 저질렀고, 어떤 능력을 발전시켰고, 다음 수순으로는 무엇을 해야 하는지를 생각한다. 당신도 당신의 목표를 종이에 적어보자. 목표를 적는 동안 무엇이 자신을 그것들과 연결시켜주는지 깨닫게 될 것이다. 자기 경영은 셔츠 단추를 끼우는 것과 같다. 한번 잘못 꿰면 나머지도 힘들어지기 때문이다.

1월 4일
발전은 변하지 않는 고정된 것을 필요로 한다

많은 사람들이 발전과 고정을 별개의 것으로 생각한다. 이는 큰 착각이다. 불변의 고정된 것이 없는 사람은 자신이 나아갈 방향을 알지 못하고, 자기가 어디에서 왔는지도 알지 못한다. 그런 사람은 목표를 따라갈 수 없다.

회사를 한번 생각해보자. 한 회사가 일관되게 보여주는 이미지가 그들의 상품이고, 문화고, 가치다. 그것들이 회사가 나아갈 방향을 정해준다. 직원들은 이를 통해 자기 자신의 정체성을 찾고, 새로 입사한 직원들도 집단에 더 쉽게 융화된다. 외부에 신뢰감을 주고, 경쟁에서 앞서나갈 수 있게 되는 것이다.

세계적으로 유명한 코카콜라가 좋은 사례다. 어느 날 경영진이 회사의 발전된 모습을 보여주기 위해 독특한 글씨체와 전형적인 병 모양을 바꿔보려는 시도를 했다. 하지만 소비자의 반대에 부딪혀 결국 실패로 돌아갔다. 정체성에 대한 혼란 때문이었다. 그런 일이 있고 나서 코카콜라는 시장에 새로운 음료를 내놓을 때도 상표는 그대로 유지한다.

브랜드넷 컨설팅사의 사장인 볼프강 몸베르거는 프록터 앤드

갬블의 신상품 중 70퍼센트가 시장에 성공적으로 진입한다고 분석했다. 반면 다른 회사의 제품들은 불과 30퍼센트만 성공을 거뒀다. 그 차이를 그는 프록터가 기존의 모든 경험들을 세밀하게 기록하는 것에서 원인을 찾았다. 때문에 그들은 똑같은 실수를 두 번 다시 반복하지 않았다. 이렇듯 경험을 쌓지 않고 성공적인 발전을 이루는 사람은 아무도 없다.

직업적 성공도 마찬가지다. 직업의 방향, 종류, 직위는 바꿀 수 있지만 고정된 상수가 없다면 적응력은 있을지 몰라도 다른 능력을 키울 수 없다. 당신이 충직하게 지키려는 가치를 통해 당신은 친구나 동료의 마음속에 자리 잡는다. 그 확고부동한 가치는 당신 스스로 결정한다. 그 결정은 가능하면 당장 하는 게 좋다. 무슨 일이 있어도 당신이 지키고 싶은 고정된 가치를 세 가지만 적어보자.

1. ____

2. ____

3. ____

1월 5일
능력 있는 사람들의 특징

평생 직업의 개념이 사라진 지 이미 오래다. 이젠 어느 회사도 평생 고용을 약속하지 못한다. 때문에 유일하게 믿을 수 있는 것은 당신 자신이다. 회사에서 꼭 필요한 존재로, 외면할 수 없는 직원이 되는 것이야말로 실직을 막을 수 있는 최고의 보호막이다. 하지만 이 말을 다른 사람과 대체 불가능한 존재가 되어야 한다는 말로 해석하지는 말기 바란다. 사람은 누구나 대체될 수 있다. 어느 회사든 능력 있는 직원이 떠나더라도 어려움을 극복할 수 있다. 그보다는 회사의 성공을 위해 꼭 필요한 능력과 열정을 동료들에게 보여주는 사람이 되어야 한다.

그렇다면 어떻게 해야 회사에서 능력 있는 사람이 되는가?

첫째, 너무 힘들게 일하지 않아야 한다. 열의를 갖고 일하지 말라는 뜻이 아니라 너무 심하게 일하지 말라는 것이다. 직원들 가운데는 죽을힘을 다해 일하는 사람이 있다. 그들은 회사에서 일을 얼마나 잘하든 상관없이 다른 사람의 신경을 예민하게 만든다. 문제의 발단은 생각을 게으르게 했기 때문이다. 어떤 사람들은 좋은 아이디어를 떠올리지만 끝까지 생각하지 않고 피곤해한다. 그때는 아무리 좋은 의도를 갖고 있어도 그것은 해결책이 아니라 문제의 일부분이 되고 만다.

그들은 개를 키우고 싶다는 생각만 할 뿐 어떻게 키울 것인지, 아플 때 치료비는 누가 지불하는지, 휴가 때는 어떻게 할 것인지는 전혀 생각하지 않은 채 개를 사달라고 막무가내로 조르는 어린아이와 같다. 자기 자신과 상사에게 좋은 사람이 되려면 제안을 내놓기 전에 분석을 끝마쳐야 한다.

둘째, 생색나는 일만 골라서 하고, 힘든 일은 다른 사람에게 맡기는 것도 하지 말아야 한다. 어떤 일이든 궂은 작업이 포함되어 있고, 사람들은 그것이 무엇인지 금방 알아차린다. 그런 일을 해야 할 입장에 처하면 누구나 의기소침해진다. 능력 있는 사람은 궂은 일을 할 때도 아무 불평 없이 해낸다.

셋째, 시간을 아껴야 한다. 생산성 높은 직원도 일하면서 너무 많은 자원을 요구하면 회사에 부담이 될 수 있다. 일하는 과정에서 상사에게 일일이 보고하는 사람은 스스로 안정감은 높일 수 있지만 상사의 생산성은 떨어뜨린다. 직장 상사라고 해서 시간이 무한정 있는 것은 아니다. 적극적인 참여와 일에 쏟아야 할 에너지 사이에 적당한 기준을 갖고 있는 것이 중요하다.

1월 6일
입사 시험의 맹점

당신은 얼마나 똑똑한가? 면접관이 지원자의 정신적 결함을 끄집어내기 위해 시도하는 심리적 함정을 교묘히 빠져나가야 한다. 물론 진지한 선발 방법이 있기는 하지만 30개의 도발적인 질문으로 의지가 박약한 성격, 열등의식을 숨기고 있는 성격이나 업무 수행 능력의 부족함을 간파하는 것은 대단히 거친 방법일 뿐만 아니라, 정신적 부담만 안겨준다. 그래도 그 방법을 좋아하는 사람은 아래와 같은 특성을 갖고 있는 지원자에게 후한 점수를 줄 것이다.

- 자신감이 있다. 낙천적이다. 용감하다. 열정적이다.
- 사교적이다. 인맥이 두텁다. 기차를 타고 갈 때 바깥 풍경보다는 같이 가고 있는 여행객에게 관심을 더 갖고 있다. 취미도 함께 팀

을 이뤄 하는 운동에 관심을 보인다.

- 호감 가는 인상은 중요하지만 그것으로 모든 게 결정되는 것은 아니다. 누구나 모든 사람에게 좋은 인상을 남겨주지는 않는다.
- 꾸준한 공부는 엄청난 창의력을 발휘하게 한다. 때문에 그런 사람들은 실제로 활용할 수 있는 좋은 아이디어에 눈빛을 반짝인다. 그러나 그들은 항상 동료들과 함께 움직인다. 다른 사람들에게도 중요한 일이므로 독불장군은 되지 않는다.
- 다른 사람이 자신을 부당하게 대하는 것을 용납하지 않는다. 남에게 억울한 대접을 받았다고 생각하는 사람은 입을 열어 공손하지만 분명한 목소리로 말한다.
- 이상적인 지원자는 건강이 좋아야 한다. 육체적으로도 튼튼하다. 변덕? 그게 뭔지 모른다. 집중력 부족? 수다? 불안감? 그런 것 없이 배짱이 두둑하다. 지나친 죄의식과 신경 쇠약 증세도 보이지 않는다. 불안은 감정의 기복이나 스트레스처럼 낯선 단어다. 한마디로 말하면 언제나 모든 면에서 평상심을 유지한다.
- 지금까지 살아온 과정이 훌륭했다. 후회하는 것도 없고, 다시 그 상황이 닥쳐도 똑같이 행동할 생각을 갖고 있다. 실수를 통해서도 배우지만 그렇다고 그들이 자신에게 맡겨진 임무를 양심껏 수행하지 않는다는 말은 아니다.

구태의연한 질문을 던지는 면접관을 만났다면 그 회사는 빨리 잊는 게 좋다. 그곳에서는 독자적인 사고를 하는 사람이 아니라, 복제 인간만 찾고 있을 가능성이 높다.

1월 7일
취업하려는 직장이 본인에게 맞는 직업인지 점검하라

영화를 보다 보면 배우가 객석을 압도하는 장면이 나온다. 그때 배우는 카메라에 시선을 고정하고, 미소를 짓는다. 이를 본 관객은 배우가 자신을 쳐다본다고 착각한다. 유능한 헤드헌터들이 이 수법을 이용한다. 그들은 어떤 사람에게 전화를 걸어 그의 직업이 엄청난 전망을 갖고 있는 것처럼 말해준다. 그런 통화를 하는 것만으로도 상대가 스스로 대단히 성공했다고 여기게 만드는 것이다.

하지만 그 말만 듣고 금방 '예스'라고 말하는 우를 범하지 말아야 한다. 첫째, 머뭇거림으로써 상대를 더 안달하게 만들 수 있다. 둘째, 어떤 종류의 회사와 직책이든 진지하게 검토하고 나서 수락해야 한다. 주로 점검해야 할 부분으로는 이런 것들이 있다.

직무: 구체적으로 무슨 일을 하게 되는가? 당신의 어떤 경험이 그곳에서 유리하게 작용할 수 있는가? 그것이 직업적으로 당신을 더 높여줄 만한 일인가? 당신이 맡을 직무가 앞으로도 계속 필요로 할 일인가?

상사/동료: 직장 분위기에 대해 물어보라. 어떤 문제와 갈등이 생길 수 있고, 어떤 권한을 갖게 되는지 알아본다. 누구에게 보고해야 하는지, 당신은 누구의 보고를 듣게 되는지도 알아야 한다. 팀의 규모가 얼마나 큰지를 물어보는 것보다는 어떻게 구성되어 있는지를 확인하는 게 더 중요하다. 직원들이 각자 맡은 일에 대해 어느 정도 만족하며 일하고 있는지도 알아봐야 한다. 최고의 직무라도 직장 분위기가 안 좋다면 최악의 직장이 될 수 있다.

회사의 가치: 회사의 이념, 목표, 실무에 대해서도 파악해야 한다. 그 모든 것들이 회사의 문화에 각인되고, 그것이 당신에게 맞아야 한다. 가정생활에 비중을 많이 두는 사람이 걸핏하면 야근에 매달려야 하는 회사에서 일한다면 문제가 생길 것이다. 마찬가지로 당신의 양심이 회사에서 일하는 동안 부담을 느끼지 않아야 한다.

임금: 물론 돈은 중요하다. 하지만 그것이 전부는 아니다. 높은 임금은 당신의 가치 평가에 대한 표현이다. 당신에게 많은 것을 요구하는 업무라면 그 대가도 적합해야 한다.

1월 8일
성공을 위한 계획이 효과를 발휘 못하는 이유

커리어를 조언하는 많은 사람들이 직업적 성공을 위한 계획을 세우라고 한다. 하지만 난 동의하지 않는다. 이유는 간단하다. 성공은 이뤄지는 것이지, 쟁취하는 것이 아니기 때문이다.

능력, 판단력, 기술적인 능숙함과 규칙 엄수 말고도 행운이 있어야 가능하다. 그것은 계획만으로 찾아오지 않는다. 직업적 성공을 위한 계획은 당신이 앞으로 맡을 업무와 속성에 대해 세밀한 부분을 잘 알지도 못한 상태에서 세워야 하는 하나의 틀이다. 직업적 성공을 위한 계획은 이론적인 전망이고, 현실 세계와 엄청나게 동떨어져 있기 일쑤다.

게다가 그것은 당신의 눈을 멀게 하는 단점이 있다. 일단 계획을 세우면 당신이 앞으로 3년이나 5년 후에 어디에서 무슨 일을 하게 될 것이고, 어떻게 거기까지 오를 수 있는지 고민하는 시간을 절약할 수는 있다. 그러나 자신이 세운 계획을 완수하려고 노력만 하는 사람은 정해진 길 외에도 다른 길이 있음을 간과할 수 있다.

그런데 그런 기회야말로 직업의 성공을 위해 환상적인 발판이 되는 경우가 많다. 물론 유명한 경영자들은 그런 기회를 이미 오래전에 계획해놓은 과정이라고 보는 경향이 있지만 일찌감치 삶의 계획을 확정짓는 것은 눈을 가린 채 도로를 질주하는 것과 같다.

가장 좋은 방법은 개방적이고 유연한 사고를 가지는 것이다. 당신이 일하고 싶은 회사에서 어떤 직책을 맡고 싶은지에 대해 구체적인 목표를 세우는 것은 얼마든지 가능하다. 목표를 달성하기 위해 어떤 전제 조건이 있어야 하고, 어떤 능력을 신장시키거나 훈련시켜야 하는지 파악해두자. 그러나 다른 한편으로는 귀를 쫑긋 세워 변화에 민감하게 반응하고, 언제라도 계획을 수정할 수 있는 마음의 자세를 취해야 한다. 즉흥적인 대응은 인생의 절반을 차지하지만, 계획은 단지 절반밖에 진행되지 않은 일이다.

1월 9일
취업 지원을 위한 기본 원칙

완벽한 지원서는 어떤 것일까? 고급 서류 봉투에 담아 보내온 지원서, 자세한 이력서, 잘 찍은 사진……. 취직 지원 컨설턴트들은 그런 것들을 유행에 맞게 꾸미라고 조언하지만 입사 담당자들은 특별한 장식이나 꾸밈이 없는 전통적이고 깔끔한 지원서를 좋아한다.

자신이 살아온 이력을 연대별로 기록하는 방법은 사람마다 취향이 다르고, 입사 담당자들마다 생각이 다르다. 다만 중요한 것은 지원자의 프로필이 눈에 확 들어오게 해야 된다는 점이다. 어떤 입사 담당자는 지원서를 훑어보는 시간을 4분 이내로 잡는다고 했다. 따라서 눈에 잘 띄게 만드는 것이 중요하다. 그리고 값비싼 서류철은 사용하지 않는 게 좋다.

사진은 잘 준비해야 한다. 즉석 사진이나 컴퓨터를 이용한 사진은 안 된다. 정장을 입고, 머리도 단정히 한 다음 요구하는 규격에 따라 사진을 찍는다. 머리를 단정하게 묶은 여자가 긴 생머리를 풀어놓은 여자보다 더 진지한 인상을 남겨준다는 심리 검사 결과가 이미 나와 있다.

1월 10일
당신의 프로필을 강화하는 비법

잘 쓴 자기소개서가 당신의 프로필을 강화할 수 있다. 자신이 살아오면서 가장 잘했던 일을 나열하는 것만으로는 충분치 않다. 그보다는 본인이 왜 그 회사에 지원하게 되었는지 이유를 분명히 밝히고, 왜 스스로를 최고의 적합자라고 생각해야 하는지 담당자에게 뚜렷이 각인시키는 게 중요하다.

사회적 능력이 최우선이다. 입사 지원 담당자는 그것을 제일 중요하게 고려한다. 지원 동기를 담백하게 쓰는 것은 어렵지만 효과는 상상 이상이다. 예를 들어 '저는 조직 생활을 잘하는 성격으로……'라는 구태의연한 문장은 담당자를 식상하게 만든다. 좀 더 적극적으로 접근해야 한다.

여기에 보기를 예로 드는 것은 무의미하다. 컨설턴트의 조언을 베껴 쓰는 것이 아니라 당신의 장점을 표현해야 하기 때문이다. 당신이 어떤 재능과 어떤 경험과 어떤 지식을 연마하고 쌓아왔는지 면밀히 검토하고, 그런 것들을 새로운 직업에 어떻게 적용시킬 수 있는지를 생각해봐야 한다.

직무와 관련 업계에 대해서도 파악해야 한다. 당신은 왜 그 회사에서 일하려고 하는가? 그 회사의 제품에 대해 무엇을 알고 있나? 회사에서 제공하는 서비스에 대해선 어떤 생각을 갖고 있나? 회사의 경영 철학에 대해서는? 그런 것을 보여줌으로써 지원자가 진심으로 그 회사에서 일하고 싶은 마음이 있다는 게 드러나야 한다.

자기소개서는 담당자로 하여금 당신에게 호기심을 갖도록 해야 한다. 당신이 남길 첫인상은 이런 것이어야 한다. '회사를 잘 이해하고, 업무에 대해서도 파악하고 있으며, 잠재적인 능력을 갖고 있다.' 반면 직무와 상관없는 능력은 효과를 전혀 발휘하지 못한다. 예를 들어 "저는 마케팅에 경험은 없지만 홍보엔 관심을 갖고 있습니다"라고 한다면 취업은 물 건너가게 된다.

마지막으로, 자기소개서는 어떻게 써야 좋을까. 전체적으로 네 부분으로 나누어 작성한다. 먼저 자신이 그 자리에 적합한 구직자임을 드러내야 한다. 두 번째는 자신의 상품성을 홍보한다. 이 부분에서는 왜 자신이 가장 적합한 인물인지 확실히 드러나게 쓰는 것이 중요하다. 세 번째는 본인과 회사의 관계를 구체화시킨다. 왜 그 회사를 지원하려고 하는지 이유를 밝히는 것이다. 그리고 마지막으로, 지원서에 관심을 가져준 데 대한 감사의 인사를 한다. 서명은 친필로 직접 하는 게 좋다.

1월 11일
지원서의 속임수에 대해

세상에는 어떻게 해서든 상대를 믿게 만들어 자신이 붙기만 하면 괜찮다고 생각하는 사람들이 있다. 그런가 하면 행운이 찾아오게 만드는 사람도 있다. 둘 중에 두 번째 방법이 더 낫다. 특히 구직할 때 그렇다.

원칙적으로 지원자는 서류 작성이나 면접에서 진실을 말할 의무가 있다. 전문대학 졸업장을 갖고 있으면서 4년제 대학을 졸업했다고 속이면 안 된다. 발각되는 즉시 파면 대상이 된다. 심지어 지원자의 속임수로 회사가 손해를 입었다면 피해 보상을 요구하는 소송에 휘말릴 수도 있다. 그런가 하면 어느 정도 허용되는 것도 있다. 예를 들어 직업에 직접적인 영향을 미치지 않는 한, 예전에 오랫동안 앓았던 질병을 고지할 의무는 없다.

두 번째로 자주 일어나는 것이 이력서에 생략하는 부분이다. 하지만 고용하는 쪽에서는 그 부분에 특별히 신경을 쓴다. 실직 기간이 길면 길수록 지원 서류 담당자의 의심은 커진다. 때문에 그 기간 동안 작은 회사에서 임시로 취업해 전문 직업에 적합한 연수 과정을 수행하거나 안식년이라고 표현할 수 있는 개인적 용무를 마련하는 것도 하나의 방법이다. 그런 것들에는 특별한 증거 서류가 필요하지 않으므로 휴지기를 충분히 설명할 수 있다.

세 번째로 속이는 방법은 자료를 누락시키는 것이다. 다른 회사에서 일했던 사람이 그곳에서 받은 평가서가 만족스럽게 나오지 않았다면 그 자료를 지원 서류에 포함시키지 않는다. 그러한 전략은 위험하다. 입사 담당자들은 그런 결함을 족집게처럼 알아차린다. 그들은 지원서의 진위를 파악하기 위해 지원자가 근무했던 회사에 전화를 걸기도 한다. 그렇게 해서 안 좋은 결과가 나오면 취직은 어려워진다. 따라서 좋지 않은 평가를 받은 것에 대해 지원서에 미리 언급해두는 전략이 더 낫다. 취약점을 스스로 먼저 드러내는 것이 장점이 될 수도 있기 때문이다.

1월 12일
인터넷 지원의 기본

요즘에는 인터넷으로 접수할 수 있는 일자리가 50퍼센트에 이른다. 이때도 주의할 점이 있다. 이메일을 통해 지원할 경우 입사 지원서가 쓰레기통으로 직행하기 쉽다. 이를 방지하려면 인사 담당자의 주소를 정확히 파악하는 것은 물론 아래 사항을 유념해야 한다.

● 제목을 '입사 지원서'라 쓰지 말고, 예를 들어 '영업직 지원서'라

고 구체적으로 명기해야 한다.

- 깍듯하게 예의를 갖추고, 올바른 문법과 정확한 철자로 지원서를 작성한다. 속어는 절대 쓰지 않는다.

- 전자 지원서 양식은 대개 표준화되어 있다. 하지만 꼼꼼히 따져보면 차별화되게 되어 있다. 그러므로 내용을 차분히 점검하여 실수가 생기지 않게 해야 한다.

- 자신감을 보여준다. 지원자는 일자리를 구걸하는 사람이 아니다. 다만 자신감이 현실적일 필요는 있다. 과장된 자기소개는 면접 자리에서 노출되게 되어 있다.

- 간단한 것이 오히려 설득력 있다. 이력서와 사진 정도의 첨부 파일을 보내는 것으로도 충분하다. 더 많은 정보를 제공하는 개인 홈페이지가 있다면 그것을 링크시키는 것도 좋은 방법이다. 메일 용량은 2메가바이트를 넘지 않도록 한다.

1월 13일
구직 지원의 마무리

간단히 감사의 마음을 표현한다. 면접을 끝낸 다음 이메일이나 편지로 감사의 인사를 전한다. 별것 같지 않지만 효과는 크다. 면접이 이뤄진 후에 지원자가 연락해오는 경우는 드물다. 대부분의 지원자들이 면접을 잘했다고 생각해 얼른 집으로 돌아가 결과를 기다린다. 그게 잘못되었다고 보기는 어렵지만 현명한 처사는 아니다. 몇몇 입사 담당자들을 만나본 결과, 전체 백 명의 지원자 가운데 감사 인사를 하는 사람이 세 명 정도 있다고 했다. 담당자들은 그런 이들의 지원서를 한 번이라도 더 보게 된다고 한다.

면접이 무척 흥미로웠고, 그곳에서 일할 수 있게 된다면 대단히 큰 행운이 될 거라는 점과, 직접 체험한 회사 분위기가 그곳에서 일하고 싶은 욕구를 불러일으켰다는 내용의 감사 인사를 보내는 게 좋다.

또 면접할 때 들었던 질문에 대해 어떤 느낌을 받았는지를 표현하고, 미처 대답하지 못했던 질문에 대한 대답도 하고, 당신의 어떤 장점을 최대한 부각시킬 수 있을지에 대해 적는 것도 좋다. 마지막으로, 만나서 좋은 시간을 가진 것에 대해 감사의 인사를 하고, 가능한 한 빠른 결과 회신을 기다리고 있다는 말도 쓴다. 모든 내용이 A4 한 장의 절반을 넘지 않아야 한다. 혹시 그 직업에 더 이상 관심이 없다 해도 예의를 갖춰 감사 인사를 해야 한다. 사람은 언젠가는 꼭 다시 만나게 되니까.

1월 14일
취업을 위한 면접에서 가장 중요한 것들

"본인에 대해 짧게 설명해주시죠……." 그런 허물없는 말로 면접이 시작될 때도 있다. 지극히 평범한 말이지만 절대 속아서는 안 된다. 그것이야말로 많은 지원자들을 함정에 빠뜨리는 질문이다. 그런 질문을 받았다고 그간 당신이 살아온 내력이나 취미 활동에 대해 2분간 열변을 토하라는 말이 아니다. 그보다는 당신이 열정적이고 적극적이며, 다재다능하다는 것을 보여주어야 한다.

당신은 누구인가? 그리고 왜 그 자리에 나오게 되었는가? 당신이 취직하고 싶어하는 회사가 훌륭한 능력을 지닌 인재를 직원으로 채용할 수 있는 천재일우의 기회라는 점을 상대의 뇌리에 각인시켜야 한다.

그런 질문을 받았을 때 당신은 스스로를 홍보할 수 있는 기회로 삼아야 한다. 당신의 지식이나 관심사가 당신이 취업하기를 원하는 자리와 상관관계가 높다는 것을 표현함으로써 입사 담당자로부터 좋은 평가를 받아야 한다.

자기 자신에 대한 개인적인 내용(학력, 가족 관계)은 다른 것들을 주장할 때 꼭 필요한 경우에만 언급하고, 아예 말하지 않는 게 좋다. 그런 정보는 이미 지원서에 쓰여 있을 테니 말이다.

1월 15일
자기소개에서 흔히 저지르는 실수

한 경영 컨설턴트사에서 입사 담당자들을 상대로 어떤 이유에서 지원자를 탈락시켰는지에 대한 설문 조사를 실시했다. 그 결과는 다음과 같이 나왔다.

26퍼센트 : 부적절한 의상 착용.

19퍼센트 : 시간을 준수하지 못함.

15퍼센트 : 임금에 대한 지나친 관심과 집착.

11퍼센트 : 전에 근무했던 직원을 통해 괴롭힘.

9퍼센트 : 악수할 때 손에 힘이 너무 없음.

7퍼센트 : 분명한 목표와 의욕이 부족해 보임.

5퍼센트 : 시선을 맞추지 못함.

위와 같은 판단을 내린 배경에는 고정관념이 한몫한다. 예를 들면 이런 것들이다. 면접 시간에 늦게 온 사람은 다른 약속도 그렇게 할 거라는 인상을 준다. 취업하려는 회사에 대해 아무것도 모르는 사람은 직무에 관심이 없다고 판단한다. 옷을 단정치 못하게 입고 온 사람은 일도 대충대충 할 거라는 인상을 준다. 그런 고정관념이 정당하지 못하고, 동기나 의욕을 꺾고, 편협하게 지원자를 고르게 만드는 것은 당연하다. 그러나 효과적으로 일을 진행하기 위해선 부득이 그런 방법을 사용할 수밖에 없다.

경제 상황이 별로 안 좋을 때 인사부는 이런 슬로건을 내놓는다. '인 두비오 콘트라 레움(In dubio contra reum)', 즉 의심스러울 때는 행위자 쪽에 불리하게 해석하는 원칙이다. 지원서를 쓸 때 오해할 만한 실수를 저질렀다면 탈락자의 서류철을 모아놓는 곳으로 분류될 수 있다는 말이다.

입사 담당자를 대상으로 위와 같은 설문을 하면서 문항 배치를 바꾸어 조사해본 결과, 두 가지 결론을 내릴 수 있었다. 하나는 한 번 탈락했다고 해서 너무 예민하게 받아들일 필요가 없다는 것이다. 세상 어느 누구도 그 짧은 시간 안에 상대를 파악하지 못한다. 또 한 가지 확실한 것은, 진심으로 입사를 원한다면 실수를 저지르지 말아야 한다. 아무리 작은 실수라도!

1월 16일
취직 성공과 면접 순서의 관계

만약 면접 순서를 선택할 수 있다면 가능한 한 뒷번호를 택하라. 카네기 멜론 대학의 심리학자인 벤디 브루인 드 브루인은 아이스 스케이팅과 유로비전 송 콘테스트의 심사 결과를 분석한 결과, 경쟁이 길어질수록 심사위원들이 점수를 후하게 준다는 사실을 밝혀냈다. 순서의 효과는 경쟁이 이뤄지고 있을 때나 경쟁이 끝난 상황에서 점수를 주더라도 똑같은 것으로 나타났다.

이러한 결과는 취업을 위한 면접에도 적용된다. 첫 번째 지원자는 비교 대상이 없지만 두 번째 지원자부터는 면접관의 집중력이 높아지고, 비판적이 된다. 그러나 심사가 막바지에 다다를수록 면접관은 부드러워지고 피곤해한다. 그런 사실은 오래전부터 확인되어 왔다. 성경에도 이런 글귀가 있다. 마지막인 자가 첫 번째가 되리라.

1월 17일
면접 시 자주 묻는 인성 점검의 질문들

- 본인 소개 좀 해주세요.
- 본인의 장단점은 무엇인가요?
- 본인의 업무 스타일은 어떻다고 보나요?
- 평소 우상으로 생각하는 사람이 있나요? 있다면 누구이고, 그 이

유는?

● 전에 모시고 일했던 상사에 대해 어떻게 생각하나요?

● 어떤 사람들과 잘 어울리고, 그 이유는 무엇인가요?

● 직장에서 갈등이 생겼을 때 어떻게 해결했나요?

● 본인이 이제까지 살면서 저지른 실수 중 가장 큰 실수는 무엇이고, 그 실수를 통해 무엇을 배웠나요?

● 다섯 개의 단어로 본인의 성격을 표현해보세요.

● 우리가 지원자에 대해서 꼭 알고 있어야 할 것이 무엇이라고 보나요?

● 가장 자주 후회한 것은 무엇인가요? 그 이유는?

● 긍정적인 성격 가운데 지원자에게 부족한 세 가지는 무엇인가요?

● 자기 관리를 위해 어떤 방법을 이용하나요?

● 전에 모시고 일했던 상사에 대한 칭찬을 세 가지만 한다면?

● 그분에게 지원자에 대해 부정적인 말을 해달라고 부탁하면 과연 어떤 말을 듣게 될까요?

● 협동에 대한 정의를 내려보세요.

● 다른 사람이 해놓은 일에 적당히 묻어가려는 사람이 있는 팀에서 일해본 적이 있나요? 그때 당신은 어떤 태도를 취했나요?

● 가장 감동 깊게 읽은 책은 무엇인가요?

● 면접관으로서 내가 일을 어떻게 하고 있다고 생각하나요?

● 혹시 질문 있습니까?

1월 18일
면접 시 자주 묻는 가치관에 대한 질문들

- 좌우명은 무엇인가요?

- 자신에 대해, 자부심을 갖고 있는 게 있다면 어떤 것들인가요?

- 왜 이 회사에 들어오려고 하나요?

- 앞으로 5년 후에 어떤 모습으로 있고 싶은가요?

- 현재 그 자리에 서 있지 못하는 이유가 뭐라고 생각하나요?

- 지금까지 본인이 낸 아이디어를 실행으로 옮긴 것이 있었나요?

- 지금까지 일해왔던 곳에서 어떤 점을 개선하고 싶었나요?

- 인기 없는 결정을 내려야만 했던 상황이 있었나요?

- 일을 시작하고 첫 90일 안에 무엇을 하고 싶은가요?

- 전에 일했던 곳을 떠나며 아쉬운 점이 있었다면 무엇인가요?

- 다른 사람은 하지 못하지만 당신은 우리를 위해 할 수 있는 게 무엇이 있을까요?

- 현재의 직장을 옮기려는 이유는 무엇인가요?

- 좋다는 것과 훌륭하다는 것의 차이점은 무엇인가요?

- 리더십에 꼭 필요한 두 가지 성격을 들라면 뭐가 있을까요?

- 전에는 임금을 얼마나 받았나요?

- 우리 회사의 관련 분야에 대해 무엇을 알고 있나요?

- 우리 회사에 대해 무엇을 알고 있나요?

- 필요하다면 거주지를 옮길 수 있나요?

- 최근에 만든 프로젝트는 어떤 것이 있나요?

- 다른 곳에도 입사 지원서를 냈나요?

1월 19일
빠지기 쉬운 면접의 함정

면접 자리에서 자기 자랑을 떠벌리는 사람은 면접관으로부터 외면당한다. 마찬가지로 말을 너무 많이 하는 사람도 감점 대상이다. 그러한 결과는 채용 전문 업체인 콘/페리 인터내셔널의 컨설팅 담당자를 대상으로 한 조사에서 밝혀졌다. 허풍이 심한 사람도 탈락하기 쉽다. 뿐만 아니라 평균 임금의 20퍼센트가 넘는 금액을 요구하는 사람도 탈락한다.

면접 자리에서 보여주는 신뢰감은 이미 제출한 이력서만큼 중요하다. 자만심에 가득 찬 사람보다는 자연스러운 모습을 보여주는 사람에게 면접관은 더 후한 점수를 준다. 거만한 태도는 누구에게도 환영받지 못한다.

취직하려는 회사에 대해 잘 모르는 것도 비슷한 취급을 받는다. 놀랍게도 면접 준비에 소홀한 사람이 사회 초년생만은 아니다. 이미 경력을 쌓은 직원들도 왜 그 회사에 지원했으며, 어떤 점이 이 직업의 매력이라고 생각하는가에 대한 질문에 쩔쩔매는 경우가 많다. 그렇게 준비가 소홀한 사람에게는 기회가 다시 주어지지 않는다.

직장을 너무 자주 바꾼 것도 결점으로 작용한다. 일반적으로 한 회사나 부서에서 3년을 채웠느냐가 판단 기준이 된다. 그 기간 동안 지원자가 한 회사에서 내세울 만한 족적을 남길 수 있다는 이유에서다.

시간이 그보다 짧다면 그곳에서의 성공이 전임자의 후광 때문에 가능했다고 판단한다. 특히 해가 바뀔 때마다 직장을 옮기는 '이직 메뚜기'들은 정서가 불안하고 도발적이지 않나 하는 의심을 받는다.

1월 20일
거짓말에 대한 진실

"면접할 때 거짓말도 하나요?"

"당연히…… 안 하지요."

누구나 그렇게 대답한다. 하지만 사실은 거짓을 말한다. 매사추세츠 대학의 연구 결과를 보면, 지원자의 84퍼센트가 면접 현장에서 적어도 한 번은 거짓말을 했다고 말했다. 속임수는 아주 오래전부터 나쁜 짓으로 각인되어 있지만 우리 모두 거짓말을 한다는 게 정설이다.

사람은 다섯 살 때부터 상대를 속이기 시작한다. 아이들이 항상 진실을 말하는 게 아니다. 미국의 심리학자 존 프레이저는 성인들이 하루 평균 2백 번 정도 거짓말을 한다고 했다. 그 범위는 변명, 궁여지책으로 하는 말, 거짓 맹세, 자랑, 위선, 음모에서부터 단순한 거짓말에 이르기까지 다양하다.

거짓말하는 이유는 주로 네 가지로 나뉜다. 41퍼센트는 화나는 일을 겪지 않으려고, 14퍼센트는 편하게 살려고 거짓말을 한다. 8.5퍼센트는 다른 사람의 사랑을 받으려고 사실을 조작한다. 6퍼센트는 게을러서 남을 속인다.

가장 자주 등장하는 형태가 자기기만이다. 우리는 실제의 모습보다 더 멋진 모습으로 자신을 상상한다. 직업적으로 성공한 모습을 그릴 때도 그렇고, 자신의 체중을 생각할 때도 그렇다. 그것은 단지 창의적인 활동일 뿐만 아니라 정신 건강을 위한 활동이다. 그런 짓을 포기하면 우리는 금방 우울증에 걸릴지도 모른다. 자기 착각은 '나 하나도 안 무서워'라고 하는 말처럼 목적 달성을 위해 일부러 낙천적이 되는 것이라고 할 수 있다.

진실을 말할 때의 문제는 그것이 파괴적인 영향을 끼칠 수 있다는 점이다. 섹스를 예로 들면 이해하기 쉬울 것이다. 세상에 완전 무결한 사람은 아무도 없다. 수많은 상황에서 우리의 시각은 무엇을 진실로 받아들일지, 무엇을 진실이 아닌 것으로 받아들일지를 결정한다. 물론 자기 이익을 위해 의도적으로 거짓말하는 경우도 있다. 그것은 사기이고, 법적인 처벌을 받는다.

그런데도 우리는 왜 자주 그렇게 하는 걸까? 그것은 거짓이 먹혀들기 때문이다. 다른 사람에게 피해를 주지 않는 한, 거짓말은 공동체 생활을 쉽게 만들어준다. 도덕적인 한계선을 어디까지 둘 것인지에 대해서는 각자의 결정에 달려 있다. 물론 반드시 진실을 지켜야 할 경우에는 진실해야 한다.

그러나 위에 예로 든 "면접할 때 거짓말도 하나요?" 같은 질문을 받았을 땐 이런 식으로 대답해도 된다.

"당연하지요. 지금 그런 질문을 받을 때요."

1월 21일
면접을 쌍방 대화로 이용하라

주로 면접관이 지원자에게 묻는다. 그리고 대부분의 면접이 일정한 형식 안에서 진행되는데, 이는 잘못이다. 그러다 보면 지원자가 가장 중요한 것을 놓칠 수 있다. 반문할 수 없게 되는 것이다. 그것은 지원자가 자기주장을 펼치고, 자신감을 표출하고, 직업관을 보여줄 수 있는 상징적인 방법이다. 좋은 질문을 하는 것은 당신의 의무다. 다음과 같은 질문을 지원자는 할 수 있고, 또 하는 게 좋다.

- 제가 해야 할 임무가 정확히 어떤 것인가요?

- 어느 정도의 시간을 주고 결과를 기다리시나요?

- 언제부터 그 자리가 비어 있었나요?

- 제 전임자는 어떻게 되었나요?

- 누가 제 상사인가요? 저는 누구에게 업무를 보고해야 하나요?

- 저는 누구로부터 업무 보고를 받게 되나요?

- 어떤 분들이 그 팀에 속해 있나요? 저는 누구와 함께 일하게 되나요?

- 팀에 무슨 문제는 없나요?

- 현재 회사가 당면한 목표는 무엇인가요?

- 직원들이 꾸준한 지원을 받고 있나요? 그리고 받는다면 어떤 식으로요?

- 부서나 업무 영역은 어떻게 교차되나요?

● 그 자리에서 승진할 가능성은 얼마나 되나요?

● 결과는 언제쯤 나오지요?

다만 사원 복지나 업무용 차량 관계, 주차장 이용 규칙과 같은 것은 물어보지 않아야 한다. 그런 질문은 오히려 감점 요인이 된다.

1월 22일
임기응변은 과대평가를 받는다

"면접 때 저는 결정적인 순간에 올바른 대답을 하는 순발력이 부족해요."

"혹시 너무 똑똑한 대답을 하려고 해서 그런 것 아닌가요?"

"맞아요. 하지만 원래 그렇게 해야 되는 거잖아요."

"경력을 쌓았고, 어느 정도 성공을 거뒀다면 능력 있다는 것을 이미 보여준 셈이지요. 자료가 그것을 입증해주니까요. 하지만 순간적으로 임기응변을 발휘한다면 그것은 임시방편일 뿐이죠. 어느 누구도 임기응변으로는 상대의 마음을 사로잡지 못해요."

"그럼 어떻게 해야 되지요?"

"예를 들면 앞으로 맡을 업무와 동료들이 마음속 깊이 자리하고 있음을 표현하는 거지요. 밝게 웃고, 걱정을 나누고, 남의 말에 경청하는 자세를 보여주는 거예요. 회사 밖에서도 친구를 만나고, 적당히 자신 있는 사생활을 영위하고 있다는 걸 보여주는 거죠."

"……그렇게 하는 게 임기응변 능력이 있다는 걸 입증하는 거라고요?"

"아니요. 하지만 그건 중요하지 않아요. 면접 자리에 나왔다면 당신은 이미 그곳에서 일할 자격을 갖춘 셈이니까요. 그다음에 중요한 것은 인성이에요. 좋은 인상만 남기려고 자신의 본성을 감추는 사람은 결코 좋은 성과를 내놓지 못해요. 좋은 모습만 보이려는 사람은 면접에 대해 잘못 생각하고 있는 거죠. 면접은 당신이 과연 그 회사를 위해 일할 마음이 있는지 알아보는 것으로도 당신에게 중요한 의미가 될 수 있어요."

1월 23일
냉정한 사람이 직장을 갖기 어려운 이유

아침 9시 반에 면접이 있다. 넥타이가 반듯하다. 지원자도 그렇다. 그의 옆에는 열심히 준비해온 자료들이 쌓여 있다. 지원자의 자세는 반듯하고, 표정은 다정하다. 모든 것이 차분하고, 쉬워 보이고, 얼굴에 아무런 감정의 동요도 나타나지 않는다.

꼭 취직해야겠다고 생각하는 사람은 그 정도의 침착한 모습을 보일 수 없다. 약간 흥분하고, 온갖 감정이 교차하고, 스트레스도 받은 듯한 얼굴이 된다. 면접관은 그 점을 잘 알고 있기 때문에 그것을 지원자의 평균적인 모습으로 받아들인다. 그것은 결코 부끄러운 행동이 아니고, 오히려 그 반대다.

사실 그것은 텍사스 대학의 심리학자 제인 리처즈의 연구 결과, 성공 요인으로 밝혀졌다. 면접 현장에서 지나치게 냉정한 모습을 보이는 사람은 감정을 억제하는 것으로 평가되어 감점당한다. 자신의 감정을 숨기는 사람은 스트레스를 많이 받는 상황에서 예민한 반응을 보일뿐더러, 머뭇거리는 소극적인 반응을 한다는 연구 결과가 나와 있다. 자기 통제를 위해 에너지를 필요로 하기 때문이다. 그런 사람들은 기억력도 좋지 않다.

감정을 억제하는 사람은 대화의 세밀한 부분을 기억해내지 못한다. 과학적인 설명을 빌리자면, 어떤 상황에서도 냉정을 유지하려고 노력하는 사람은 자신의 태도를 통제하는 일에 너무 몰두해 있어 뇌의 저장 용량이 부족하다. 구두시험을 치러본 사람은 쉽게 이해할 것이다. 자신이 처해 있는 상황을 인식하기 시작하면서 머릿속이 하얘지는 것이다. 말하자면 블랙아웃이다.

사회심리학자로 만하임 대학에서 강의하는 다그마 슈탈베르크 교수는 이와 관련해 흥미로운 실험을 했다. 실험 대상자들에게 아주 재미있는 영화를 보여주면서 대상자의 절반에게는 큰 소리를 내며 감정을 표출하게 했고, 나머지 절반은 그렇게 하지 못하도록 했다. 영화 관람 후 실험 대상자들은 자신의 업무와 관련된 결정을 내려야 했는데, 감정을 억누른 집단은 훨씬 더 신중한 태도를 보이고, 안정을 최우선으로 삼았다. 그러나 적극적으로 감정 표출을 한 집단은 과감하고, 성공 가능성이 높은 결정을 내렸다.

물론 감정 통제를 무조건 나쁜 것이라고 말할 수는 없다. 면접 시간 전에 항상 대안은 있고, 이것으로 세상이 망하는 게 아니라는 생각을 갖고 면접에 임하는 사람은 스트레스를 덜 받고, 자신의 능력을 마음껏 발휘한다. 그러므로 생각을 집중하는 것도 좋지만 열정까지 식은 듯한 태도는 보여주지 말아야 한다.

1월 24일
좋은 의지, 긍정적인 사고의 비밀

성공담을 담은 책들은 대부분 표지가 화려하고, 제목이 자극적이며, 내용 역시 선동적인 경우가 많다. 파울 아르덴의 저서는 제목부터가 기억에 남는다.

당신이 누구인지는 중요하지 않다
그보다는 당신이 어떤 사람이 되고 싶은가가 중요하다

많은 사람들이 목표가 없기 때문에 아무것도 이뤄내지 못한다. 또 어떤 사람들은 잘못된 허상을 좇는다. 그런가 하면 다른 사람이 정해준 목표를 뒤쫓아가기도 한다. '안도라(Andorra)' 현상이란 말을 들어본 적이 있는가?

막스 프리슈의 극본으로 무대에서 공연되기도 한 작품에 나오는 말인데, 극중에서 한 교사가 혼외정사로 낳은 아들을 놓고 주변 사람들은 인색하고, 게으르고, 비겁하다며 유대인 취급을 한다. 아들은 처음에는 그런 누명에 강하게 저항하지만 나중에는 체념하고, 그들의 생각에 자기 자신을 맞춰나간다.

쌍둥이를 대상으로 연구한 결과, 유전적 요소가 인성에 최대 50퍼센트 작용한다는 게 밝혀졌다. 통계를 보면 환경의 영향이 더 큰 것으로 나온다. 인성은 사람이 살아가는 과정에 서서히 형성되는 것이다. 사르트르의 표현을 빌리면 이렇다. "인간은 스스로 자신을 어떻게 만드느냐에 따라 달라진다."

세상에는 목표 달성을 목적으로 삼지 않는 사람들이 있다. 그들은 입으로는 목표를 말하면서 다른 것을 염두에 두고 있다. 사람들에게 인정받기를 원하는 것이다. 그래서 자신이 세운 목표를 달성하지 못했다 하더라도 주변에서 박수갈채로 축하해주면 그것으로 만족한다. 그들은 대부분 말만 번지르르하게 하거나 자기 자신을 숨기는 데 노련한 사람들이다. 말하자면 등뼈 없이도 꼿꼿하게 설 수 있는 사람들이다.

어떤 목표를 지향해 달려가든 마찬가지다. 다른 사람의 의견에 노예가 되지 말아야 한다. 자기 자신의 상상력을 뒤따라가려고 하지도 말아야 한다. 무조건 커 보이는 것을 좇으려 하지 말고, 실제로 큰 것을 지향해야 한다. 그것이 바로 긍정적인 사고의 비밀이다. 당신이 누구인지보다는 어떤 사람이 되려고 하느냐가 더 중요하다.

1월 25일
참을성이 부족하다는 것

"본인의 단점 중에 어떤 것이 있는지 말해주세요."

면접 때 단골로 등장하는 이 질문에 많은 지원자들이 놀랍게도 '참을성이 부족하다'는 대답을 한다. 커리어 컨설팅 전문가는 이렇게 말한다.

"참을성이 없다는 걸 단점으로 여기지만 사실은 그게 장점이다!"

위로 올라가려고 노력하는 사람은 우물쭈물하지 않고 앞으로 나서는 사람이라고 말해주는 것이다. 컨설팅 전문가들은 이를 솔선수범이라고 하면서 그런 사람들은 당연히 참을성이 별로 없다고 두둔한다.

하지만 엄밀하게 따지고 보면 참을성이 부족한 것은 단점이다. 그것도 엄청나게 큰 단점인데, 종종 지나친 욕심과 혼동되기도 한다. 참을성 부족과 욕심 모두 잠재되어 있는 자신의 능력을 키우지 못하는 요인이 된다.

모든 것을 지금 당장 하겠다는 태도는 아직 익숙지 않은 업무에서 너무 많은 것을 원하는 즉흥적인 사람으로 만들어준다. 아무리 능력 있는 사람도 3년간 지내면서 겪어야 할 경험을 1년 안에 모두 끝마칠 수는 없다. 꾸준한 훈련만이 대가를 만들어낸다. 이는 시대 불변의 법칙이다.

힘든 프로젝트를 이끌어가고, 다른 사람을 지휘하려면 인내심이 필요하다. 시간이 지나면 많은 문제들이 저절로 해결되거나 새로운 정보와 더 나은 아이디어가 나와 문제 해결이 쉬워진다.

성공 가도를 초특급으로 달리는 것은 하나의 신화다. 차분히 준비하는 과정에 더 많은 에너지가 숨어 있다. 초특급으로 승승장구하던 사람이 가장 높은 곳에 올라서서 이제껏 걸어온 길이 자신이 원하는 방향이 아닌 다른 길이었음을 뒤늦게 깨닫는 것보다 더 절망스러운 경우는 없다.

1월 26일
한계를 넘는 통찰력

면접 때 가끔은 도덕적인 질문이 주어진다. 면접관이 다음과 같은 상황을 묘사해준다.

차가운 바람이 부는 추운 겨울밤에 한가로운 시골길을 당신이 차를 운전하며 가고 있다고 가정합시다. 그런데 버스 정거장에 세 사람이 서 있는 것을 발견합니다. ❶한 사람은 생명이 위태로운 상태라 당장 병원으로 옮겨야 할 노파고, ❷다른 한 사람은 전에 당신을 구한 생명의 은인인 옛날 친구이고, ❸나머지 한 사람은 당신이 평생 찾아 헤매던 이상형입니다. 차에 딱 한 사람만 태울 수 있다면 당신은 그중 누구를 택하시겠습니까?

물론 이런 상황은 현실적이지 않다. 하지만 그게 문제의 핵심이 아니다. 이와 같은 상황은 당신을 도덕적 진퇴양난에 빠뜨린다. 이 책을 더 읽기 전에 일단 진지하게 생각해보라.

거의 모든 사람들이 즉흥적으로 빨리 병원으로 옮기지 않으면 죽게 될 노파를 태우겠다고 말한다. 대단히 인간적인 대답이다. 그러나 과연 솔직한 대답인가? 오래전부터 마음의 빚을 지고 있던 친구가 그 자리에 있는데 그런 일이 가능할까? 그는 빚을 갚아줘야 할 의무를 들먹일 수도 있다. 다른 한편으로는 사람이 평생 소망해왔던 이상형을 만날 기회가 일생에 몇 번이나 있는가? 그런 일생일대의 기회를 놓친다면 죽을 때까지 후회할 것이다. 그야말로 진퇴양난의 상황이다. 앞의 질문은 지원자의 결단력, 창의성, 극한 상황에서의 성격을 파악하기 위한 것이다.

한 젊은 남자가 아주 훌륭한 답을 내놓았다. 그는 차를 친구에게 넘겨주고, 노파를 병원으로 옮겨줄 것을 부탁하겠다고 했다. 그러고는 이상형의 여자와 함께 버스를 기다리겠다고 한 것이다! 어떤가? 멋지지 않은가? 게임의 한계처럼 보이는 것을 넘어 더 많은 것을 통찰하면 우리는 더욱더 많은 것을 얻어낼 수 있다. 직업도 그런 식으로 구할 수 있다. 더 나아가 천생배필도 그렇게 만날 수 있다.

1월 27일
개인의 발전, 유전이 운명이 아닌 이유

누구에게나 약점은 있다. 자신의 성격에 만족하는 사람도 가끔은 자신의 나약함, 심술, 변덕을 불만스러워한다. 그런 사람들은 친구, 친척, 동료들을 질투 어린 시선으로 바라보며, 그들을 더욱더 성공하게 만드는 그들의 성격을 부러워한다. 심지어 불공평한 세상이라며 불만을 터뜨린다.

그러나 반드시 그런 것은 아니다. 사람이 어떤 성격을 타고났든 간에 살다 보면 그것은 인과 관계를 통해 변화한다. 인성은 외부의 영향과 유전의 복합적인 유대 관계에 영향을 받는다. 오늘날까지도 과학자들은 어떤 사람이 수줍음을 많이 타고, 어떤 사람이 용감한지에 대한 이유를 설명하지 못하고 있다.

물론 여러 가지 학설이 있는 것은 사실이다. 2003년 런던 킹스 칼리지 정신학 연구소의 아브샬롬 카스피는 스트레스와 유전의 관계를 발견했다고 발표했다. 미국의 딘 해머도 '신의 유전자'를 발견했다고 발표했다. 인간이 정신적 활동을 할 수 있도록 VMAT2가 생화학적 작용을 한다는 것을 밝혀낸 것이다. 그런가 하면 호기심 유전자를 발견했다는 발표를 한 과학자도 있다. 그는 사람이 호기심을 나타내는 것은 DRD4 유전 인자를 많이 갖고 있기 때문이라고 보았다. 심리학자들은 빅 파이브(Big Five)라는 이론을 통해 성격의 다섯 가지 중요한 특징을 다음과 같이 설명했다.

- **외향성**: 말이 많고 에너지가 넘치며, 리더십이 있다.
- **포용력**: 섬세하고 믿음이 있으며, 협동적이다.
- **성실함**: 계획을 잘 세우고 신중하며, 실용적이다.
- **개방적**: 호기심 많고 독창적이며, 예술에 조예가 깊고, 현명하다.
- **신경증**: 신경이 날카롭고 겁이 많으며, 변덕스럽고 예민하다.

서로 다른 강한 특성들이 어우러지며 한 사람의 성격을 결정한다. 그중에는 확고한 것도 있지만 변화 가능한 것들도 있다. 그렇게 해서 근심에 싸여 있는 사람이 성공 가도를 달리고 있는 사람보다 부정적인 평가를 더 많이 내리는 것으로 행동에 영향을 미칠 수 있다. 누구나 진심으로 원하고, 적당한 인내심을 발휘하고, 에너지를 분출하며, 소신을 지키면 변화될 수 있다. 성공은 스스로 만들어나가는 것이다.

1월 28일
지능지수로는 아무것도 알 수 없는 이유

1452년, 공증인과 시골 소녀 사이에 불륜의 결과로 태어난 아이가 해부학자, 건축가, 조각가, 공학자, 화가, 기술자, 음악가, 과학자, 철학가, 무기 개발자, 학자가 되어 수학, 의학, 연금술, 천문학에 흥미를 느꼈다. 그가 바로 오늘날까지도 전설로 남아 있는 전방위적인 천재 레오나르도 다빈치였다.

이탈리아 피렌체 출신의 그는 지능 연구에 혁명을 이룬 다중 지능지수 이론의 완벽한 본보기다. 그 이론에 따르면, 인간은 우매하거나 영리한 사람으로만 나뉘는 게 아니라 아홉 개의 독립적이며 똑같이 중요한 능력으로 평가되는 다양한 정신 능력을 지니고 있다.

지능은 대부분의 사람들이 이해하듯, 복잡한 문제를 얼마나 빨리 풀 수 있느냐는 능력만을 나타낸다. 이를 측정하기 위해 몇 개의 시험 도구가 개발되었고, 그 결과는 지능지수(IQ)로 표현된다. IQ가 높은 사람은 수재이고, 평균은 100점이다. 130점을 넘으면 천재로 분류되는데, 전체 인구의 2퍼센트 정도에 불과하다.

그런데 시험 도구에 문제가 있다. IQ 검사는 세 개의 영역을 점검한다. 첫째는 수학적인 측면으로서 산술적인 계산과 논리적인 사고를 측정한다. 둘째는 모형과 공간을 통해 공간 지각 능력을 측정한다. 셋째는 언어적인 측면으로서 책을 읽고 이해하는 능력을 측정한다. 이를 이용해 사람들은 학업의 성공을 예견하지만 인간의 잠재력에 대해 지능지수는 아무것도 말해주지 못한다고 미국의 심리학자 하워드 가드너는 주장했다.

대개의 능력은 수량적으로 측정이 불가능하기 때문이다. 예를 들어 운동 감각 능력, 음악 능력, 자연 이해 능력, 철학적 문제를 푸는 능력 등은 포함되어 있지 않다. 또한 다른 사람의 동기와 희망을 인식하는 데 도움을 주는 인간관계 능력과, 자신의 충동과 장점을 잘 이해하고, 감정을 통제하는 인간 내면 능력이 점점 더 중요한 의미를 지니는데도 불구하고 포함되어 있지 않다. IQ가 낮은 사람을 우매하다고 보는 것은 잘못이다. 오히려 그 반대다. 그 사람의 장단점은 다른 측면에서 평균치를 웃돌며 비대칭적인 모습을 보여준다. 더욱이 누구나 건축가, 공학자, 화가, 기술자, 과학자, 철학가가 될 필요는 없다.

1월 29일
커리어의 시작은 배우자의 선택에서 시작된다

성공을 거둔 남자의 뒤에는 직간접적으로 많은 지원을 해준 여자가 있다. 대부분의 남자들은 아내가 집에서 내조를 해줘야만 직장에서 성공을 거둔다. 물론 그 반대의 경우도 드물기는 하지만 역시 마찬가지다.

그런데 최근에는 아내가 남편의 성공을 전적으로 지원해주는 일이 점점 줄어들고 있다. 첫째는 여자도 남자와 똑같이 교육을 받아 언제라도 직장 생활을 할 수 있게 되었고, 한쪽의 희생과 양보가 아닌 평등한 부부 관계가 이뤄지고 있기 때문이다. 둘째는 집 안에서 시원찮은 사람으로 평가받는 남자가 직장에서도 퇴출되는 경우가 많기 때문이다.

책임 있는 일을 맡아 성공을 거두고, 파트너가 최고의 능력을 발휘할 수 있도록 뒷받침해준다는 생각의 밑바탕에는 가족생활이 중요한 의미를 지닌다는 믿음이 작용한다. 사생활이 불행한 처지에 놓여 있다면 커리어에 도움이 안 된다.

반면 좋은 관계에 있는 배우자들은 중립적인 코치나 스파링 파트너가 되고, 그들이 내린 판단에는 대개의 경우 시기심이 배제되어 있다. 그런 배우자들은 상대를 잘 알기 때문에 일이 안 좋은 쪽으로 진행될 경우, 제때에 방향을 틀 수 있게 도와주기도 한다. 지금까지 회사의 최고 경영자 자리를 여성은 11퍼센트 정도만 차지해왔다. 그러나 최고 경영자의 자리에 오르기까지 여자의 역할은 30퍼센트를 차지한다고 헤드헌터들은 말한다. 특히 불규칙한 근무 시간, 잦은 출장, 잦은 근무지 변경이 예상되는 새로운 직장에 취직할 경우 회사로서는 배우자가 그런 고통을 함께 나눌 각오가 되어 있는지를 파악하는 게 중요하다.

직업과 사생활이 점점 하나로 통합되고 있다. 그러므로 커리어를 쌓는 일은 배우자 선택부터 시작된다. 두 사람이 한마음으로 하나의 목표를 좇지 않으면 서로에게 방해가 될 수 있다. 그렇다고 한 사람은 방관하는 자세를 취하고, 다른 사람은 직장 생활에만 전념하라는 말이 아니다. 넘치는 사랑과 낭만에도 불구하고 두 사람이 평생을 같이하자는 결정을 내리기 전에 함께 가꿔나갈 인생 계획을 점검해봐야 한다. 파트너는 양쪽이 평등한 관계이므로.

1월 30일
클릭, 탈락되는 당신

사람들이 당신에 대해 무엇을 알고 있는지 아는가? 우리가 보여주고 싶은 것보다 더 많은 것을 다른 사람이 알 수 있을 정도로 인터넷은 커리어를 쌓아가는 데 큰 장애물이 되었다. 인사 담당자는 정기적으로 지원자의 프로필을 점검하기 위해 인터넷을 이용하는데, 거기에는 한 사람의 이력이 투명하게 공개된다. 실수를 바로잡거나, 좀 더 아름다운 모습으로 등장하고 싶다 해도 일이 그렇게 쉽지 않다. 인터넷에 나쁜 평판이 돌게 하는 것은 자신의 미래를 먹칠하는 것과 같다.

인터넷의 밀집된 연결망은 큰 위험을 안고 있다. 점점 더 많은 사람들이 똑같은 주장을 펼수록 더 많은 사람들이 진실처럼 믿게 된다. 누군가 선의를 갖고 다른 사람에 대해 쓴 글이라도 본의 아니게 논쟁에 휘말리다 보면 이미지에 타격을 입게 된다.

따라서 가끔은 자기 자신이 웹사이트에 어떤 모습으로 나오는지 점검할 필요가 있다. 만약 동명이인 때문에 안 좋은 이미지로 비칠 위험이 있다면 자신의 웹사이트에 분명히 해명해두는 것도 좋은 방법이다.

1월 31일
나는 누구인가?

다른 사람들이 당신에 대해 무엇을 알고 있는지 아는가? 가장 좋은 방법은 인터넷에 자신의 이미지를 심어놓는 것이다. 말하자면 다른 사람이 당신에 대한 선입견을 갖기 전에 스스로 이미지를 구축해놓는 것이다.

호감을 느끼지 못할 자료를 지우거나 검색을 불가능하게 하기는 어렵다. 하지만 한구석으로 밀어낼 수는 있다. 전문 용어로 말하자면, 검색의 최적화를 만들어놓는 것이다. 다음과 같이 전략을 짜보자.

- 높은 직책에 있는 사람과 연결될 수 있는 비즈니스 웹사이트에 무결점의 프로필을 올려놓는다. 경력은 흠잡을 데 없어야 하고, 사진도 전문 사진관에서 찍어 상대가 호감을 느끼는 인상을 줘야 한다. 중요한 것은 늘 양보다 질을 생각해야 한다.
- 전문 분야의 기사나 자신의 이력이 담겨 있는 블로그 혹은 홈페이지를 만들어놓는다. 관심 분야에 대한 자료를 링크시킨 것을 보고 상대는 당신이 어떤 것에 관심이 있는지 파악하게 된다.
- 해당 분야의 웹사이트에 토론 의제를 올려놓는다.

당신의 이름이 검색창에 얼마나 자주 올라왔는지가 아니라 어떤 연관 관계로 올라왔는지가 더 중요하다. 따라서 전문적인 인상을 남겨두는 게 관건이다. 앞으로 인터넷에 자료를 올릴 때는 항상

이런 질문을 스스로에게 해보는 게 좋다. 이 글과 사진이 내 이름
으로 신문에 실리는 게 괜찮은가? 만약 대답이 '노'라면 과감히 지
워버려야 한다.

FEBRUARY

직장 생활 입문

2월

직장 생활 입문

2월 1일
성공적으로 입성하기

흔히 첫인상이 중요하다고 말한다. 그리고 첫인상은 직장에서의 첫날에도 여지없이 적용된다. 당신이 상대에게 보여주는 모습 그대로 상대는 당신을 대접한다. 새로 들어온 직원에 대해 동료들은 이미 약간의 정보를 알고 있다. 당신보다 당신에 대한 소문이 먼저 오는 것이다. 그런 까닭에 신입 사원에 대한 기대도 한층 높아진다.

그러나 막상 서로 대면했을 때는 짧은 인사 몇 마디나 자기소개의 말이 전부다. 그리고 그것이 첫인상이 되어, 사람들의 기억 속에 오래 남는다. 따라서 반드시 안정된 모습을 보여줄 필요가 있다. 천천히 일어서고, 시선을 마주하고, 의도적으로 대화 중간중간 뜸을 들이며 말한다. 대화를 나눌 때는 잠시 쉬었다 말하는 게 좋다. 그렇게 해야만 상대의 관심이 집중된다.

자기소개를 할 때 동료들은 신입 사원에 대해 호기심을 나타낸다. 이때 비굴한 모습을 보여서는 안 된다. 새로 맡게 될 임무에 중요하다고 생각되는 자신의 장점을 소개하는 것도 좋다. 그런 다음 사생활에 대해서도 조금 이야기할 수 있다.

결혼 여부, 자녀 유무, 특별한 취미가 있는지의 여부 등등, 그런 위험하지 않은 고백이 다른 동료의 접근을 용이하게 하고, 업무 수행을 원활하게 도와준다. 다만, 의상은 조심해야 한다. 눈으로 보기에 규정된 틀에서 벗어난 옷차림으로 온 사람은 직장을 잘못

잡아 찾아왔다는 인상을 준다. 그 회사의 문화를 존경해야 한다.

새로 입사한 부서장은 대개 혁신적인 안을 갖고 나타난다. 그래서 동료들은 앞으로 어떻게 될 것인지, 어떤 것에 변화가 올 것인지 매우 궁금해한다. 하지만 처음부터 의욕을 앞세우지 않는 게 현명하다.

너무 지나친 칭찬도 분위기를 썰렁하게 만들 수 있다.

"이곳 직원들의 의욕이 그 어느 곳보다 충만하다는 말씀을 전해 들었습니다……."

하지만 상황이 아주 안 좋다면 전혀 동의할 수 없는 말이 된다. 그러므로 사전 조사를 통해 회사 분위기를 감지하는 것이 중요하다. 기존의 직원들이 새로운 인물의 등장을 기뻐하는지? 아니면 전임자를 그리워하는지? 훌륭한 웅변가는 청중의 기대를 섣불리 자극하지 않고 평범한 내용으로 말을 이어간다. 원래 농담을 잘할 줄 아는 성격이 아니라면 억지로 하는 우스갯소리는 오히려 역효과를 부른다.

2월 2일
직장에서의 처음 며칠이 모든 것을 결정한다

신입 사원은 윈도 비스타 같은 존재다. 진정한 잠재력은 오래 사용해봐야 알 수 있다. 결점도 마찬가지다. 때문에 수습 기간이 있는 것이다. 커리어를 시작하기 전에 양쪽이 상대에 대해 좀 더 파악해야 한다. 수습 기간을 잘 넘기려면 이런 점들을 유의해야 한다.

정시 출근은 기대 이상의 효과를 나타낸다. 미리 출근길을 익히고, 교통 상황을 파악해 제시간에 출근한다. 그리고 예의 바른 모습을 보여주는 것도 중요하다. 모든 사람에게 친근히 대하고, 겸손한 태도를 보여야 한다. 수위나 사환, 비서에게도 마찬가지다. 특히 여비서에게는 깍듯하게 예의를 지키는 게 좋다.

또 상대방의 말을 잘 들어주고, 세심히 바라보고, 침묵한다. 같은 부서에서 일하는 동료가 너무 많은 업무에 치여 서류를 잔뜩 쌓아놓기만 하고, 그에 대한 스트레스로 탈모까지 겪는 모습을 보게 될 수도 있다. 그런 상황이라도 비판이나 개선을 위한 아이디어는 4주 내지 6주의 수습 기간 동안은 하지 않는 게 좋다. 그 기간이 지난 다음에 조금씩 앞으로 나서야 한다.

"그것은 그렇게 하고, 저것은 저렇게 하면 돼요"라는 말을 들었을 때도 꼬치꼬치 캐묻지 않는 게 좋다. 당신이 비판하려 하는 것이 당신이 앞으로 일하게 될 부서의 책임자가 최근 내놓은 아이디어라면 어떤 상황이 되겠는가? 수습 기간은 자신의 능력을 부각시키는 기간이라기보다 조직 사회의 생리를 파악하는 기간이다.

신입 사원으로 들어갔을 때 누구에게나 환영받는 것은 아니다. 상사가 부서에 활기를 불어넣기 위해 당신을 선택했을 수도 있다. 그런가 하면 그 일을 맡고 싶었는데, 당신이 나타나는 바람에 그 자리를 빼앗겼다고 생각하는 사람이 있을 수도 있다. 그럴 때의 해결책은 단 한 가지뿐이다. 당사자와 허심탄회한 대화를 나누는 것이다. 대화하면서 자신의 입장을 분명히 하되 인간적인 모습을 보여줘야 한다. 그리고 당신에게 위임된 일을 정확히 처리해야 한다. 아무리 수습 기간이라도 방관자의 태도를 보이지 말아야 한다. 수습 기간은 참여도에 대한 점검이기도 하므로 당신이 도울 수 있는 일이 생기면 언제든 솔선수범해야 한다. 그렇게 함으로써 전체적인 업무 파악을 하고, 자립적인 직원으로 커나갈 수 있다.

2월 3일
수습 기간의 권리

새로운 직장? 신입 사원은 일단 수습 기간을 거치는데, 이때가 서로 간에 잘 융화될 수 있는지를 파악하는 시기다. 비록 수습사원이지만 그들에게도 권리가 있다.

해고: 고용주와 고용인은 이 기간에 언제라도 그만둘 수 있다. 물론 양측은 최소한 2주일의 해고 준비 기간을 허용해야 하고, 예외 조항은 근무 조건에 명시되어 있어야 한다. 그러므로 계약서에 서명할 때 근무 조건 내용을 살펴보아야 한다.

휴가: 대개 입사 후 6개월이 지나야 휴가를 받을 수 있다. 신입 사원이 수습 기간에 휴가를 받을 수 있는지 여부는 양측의 합의에 의해 정해진다. 고용 계약서가 계약 만료 이전에 파기되었다면 이미 일한 달에 대한 보너스를 요구할 수 있는 규정도 있다. 유급 휴가가 남아 있다면 그것 역시 고용주가 금전적으로 보상해야 한다.

평가: 당신이 회사에 들어가면 사무실 안이 갑자기 조용해지고, 당신이 내놓은 제안을 아무도 귀담아듣지 않고, 구내식당에 가서도 혼자 밥그릇에 눈길을 떨어뜨린 채 밥을 먹어야 한다면 판세는 분명하

다. 당신의 운이 다하고 있는 것이다. 그럴 때 입을 삐죽 내밀고 불만스러운 표정을 짓는 것은 금물이다. 오히려 당신의 장점과 농담할 수 있는 여유를 보여주는 게 좋다. 다른 사람에게 말을 붙이되 그들의 행동에 어떤 비판도 가하지 않는다. 농담이 큰 웃음을 터뜨릴 만한 내용일 필요는 없다. 말 속에 숨어 있는 은유적인 의미가 당신의 이미지를 구축한다.

처음에는 무조건 긍정적인 모습을 보여주는 게 중요하다. 수습 기간이 3분의 1이나 2 정도 지났다면 상사에게 터놓고 물어보는 것도 괜찮다. "저 괜찮으세요? 제가 어떤 식으로 더 노력해야 할까요?" 불평불만은 절대 안 된다. 징징대는 사람에게 돈을 쥐여주며 일 시키고 싶은 사람은 세상에 아무도 없다. 그런 반응에 질책이 뒤따를 수 있다. 상사가 마음에 들지 않더라도 잠시 휴식을 갖는 게 좋다.

2월 4일
신고식의 전통은 반드시 치러내야 한다

조직에 가입할 때 어디든 신고식을 치른다. 가톨릭에서도 세례, 견진성사와 같은 의식을 치르면서 영혼을 새롭게 해 교인의 집단에 속하게 만든다. 유대교에서도 남자는 열세 살, 여자는 열두 살이 되면 성인식을 치르고, 불교에서도 절에 들어간 어린이가 그곳에서 기거하다가 삭발을 하고 승복을 입으면서 정식으로 입문하게 된다. 결혼식장에서 신혼부부가 서로의 손에 반지를 끼워주는 것도 두 사람이 부부로 탄생했음을 알려주는 의식이다.

직장 생활에서도 마찬가지다. 수습 기간을 무사히 마치고 나면 소속 부서의 직원들이 한자리에 모여 회합의 시간을 가진다. 그런 자리에서 신입 사원으로서 신고식을 치르는 것은 하나의 의무다. 그것은 축하와 환영의 자리이기도 하지만 신입 사원이 과연 조직 생활을 잘해나갈 수 있는지, 명령에 복종하고 원만한 인간관계를 유지할 수 있는지를 알아보는 자리이기도 하다. 만약 다른 사람과의 접촉에 미숙한 모습을 보이거나 심지어 거부감을 보인다면 머지않아 '해고'라는 결과를 맛볼 것이다.

2월 5일
옷을 잘 입어라, 옷이 날개다

옷은 그 사람이 어떤 계층과 어떤 사회에 속해 있는지를 드러낸다. 18세기 말까지는 유럽에도 신분에 따른 의상이 정해져 있었다. 그에 비해 현대식 정장은 관습적이고, 고용주의 암묵적인 동의에 의해 정해진다. 이를 준수하지 않으면 의상을 통한 도발로 여겨 몰락의 길을 걷게 될 수도 있다. 경우에 따라서는 수직적인 권력 체계를 인정하지 않겠다는 의도로 보이기 때문이다. 따라서 어떻게 하면 정장을 입지 않고도 상대의 오해를 사지 않을 수 있는지 알고 있어야 한다. 그러기 위해선 다음 사항을 유의하는 게 좋다.

캐주얼: 여가 활동을 위한 간편복. 다림질한 면바지, 깃이 있는 티셔츠, 재킷이나 드레스셔츠, 어깨 위에 걸친 스웨터.

스마트 캐주얼: 퇴근 후 곧장 파티에 가야 할 경우에 입는 옷. 남자는 파란색이나 갈색 와이셔츠를 입는 것도 가능한데 그럴 때는 양복 저고리와 넥타이를 꼭 매야 한다. 넥타이는 너무 길거나 짧지 않게 한다. 여자들은 치마 정장이나 바지 정장을 입는다.

비공식 행사: 특히 저녁에 열리는 행사장에 여자는 길이가 무릎 정도 되는 치마를 입고, 남자는 짙은 회색이나 검은색 양복을 입는다.

화이트 타이: 최고의 격식을 갖춰야 할 저녁 행사나 축제 때 착용한다. 남자는 연미복을 입고, 검은색 구두를 신는다. 앞이 깊게 파인 하얀 조끼에 안에 히든 버튼의 깃이 빳빳한 셔츠를 입는다. 여자는 바닥에 끌리는 검은색, 흰색, 회색 드레스를 입는다. 어깨를 살짝 덮은 채 도착하는 게 좋다. 구두는 긴 의복에 어울리는 앞이 트이지 않은 구두를 선택하고, 스타킹을 신는다. 여름에는 샌들을 신되 스타킹은 신지 않는다.

2월 6일
정장 차림에 흔히 저지를 수 있는 실수

남자들이 일하면서 가장 자주 하는 실수는 단추 때문에 생긴다. 이렇게 하는 게 올바른 착용법이다.

- **단추가 두 줄로 있음:** 단추를 항상 채운다. 날씨가 아무리 더워도 꼭 그렇게 해야 한다.
- **단추가 두 개 있음:** 아래나 위의 단추 가운데 하나를 잠근다.

- **단추가 세 개 있음:** 위에 있는 두 개의 단추를 채우거나 중간에 있는 것만 채운다.
- **단추가 네 개 있음:** 중간에 있는 두 개를 잠그거나 위에서부터 세 번째 단추까지 채운다.
- **단추가 다섯 개 있음:** 가장 아래 있는 단추까지 다 채운다.
- **연미복:** 항상 열어놓는다.
- **조끼:** 가장 아래 있는 단추까지 다 채운다.

자리에 앉을 때는 단추를 다 끌러도 된다. 그러나 단추가 두 줄로 있는 것만은 항상 잠가놓아야 한다. 누군가와 악수를 나누기 위해 일어설 때는 단추를 다시 채우고 일어선다. 격식을 따지자면 양복저고리 안에 반팔 셔츠를 입지 말아야 한다. 또 셔츠의 소매 깃이 양복저고리의 소매 밖으로 나오게 입어야 한다. 양복저고리 소매는 엄지가 시작되는 곳 바로 위 정도까지 오게 하고, 셔츠의 소매 깃은 양복저고리보다 1센티미터 정도 밖으로 나오게 입는다. 목둘레 깃도 비슷하게 보여야 한다.

2월 7일
적절하지 않은 구두는 사무실에서 걸림돌이 된다

구두는 밀고자다. 굽이 닳거나, 닦지 않은 구두는 아무리 옷을 제대로 갖춰 입었다 해도 잘못 입은 것으로 평가받게 만든다. 심지어 커리어에 걸림돌이 될 수도 있다. 구두야말로 그 사람이 처해 있는 상황을 잘 대변해준다.

가장 완벽한 구두는 말가죽으로 만든 맞춤화다. 그런 사치를 부리기 어려운 사람이라도 아무거나 대충 신고 회사 복도를 걸어다니지 말고, 가장 평범한 검은색 단화라도 신어야 한다.

멋진 구두도 제대로 관리하지 않으면 볼품없어진다. 이를 방지하려면 먼저 구두의 형태를 잡아주는 보조 기구가 필요하다. 보조 기구를 구두에 끼워놓아야 주름이 안 잡힌다. 가장 좋은 것은 원목으로 만든 구두 틀이다. 이것을 넣어두면 불쾌한 냄새와 습기를 제거할 수 있다. 외피에 진 땀 얼룩은 레몬 즙으로 지운다. 색이 밝고 예민한 가죽에는 우유가 좋다. 반짝거리는 재질의 구두에는 슈크림을 발라주면 안 된다. 실수로 그렇게 했다가는 구두 표면의 윤기를 잃게 된다. 에나멜 재질의 구두에도 우유가 도움이 된다. 글리세린은 가죽 구두를 유연하게 해준다.

2월 8일
여성의 출근 복장

남자들과 달리 여자들은 직장 생활에서 좀 더 많은 자유를 누릴 수 있다. 하지만 직장에 입고 나가는 옷은 회사의 규정을 지켜야 한다는 점을 간과하지 말아야 한다. 섹시한 분위기의 옷은 사무실에 적합하지 않다. 직장에서 성적인 매력을 발산하는 여직원은 진지해 보이지 않는다. 보편적인 기준은 아래와 같다.

정장: 1880년경부터 사람들은 재단사가 만든 정장을 입기 시작했다. 1954년에는 코르셋에서 단순한 여성복으로 일대 변혁을 일으키며 코코 샤넬이 화려하게 등장했다. 이미 그때부터 치마가 전통적인 길이에 따라 무릎까지 닿았다. 이제는 미니스커트도 많이 입는데, 그 길이가 무릎 위 한 뼘을 넘지 말아야 한다.

바지: 주름을 세워 입는 바지라면 주름이 겉으로 드러나 보이게 해야 한다. 청바지는 법원, 은행, 보험회사, 세무서에 잘 어울리지 않는다. 고객을 방문하거나, 회사 회의에 참석할 때 혹은 취업 면접 자리에 갈 때는 청바지를 입지 말아야 한다.

블라우스/티셔츠: 겉옷 속에 입는 블라우스와 티셔츠의 색은 다양하다. 옷들이 가슴을 많이 드러나 보이게 해서도 곤란하고, 속이 훤히 비치는 옷감이나 앞이 깊게 파인 옷도 사적인 자리에 더 적합하다. 어깨가 훤히 드러나 보이는 톱도 마찬가지다.

스타킹: 고객과의 면담 자리에 필수품이다. 여름에 무릎까지 닿는 짧은 치마를 입었거나 바지를 입었을 때도 마찬가지다. 스타킹의 색은 치마와 바지 색에 맞춘다.

구두: 전통적인 의상을 갖추려면 앞이 트이지 않고 막혀 있는 것을 신어야 한다. 여름에도 마찬가지다. 발가락을 내보이는 것은 문화에 따라 유혹의 몸짓으로 해석될 수 있다. 뒤만 트인 샌들이 여름철에 누릴 수 있는 최고의 자유다. 굽 높이는 6센티미터를 넘지 말아야 한다.

액세서리: 출근용 정장에는 액세서리가 최대 다섯 개를 넘지 않아야 한다. 귀고리, 목걸이, 시계, 반지 두 개면 대충 그렇게 된다. 핸드백과 허리띠는 구두와 맞추는 게 좋다.

2월 9일
깍듯한 예우를 갖춰야 대접받는다

영국 여왕의 남편인 필립 공은 말솜씨가 형편없고, 사리 분별이 부족한 사람으로 잘 알려져 있다. 한번은 에든버러의 영주가 철도 일을 하고 있던 노동자에게 언제쯤 승진하게 되느냐고 물었다.

"에이, 제가 승진하려면 윗사람이 죽어야 해요"라고 노동자가 말하자 필립이 맞장구쳤다. "우리 집하고 처지가 같네요."

또 오스트레일리아의 원주민을 만난 자리에서 필립이 물었다. "당신들, 요즘도 창 던지고 살아요?" 필립은 엉뚱한 말을 거리낌 없이 해서 비웃음을 사기도 하지만 그렇게 해도 괜찮다. 그러나 당신은 그렇게 하면 안 된다. 예의를 갖춘 태도는 결정적인 순간에 빛을 발한다. 자신이 원하는 것을 받을 수 있느냐 없느냐의 문제로 확대되기도 한다. 커리어를 쌓고 싶은 사람은 태도도 좋아야 한다.

경영자 6백 명을 대상으로 조사한 결과, 전체의 87퍼센트가 개개인의 성공과 좋은 태도는 서로 관계가 있다고 보았다. 3분의 2가 예의 바른 태도야말로 직업적 결과에 긍정적인 영향을 미친다고 본 것이다.

예의 바른 말과 몸가짐은 인명 구조대원들이 사용하는 튜브와 같은 역할을 한다. 당신이 사회에서 침몰하지 않게 도와주는 것이다. 그것이 당신을 안정된 상태로 만들어주느냐의 여부는 존경과 관용의 원칙을 얼마나 잘 이해하고 있느냐에 달려 있다.

예의를 갖춘다는 것은 상대에게 체면을 잃지 않으면서 기분 좋은 분위기를 만드는 것이다. 올바른 태도는 자세에서 나온다. 좋은 자세는 습관이지 규칙이 아니다. 좋은 자세는 당신의 위치를 좀 더 확고하게 해준다.

2월 10일
공석에서의 식사에 대한 간략한 조언

식사할 때야말로 예의 바른 자세가 매우 중요하다. 식탁에서의 바른 몸가짐은 외부적으로 큰 효과를 나타낸다. 식탁은 사람들이 흔히 범할 수 있는 실수를 하는 곳이기도 하다. 그러므로 여기에 소개되는 조언을 반드시 기억해두는 게 좋다.

술: 술은 굳이 이유를 대지 않고도 거절할 수 있는 음료다. 초대한 사람도 손님에게는 술을 따라주면서 자신은 물을 마실 수 있다. 식사 전에는 대개 식욕을 돋우는 술이 제공된다. 이미 세팅되어 있는 테이블에서 잔은 왼쪽부터 시작해 오른쪽에 있는 것을 순서대로 사용한다. 포크와 나이프는 바깥쪽에 있는 것부터 안쪽에 있는 것 순서대로 사용한다. 모든 잔은 손잡이를 잡거나 3분의 1 아래를 잡아 사용한다. 건배할 때는 상대의 눈을 마주 보고, 건배 후에는 잔을 입에 갖다 대 조금이라도 마시는 시늉을 하고 테이블에 내려놓는다.

식사 전 빵: 식사 전에 웨이터가 빵을 가져다준다. 이때는 집에서처럼 통째로 들고 버터를 발라 먹어서는 안 된다. 올바른 방법은 빵을 한 입에 쏙 들어갈 만큼의 크기로 나눈 다음 버터를 발라 왼손으로 입에 넣고 먹으면 된다.

메인 메뉴: 수프를 먹을 때는 후루룩 소리를 내며 먹어서도 안 되고, 수프에 빵을 적셔 먹어서도 안 된다. 수저 끝부분을 입에 쏙 넣으며 음식을 떠먹는다. 생선이 통째로 나오면 먼저 생선 전용 나이프로 지느러미를 잘라낸다. 그런 다음 머리부터 꼬리까지 살을 반으로 나누어 생선을 펼쳐놓고 가시를 발라내어 별도의 접시에 옮겨 놓는다. 오븐에 구워서 내놓은 생선 요리는 보통 나이프와 포크를 이용해 먹으면 된다. 닭도 마찬가지다. 먹기 불편할 때는 날개를 들고 먹어도 무방하다. 바닷가재도 두려워할 필요가 없다. 특수 포크로 다리 속에 있는 살을 발라내고, 나머지는 나이프와 포크를 이용해 먹으면 된다.

2월 11일
단체 모임에서 염두에 두어야 할 몇 가지 조언

루이 16세 시절 궁중에서 연회가 베풀어지면 손님들은 왕의 명령에 따라 궁중에서 해도 되는 일과 하면 안 되는 일을 적은 카드를 받았다. 에티켓은 그때 처음 만들어졌다. 오늘날까지도 그런 풍습이 연회나 단체 회식 혹은 파티장에서 이어지고 있다.

정시에 나타남: 예의에 맞다. 시간을 엄수하지 않는 것은 무례하다. 회사의 축하 행사, 칵테일파티, 패션쇼 등에서는 약간 늦어도(최대 30분까지) 된다.
손님의 선물: 가능하면 갖고 가는 게 좋다. 꽃은 두 손으로 주고, 두

손으로 받는다. 부부가 함께 초청해준 상대 부부를 만날 때는 남편이 안주인에게 꽃을 선물한다.

식탁의 질서: 손님으로서 마땅히 따라야 한다. 배치된 좌석을 자기 마음대로 바꾸는 것은 대단한 결례다. 귀한 손님은 항상 초청자의 오른쪽에 앉는다. 남자는 옆 사람이 의자에 앉을 수 있게 의자를 약간 빼주는 배려를 하는 게 좋다.

뷔페: 음식이 사방에 진열되어 있다. 시작은 초청자가 한다. 뷔페 근처에서 음식을 맛보거나 먹어서는 안 된다. 접시에 음식을 많이 쌓지 않는 것도 예의다. 차라리 매번 새로운 접시로 바꿔서 여러 번 담아가는 게 낫다. 그렇게 한다고 식탐이 많다는 오해를 받지는 않는다. 반면 순서를 기다리는 줄에서 새치기하는 손님은 식탐 많은 사람으로 평가받는다. 말재주 있는 사람은 순서를 기다리며 가벼운 이야기를 나눈다.

2월 12일
첫 만남, 의사소통의 규칙들

의사소통에도 한계 효용의 법칙이 적용된다. 일정한 지점에 다다르면 투입은 더 많이 하지만 효과는 더 적게 나타난다. '무엇에 관해서'뿐만 아니라 '어떻게' '얼마나 자주'가 그 사람의 이미지를 구축한다.

인사: 먼저 본 사람이 먼저 하는 게 원칙이다. 비즈니스 현장에서는

직급 낮은 사람이 높은 사람에게 인사하고, 책임자가 손님에게 인사한다. 인사할 때 악수를 할지 여부는 직급이 높은 사람의 결정에 따른다.

자기소개: 자기소개를 할 때 자신의 이름과 직책을 말하되, 3인칭은 사용하지 않는다. "저는 〇〇〇라 하고……."

본인이 직접 소개하지 않을 때는 초청자가 대신하기도 한다. 여러 사람을 소개할 때 직급이 높은 사람을 먼저 하고, 직급이 같을 때는 젊은 사람보다 연장자를, 남자보다 여자를 먼저 소개한다.

전화: 전화를 건 사람이 인사와 함께 자기소개를 한다. 전화를 받는 사람도 자신의 이름을 밝힌다. 흔히 저지르는 실수는 휴대폰을 이용할 때 주로 발생한다. 시끄러운 벨 소리, 요란하거나 웃음을 유발하는 벨 소리가 한 사람의 이미지를 망가뜨릴 수 있다. 이때는 진동음으로 맞춰놓는 게 실수를 줄이는 방법이다. 공공장소에서 전화를 받을 때는 신분을 밝히는 말은 생략한다. 옆에 손님이 있으면 전화 받지 못한다는 신호를 보낸다. 그러지 않고 전화를 받으면 손님이 전화한 사람보다 자기를 덜 중요하게 생각한다는 의미로 받아들일 수 있다.

이메일: 짧지만 직접 쓴 편지 같은 취급을 받는다. 호칭과 마무리, 맞춤법과 문법이 올바르게 되어 있어야 한다. 이메일에는 실제로 만나서 대화를 나눌 때 말의 의미를 강화시키는 몸짓이나 말의 억양이 빠져 있으므로 대화가 더 쉽게 진행될 수 있다. 따라서 신중하게 언어를 선택해 사용할 필요가 있다.

2월 13일
사무실 안에서의 태도

사람들과 잘 어울리려면 스스로 자신을 얼마나 좋게 생각하는지, 다른 사람에 대해서는 얼마나 안 좋게 생각하는지에 대한 생각을 숨기기만 해도 된다고 프랑스의 연출가 장 콕토는 말했다. 좋은 태도의 효과는 기대 이상이다. 동료나 상사, 거래처에서 원만한 인간관계를 유지하는 것은 그 사람을 돋보이게 만든다. 다른 사람에게 안 좋은 인상으로 남지 않으려면 아래에 소개하는 규칙들을 머릿속에 새겨두어야 한다.

명함: 받아서 곧바로 정리하지 말고 자세히 들여다봐야 한다. 직책에 대해 말로 소개되지 않은 부분을 언급한다면 더 긍정적인 효과를 발휘한다. "박사님이시네요……?" 거래처에서의 만남은 손님이 직책 높은 사람에게 명함을 먼저 건넨다. 수직 체계가 확실하지 않은 경우에는 앉은 자리 순서에 따라 명함을 나눠준다.

존댓말: 외국 거래처의 만남에서는 나이가 기준이 아니므로 직책에 따라 반말로 상대를 부를 수 있다. 물론 그러한 호칭을 거부할 권리도 있다. 그럴 때도 근사한 변명으로 대처하는 게 좋다. "저를 신뢰해주셔서 감사합니다. 그러나 일하면서 자연스레 그렇게 되는 것이 제게는 더 쉬울 것 같습니다."

개인 공간: 개인 공간은 보호해주는 게 좋다. 동료의 사무실에 무단으로 뛰어들어가는 것은 상대와 거리를 두어야 하는 개인 공간 보호의 원칙을 깨는 일이다. 먼저 노크를 하고 나서 들어가도 좋은지 물

어보고 만약 여의치 않으면 나중에 오겠다고 하든가 전화해줄 것을 부탁한다. 복도에서 대화를 나눌 때는 1미터 정도 떨어져서 말하는 게 좋다. 자신의 몸으로부터 60센티미터는 개인 영역으로 인식되어 낯선 사람이 그 영역 안에 침범하는 것을 불쾌하게 여길 수 있다.

시간 엄수: 시간 엄수는 예의 바른 사람이라는 인상을 준다. 어쩌다 시간을 지키지 못했다면 구차한 변명을 길게 늘어놓지 않는 게 좋다. 그냥 짧은 말로 미안함을 표현하는 것으로 충분하다. 그럼 상대도 이를 사과로 받아들이고, 더 이상 왈가왈부하지 않는다.

감사의 인사: 당연한 소리처럼 들리겠지만 고맙다는 인사를 사람들은 종종 잊는다. 임무 배정과 지시가 일상인 사무실에서도 부탁한다는 말과 고맙다는 말을 서로 해야 한다. 그런 작은 표현으로 그 사람의 진면목이 돋보인다.

2월 14일
직장에서의 연애

사랑으로부터 자유로운 공간은 없다. 사랑의 화살은 언제 누구를 만나든 자기가 원하면 수시로 발사된다. 이는 직장에서도 마찬가지다. 하지만 상당한 위험이 따르는 일이다. 사내 연애는 엘리베이터 안에서의 가벼운 접촉, 복사기 근처에서 마주치는 것과 같이 업무에 집중함으로써 생산성을 높이기보다는 떨어뜨리는 태도로 자주 나타난다.

한 조사에 의하면, 직장은 학교 다음으로 파트너를 만나기 쉬운 장소다. 전체 부부의 35퍼센트가 직장에서 인연을 맺어 이뤄졌다는 조사 결과가 있다. 직장에서는 동료 간의 관심사와 교육 수준 정도가 비슷하기 때문에 서로 어울릴 수 있는 부분이 많다. 그리고 같은 부서 내에서 일하다 보면 어쩔 수 없이 친하게 지내야 되는 점도 있다.

같은 팀의 일원으로 일하면서 자신의 개인적인 것도 자연스럽게 노출시키게 된다. 사람들이 상대에 대해 전혀 모르면서 잠재적인 파트너에게 접근하지는 않는다. 때문에 통계적으로 볼 때 직장에서 맺어진 부부가 더 오래 관계를 지속한다고 한다.

주의: 회사 안에서는 연애하지 말 것! 고용주를 속이면서 사랑에만 몰두해서는 안 된다. 업무와 사생활은 불가분의 관계여서 갈등이 일어날 소지가 크다. 그리고 사내에서 공개적으로 연애하는 사람들은 유리로 만든 집에 있는 것과 마찬가지다.

그들이 하는 모든 행동은 다른 사람들에게 관찰된다. 그리고 동료들은 두 사람의 관계에 대해 필요 이상으로 많은 것을 알게 된다. 두 사람의 관계를 소원하게 만들 위험 요소들이 도처에 깔려 있는 것이다. 두 사람이 잘 지내고 있는 동안에는 아무 문제가 없다. 그러나 둘 사이가 끝났을 때는 어찌 되겠는가? 대개는 사랑이 치명적인 사건이 되기 쉽다. 급기야 회사 분위기가 무거워지고, 둘 중 한 사람은 직장을 잃는 결과가 야기된다.

그러므로 직장 내 연애에 대해 전문가들은 이렇게 조언한다. 두 사람의 관계에 확신이 서지 않는 한, 비밀로 해두는 게 좋다. 복도에서 잡담도 하지 말고, 두 사람의 관계를 다른 사람에게 들키지 말도록 해야 한다.

만약 교제하는 것이 밝혀졌으면 직장 내에서는 동료로 지낼 것을 두 사람이 동의해야 한다. 퇴근한 다음에야 연인으로 만나는 것이다. 직장 내에 퍼지는 소문은 커리어에 장애가 된다. "김 대리는 왜 화장실에만 가면 이렇게 늦는 거지? 잠깐 떨어져 있는 것도 견딜 수 없나 보지?" 그런 소문이 돌다 보면 업무 능력에 대해서도 의심받게 된다. 가장 좋은 방법은 규칙을 만들어 직장 내에서는 가능한 한 멀리 떨어져 지내는 것이다. 두 사람 관계에서 일어나는 문제도 사생활이다.

2월 15일
지혜로운 말들

직장에서 성공하는 방법은 두 가지다. 자신의 능력을 확실하게 보여 주는 방법과 능력이 있다고 주장하는 방법이다. 가능하면 첫 번째 방법을 써라. 그것은 경쟁률이 그렇게 심하지 않기 때문이다.

–대니 케이, 오스카상 수상자

승천하려는 용은 맞바람을 맞고 날아오른다.　　　　**–중국 속담**

인간의 지혜는 무엇을 경험했는가가 아니라 경험할 수 있는 그 사람의 능력으로 측정된다.　　　　**–조지 버나드 쇼, 작가**

우리를 부러워하는 사람의 숫자가 우리의 능력을 입증한다.

–오스카 와일드, 작가

2월 16일
어떻게, 무엇을 달성할 것인가?

성격이 강한 사람은 오랫동안 고민하지 않는다. 직업적으로 성공하고 싶은 사람은 결과를 예측하는 결단을 내려야 한다. 개인의 영역에 대해서도 마찬가지다. 그래야만 머릿속이 명확해지고, 행동에 집요함이 생긴다. 아래에 소개하는 질문들은 자신의 목표를 통찰하는 데 도움을 줄 것이다.

- 구체적으로 난 무엇을 달성하고 싶은가?

- 무엇을 바꿔야 하고, 개선해야 하나?

- 어떤 전제 조건이 있어야 가능한가? 자신감을 더 가져야 하나, 자유 시간이 더 많아야 하나? 재정적인 안정이 필요한 일인가?

- 목표의 80퍼센트만 달성했을 때 내 기분은 어떻게 될까?

- 그 목표를 이루기 위해 무엇을 해야 하나?

- 목표를 위해 무엇을 포기해야 하나? 그게 가능한가?

- 좌절과 불안을 어떻게 극복하나?

● 지금 당장 내가 시작할 수 있는 일은 무엇인가?

2월 17일
직무에 대한 사랑, 일에 대한 착각

로버트 저메키스가 감독한 〈캐스트 어웨이〉에서 톰 행크스는 주인공 척 놀랜드 역을 맡았다. 그는 택배회사의 간부로 전 세계 곳곳을 누비고, 자신의 직무에 만족하며 온 마음을 다해 일에 몰두한다. 그러던 어느 날, 비행기 추락 사고로 무인도에 떨어지면서 생존을 위한 투쟁이 그의 하루하루를 채우게 된다. 처음에는 그런 일과에 외로움도 잊고 산다.

많은 이들이 일 없이는 살 수 없는 사람이라는 의미에서 워커홀릭이라는 말을 한다. 성과를 내려는 의지를 알코올 중독자와 비슷한 상태로 보는 것이다. 힘겹게 직장 생활을 하는 사람들을 만나면 그들은 앞으로 얼마나 오랫동안 일해야 하고, 그다음에는 어떻게 살아갈 것인지에 대해 말한다. 직장과 삶이 서로 경쟁하는 것처럼 보인다. 한마디로 어불성설이다.

일하는 사람도 일을 하면서 삶을 살아가고 있는 것이다. 그 말에 반대할 사람은 아무도 없다. 삶과 일은 서로 상대를 강화시키고, 열매를 맺게 하면서 완벽하게 어우러질 수 있다. 일을 그만둔 사람들은 대개 두 그룹으로 나뉜다. 한 그룹은 관광지를 돌아다니며 여행하고, 여가 활동을 할 기대에 즐거워하지만 머지않아 공허함을 느끼고, 일하던 시절을 그리워한다.

또 다른 그룹은 일을 계속하고, 새로운 시작을 하는 사람들로, 앞서의 그룹보다 훨씬 더 만족스러운 삶을 산다. 그렇게 된 원인은 일 자체이지, 많은 사람들이 생각하고 있는 것처럼 봉급의 액수 때문이 아니다. 노벨 문학상을 받은 토마스 만은 일이 힘들어서 '재미도 없고 지겨운 짓거리'라고 하면서도 일하지 않는 것은 '지옥'이라고 말했다.

2월 18일
행복은 선택의 문제

근심이 생겼을 때, 많은 사람들은 그것이 뜨거운 물에 넣고 휘젓기만 하면 녹아버리는 인스턴트커피가 되기를 바란다. 금방 사라지기를 원하는 것이다. 또, 많은 신입 사원들이 가능한 한 빨리 책임 있는 자리에 오름으로써 자신의 지위를 확보하려고 한다. 하지만 그것은 잘못된 생각이다.

안정감이 신분의 수직 체계에 아무런 영향을 미치지 못하듯 책임이 영향력을 높여주는 게 아니다. 그런 사람들은 성공이 책임 있는 자리와 성과로 얻을 수 있다고 생각하지만, 이는 잘못된 생각이다. 아니, 잘못되지는 않았지만 보다 더 중요한 책임을 사람들은 잊고 산다.

"인간은 무엇인가?"라고 빅토르 프랑클은 묻는다. "인간은 항상 자신이 무엇이든 결정을 내리는 존재다." 책임은 다른 사람에게 전가할 수도 없고, 빼앗길 수도 없다. 그 대신 책임은 모든 사람에게 깨어 있는 의식으로 결정을 내릴 것을 요구한다.

이 회사에 입사할까 말까? 이 업무를 맡을까 말까? 새로운 직장을 찾아 나설까 말까? 누구에게나 선택권이 있다. 언제라도.

많은 사람들이 단지 좀 더 편하거나 불확실하다는 이유로 아예 결정을 내리지 않는다. 지금 다니고 있는 회사가 상황이 안 좋다는 것을 일찌감치 알아챘을 수도 있다. 업무 변동이 심하고, 자신이 점점 더 불만족스러워진다는 것을 오래전에 느꼈을 수도 있다.

제때 문제 해결에 나서고, 다른 사람들을 만나보고, 교육을 더 받고, 다른 직장을 알아보는 일을 시작했을 수도 있었을 텐데 그렇게 하지 못했다. 그래서 다른 사람들이 대신 결정을 내려준다. 하지만 그들은 아무런 책임도 지지 않는다. 아무 결정을 내리지 않는 것도 하나의 선택이다.

선택은 마음을 불편하게 한다. 그런 선택을 하는 사람이 많지는 않지만 선택은 성공을 위한 필수 요소다. 행복은 운이 좋으면 만날 수 있는 게 아니다. 그것은 스스로 책임지고, 결정에 따른 행동을 한 결과로 얻는 것이다.

2월 19일
쇼를 하라!

"가끔 겉으로 드러나 보이는 모습이 성과보다 더 중요하다는 생각을 해요."

"둘 다 똑같이 중요하죠. 성공에 이르는 중요한 열쇠 가운데 하나는 다른 사람과 원활하게 소통하는 것이에요. 만약 구직자를 찾으면서 사회성, 팀원으로서의 활동, 호감 가는 분위기 같은 것을 요구한다면 그 이면에는 의사소통 능력을 중시하겠다는 결정이 자리 잡고 있을 거예요. 태도나 옷의 스타일도 말이 아닌 또 하나의 의사소통 방법이죠."

"무난한 정장을 입으면 그것으로 충분하잖아요."

"물론 점수가 깎이지는 않겠지요. 옷차림은 당신이 누구인가를 말해줄 뿐만 아니라 앞으로 당신이 어떤 사람이 되려고 하는지도 알려줘요. 그렇다고 면접 갈 때 화려한 옷으로 치장하라는 것은 아니에요. 직장에서 당신은 어떤 직급에 속해 있는지를 옷으로 말하게 돼요. 직장에서의 승진은 은행에서 대출을 받는 것과 같아요. 일단 안정적인 자산을 보여주어야 대출을 받을 수 있지요. 겉으로 보기에 비사회적으로 보이는 사람은 방어 체계를 허무는 데 많은 시간을 필요로 해요."

"그렇다면 시각적으로 전문 사기꾼이라도 되라는 말인가요?"

"전문 사기꾼은 바로 그런 점을 이용해 성공을 거두는 사람들이죠. 그들은 주변의 기대를 반영해주는 말을 하고, 그에 맞는 옷차림과 스타일을 완벽하게 꾸밈으로써 아무런 거부감 없이 동화되게 하지요. 하지만 그것은 아주 짧은 시간에만 그렇게 보일 뿐이에요. 그들은 자신들의 목적만 달성하면 곧바로 잠적해버리죠. 때문에 직장에서는 능력이 중요해요. 그러나 어떤 능력이 있는지 사람들이 아직 알아채지 못하는 동안에는 포장이라도 근사하게 해야 해요. 우리가 책을 살 때도 마찬가지 원칙이 적용되죠. 대부분의 구매자들이 표지를 보고 결정을 내리거든요. 그게 잘못된 결정은 아니에요."

2월 20일
가족이 함께 회사를 운영하는 장점

가족이 운영하는 회사는 장점이 많다. 일단, 규모가 커야 한다. 경제지를 꼼꼼히 읽어본 사람이라면 존경받는 경영인의 순위에서 대기업이 압도적으로 많다는 점을 알 수 있다. 경영학이나 공학을 전공한 사람들은 특히 자동차 업체나 소비재 제조 업체 혹은 비즈니스 전략 컨설팅 업체에 들어가려고 한다. 중간 정도 규모의 가족 중심 회사에는 거의 지원하지 않는다. 게다가 그런 회사의 경영자는 매우 흥미로운 일자리를 제공하고 있음에도 과소평가되고 있다. 가족 중심 회사에 입사하면 대기업에선 맛볼 수 없는 끈끈한 동지애를 느낄 수 있다. 동료들은 비용 절감을 위해 가족 구성원으로 짜여 있고, 그들은 최고 결정권자에게 자기 의견을 직접 말할 수 있는 통로를 확보하고 있다.

또 가족 구성원 중심의 회사에는 대부분의 대기업에서 승진 기준으로 삼는 통제 메커니즘이 덜 발달되어 있다는 점도 염두에 두어야 한다. 그래서 가족을 요직에 앉히는 일이 빈번하게 일어난다. 창업주의 자손들은 주식회사보다 그런 회사에서 발 빠르게 승진한다. 어차피 회사 돈이 자기 돈이라는 생각에서다. 누가 누구와 일을 하고, 창업주가 누구에게 비중을 두는가에 대한 결정이 더 강력한 힘을 발휘한다. 물론 주식회사에도 그런 정책적인 결정이 없는 것은 아니지만 그래도 경영 원칙, 이사진, 감사가 직원들의 의사를 대변하는 체계를 갖추고 있다.

위와 같은 점을 살펴보면 가족 중심 회사에 대한 선호도가 떨어질 수 있지만 미리 제대로 준비만 하면 극단적으로 외면하지 않아도 된다. 계약서에 서명하기 전에 얼마나 많은 가족 구성원이 승진을 기다리고 있는지, 특히 당신이 앞으로 일하게 될 자리에 오르려고 하는지 명확히 해두어야 한다. 그리고 가족 구성원과 창업주에 대한 보고서를 꼼꼼히 읽어두어야 한다.

특히 당신이 직책 높은 자리에 있다면 계약서에 배상의 원칙에 대한 명확한 규정을 해두어야 한다. 혹시라도 갈등에 휘말릴 경우, 계약서에 명시한 원칙이 당신의 협상 위치를 간접적으로 강화시켜주고, 조기 퇴직을 해야 하는 만일의 사태에도 대비할 수 있게 해줄 것이다.

2월 21일
새로운 직책을 맡아 90일 내에 해야 할 일들

새로운 직책을 맡았을 때의 좋은 점은 많은 가능성을 갖고 있다는 것이다. 새로운 아이디어와 제안을 할 수 있을 뿐 아니라, 새로운 것을 배울 수 있고, 계속 성장 발전하거나, 경우에 따라 실패도 경험할 수 있다. 직책 변경 후 처음 90일간이 이후의 성공에 절대적인 영향을 미치는 경우가 많다. 따라서 그 기간을 위해 특별히 아래에 소개하는 규칙을 명심해야 한다.

전형적인 실수: 승진하자마자 태도가 돌변하는 사람들이 있다. 거만해지고 독단적이 되는가 하면, 과욕을 부리는 사람도 있다.

모든 시합은 몸을 따뜻하게 덥혀놓은 다음에 시작된다. 일단은 동료들을 더 잘 이해하기 위해 관찰하고, 질문하고, 남의 말을 열심히 들어야 한다. 부서의 현재 상황은 어떠한가? 전임자는 왜 이곳을 떠났나? 앞으로 목표하는 다음 단계는 무엇인가? 업무 수행을 위해서는 무엇이 중요한가? 부서의 특별한 장점은 어떤 것이 있나? 그 밖의 예상치 못한 문제들로는 전임자가 유산처럼 남겨두고 간 일들, 함께 지원했다가 탈락한 다른 지원자의 시기 어린 시선 등이 있다. 이런 상황에서 해결책은 가능한 한 빨리 우호적인 인맥을 형성하는 것이다. 새로 승진한 사람들 중 많은 이들이 잘못된 네트워크를 형성하는 실수를 범한다.

자기 자리에 안착한 다음에는 동기를 부여하는 비전을 제시해야 한다. 직원들은 앞으로 어느 곳을 향해 달려야 하는지 알려고 한다. 그리고 그들은 목표를 완수하는 과정에서 각자 어떤 역할을 맡게 될지 궁금해한다. 본인과 다른 직원들이 과중한 업무에 휘말리지 않게 하기 위해 안정과 변화 사이의 균형을 유지하는 일이 무엇보다 중요하다. 회사 경영은 단거리 달리기가 아니라 장거리 경주다. 그러므로 적절한 시점에 힘을 쏟고, 우선순위를 잘 매겨야 한다.

2월 22일
일에 대한 재미만으로는 충분하지 않다

돈을 더 벌고 싶고, 결정적인 조언을 듣고 싶으면 이런 조언을 눈여겨봐라.

당신이 좋아하는 일을 하라. 그러면 돈은 저절로 따라온다!

이것은 《리더스 다이제스트》에 나올 법한 말이다. 완벽한 문장은 이렇게 된다.

당신이 좋아하는 일을 열심히, 심혈을 기울여 하라.
열정적으로 일하고, 목표 지향적으로 일하고, 새로운 것을 받아들일 유연한 사고를 지녀라. 당신에게 요구되는 것보다 더 적극적으로 참여하고, 일할 때는 정말 열심히, 지금보다 더 열심히 하라. 그럼 돈은 저절로 따라온다.

2월 23일
책상이 어지러운 사람은 성공하기 어렵다

케임리브지 대교학의 연결구과 단어의 철자를 어떤 순서로 배하열는지는 중하요지 않다고 한다. 중요한 것은 첫리머와 마지막 철자가 올르바면 맞게 인한식다고 한다.

단어의 철자를 뒤죽박죽 바꿔놓은 연구의 선구자인 언어학자 그레이엄 롤린슨은 1976년에 단어에서 중간에 들어 있는 철자의 순서가 글을 읽고 뜻을 이해하는 데 거의 영향이 없다는 사실을 밝혀냈다. 그것은 바벨탑에 대한 변론이다. 그러나 사무실의 당신 책상은 그렇게 되지 말도록 해야 한다.

아무리 훌륭한 천재도 극도의 혼란을 극복하기는 어렵다. 다 마신 커피잔, 수북한 서류 뭉치, 아무 데나 놓여 있는 귀중한 자료들은 경영진의 눈에 안 좋게 보인다. 영국의 심리학자인 캐리 쿠퍼의 연구 결과를 보면, 간부 직원들 가운데 70퍼센트는 책상의 정리 정돈 상태가 좋은 직원을 선호한다고 밝혔다. 그 배경에는 이 같은 선입견이 작용한다. 어지러운 책상을 보면 책상 주인도 정신이 산만해 보인다. 그런 사람은 체계적인 사고를 하지 못하고, 목표를 지향하지도 않아 승진에 대한 욕심도 없고, 리더십도 없다. 사실, 근거가 빈약한 말이지만 많은 사람들이 그렇게 믿고 있다.

그러므로 당신은 사무실의 당신 책상을 정리 정돈하고 저녁이면 깔끔하게 치운 다음 퇴근해야 한다. 그게 스스로를 위해서도 좋다. 다른 사람이 부득이하게 당신의 자리를 잠깐 사용했을 때 커피잔이 지저분하게 놓인 책상에 대해 과장된 소문을 퍼뜨리는 것을 막을 수 있다. 그리고 당신의 상사가 우연히 지나가다가 당신에 대해 좋은 인상을 받을 수 있다.

명심할 것: 정리 정돈은 인생에 필수가불결한 일이다!

2월 24일
다른 사람의 수고로 이득을 취하지 마라

얼마 전에 누군가 전화를 걸어왔다. 그는 몹시 흥분한 목소리로 다짜고짜 본론부터 말했다.

"지난주에 이러저러한 기사를 신문에 실으셨죠? 그런데 그 기사에 모 기업을 예로 드셨더군요. 우리도 그 회사와 똑같은 방법을 벌써 10년째 하고 있는데 좀 더 나은 방법으로 하고 있어요. 우리 기사도 좀 내보내주세요. 그런데 왜 처음부터 우리를 찾아오지 않으셨어요?"

그 이유는, 다른 기업이 내게 더 빨리 접근했기 때문이었다. 호감을 갖게 한 것도 한몫했다. 좋은 아이디어가 생각났을 때 그것을 얼른 실행에 옮긴 사람이 성공하게 되어 있다. 그 점은 인정해줘야 한다. 경쟁자의 씁쓸함 뒤에는 똑같은 기회가 주어질 수 있었는데 그렇게 되지 못했다는 데 대한 가슴 아픈 자각이 숨어 있다. 그런 이들은 다른 사람의 성공을 축하해줄 마음의 자세가 되어 있지 않다. 그들은 자신들이 당연히 성취할 몫의 성공이었는데 다른 이에게 빼앗겼다고 화를 내기도 한다.

직장에서도 누구나 자신의 재능과 능력을 보여줘야 한다. 하지만 그것을 다른 사람의 비용으로 하려는 것은 큰 실수다.

명심할 것: 항상 그 사람만 칭찬하지 마세요. 그 사람이 할 수 있는 일이라면 난 벌써 옛날부터 하고 있었습니다.

그래서 어쨌다는 건가? 그렇다면 앞으로는 당신이 좀 더 잘하면 된다. 다른 사람의 수고로 자신이 이득을 보려고 하는 짓은 왕따가 되는 지름길이다.

"다른 사람을 안 좋게 만들려는 사람은 그렇게 함으로써 자기 자신도 안 좋게 된다"고 로마의 철학자 루시우스 안나에우스 세네카는 경고했다.

삶은 공평하지 않다. 또, 세상에 공정한 상사는 어차피 존재하지 않는다. '그 사람'이 자신의 능력을 더 잘 팔아서 그렇게 됐을 수도 있다. 이는 잘못되었다고 볼 수 없고, 오히려 칭찬할 만한 일이다. 다른 사람이 성취한 것을 과소평가함으로써 자신이 더 잘할 수 있다는 것을 보여준다고 믿는 사람은 자충수를 두는 것이다. 밀고자를 좋아하는 사람은 세상에 아무도 없다.

말을 더 잘하는 사람이 아니라 실력이 더 나은 사람이 그렇지 못한 사람을 밀어내는 게 철칙이다. 그러므로 다른 사람을 헐뜯는 데 시간을 허비하지 마라. 그보다는 자신의 일에 충실히 임하는 게 좋다. 지금 당장.

2월 25일
약속과 약속에 대해

영화 〈폴링 다운〉을 보면, 마이클 더글러스가 어느 식당에 들어가 간단한 아침을 주문한다. 그런데 그 시간이 11시 30분 직전이었다. 아침 주문은 11시 반까지만 가능하다. 식당 주인은 관용이라곤 눈곱만큼도 없는 인물이다. 그래서 더글러스에게 점심을 주문할 것을 요구한다.

화가 난 더글러스가 다음 장면에서 보여준 행동이 인상적이다. 그는 햄버거를 주문해서는 빵을 뒤집어 햄버거를 조각조각 자르며 주문대 위에 걸려 있는 사진과 비교한다. 빵은 사진에 나와 있는 것처럼 바삭거리지 않고 질기다. 샐러드는 상큼하지 않고 느끼하다. 고기는 육즙이 많지 않고 뻑뻑하다. 그는 광고 사진을 손으로 가리키며 식당 주인에게 묻는다.

"저 사진이 어떻게 해서 저렇게 나왔는지 나한테 설명 좀 해주실래요?"

제품에 대한 실망. 이는 회사가 고객에게 주는 가장 안 좋은 것이다. 손님은 관용을 베풀지 않고, 다음부터는 그 물건을 사지 않을 것이다. 한 회사의 정책도 그와 똑같다.

지킬 수 없는 약속은 처음부터 하지 마라!

어떤 프로젝트를 떠맡을 때나 승진할 시점, 혹은 면접 자리에서 한 약속은 반드시 지켜야 한다. 약속을 어길 경우 상대에게 비현실적이고, 안 좋은 인상만 주게 된다.

처음에는 자기 자신을 빚쟁이로 만들어 상대를 실망하게 한 것이 크게 나빠 보이지 않는다. 하지만 그런 행동이 반복되면 당신에 대한 신뢰에 금이 간다. 결국 외부의 강요 없이도 당신은 허풍쟁이가 되어버린다. 경쟁자에 대한 압박과 자신의 능력을 팔아야 한다는 의욕에도 불구하고 처음에는 기대치를 높게 잡아주지 말아야 한다. 과소평가받는 것은 여러 가지 장점이 있다. 그렇게 되면 동료나 상사를 긍정적인 의미에서 놀라게 할 수 있다.

2월 26일
에너지를 주는 생각

인간은 날마다 많은 것들을 생각한다. 그런데 그 시간의 대부분이 놀랍게도 자기 자신에 관련된 것들이다. 우리는 우리가 취한 행동을 머리에 떠올리고, 분석하고, 비판하고, 칭찬하고, 계획을 세운다. 그런 내면의 대화는 엄청난 효과를 발휘하여, 우리의 행동과 감정에 95퍼센트 각인된다. 심지어 자세도 그 영향을 받는다.

스트레스를 받을 때 당신은 어떤 태도를 취하는지 한번 점검해보라. 대부분의 사람들이 어깨를 축 늘어뜨리고, 등을 구부리고, 굳은 얼굴을 하고 있다. 머릿속으로 무슨 생각을 하는지 잠깐 연습해보면 알 수 있다.

생각에도 에너지가 있다. 당연한 말이겠지만, 부정적인 생각은 안 좋은 에너지를 만들어낸다. 《탈무드》에도 그런 경고가 나와 있다. "생각은 말이 될 수 있으니 조심하라. 말은 행동이 될 수 있으니 조심하라. 행동은 습관이 될 수 있으니 조심하라. 습관은 성격이 될 수 있으니 조심하라." 그러므로 생각을 조심해야 한다.

2월 27일
좋은 상사는 둘째 문제다

간부는 대개 자신에게 주어진 권력을 행사하는 사람과 부하 직원에게 긍정적인 영향을 끼치는 사람으로 나뉜다. 대부분의 사람들이 두 번째 종류의 사람을 좋아한다. 그래서 많은 이들이 친절한 상사를 찾는다. 하지만 그것은 잘못이다. 회사의 제품이 상사보다 더 중요하다.

물건이 정말 좋으면 경영진에선 물건을 제대로 팔지 못하는 상사의 본질을 파악하고 회사 밖으로 내보낼 것이다. 그럼 그때까지 참고 버텨온 직원들에게 황금기가 도래한다. 그들은 충성을 다했고, 능력 있음을 입증했기 때문에 당연히 보상을 받게 된다. 겸손하게 참고 지내는 것은 덕망일 뿐만 아니라 훌륭한 경영자들이라면 모두 겪어내야만 했던 품성 교육이다.

난 최고의 자리에 오른 경영자들 가운데 한때 감정 변화가 심하고, 악질적이고, 능력이 부족한 상사 밑에서 일해본 경험이 없는 사람은 알지 못한다. 그런 상사 아래서 자신의 임무에 충실하면 저항력이 높아진다. 직장을 바꾸고 싶은 사람이 최고의 회사에 다닌 경력이 있다면 가산점으로 작용하지만 어떤 상사 밑에서 일했느냐고 물어보는 사람은 없다.

반대로 부실한 회사와 좋은 상사의 결합은 몇 가지 위험을 안고 있다. 처음에는 훌륭한 리더십 덕분에 업무가 불완전한 상황에서도 즐거움을 느낀다. 심지어 사무실을 집처럼 느끼기까지 한다. 하지만 능력 있는 상사들은 흙 속에 파묻혀 있지 않다. 더구나 작은 회사에서 그런 사람의 존재는 등대처럼 우뚝 솟아 있다. 따라서 능력 있는 상사들은 머지않아 그 직장을 떠나게 된다. 그럼 좋은 상사는 가버리고, 당신 혼자 부실한 회사에 남게 된다. 이름이 별로 알려지지 않은 회사에서 일류 회사로 옮기는 것은 어렵다. 그 반대의 경우에는 전혀 문제가 되지 않는다.

2월 28일
특별 보너스에 주의할 것

"와, 우리 회사에서 엄청 좋은 정책을 내놓았어. 신입 사원을 데려오면 1인당 5백만 원씩 준대. 내가 한 사람 알고 있는데⋯⋯."

"그 사람한테는 아직 말하지 마."

"돈 버는 일인데 뭐가 잘못이야?"

"잘못은 아냐. 5백만 원이 문제가 아니라 당신의 이력에 금이 갈 수도 있어. 당신이 누군가를 추천했다고 가정해봐. 그리고 그 사람이 실제로 지원해서 회사에 들어왔는데 아주 무능력한 사람으로 밝혀졌다고 생각해봐. 그럼 사람들이 당신한테 물어볼 거야. 어떤 이유로 그 사람에 대해 좋은 말을 그렇게 많이 했느냐고. 대부분의 사람들은 그런 상황이 되면 변명부터 늘어놔. 아주 잘 아는 사람이 아니었기 때문에 그런 줄은 몰랐다고. 그 말이 당신에게 더 큰 피해를 줄 거야."

"왜 그렇지?"

"상사가 당신에게 따지겠지. 잘 알지도 못하는 무능력한 사람을 우리한테 추천해주고 5백만 원을 챙겼느냐고. 상사는 그 사람과 함께 당신을 내보낼 궁리를 할지도 몰라.”

“너무 심한 과장 아냐? 만약 그렇다면 회사에서 보너스 준다는 말을 아예 하지 말아야지.”

“그게 무조건 안 좋은 방법이라곤 말하지 않았어. 하지만 동전의 양면과 같아. 누군가를 추천하려면 직무뿐만 아니라, 소개할 사람에 대해서도 파악하고 있어야 해. 양측이 서로 잘 맞는다는 확신이 서면 기꺼이 보너스를 받아도 되지. 그렇지 않은 경우에는 아예 추천하지 말라는 거야.”

2월 29일
달력의 날짜에 대해

실제로 1년은 365일이 아니다. 365일에서 여섯 시간 남짓 부족하다. 그것을 무시하면 언젠가는 여름에 12월이 될 수 있다. 그렇다면 얼마나 혼란스럽겠는가? 그래서 그레고리우스 13세 교황은 16세기 말에 윤일을 하나 넣기로 결정하고 2월 29일을 만들었다. 그날은 해당 연도를 4로 나누어떨어지고, 100으로 나누어떨어지지 않는 해에 생긴다. 다만 앞에서 열거한 해 중에 400으로 나누어떨어지는 해는 예외다. 그래서 서기 2000년에는 윤일이 있었지만 2100년에는 없다.

2월 29일을 보면서 우리는 가끔 자신이 갖고 있는 것을 세상에 조금 되돌려줘야 한다는 것을 깨달을 수 있다. 그렇지 않으면 질서가 무너지고, 다른 사람으로부터 존경받을 기회를 놓치기 때문이다.

자기희생은 반드시 보상을 받는다고 켄트 대학의 심리학자인 찰리 하디와 마르크 판 푸그트는 주장했다. 그들은 사람들을 두 그룹으로 나눈 뒤, 각 그룹에 속한 사람들 중 몇몇에게 기부를 하라고 했다. 한 그룹에는 공개로 하게 했고, 다른 그룹에는 비공개로 하라고 했다. 그 결과, 기부의 기쁨이 공공연히 알려진 그룹에서 기부 액수가 높아졌다.

특히 선한 일을 한 사람은 각 팀에서 다른 팀원들의 신망이 두터워지면서, 그룹의 리더로 뽑혔다. 실험 후에 실시한 설문 조사에서 그런 이들과 함께 일하고 싶다는 사람들이 많이 나왔다.

다시 말해 성공에는 의무가 따른다. 스스로 문제를 해결하지 못하는 사람을 도와주어야 하고, 자기 몫을 다 챙기지 못하는 사람에게도 즐거움을 나눠주어야 한다. 마음 약한 사람들은 제대로 보답받지 못하기 때문에 충분히 지지해주어야 한다.

물론 부자, 유명 인사, 권력가 역시 남의 도움을 절실히 필요로 하지만 풍요롭고 유명하고 힘 있는 사람들에게만 시간과 에너지와 관심을 보여주는 것은 별로 바람직하지 않다. 그러나 이 이야기는 다음 기회에 하기로 한다. 여기서는 가끔 자기가 갖고 있는 것을 나눠주는 일이 궁극적으로는 그 사람을 성공하게 만들고, 행복하게 만든다는 사실만 밝혀둔다. 그 이상도, 그 이하도 아니다.

MARCH

3월

일상의 실무에서 성공하는 방법

3월 1일
성공을 위한 지상 명령 20가지

- 단체를 벗어나지 마라. 단체에 맞서는 일은 피하라.

- 성과는 돈을 주고 살 수 있다. 그러나 열정은 돈으로 살 수 없다.

- 다른 사람의 의견은 잊어버려라. 사람마다 생각이 다르다.

- 당신의 내면 깊숙한 곳을 오색찬란한 빛으로 비춰보지 마라.

- 당신의 성공을 위해 신경 쓰는 사람은 아무도 없다. 그것은 오로지 당신 혼자 해야 할 일이다.

- 재능이 많을수록 필요로 하는 게 많다.

- 권력은 남이 선물하는 게 아니다. 스스로 쟁취하는 것이다.

- 누군가에게 발견될 때까지 기다리기로 계획을 세웠다면, 분명 실패할 것이다.

- 실패를 염두에 두고 계획을 세우면 충격을 적게 받는다.

- 무언가를 주고 나서 받아라. 순서를 반드시 지켜야 한다.

- 거창한 아이디어는 과대평가되므로 반드시 독창적인 것이어야 한다.

- 당신이 계획하는 일에 많은 시간과 열정을 쏟아라.

- 더 많은 사람에게 인정받는 가장 좋은 방법은 더 이상 다른 사람의 인정을 받을 필요를 느끼지 못하게 되는 것이다.

- 알고 있는 것을 다 말하지 마라.

- 감정이 이성을 넘지 않게 하라. 다만 참고하라.

- 목표가 아니라 방법에 정신을 집중하라.

- 약속은 꼭 지켜라.

- 입으로 '예스'라고 했으면 속으로도 그렇게 생각하라. '노' 역시 마찬가지다.
- 당신보다 나은 사람들과 어울리며 일하라.
- 이메일을 읽고, 전화 메시지를 남긴 사람에게 전화를 걸어주고, 책상을 깨끗이 정돈하라.

3월 2일
약점은 잊어버려라

블레셋 사람들이 공격해왔을 때 이스라엘에서는 어느 누구도 나서지 않았다. 다섯 개의 도시가 연합한 블레셋 사람들 중에는 키가 3미터를 넘고, 온갖 무기로 무장한 골리앗이 있었다. 그런데 딱 한 사람이 골리앗에 맞서 싸우겠다고 나섰다. 바로 어린 다윗이었다. 그는 키가 골리앗의 절반도 되지 않았고, 하프 연주를 잘하는 양치기라서 전투 경험도 없었다. 하지만 다윗은 그런 자신의 처지가 턱없이 부족하다는 생각은 하지 않고 자신의 장점에 정신을 집중했다. 그것은 깊은 신앙심이었다. 그렇게 해서 역사에 길이 남는 성경 속의 전투가 벌어졌다. 키 작은 다윗이 거인 골리앗에게 돌팔매질을 해서 이긴 것이다.

이렇듯 세상에 불가능한 일은 없다. 우리는 모두 장점과 단점을 갖고 태어났다. 그런데 대부분의 사람들은 후자에 신경을 많이 쓴다. 그래서 늘 남과 비교하며 남보다 무엇을 더 못하거나 아예 하질 못하는지를 파악하고, 실패하고 좌절하게 만드는 것에 생각을 집중한다. 자신의 결함을 이겨내지 못하는 사람은 항상 뒤처진다.

갤럽 연구소는 39개국의 백여 개 기업에서 일하는 약 170만 명의 직원들을 상대로 자신의 장점을 아는 것과 단점을 아는 것 가운데 어떤 것이 업무에 도움을 주고, 일을 개선하게 만드는지에 대해 물었다. 어느 정도 예상했겠지만, 대다수가 단점을 아는 것에 주안점을 두었다.

그런 사람들은 자신이 잘 못하는 게 무엇인지 파악해 그것을 개선하려고 엄청난 에너지를 쏟아 붓는다. 또, 자신에게 부족한 점만 생각하는 바람에 결국 자기에게 해로운 짓을 더 많이 하게 된다.

왜 이왕이면 장점을 강화함으로써 단점을 극복하지 못하는가? 그것 역시 설문 조사를 통해 알아본 결과, 자신의 단점을 고치려는 사람보다 장점을 강화시키는 사람의 승진 확률이 50퍼센트나 더 높게 나왔다. 그렇다면 단점은 어떻게 해야 하나? 전혀 문제될 게 없다. 당신의 취약점을 보완해주고, 장점을 끄집어내줄 동료들과 어울리도록 노력하라. 누구나 모든 것을 다 잘할 필요는 없다. 하지만 누구에게나 하나씩은 잘하는 게 있다.

3월 3일
정신이 산만해지는 짓은 이제 그만!

시사 잡지 《슈피겔》은 앙겔라 메르켈 독일 총리에 대해 이런 기사를 실었다.

"총리는 3, 4분마다 휴대폰으로 뉴스를 전달받는다. 국회에서는 휴대폰을 서랍에 넣어둔다. 홍수처럼 밀려드는 뉴스에서 잠시 벗어나기 위해서다. 그러나 겨우 15분 정도 참다가 다시 휴대폰을 들여다본다."

당신이나 나나 국가의 행정을 책임지고 있지는 않지만 우리의 일상도 총리와 별다르지 않다. 우리도 직장에서 수시로 방해받는다. 메신저는 새로운 메일이 들어왔음을 알리고, 전화벨은 끊임없이 울리고, 간식도 먹어야 하고, 동료와 잡담도 나눠야 한다.

요즘처럼 정신 집중을 방해하는 것이 많은 때가 없었다. 그것은 생산성을 떨어뜨리고, 능력을 발휘할 수 없게 만든다. 캘리포니아에 있는 대학의 과학자들은 사무실에서 일하는 직원이 다른 일에 방해받지 않고 일에 집중하는 시간이 11분이라는 연구 결과를 2004년에 발표했다.

현대의 지식인들은 끊임없이 방해를 받으며 살아간다. 게다가 부득이하게 일을 중단했다가 다시 본궤도에 오르기까지의 시간이 평균 25분 걸린다고 한다. 일을 중단하기 전에 머릿속에 섬광처럼 떠올랐던 것이 까맣게 잊혀질 시간이다. 그처럼 여기저기 참견하며 산만하게 일하다 보면 나중에 정신이 흐릿해지는 것은 당연한 결과다.

런던 킹스 칼리지의 연구진은 산만함의 정도가 얼마나 심한지에 대한 조사를 2005년에 실시했다. 두 개의 그룹으로 나눠 난이도가 중간 정도 되는 과제를 풀도록 지시한 후 한 그룹에는 끊임없이 이메일을 보내고, 다른 그룹의 사람들에게는 마리화나를 주었다. 결과는 마리화나를 피운 사람들이 더 나은 집중력을 보여주는 것으로 나왔다.

이렇듯 정신이 산만해지는 와중에도 이성을 잃지 않으려면 몇 가지 규칙이 필요하다.

첫째: 당신이 지금 하고 있는 일에 정신을 집중하라. 정신의 산만함을 연구하는 이들은 외부의 방해 때문에 일을 중단하는 것과 마찬가지로 스스로 다른 생각을 하는 바람에 일이 중단되는 경우가 많다는 것을 밝혀냈다. 따라서 다음에 무엇을 할지를 생각하지 말고 현재 진행하고 있는 일에 정신을 집중하도록 노력해야 한다.

둘째: 가끔은 '노'라고 말하는 용기를 가져야 한다. 우선순위를 매겨 두었다면 반드시 지켜야 성공할 수 있다. 다른 사람의 부탁을 거절하지 못하는 사람은 결국 스스로 파멸하게 된다.

셋째: 메일은 들어오는 즉시 읽지 마라. '이메일-늦게 보기 운동'을 하는 사람들도 있다. 그들은 하루에 딱 두 번만 이메일을 열어서 본다. 전화 자동응답기나 전화에도 마찬가지 규칙을 적용한다.

3월 4일
스트레스를 덜어내는 방법

스트레스는 그 자체만으로는 전혀 나쁘지 않다. 짧은 시간에 마음의 부담을 갖는 것은 정신 건강에도 좋다. 스트레스가 우리로 하여금 능력을 발휘하게 해주기 때문이다. 뭔가 해결하려고 노력하면 그만큼 만족할 가능성도 높다.

스트레스가 쌓이면 몸에 아드레날린과 코르티솔이 분비된다.

기관지와 동공이 넓어지고, 혈관은 축소되며, 맥박은 빨라지고, 산소 공급과 두뇌 회전이 빨라지고, 소화 기관은 운동을 멈춘다. 눈 깜짝할 사이에 최고의 능력을 발휘할 수 있도록 에너지가 한곳에 모이는 것이다. 그것은 시합이나 강연 혹은 거래처와의 협상에서 효과를 발휘한다.

그러나 스트레스가 오래 지속되면 그러한 장점이 사라진다. 몸에서 저항이 생겨 혈압이 높아지고, 위장에 장애가 생기고, 귀에서 이상한 소리가 나기도 한다.

장기적으로는 심신이 피곤한 상태에서 공황 장애, 우울증, 잦은 감염이 나타나는데, 지속적인 스트레스에 몸이 올바르게 기능하는 방법을 잊어버렸기 때문이다. 이를 치유하려면 먼저 긴장을 푸는 게 좋다. 몸을 움직이면 대개 상태가 나아진다. 긴장된 순간이 지나면 잠시 산책하는 게 좋다.

좀 더 나은 방법은 스트레스가 지속되지 않게 하는 것이다. 너무 자주 말해서 식상하게 들리겠지만, 가장 중요한 방법은 우선순위를 세우고, 자기 자신을 통제하는 것이다. 지속적인 스트레스를 덜어내는 데 여러 가지 프로그램을 사용할 필요는 없다. 압박에 대한 긍정적인 생각만으로도 절반은 효과가 있다. 나머지는 체계적으로 자연스럽게 해결된다.

직장 생활에서 문제를 해결하려고 할 때도 체계적으로 움직여야 한다. 하물며 스트레스가 있는 상태에서 그렇게 하지 않을 이유가 없다.

3월 5일
수다에 대한 권고, 스몰 토크의 예술

옛날에도 귀족들은 편안한 상태에서 우아하고 부담 없이 나누는 가벼운 대화의 예술을 즐겼다. 이를 '스프레차투라(Sprezzatura)'라고 하는데, 재미있는 이야기에 약간 공포스러운 분위기를 가미하여 말하는 방법이다. 오늘날은 누구나 할 수 있는 '가벼운 대화'가 수천 년 전에는 상류층만의 특권이었다. 그러나 딱 한 가지는 그대로 남아 있다. 그것이 여전히 성공의 열쇠로 작용하고 있다.

많은 사람들이 낯선 이와 이야기를 나눠야 할 때 창피한 일을 당하지 않을까 두려워한다. "오늘 날씨 참 좋네요"는 아주 고전적이지만 무난한 말이다. 좀 식상한 말이기는 해도 그냥 말없이 상대가 말 붙여주기를 기다리는 것보다는 낫다.

오스카 와일드는 이렇게 말했다.

"누군가 날씨 이야기를 할 때마다 난 그가 내게 뭔가 할 말이 있다는 생각을 한다."

대화를 나눌 때는 상대를 지루하게 하지 말아야 한다. 상대와 공통적으로 느낄 만한 화제를 가지고 이야기를 시작하는 것이 처음 말을 붙이기에 좋다.

예를 들어 함께 그 자리에 초대된 우연에 대해서나 본인과 초청자의 관계, 음식 등에 대한 이야기로 시작하면 된다. 또 언론을 통해 공개된 것들을 대화의 소재로 삼아도 좋다. 이를테면 새로운 유행이나 예술, 문화, 영화 같은 것이다. 그리고 문을 열어주는 친절을 베푼 사람에게도 적당한 감사 인사를 해줄 필요가 있다.

반면 정치나 종교처럼 극단으로 나뉠 수 있는 것, 본인만의 독자적인 도덕관, 자신의 사생활에 대해 이야기하는 것은 좋지 않다. 특히 상대가 말하기를 기다리는 것처럼 빤히 쳐다보는 행동은 곤란하다. 상대가 자기도 모르게 압박감을 느낄 수 있기 때문이다. 또한 자신의 말재주를 과시하려는 행동도 좋지 않다. 가벼운 대화는 다른 사람과의 인간관계를 개척하거나, 직장을 구하기 위한 자리에서 나누는 말이 아니다. 그것은 우아함과 카리스마, 재치와 신선함을 드러내지만 특별한 목적 없이 이뤄지는 대화다.

가벼운 대화를 잘해낼 자신이 없는 사람은 평범한 질문을 던지는 것도 하나의 방법이다. "오늘 강연 어떠셨어요?" 하고 물어보면 상대는 자신의 생각을 말할 기회가 생긴다. 우리들 대부분이 자기가 말한 대화를 더 잘 기억한다는 연구 결과에도 나와 있듯이, 그 사람에게 그것은 긍정적인 일이다. 또, 그런 자리에서 누군가 당신을 붙잡고 너무 길게 이야기한다면 거리를 두는 식으로 표현하는 게 좋다. 그 사람과 잔을 부딪치고 건배하면서 이렇게 말하는 것이다.

"우리도 슬슬 파트너를 바꿔줘야 할 것 같네요.

3월 6일
선택의 의무, 결정에 대하여

"어떤 결정을 내려야 할 때 아무런 결정을 내리지 않는 것 역시 또 하나의 결정이다"라고 미국의 심리학자 윌리엄 제임스는 말했다. 결정이란 뭔가를 선택한다는 의미다. 그것은 앞으로 자신이 어떻게 하겠다는 계획을 세우는 것이고, 뒤로 물리지 않겠다는 것을 의미하며, 원하는 목표에 도달하도록 심혈을 기울이겠다는 것을 뜻한다.

마라톤에 출전하기로 결정한 사람은 매일 저녁 코치가 올 때까지 우두커니 앉아 기다리는 것이 아니라 스스로 연습한다. 결정을 내리는 것은 의식적으로 뭔가를 선택하고 행동으로 옮기는 일이다. 그런 태도가 엄청난 창의력과 생산성을 부여한다는 연구 결과도 나와 있다. 망설이고 머뭇거리는 사람은 다른 이는 물론이거니와 스스로도 자신에 대한 존경심을 잃게 된다.

하지만 너무 거창한 결심은 위험이 뒤따르기도 한다. 크리스토퍼 콜럼버스는 탐험에 드는 경비를 스페인 궁정으로부터 지원받으면서 이름도 이상한 '해양의 대제독'이라는 칭호를 자신에게 부여해줄 것을 요구했다. 그런데 사실 그는 항해에 문외한이었다. 하지만 인도로 연결되는 해상로가 아닌 미국 땅을 발견했다. 더욱이 신천지인 데다 지하자원도 풍부해 결과적으로 큰 성공을 거뒀다. 이름도 거창한 '대제독'이 빈손으로 돌아왔다면 그의 허무맹랑한 계획은 다른 평가를 받았을 것이다.

한 장의 카드에 자신의 모든 것을 거는 사람은 도박꾼이다. 결정을 내리는 것은 좋지만 그에 따른 위험 요소와 대안을 세워두는 게 더 현명하다. 투자 자문가들은 기초 교육을 받을 때부터 그런 점을 배운다. 그렇게 해야만 시야를 넓히고, 통찰력을 키울 수 있다. 어떤 프로젝트나 임무에 깊이 관여해도 대안이나 비상시 쓸 임시 계획 혹은 임기응변으로 쓸 수 있는 조커 카드를 숨기고 있어야 한다. 또한 당신이나 당신의 상사가 생각한 것과 결과가 다르게 나왔을 때 그에 대한 준비를 해두는 게 무엇보다 중요하다.

앞뒤 재지도 않고 덤비는 사람을 언론 매체에서 영웅화시킬 수는 있다. 하지만 그와 반대로 눈부신 성공을 거둔 사람을 망치게 할 수도 있다. 그러므로 결심하고 전진하되, 소매 속에 감춰둔 카드는 인색하게 다뤄야 한다.

3월 7일
중요한 것 VS 사소한 것, 아이젠하워 원칙

미국의 34대 대통령인 드와이트 데이비드 아이젠하워는 사소한 것에서 중요한 것을 구분하는 방법을 고안해냈다.

대부분의 사람들이 직장에서 더 재미있고, 더 생색나고, 스트레스를 덜 받는 일을 선호한다. 임무의 중요도는 배경에 머물러 있는 것 같지만 사실은 그것이 결정적이다. '아이젠하워 원칙'은 시간 관리와 우편함 비우기 연습의 혼합이라 할 수 있는 방법으로 작업의 효율을 높여준다.

아이젠하워 원칙에 따르면 주어진 임무를 두 가지 종류의 범주로 나눈다. 중요한가, 중요하지 않은가? 급한가, 급하지 않은가? 그것을 판단한 다음에는 배치표를 만든다. 위에는 급한 것, 아래에는 급하지 않은 것, 왼쪽에는 중요하지 않은 것, 오른쪽에는 중요한 것으로 구분한다. 그리고 나선 주어진 임무를 그 표에 배치한다.

왼쪽 아래에 속하는 일로 판명된 것은 잊어버리면 된다. 그것들은 중요하지도 않고, 급하지도 않은 일거리다. 그러므로 언제든 시간이 남을 때 처리하면 된다. 반면 그 위칸에 있는 '중요하지는 않지만 급한 일'은 남에게 위임해서 처리한다. 왼쪽 아래칸에 있는 '급하지는 않지만 중요한 일'은 스케줄에 옮겨 적어놓는다. 그것들은 매일 조금씩 처리해야 한다. 오른쪽 위칸에 있는 일들은 오늘 당장 처리해야 한다. 그것들은 중요하고 급한 일들이다. 도표를 간단히 그리면 아래와 같다.

	중요하지 않음	중요함
급함	위임	당장 해결
급하지 않음	보관	기간을 정해 해결

위와 같은 표는 날마다 만들어놓는 게 좋다. 그러므로 그 원칙을 뇌리 깊숙이 새겨두어야 한다. 그럼 어떤 것은 당장 해야 하고, 어떤 것은 미루고, 어떤 것은 남에게 넘겨야 하는지를 금방 알게 되어 스트레스도 덜 받을 뿐 아니라, 시간도 절약하고, 더 큰 성공을 거둘 수 있다. 고마운 아이젠하워!

3월 8일
여성성을 조심하라

최고 경영자의 자리에 오른 여성들은 별로 많지 않다. 특히 남자의 직업으로 알려진 분야에선 더욱 그렇다. 원인은 여자에게서 찾아볼 수 있다. 여자들은 일찌감치 여성에게 유리한 분야로 진출할 결심을 한다. 소비재 제조업, 제약회사, 광고회사 등등. 그러한 분야에선 많은 여자들이 얼마 되지 않는 간부 자리를 놓고 여자들뿐만 아니라 남자들과도 경쟁해야 한다. 그러므로 산술적으로 계산해봐도 상황이 여의치 않다.

또, 여자들은 외톨이가 되는 것을 부끄러워하는 경향이 있다. '교육 제도와 연구 지원을 위한 연방위원회'에서 조사한 바에 따르면, 80퍼센트의 여학생들이 전형적으로 여자가 일하지 않는 분야에서 자기 혼자 외톨이가 되어 차별받는 게 싫다고 했다. 그리고 그 분야에서 닮고 싶은 여자 선배가 없다는 점도 걸림돌이 되었다. 맞는 말이다. 하지만 여자들은 너무 자주, 너무 빠르게 상투적인 역할을 답습하는 경향이 있다.

한편으로는 직업을 통해 돈 벌고 싶은 마음도 있고, 다른 한편으로는 나중에 자녀 기를 준비를 하려는 마음도 있다. 그런 생각을 할 때 선택할 수 있는 직업의 폭이 줄어든다. 따라서 여성들은 커리어를 쌓을 수 있는 직업보다 근무 시간이 유연한 직장이나 임시직을 더 선호한다. 그로 인해 전형적인 여성 직업과 남성 직업 사이에 임금 격차가 크게 벌어졌다. 여자들은 같은 일을 하고도 남자들보다 26퍼센트 낮은 임금을 받고, 직급도 낮다. 함부르크 대학의 소냐 비쇼프 교수는 최고 경영자 자리에 10퍼센트 이상의 여성이 있다면 남성의 평균 임금이 낮아질 거라는 연구 결과를 발표했다.

이런 상황은 어떤 선입견 때문이 아니라 비전략적인 태도 때문이다. 남자들은 정보를 자기만의 것으로 간직하거나 유리한 정보를 지키기 위해 그것을 훼방하는 것들에 맞서 싸운다. 그에 반해 여자들은 팀의 조화를 중시하고, 동료를 위해 대신 일하기도 한다.

간단히 말해 남자들은 권력 게임을 좋아하고, 여자들은 그것을 하기에 심약하다. 그런 현상을 새롭게 조명하고 연구한 글들이 수없이 많이 나와 있다. 그러나 결론은 늘 똑같다. 너무 공평한 것만 추구하면 뒤떨어진다는 것이다. 직위 경쟁이 커리어를 위해 중요하다면 여자들에게는 두 가지 선택권이 있다. 하나는 경쟁의 길 위에서 내려오는 것이고, 다른 하나는 함께 당당히 겨루는 것이다. 후자의 경우에 참여하면 최고의 자리에 오를 수 있다.

3월 9일
유능하지 않은 사람에게 성공은 없다

성공을 거둔 사람들의 성격을 보면 공통점이 있다. 시간이 지나면서 그런 것들을 알게 되겠지만 일단은 가장 오래되고 중요한 것에 대해 말해보고자 한다. 그것은 바로 유능함이다.

성공의 사다리를 높이 올라가고 싶은 사람은 자신에게 요구되는 것보다 더 많은 것을 해야 한다. "신들은 땀을 미덕보다 더 귀한 것으로 인식했다." 고대 그리스의 시인 헤시오도스는 말했다. 학교에서는 최고 점수가 최고의 성과다. 그러나 직장에서는 그것을 뛰어넘어야 한다.

당신의 목표는 당신의 창의성, 노력, 에너지로 당신의 상사보다 더 지혜롭게 행동하고, 조직이 효과적으로 기능하게 하고, 회사가 세계적 경쟁력을 갖게 만드는 것이다. 그 일은 가벼운 산책 같은 일이 아니다.

사다리를 오를 때 사람들은 손을 주머니에 넣은 채 오르지 않는다. 상사가 당신에게 미래에 대한 평가를 내려보라고 요구하면 통상적인 업무를 벗어나보자. 그 업종이 앞으로 어떻게 발전해나갈 것인지 당신이 이미 알고 있는 것보다 더 세밀한 것들을 조사한 후, 철저히 따져보고 분석해서 상사의 사고가 확장되도록 자료를 내놓는 것이다. 그것으로 당신의 상사가 정신적인 자극을 받고, 부서장 직위를 더 잘 수행할 수 있게 되면 결국 당신의 아이디어가 회사의 발전을 앞당기고, 당신도 한 걸음 더 나아가는 것이다.

3월 10일
연기의 방법, 지금이 아니라면 언제?

프랑스의 재상이었던 앙리 프랑수아 다게소의 부인은 식사 때마다 남편을 15분씩 기다리게 한 것으로 유명하다. 긴 시간은 아니었지만 티끌 모아 태산이 될 만한 시간이었다. 다게소는 그 시간에 법학책을 비롯해 네 권의 책을 저술했다. 대단한 사람이다! 많은 사람들이 그런 기회를 유용하게 활용하지 못하고 그냥 흘려보낸다.

'만성 미룸증'이라는 것이 있다. 그 증상은 모든 일을 나중에 하겠다고 미루는 것이다. 이메일함은 시스템 관리자가 경고를 보내올 때까지 미루어둔 메일들로 넘쳐난다. 책상에 잔뜩 쌓아올린 서류 더미는 누렇게 색이 바래 폐기될 처지에 놓여 있다. 그런 사람들은 우선순위를 세우는 데 어려움을 겪고, 잠재적인 열등의식에 시달린다. 그들은 성공을 자기 자신의 가치와 같은 것으로 생각하는 실수를 저지른다.

큰 과제에서 성공의 결과가 나오기까지는 매우 오래 걸리므로 그들은 빠른 보상을 받기 위해 작은 과제를 선호한다. 그러나 장기적으로 그처럼 뒤로 미루는 버릇은 중요한 것을 완수하지 못하게 함으로써 좌절을 안겨준다. 그러면 점점 더 많은 일들을 뒤로 미루게 되고, 업무의 압박감과 열등의식에 시달리는 악순환이 거듭된다.

지속적으로 미루는 버릇은 완벽주의자들에게서도 종종 볼 수 있다. 그들은 자기들이 만족스럽게 해내지 못하는 게 아닌가 하는 두려움 때문에 일 처리를 미룬다. 계획을 제대로 세우지 못하거나 시간관념 없는 사람들이 스스로를 단련시키고 점검할 수 있도록 도와주는 조언들이 많이 나와 있다. 그 가운데 요점만 정리해본다.

- 어느 특정 과제를 뒤로 미룰 때 그 원인을 분석하라! 일 처리를 뒤로 미루는 버릇은 습관이라서 자기도 모르게 반복된다. 개선하려면 의식적으로 습관을 무너뜨려야 한다.
- 큰 과제를 작은 과제로 쪼개라. 이것은 물리학에 나오는 관성의 법칙과 같다. 육중한 무게를 일단 움직이게 만들면 그 움직임을 그대로 유지하는 일은 쉽다.
- 현실적인 사람이 되어라. 모 아니면 도라는 자세로 살아가는 방식에는 치명적인 위험이 따른다. 목표의 80퍼센트만 달성해도 충분할 때가 많다.
- 당신이 하루 동안 한 일에 대한 칭찬을 아끼지 마라! 당신이 좋아

하고, 의욕적으로 한 일을 긍정적으로 평가하면 많은 일을 했다는 느낌이 당신에게 생기를 불어넣어줄 것이다.

3월 11일
불완전함의 용기

자동차 경주대회에서 미하엘 슈마허는 언제나 타의 추종을 불허했다. 그의 성격과 운전 습관은 독일인의 전형적인 근성을 보여준다. 목표 지향적이고, 극한까지 철두철미하고, 가끔은 배려심 부족한 태도를 보여준다. 그를 가장 많이 괴롭힌 열정 중에는 완벽주의도 한몫했을 것이다.

2등은 있을 수 없고 항상 최고가 되려는 생각은 엄청난 동기 부여가 될 수 있다. 하지만 그것이 오히려 악순환의 근원이 되는 경우도 많다. 최고가 되려는 사람들은 무엇을 달성하든 충분하다고 생각하지 않는다. 완벽함에 대한 갈구는 끝없이 이어지고, 결국에는 자기 신뢰를 잃어버리거나 이미 이룬 것을 보고도 기뻐하지 않는다. 그들은 행복이 언제나 자기보다 한 발자국 앞선 곳에 있다고 느낀다.

완벽함을 광적으로 추구하는 마음의 이면에는 남으로부터 인정받고 칭찬받고 싶은데 늘 부족하다는 느낌, 더 많은 자기 통제를 하고 싶은 욕망, 다른 사람에게서 비난이나 야유를 받지 않으려고 자기 자신을 보호하려는 욕구가 숨어 있다. 완벽주의자들 가운데는 단단한 껍질에 둘러싸여 있지만 무척 예민하고 의지가 강한 사람들이 많다. 이 말에 오해가 없기를 바란다. 항상 최고의 결과를 보여주고, 점점 더 높이 올라가는 것이 잘못되었다는 말이 절대 아니다. 그러나 노력을 기울였지만 실패로 끝났을 때의 좌절감이 그런 사람들의 마음속에 항상 도사리고 있다.

그런 함정에서 벗어나는 가장 중요한 첫걸음은 자기 혹은 다른 사람에 대한 기대가 비현실적으로 너무 높아 도저히 감당하기 어렵다는 사실을 깨닫는 것이다. 때론 형편없는 점수를 받아들이는 것도 당사자를 성장시킨다.

완벽주의자들이 흔히 저지르는 실수 가운데 또 다른 하나는 모든 것을 흑 아니면 백으로 생각하는 점이다. 그들은 완벽하지 않은 사람을 패배자로 낙인찍는다. 그런 시각은 엄청난 실수다.

결과적으로, 완벽주의자는 어떻게 해서든 실수하지 않으려 하다가 점점 더 위험한 수렁에 빠져들고, 자기 통제를 갈구하다가 결국 더 이상 갈 수 없는 극한 상황에까지 놓이게 된다. 영국의 가수인 멜 C는 이런 말을 했다.

"난 나 자신에게 단 한 번도 만족한 적이 없었다. 모든 것이 마음에 안 들었다. 난 언제나 완벽한 사람이 되고 싶었다. 결국 나한테는 정신과 의사를 찾아가는 길밖에 남아 있는 게 없었다."

조금 허술하게 살면 돈도 절약할 수 있다.

당신을 반드시 다시 찾게 만드는 방법

자동응답 전화기가 유행하던 시절을 아직도 기억하는가? 처음에는 사람들이 기계에 대고 말하는 것을 무척 꺼렸다. 안내 방송도 어색하고 부자연스러웠다. 그러다가 휴대폰에 음성 메시지 저장함을 갖게 되자 전화를 건 사람이 자기 이름만 말하거나, 전화하라는 말만 남겨두는 식으로 짧은 메시지를 남기게 되었다. 음성 메시지가 어느새 귀찮은 존재가 되어버린 것이다. 그런 메시지가 언제 사람의 신경을 날카롭게 만들고, 언제 메시지를 남겨둔 사람에게 전화를 걸게 만드는지에 대한 조사가 이뤄졌다. 조사 결과, 밝혀진 규칙은 놀랍게도 간단하다.

● 맨 처음 이름을 정확하게 말하고, 직책과 회사를 밝힌 다음 천천히 전화번호를 남긴다. 전화번호를 받아 적기 위해 기계음으로 남아 있는 메시지를 수차례 반복해서 듣는 사람은 드물다. 마케팅 전문가들은 메시지를 남길 때 이름과 전화번호만 남길 것을 권한다. 나머지는 호기심에 찬 사람들이 알아서 찾아보게 만드는 것이다. 그렇게 할 경우 다시 전화를 받을 확률이 40퍼센트에 이른다.

● 용건만 말한다. 중언부언하며 남긴 메시지는 듣는 사람의 신경을 날카롭게 한다. 그리고 메시지를 남기면서 물건을 팔려는 짓은 절대 안 된다. "의료비 지출을 줄이고 싶으시다고요? 그럼 저희에게 바로 전화해주십시오. 저희가 그 해결책을 갖고 있습니다. 제 전화번호는……." 그런 메시지는 백 퍼센트 삭제된다.

- 평상시 말할 때보다 더 느리고, 큰 소리로 말하라! 메시지가 정확히 전달되어야 한다. 흔히 쓰는 방법으로는 바른 자세를 취하고, 숨을 길게 들이쉰 다음 말을 시작하는 것이다. 그래야 말에 힘이 실리고, 메시지에 믿음이 간다. 메시지를 남기면서 손으로 턱을 괴고 말하는 사람에게 전화 걸고 싶어하는 사람은 아무도 없다.

- 짧게 요약하라! 어떤 메시지도 20초를 넘기지 말아야 한다. 불가능하다고? 절대 아니다. 필요하다면 종이에 용건을 써서 충분히 연습한 다음 말하면 된다.

3월 13일
이메일함 처리를 위한 규칙

이메일에 대한 다양한 논의가 이뤄지고 있다. "이메일은 심지에 불이 붙은 화약통이다"라고 미국의 경영학 교수인 레이 프리드먼은 말했다. 이메일을 통한 의사소통에는 목소리, 몸동작, 얼굴 표정이 빠져 있어 심심찮게 문제를 일으킨다. '도대체 이 사람은 무슨 의도로 이런 글을 썼을까?' '혹시 행간에 다른 의미가 숨어 있는 것은 아닐까?' '어딘가에 함정이 숨어 있는 것은 아닐까?' 아무런 악의 없이 한 말이 건방진 도발로 받아들여지거나 객관적인 비평이 선동적인 자극으로 잘못 받아들여지기도 한다.

만약 서로 마주 보고 말한다면 의사소통 문제는 육성과 목소리 억양을 통해 정확히 전달돼 금방 해결된다. 그러나 이메일로는 안 된다. 그 대신 오해한 사람이 짧은 몇 줄의 글로 반격을 가하고, 급기야 다툼이 벌어지기까지 한다. 연구 결과를 보면 사람들은 공격을 받았다고 생각하는 만큼 되갚으려는 경향이 있다. 눈에는 눈, 이에는 이로 대응하는 것이다.

따라서 의사소통을 위한 몇 가지 기본 규칙을 세워두는 게 좋다.

- 즉답은 하지 마라! 농담이나 역설도 하지 않는 게 좋다. 대개의 경우 수신인이 이해하지 못한다. 가능하면 짧은 문장으로 친절하고 다정한 글을 보낸다.
- 평범하지 않은 기호나 문법에 주의하라. 호칭이 적절하지 못하면 상대가 과소평가되고 있다고 느낄 수 있고, 지나친 문장 부호는 공격적인 인상을 남긴다.
- 메일을 보내기 전에 한번 천천히 읽어본다. 상대를 보고도 그렇게 말할 생각이 있는가? 그렇지 않다면 표현을 바꿔야 한다.
- 그런 모든 노력에도 불구하고 긴장이 고조된다면 이메일은 보내지 않는 게 좋다. 그리고 곧바로 인간적인 만남을 통해 대화를 나누도록 한다.

3월 14일
지치지 않는 도전, 세일즈맨에게 배울 수 있는 것

친구 중에 다니엘이라는 성공한 세일즈맨이 있다. 그는 텔레마케터처럼 잠재 고객에게 전화를 걸어 수단과 방법을 가리지 않고 자신의 고객으로 확보한다. 그 과정에서 고객이 필요로 하는 것을 파악하고, 언어적 접근을 통해 인간관계를 형성한 다음 구차한 접대용 대화는 생략하고 본론으로 직접 들어가는 방식으로 영업한다. 난 그를 보며 내심 감탄한다. 그는 수많은 시도를 벌이고, 수없이 패배를 경험하면서도 절대 물러서지 않는다.

대부분의 사람들은 우상을 좋아한다. 그들이 이상적인 모습을 보여주고, 자극과 영감을 주기 때문이다. 기업 컨설팅 업체 액센추어가 실시한 설문 조사에 의하면, 응답자의 80퍼센트가 평생을 살면서 본보기가 될 만한 사람을 찾으려고 한 번 이상 노력했다고 말했다. 난 인물에만 초점을 맞춘 영웅 숭배에 대해서는 별로 안 좋게 생각한다. 성공에 이르는 길은 저마다 다르기 때문에 다른 사람이 쉽게 따라갈 수 없다. 남을 모방하는 것으로는 최고의 자리에 오를 수 없다.

물론 누구나 성공한 사람에게서 배울 게 있다. 각각의 우상으로부터 조금씩 배우면 된다. 훌륭한 세일즈맨도 그들 가운데 하나다. 문학에도 그들은 자주 등장한다. 아서 밀러는 희곡 〈세일즈맨의 죽음〉에서 성공하지 못한 세일즈맨 윌리 로먼의 답답한 현실을 잘 그려놓았다. 그는 겉만 번지르르한 세상에서 살다가 목숨을 끊었다. ‘죽는 게 당연하지’라고 사람들은 생각한다. 그러고는 노인들을 찾아가 신문 구독 계약을 받아오거나 가전제품 혹은 보험을 잔뜩 팔아오는 영업 사원들을 연상한다.

하지만 그것은 겉모습일 뿐이다. 대부분의 세일즈맨들은 날마다 고객들로부터 외면받는다. 전화 통화는 끊기기 일쑤고, 현관문이 코앞에서 닫히거나 개에 물리기도 한다. 그런 짓을 오래 하면 누구나 자아를 상실하게 된다. 그러나 성공한 세일즈맨은 그렇지 않다. 그들은 실패할수록 단단해진다. 거절당했을 때도 자존심 상해하거나 좌절하지 않는다. 패배하는 데 이골이 난 전문가들이다. 넘어지면 다시 일어서는 오뚝이들이다. 넘어진 횟수보다 한 번 더 일어선 사람이 승자다.

3월 15일
이정표, 지혜로운 말들

많은 사람들이 성공에 이르는 계단에서 발판 몇 개는 건너뛰어도 된다는 사실을 뒤늦게 알아차린다. 그러나 내려올 때만 그렇게 해야 한다.
─월리엄 서머싯 몸, 작가

성공 규칙은 알려줄 수 없지만, 어떻게 하면 실패하는지는 알려줄 수 있다. 모든 사람에게 잘해주려는 사람은 실패한다.
─허버트 베이어드 스워프, 퓰리처상 수상 작가

자연에 대한 이해는 거의 모든 종류의 교육을 대체할 수 있다. 그러나 그 어떤 교육도 자연에 대한 이해를 대신할 수 없다.

─아르투르 쇼펜하우어, 철학가

3월 16일
불손함의 위험

직장 생활을 하다 보면 업무 능력이 서투를 뿐 아니라, 형편없는 아이디어를 내놓는 사람을 볼 수 있다. 그런 사람이 당신의 직속 상사일 수도 있다. 당신은 그를 능력 없는 사람이라 생각할 수 있지만 그런 생각은 당신에게도 안 좋다.

자기 자신 말곤 모두 바보라는 생각이 현실적일 수는 있어도 그렇게 생각하는 사람은 스스로 파놓은 함정에 빠질 위험이 크다. 그들은 다른 사람의 실수나 잘못의 가치를 깨닫지 못한다. 특히 자기보다 높은 직급에 있는 사람이 그런 실수를 저지르면 더욱 그렇다.

그들은 거만하고 신경질적인 태도를 보이다가 결국 어느 조직에서도 일할 수 없는 성격이 되어버린다. 그런데도 그들은 개의치 않는다.

그들은 자신의 뛰어난 지성으로 회사 분위기를 발전적으로 만들지 않고 상사나 동료가 저지르는 이해하기 어려운 실수에만 관심을 쏟는다. 얼마나 아까운 자원의 낭비인가?

다른 사람들이 모두 바보 같다는 생각이 들면 차라리 자신의 가치관을 바꾸는 게 좋다. 그런 사람들에게 비난보다는 도움의 손길을 뻗쳐 그들의 부족함을 극복하게 해준다면 당신은 자타가 공인하는 유능한 사람이 될 것이다.

3월 17일
땀 흘리지 않고 받는 상은 없다

플라톤, 토머스 에디슨, 빌 게이츠 같은 사람들은 특별한 재능을 갖고 있다. 독자는 그들이 IQ가 높거나, 발명을 잘하거나, 창의력이 높거나, 용기가 많다고 생각할 것이다. 물론 그런 점도 있지만 남보다 뛰어난 사람들은 무엇보다 성실하다.

플라톤은 기원전 387년에 고대의 유명한 대학교였던 철학학교를 아테네에 최초로 세웠다. 에디슨은 총 2천 가지를 발명했고, 그 가운데 천 건의 특허를 따냈다. 빌 게이츠는 잘 알려져 있다시피 1975년에 자신의 차고에서 시작한 마이크로소프트를 세계적인 굴지의 기업으로 만들어놓았다. 그들이 재능만 갖고 있었다면 그런 성공을 거두지 못했을 것이다.

열심히 일하지 않고 위대한 업적을 남기는 사람은 없다. 사람마다 재능이 달라 몇몇 사람들은 그런 재주를 펼치고, 다른 사람들은 그렇게 하지 못하는 시스템의 이 세상에서 희생자는 아무도 없다. 흔히 하는 말처럼 재능은 그렇듯 불공평하게 나뉘어 있지 않다는 말이 맞다. 그들과 일반인 사이에 차이를 만드는 것은 부지런한 성격, 에너지와 노력이다.

물론 전제해야 할 것은 자신의 목표를 아는 것이다. 부지런히 움직이기만 해서는 안 된다. 그런 짓은 벌들도 한다. 중요한 점은 내가 무엇 때문에 열심히 하고 있는지를 아는 것이다. 부지런함 자체는 목표를 이루기 위한 수단일 뿐 목표가 될 수는 없다.

부지런하다는 말은 중도에 포기하지 않고 목표를 향해 계속 나아가는 것이다. 그렇게 하려면 자기 통제와 훈련이 있어야 한다. 그것들이 IQ보다 성공을 위해 더 중요하다. 펜실베이니아 대학의 안젤라 덕워스와 마틴 셀리그먼도 이를 확인해주었다. 심리학자였던 그들은 2005년에 13세에서 14세 사이의 학생들 3백 명을 대상으로, 그들이 규칙을 준수하고, 올바른 태도로 적응하며, 충동적인 반응을 억제하는 일을 얼마나 잘하는지에 대한 조사를 실시했다.

조사 결과, 그런 행동을 잘하는 학생들은 6개월 후 훨씬 나은 성적을 받았다. 그들은 결석도 거의 안 하고, 다른 학생들보다 더 열심히 공부했다. 연구자들은 학생들의 IQ를 검사했는데, 그들이 훈련을 통해 이룬 성과의 겨우 절반 정도만 영향을 미쳤다.

3월 18일
경청의 힘, 남의 말을 잘 듣는 법

능동적인 성공 전략이 있는가 하면, 피동적인 성공 전략이 있다. 처세술 책에 피동적인 전략에 대한 글들은 많지 않지만 그 의미는 조금도 미약하지 않다. 정확한 순간을 기다리는 것(4월 20일 참조) 혹은 남의 말을 귀담아듣는 것은 서로 다르다.

후자는 무작정 침묵하는 게 아니다. 남의 말을 귀담아듣는 사람은 질문도 더 명확하게 한다. 그들은 열심히 듣다가 이해되지 않는 부분에 대해서는 되물어 확인하고, 자신이 이해한 말을 자기 나름대로의 언어로 반복한다. 그들은 다른 사람을 진정으로 이해하려고 노력할 뿐 아니라, 말하는 사람의 감정과 의도를 파악하려고 애쓴다. 귀담아듣는 사람은 그런 이유에서 다른 사람보다 더 많은 것을 더 빨리 배운다.

대부분의 훌륭한 사람들은 경청을 잘한다. 그들은 자신들이 갖고 있는 청각 이상의 것을 이용하여 상대와 시선을 마주치고, 상대의 몸짓을 눈여겨보고, 탁자 밑에서 상대가 흔들고 있는 다리의 움직임까지 감지한다. 상대를 진지하게 바라보기 때문에 상대 역시 그들을 진지하게 받아들인다. 그들은 다른 사람이 말할 때 끼어들지 않고, 다른 사람이 하고 있는 말을 자기가 나서서 대신 마무리 짓지도 않는다. 그들은 상대가 적절한 단어를 찾으려고 애쓸 때 침묵을 지킬 줄도 안다. 의도적으로 침묵함으로써 말하는 사람의 절대권을 인정해주고, 신뢰감을 드러내기 때문에 대화가 이어진다.

말하는 것보다 더 많은 생각을 하기 때문에 경청하는 사람은 어리석은 실수를 적게 한다. 또 경청을 잘하는 사람들은 반드시 말을 해야 할 때만 입을 여는 경향이 있다. 때문에 그들이 한번 내뱉은 말은 비중 있게 받아들여진다. 하지만 그들은 자신의 조언을 널리 퍼뜨리려는 노력을 하지 않는다. 다른 사람이 부탁할 때만 그렇게 하기 때문에 사람들과의 마찰도 적다.

경청할 줄 아는 사람은 요점을 더 빨리 파악하고, 더 많이 배우고, 더 많이 알게 되며 남을 지배하지 않으면서 돋보이고, 다른 사람의 공격 대상이 되지 않는다. 때문에 그들은 엄청난 영향력을 발휘할 수 있다. 난 아직까지 내 말을 끝까지 경청하려는 사람을 만나지 못했다. 내가 말을 시작하면 많은 사람들이 중간에 끼어들었다. 당신의 경우는 어떠한가?

3월 19일
언어 훈련, 강연의 예술

강연은 고대로부터 가르쳐왔던 기술로서, 아리스토텔레스는 남을 설득하려 하지 않으면서 확신시키는 기술이라고 했다. 그렇다고 말을 할 때 진실만을 말하라는 것은 아니다. 듣는 사람들에게 신뢰를 얻는 것만으로도 충분하다. 청중을 매료시키고, 흥미를 유발하고, 재미있는 말을 해야 한다. 남을 미혹하게 해 잘못된 길로 인도하거나 조작하는 일은 하지 말아야 한다.

강연하는 방법은 여러 가지다. 그중에는 다짜고짜 본론으로 들어가는 경우가 있다. 연사가 먼저 자기소개를 하고, 곧장 본론으로 들어간다. 그것은 잘못된 방법이다. 마찬가지로, 본론에서 벗어나는 일도 잘못이다. 강연도 드라마적인 요소를 갖추어야 한다. 일화를 소개하면서 청중의 호기심을 증폭시키는 것은 좋은 방법이다.

연사는 강연할 때 수학적 수치를 언어로 구사하는 방법을 써야 한다. 너무 많은 숫자는 사람들의 집중력을 떨어뜨린다. 대신 적절한 말의 흐름으로 긴장을 유지해야 한다. 목소리를 높이거나 낮추는 것, 소리를 크게 내거나 작게 하는 것, 심지어 속삭이는 방법까지 모두 사용할 수 있다. 중요한 점은 강연에 변화를 주고, 가끔은 생각을 정리할 침묵의 시간을 두는 것이다. 그렇게 하면 말의 효과가 높아진다.

안타깝게도 많은 연사들이 흥분한 나머지 말을 너무 빠르게 하거나 단조롭게 한다. 그런 강연은 청중에게 무슨 말인지 제대로 전달되지도 않고, 끊임없이 울려대는 북소리처럼 귀만 시끄러워진다. 한마디로 끔찍한 경험이다. 그렇게 되지 않도록 조심해야 한다. 문장은 짧게 하고, 한 문장에 단어가 열 개 이상 사용되지 않게 하는 게 좋다. 만약 복잡한 이야기를 해야 한다면 그림판을 사용하는 것도 좋은 방법이다. 적절한 비유가 없는 기술적인 주제, 비교, 생동감을 불어넣어주는 사례를 소개하는 것은 전혀 어려운 일이 아니다. 강연에서 청중은 항상 주인공이 되어야 한다. 반문하거나 동의를 구하는 것으로 상호 교류가 이뤄질 때 뭔가 기억에 남는 강연이 될 가능성이 높다.

3월 20일
10-20-30, 파워포인트의 진실

최근 몇몇 연사가 강연하는 세미나에 참석한 적이 있었다. 그들은 모두, 글자 그대로 모두, 파워포인트를 강연 도구로 이용하고 있었다. 처음 강단에 선 사람은 애니메이션처럼 예쁘게 꾸민 그림 화면을 20개 정도 준비해서 보여주었다. 마지막 화면에는 '끝까지 경청해주셔서 감사합니다'라는 문장이 나왔다. 그것은 연사의 바람이었다.

두 번째 연사는 화면이 바뀔 때마다 번쩍거리는 효과를 가미했다. 완벽한 빛의 유희! 난 그가 무슨 말을 했는지 기억나지 않는다. 세 번째 연사는 나오자마자 화면의 글자가 작은 데 대해 사과부터 하고 강연을 시작했다. 더 이상은 기억에 없다. 그 자리를 바로 떠났기 때문이다.

파워포인트가 강사에게 도움을 줄 수는 있다. 그러나 청중에게는 그렇지 않다. 많은 사람들이 그 소프트웨어를 믹서기처럼 사용한다. 강사가 말하려는 요점이 한꺼번에 투입되어 구구절절 끝도 없이 이어진다. 그런 강사들은 자신들이 말하고자 하는 것보다 강연 방법에 집중하는 잘못을 범함으로써, 강연을 한번 대충 보고 지나가는 것으로 만들어버린다.

차라리 드와이트 데이비드 아이젠하워 대통령이 다음과 같이 한 말을 믿는 게 낫다.

"한 장의 종이에 요약할 수 없는 것은 신중하게 준비되어 있지도 않은 덜 익은 아이디어일 뿐이다."

좋은 강연은 요점이 위주가 되어야 하고, 잡탕이 아닌 농축된 것이어야 한다.

실리콘 밸리 출신의 유명한 연사인 가이 가와사키는 10-20-30 규칙을 만들었다. 이 규칙에 따르면 파워포인트를 이용한 강연은 화면이 10장을 넘기지 말아야 하고, 전체 연설 시간이 20분을 넘기지 말아야 하며, 글자 크기를 30포인트 이하로는 하지 말아야 한다. 아주 현명한 법칙이다. 대부분의 강연이 12포인트의 글자 크기로 이뤄진다. 그것은 문서 작성의 표준으로 정해져 있지만 강연에 그런 크기를 적용하면 청중의 눈을 아프게 만든다. 앞에서 세 번째 줄에 앉은 사람부터 화면이 잘 안 보이는 경우가 많다.

화면에 너무 많은 글을 올려놓고 그것을 그대로 읽어내려가는 강사도 청중을 힘들게 한다. 대부분 청중이 이해하는 시간보다 더 빨리 글을 읽어내려가기 때문이다. 그런 이유를 접어두고라도 사람들은 화면을 먼저 훑어본 다음 귀를 기울인다. 그러므로 중요한 요점만 화면에 나오게 하고, 강연 중간에 물을 마시거나, 원고를 살펴보는 것으로 짧은 시간적 여유를 주는 게 좋다. 20분간의 강연에서 그런 시간을 길게 잡는 사람은 아마 없을 것이다.

3월 21일
강연을 준비할 때 공포를 극복하는 방법

목은 조여들고, 입은 바짝바짝 마르고, 손은 축축하고, 맥박 뛰는 소리가 귀에까지 들린다. 몸은 벌거숭이가 된 기분이고, 머리는 기절할 것처럼 어지럽다. 그게 바로 무대공포증인데, 네 단계를 거쳐 나타난다.

1. **쓸데없는 상상:** 강연을 하기 훨씬 전부터 자꾸 불안한 상상이 떠오른다.
2. **거부감:** 도망치고 싶은 마음을 반영하는 그림이 머리에 자꾸 떠오른다. 상황이 비현실처럼 다가오고, 연사는 더 이상 아무것도 느끼지 못한다.
3. **불안:** 무대에서 몸이 반란을 일으킨다. 오심(惡心), 빠른 심장 박동, 구강 건조, 호흡 곤란. 어지러움.
4. **평가:** 강연이 끝난 다음 성과에 대한 평가가 잇따른다. 많은 사람들이 자신의 실제 모습보다 안 좋았을 거라고 판단해 다음에는 더 큰 무대공포증을 앓게 된다.

이 모든 단계는 전형적인 실수를 반복하면서 생겨난다. 강사가 자기 자신, 느낌, 수치심, 효과, 요란한 반응에 너무 많은 생각을 하는 것이다. 하지만 다 필요 없는 것들이다! 강사가 청중을 만나기 전에 공포를 통제하려고 애쓰면서부터 청중과의 교류는 잊고, 강연의 효과는 사라진다. 공포를 극복하기 위한 첫 단계는 쓸데없는 상상과 불안에서 벗어나 현실적인 장면을 머릿속에 그리는 방법이다. 특별한 일이 일어날 게 뭐 있겠는가? 그러면 불안감은 어느새 안정으로 바뀐다.

무대공포증을 약화시키는 또 다른 방법은 긴장을 푸는 것이다. 무대 뒤에서 심호흡을 깊이 한 다음 몸을 힘차게 털어준다. 구태의연한 방법처럼 보이지만 실제로 도움이 된다. 그 동작을 손이 저려올 때까지 적어도 열 번 정도 반복한다.

큰 효과를 발휘하는 또 다른 방법은 청중과 눈을 마주치는 것이다. 초보자는 청중 가운데 미소 짓거나 고개를 끄덕여주는 사람을 찾는 게 좋다. 곤란한 상황에서 그 사람이 당신을 묵묵히 도와주는 친구 같은 존재가 될 것이다. 노련한 강사는 청중이 중간에 질문을 던지게끔 유도한다. 그 효과는 대단하다. 청중과의 접촉이 강할수록 공황의 위험은 줄어든다. 그렇게 했는데도 무대 위에서 떨릴 때는 침묵으로 마음의 평정을 찾는다. 5초 정도 뜸을 들이면 강사가 말한 것을 강조하거나 생각할 시간을 주는 거라고 청중은 생각한다. 그보다 더 많은 시간을 필요로 할 때는 그때까지 말한 것의 요점을 정리한다.

무대 위의 공포를 너무 심각하게 생각하지 마라! 연구 결과에 따르면, 걱정했던 것의 8분의 1만 밖으로 드러난다고 한다.

3월 22일
임기응변의 달인이 되는 법

니콜로 파가니니는 세계적으로 가장 유명한 바이올린 연주자였다. 그는 살아 있는 전설로서, 연주를 통해 엄청난 부를 쌓았다. 이탈리아 출신의 파가니니는 다장조로만 연주하게 되어 있는 바이올린을 위한 곡도 작곡했다. 그에게 '악마의 바이올린 주자'라는 별명을 붙여준 곡으로, 뛰어난 기교가 있어야만 연주가 가능한 작품이었다. 그런데 그 별명은 그가 엄청난 구두쇠였기 때문에 붙여진 명칭일 수도 있다.

어느 날 그가 오스트리아 빈에서 연주를 마친 후 마차를 타고 집으로 가는 길에 마부와 언쟁을 벌였다. 마부가 10굴덴을 요구했기 때문이었다. "터무니없이 비싸네!" 하고 파가니니가 소리치자, "하지만 그 돈은 오늘 당신의 연주장을 찾아온 관객들이 구입한 표 한 장 값밖에 안 되는데요?" 하며 마부도 물러서지 않고 말했다. "그 말은 맞소. 그러나 난 연주회 내내 줄 하나로 연주했단 말이오. 당신은 바퀴 하나로 나를 여기까지 태워온 게 아니지 않소?"

대부분의 사람들이 예상치 못한 일을 겪으면 하루 정도 지나서야 적절히 반격할 말을 생각해낸다. 때문에 임기응변에 능한 사람은 많은 사람들로부터 감탄의 대상이 된다. 그들은 머리가 비상한 사람처럼 보인다. 그런 재주가 누구에게나 있는 것은 아니어서 대부분의 사람들이 안타까워하기만 한다. 하지만 누구나 반격할 능력을 갖추고 있다. 그러기 위해서는 풍부한 어휘를 구사할 줄 알아야 한다. 아무 준비 없이 무턱대고 끼어드는 것은 무모한 짓이다.

우선 책을 많이 읽어야 한다. 말도 많이 하고, 연습도 많이 해야 한다. 이때는 공격적으로 말하는 게 좋다. 왠지 말을 잘못하지 않을까 하는 생각에 두려워하는 사람은 절대 임기응변으로 반격을 가할 수 없다.

저널리스트였던 존 윌크스가 좋은 본보기다. 자신의 이름에서 샌드위치가 유래됐다는 J. M. 샌드위치 백작이 어느 날 그에게 독설을 퍼부었다. "당신은 언젠가 매독이나 교수형으로 죽을 거요." 그러자 윌크스는 맞받아쳤다. "그거야 내가 당신의 애첩이나 당신의 인생철학을 받아들이느냐 받아들이지 않느냐의 여부에 달려 있겠지요."

무엇보다 속도가 매우 중요하다. 반격은 상대를 기습하는 시점이 중요하다. 반격당한 사람은 잠시 놀라면서 자기방어의 시간을 갖는다. 그런 정지된 시간을 극복하는 일은 아주 어렵다. 그것은 일종의 면역 체계를 통해서만 가능하다. 하지만 모든 공격을 개인적인 공격으로 생각할 필요는 없다. 말로 티격태격하는 것은 핑퐁 게임처럼 말을 주고받으며 의사소통하는 것이다. 복수할 기회는 언제든 찾아온다.

3월 23일
의심만 하는 사람은 목표에 도달할 수 없다

당신이 무슨 일을 시작하기 전에 항상 이리 재고 저리 재는 신중한 성격이라면, 또 모든 것을 철저히 점검하고, 그렇게 준비했는데도 불구하고 결국 작은 실수를 찾아내는 성격이라면 이 글을 끝까지 읽는 게 좋다.

누구나 "만약에 내가 그랬으면…… 분명히……"라고 하는 말을 한두 번쯤 들었을 것이다. 내가 만약 좀 더 책임 있는 자리에 앉아 있었다면 더 많은 것을 해냈을 거야. 나한테 힘이 더 많다면 이런 저런 것을 바꿔놓을 텐데. 내게 돈이 더 있었다면 지금보다 훨씬 더 행복해져 있을 텐데.

이렇듯 '만약에 내가'로 시작하는 말을 우리는 일상에서 자주 듣는다. 대개 자기 자신에게 만족하지 못하거나 직업적으로 곤란한 상황에 처해 있을 때 사람들은 그런 말을 한다. 만약에 그랬다면 어땠을 거라는 말은 위험한 발상이다. 그것은 자신이 도저히 극복하기 어려운 조건이 산처럼 앞에 떡 버티고 있다는 확신이 들 때 하는 말이다. 우리는 산의 정상을 보지 못하고 산만 본다. 적지 않은 사람들이 장애물을 보고 돌아가거나 더 쉬워 보이는 방법을 택한다.

산이 아무리 높아도 미리 포기할 이유는 없다. 산의 정상을 오르는 방법은 몇 단계를 거치면 가능하다. 당신이 지금 어디에 서 있는지를 잘 생각하라. 그리고 목표에 한 발자국 가까이 다가가기 위해 지금 당장 무엇을 해야 하는지를 생각하라. 그리고 나서 실행에 옮기라. 한 발짝씩. 베이스캠프에서 베이스캠프로 옮겨가면 된다. 만약 이렇다면 어땠을 거라고 말하는 사람은 절대 목표에 도달하지 못한다. 그러나 꿋꿋이 실행하는 사람은 끝내 달성한다.

3월 24일
의심이 생길 때 극복하는 방법

어제의 글은 의심을 품으면 안 좋다는 내용이었지만 오늘은 그것을 어떻게 극복할 것인지에 대한 글이다. 항상 비관적인 생각을 하는 사람은 사실 인지(認知)에 어려움을 겪는다. 항상 어두운 생각을 하는 사람은 문제가 생겼을 때 적당한 거리를 두고 중립적인 입장에서 바라보지 못한다. 미리 겁부터 먹는 두려움을 극복하는 가장 좋은 방법은 그것을 이해하는 일이다. 여기 열 개의 질문들이 그런 과정에 도움을 줄 것이다.

1. 처음 충동적으로 느꼈던 감정보다 두 번째로 생겨난 의심을 왜 더 믿는가?

2. 당신은 어떤 상황에서 자신을 의심하는가?

3. 무엇이 당신으로 하여금 의심을 갖게 했는가?

4. 당신의 비관주의적 사고의 배경에는 어떤 생각과 경험이 도사리고 있는가? 그것들이 당신 자신의 것이었나? 아니면 부모님, 선생님, 동료들이 당신의 머릿속에 각인시켜놓은 것이었나?

5. 당신 스스로 경험한 것이 아니라면 그것이 당신에게도 똑같이 적용된다고 믿는 이유가 무엇인가?

6. 의심 많은 사람처럼 행동하면 마음이 편해지기 때문에 의심하는 것은 아닌가?

7. 타인의 비평이나 실패에 대한 두려움이 있는가?

8. 아니면 도덕적인 생각에서 머뭇거리는 건가? 당신이 지금 하고자

하는 일이 윤리적으로 생각했을 때 잘못된 일인가?

9. 양심의 가책을 잠재우기 위해 당신은 어떻게 해야 하나?

10. 당신 자신과 당신의 가능성에 대한 믿음을 방해하는 것이 무엇인가?

오랫동안 감옥에서 지내며 자기 자신에 대한 의심으로 많은 고생을 했을 사람 중 하나가 남아프리카공화국의 시민운동가로서 후에 대통령이 된 넬슨 만델라다. 그는 시련을 극복했을 뿐 아니라, 자신의 경험을 지혜로 승화시켰다.

"우리의 가장 큰 불안은 우리가 충분하지 않다는 게 아니다. 더 큰 두려움은 우리의 힘이 막강하다는 것이다. 우리를 무섭게 하는 것은 어둠이 아니라 빛이다. 우리는 내가 누구냐고 스스로에게 묻는다. 똑똑하고, 위대하고, 재능 많고, 굉장한 사람들인가? 만약 그렇지 않다면 당신은 정녕 누구인가?"

3월 25일
시간 관리의 큰 비밀

새로운 일을 맡아 몰두하는 것은 많은 사람들이 갖는 기본적인 태도다. 3월 17일자 글을 본 독자도 그 점은 이미 알고 있을 것이다. 다만 그 정도를 객관적으로 측정하기가 쉽지 않은 까닭에 여러 회사에서는 다양한 도구를 사용한다. 그중에서 가장 보편적인 것이 시계다.

주말이나 늦은 밤까지 회사에 남아 일하는 것은 성과에 대한 의지와 노력에 대한 상징을 나타낸다. 그러나 효과적으로 일하지 않고 오랫동안 일하는 태도는 문제가 있다. 그런 사람은 퇴근 후에도 자기 시간이 없다. 경영인들 대부분이 자신의 에너지 중 80퍼센트를 직무에 쏟는다는 조사 결과가 있다.

하지만 거기에는 후유증이 따른다. 가장 먼저 사생활에 문제가 생긴다. 친구들과의 관계가 멀어지고, 부부는 이혼한다. 취미 생활도 못하고, 운동 부족으로 건강에도 문제가 생긴다. 그러다 보면 언젠가부터 일 처리 능력도 떨어진다. 항상 자기 능력의 최대치를 투입하는 것은 아무리 강한 모터라도 감당하지 못한다. 탈진 증상은 하나의 후유증에 불과하다.

이러한 파멸의 위험에서 벗어나기 위해 어떤 이들은 사이비 종교에 빠지기도 한다. 하지만 마음의 평화는 찾아오지 않는다. 당연하다. 균형 잡힌 삶만이 지속적으로 성공을 거두게 도와주고, 행복하게 만든다. 많은 전문가들이 권하는 방법은 시간 관리다.

수많은 처세서들을 보면 한 가지 결론에 이르게 된다. 당신의 삶을 하나의 기업처럼 운영하라는 것이다. 목표를 탐구하고, 우선순위를 정하고, 일관성을 유지한다. 사생활도 직장 생활처럼 하는 것이다. 유치한 말 같지만 실용적인 말이다.

직장과 사생활에서 만족하려면 무엇보다 일관성이 있어야 한다. 성공을 거두고, 다른 사람으로부터 인정받기 위해 쩔쩔매는 바쁜 일상은 안타깝게도 덧없이 흘러간다. 커리어를 쌓아 직업적 성공을 거두는 게 삶의 전부는 아니다. 죽기 전에 제대로 살아봐야 하는 것도 우리의 의무다.

성공했다고 자만하지 말아야 할 이유

살다 보면 급전직하의 상황에서 어떻게 손을 써보기에도 이미 너무 늦을 때가 많다. 그럴 때는 앞으로 나아갈 삶의 길이 더 이상 반듯해 보이지 않는다. 게다가 커리어를 쌓는 것은 더욱 어렵다. 위기를 극복한 사람이 좌절한 이들은 다른 점은 미리 준비한다는 것이다. 그들은 햇빛이 쨍쨍한 날에도 언젠가 비가 내릴 날을 준비하고, 중요한 규칙을 따른다.

그들은 성공을 믿지 않는다: 일이 착착 진행될 때는 누구나 만족하며 편하게 지내려는 경향이 있다. 하지만 이때야말로 퇴화가 이뤄지기 전의 단계다. 그렇다고 자신이 거둔 성공에 대해 기뻐하지 말라는 말은 아니다. 하지만 그대로 머물러서도 안 된다. 오히려 새로운 목표에 도전하면서 사고의 폭을 넓히려고 노력하는 게 좋다.

그들은 경제적인 측면을 미리 준비한다: 친구 미하엘은 쾰른 은행 대출계에서 책임자로 일하는데, 고객들이 경제 사정이 안 좋은 시기를 대비해 저축하는 돈이 너무 적다는 사실에 대해 의아해했다. 그들은 차를 바꾸고, 호화 휴가를 가는 등 소비를 늘리는 일을 더 많이 했다. 하지만 누구나 3개월 받는 월급 정도는 자신의 계좌에 비축해 두어야 한다. 언제 직장을 잃더라도 3개월은 버틸 수 있다는 안정감을 갖기 위해서라도 그것은 꼭 필요하다.

그들은 오직 한 길만 바라보지 않는다: 직장 생활을 하면서 다른 대안을 병행하는 사람은 많지 않다. 그렇다고 몰래 투잡을 하라는 말이 아니다. 그보다는 자신의 재능을 키우는 일과 직장 생활을 병행하라는 말이다. 취미 생활이나 옛날에 해보았던 일들을 하다 보면 숨어 있던 재능을 발견할 수 있다. 그러한 재능이나 취미를 생활의 근간으로 삼을 수 있을 만큼 전문화하는 것도 나쁘지 않다. 그렇게 했을 때 위기가 닥쳐도 끝 모를 낭떠러지에서 떨어지는 게 아니라 뭔가에 기대 지탱할 수 있게 된다. 게다가 그런 생활은 심리적으로도 안정감을 준다.

3월 27일
따끔한 질책, 비평의 기술

비평은 항상 마음을 불편하게 한다. 때문에 대부분의 사람들이 비평하지 않으려고 한다. 나쁜 이야기를 듣느니 차라리 아무 말도 듣지 않기를 원한다. 비평가들도 주저하기는 마찬가지다. 다른 사람이 해놓은 일에 대해 왈가왈부하는 것은 상대에게 복수심을 심어줄 위험이 있다. 심지어는 스스로 또 다른 비평의 대상이 될 수도 있다.

타인을 아프게 한 사람은 자기 자신도 언젠가 철저한 검증을 받으리라는 것을 예측해야 한다. 그러므로 칭찬은 일종의 자기 보호다. 그리고 평범한 삶의 원칙을 따르고 있음을 보여주는 표시다. 누구에게나 친절히 대하고, 다른 사람도 나처럼 살아가게 놓아두자는 원칙을 따른다. 일종의 암묵적 동의다.

그것은 회사에만 손해가 될 뿐 아니라 개인에게도 손해다. 대부분의 사람들이 비평을 통해 구제되기보다는 칭찬을 받다가 파멸하기를 더 좋아한다. 비평이 없으면 더 잘할 수 있는 방법도 배우지 못하고, 비평과 비평가들을 다루는 방법도 익히지 못한다.

좋은 비평은 허심탄회한 대화를 통해 이뤄진다. 양측이 서로의 주장을 교환하면서 나중에 좀 더 나은 결정을 내릴 수 있게 도와준다. 잘못된 비평은 언제라도 거절할 수 있다. 그러면서 성장하는 것이다. 그러므로 늘 곁에서 긍정과 칭찬만 하는 사람들만 찾지 말고 훌륭한 비평가를 찾음으로써 그런 기회를 가져야 한다.

훌륭한 비평가는 무엇보다 먼저 상대의 발전에 관심을 갖고 있어야 한다. 그리고 어떤 결정을 내릴 때 심사숙고하고, 정확한 근거를 바탕으로 해야 한다. 그는 자신의 입장을 대변하는 것으로 비평을 시작하지 않는다. 그것은 미숙한 방법이다. 그보다는 모든 대안과 가정을 모아놓고 그것들을 참조하려고 노력한다. 그리고 실행 가능한 최고의 정보를 얻기 위해 대화를 시도하여 가장 나은 결론을 찾아낸다.

그들은 가장 좋은 해결책을 찾으려고 노력하기 때문에 아무런 평가도 내리지 않은 채 모든 것들을 세심하고 정확하게 소개한다. 때문에 좋은 비평가는 틈을 벌리는 게 아니라 통합하려는 사람처럼 보인다. 그들은 논쟁의 여지가 있는 비평의 근거를 대고 해석함으로써 상대의 신망을 얻으려고 노력한다. 또한 상대의 말을 잘 들어주고, 칭찬도 함으로써 상대를 의기소침하게 만들지 않는다.

좋은 비평가는 뛰어난 의사소통 능력을 갖고 있다. 그들은 여러 갈래로 분산되는 것 같아 보이지만 핵심에 집중한다. 이를 위해 질문도 던진다. 그게 무슨 의미죠? 어떻게 그런 생각을 하게 되었죠?

그래서 어떻게 되는 거죠? 그 과정을 통해 상대의 주장을 파악하고 논리적인 결론을 내린다. 그러나 그 결론이 확고부동한 것은 아니다. 비평가들도 다른 사람의 비평을 받을 수 있고, 좀 더 나은 이론이 있으면 자기주장을 철회할 마음의 자세가 되어 있다. 그들의 판단은 총체적인 것이 아니라 구체적이고, 근거가 확실하고, 대안에 대해 수차례 고민한 결과이다.

3월 28일
피드백이 중요한 이유

가장 친한 친구만이 진실을 말해준다. 그렇게 함으로써 서로에게 좋은 친구가 되는 것이다. 그런 피드백은 여러모로 유용하다. 다른 사람에게 자신이 어떻게 비치는지, 상대가 어떻게 생각하고 있는지, 또 자신의 관점을 다른 사람은 어떻게 받아들이고 있는지를 비교해보는 것은 좀 더 발전하기 위해 꼭 필요한 과정이기 때문이다.

처세술 조언가들은 항상 커리어를 쌓는 것에 대해 냉정한 평가를 받아보라고 권한다. 그것은 자기 자신만의 고정된 경험에 생각이 굳어지는 것을 막아준다. 20대 중반부터 50대까지 제너럴 모터스의 회장으로 일한 앨프리드 P. 슬로언은 회의를 끝낼 무렵이면 자주 이렇게 말했다고 한다.

"여러분, 저는 이 자리에서 내린 결정에 대해 모두 동의하는 것으로 받아들이겠습니다."

그러면 모두들 고개를 끄덕였다.

"그럼 우리가 좀 더 다른 의견을 생각해보고, 오늘 무엇에 대한 결정을 내렸는지 생각해볼 시간을 갖기 위해 다음 회의 때 이 문제에 대해 더 많은 논의를 하기로 합시다."

훌륭한 방법이다. 그러나 다른 사람의 피드백은 여과시켜 듣는 게 좋다. 개인적인 의견일 수 있기 때문이다. 많은 사람들이 자신의 목적을 이루기 위해 상대에게 비판을 가함으로써 판단을 흐리게 만든다. 이 점을 늘 염두에 두고 조심해야 한다.

하지만 자신의 생각을 절대적인 것으로 생각해서도 안 된다. 서로 다른 사람들이 같은 의견을 말한다면 진실일 가능성이 높다. 또 한 가지 잊지 말아야 할 점은, 본인의 본능에 귀 기울이라는 것이다. 본능은 자신을 속이는 일이 별로 없다. 가장 중요한 점은 당신 스스로 속이지 않는 것이다.

3월 29일
잘못된 겸손, 자기 자신에 대한 칭찬에 인색하지 마라!

광고하지 않으면 죽는다. 제품 판매에 이용되는 이 원칙은 커리어를 쌓는 데에도 똑같이 적용된다. 여자들은 남자들과 비교해 자기 자신을 마케팅하려 하지 않는다. 많은 여자들이 다른 사람들과 함께 움직이려 하고, 남의 주목을 받는 것에 부끄러워하고, 다른 사람의 공을 빼앗는 일을 싫어하고, 자신의 성공에 도움 준 사람들을 모두 밝히고 싶어한다. 그러다가 다른 사람에게 이용당하면 어떤 여자들은 '모나리자 신드롬'이라고 할 수 있는 미소를 짓는다. 그 모습은 선해 보이지만 결과는 절대 그렇지 않다. 아직도 여자들이 같은 직위에서 남자들보다 최고 26퍼센트 적은 임금을 받고, 11퍼센트 남짓 정도만 최고 경영자 자리를 차지하고 있는 것이 현실이다.

자기 자신의 능력을 제대로 드러내 보이지 않으면 수입이 줄어들 뿐만 아니라 실패의 원인이 되기도 한다. 독일의 경영 컨설팅 전문가들이 설문 조사를 실시한 결과, 28퍼센트에 해당하는 사람들이 커리어를 망치는 열 가지 요소 가운데 하나로 지나친 겸손을 꼽았다.

하이델베르크 대학의 심리학자 모니카 지베르딩은 남자들이 입사 지원에 성공할 가능성을 조사했는데, 남자들은 직업과 관련된 자신의 장점을 말하는 시간(3분 42초)이 여자들의 평균(2분 50초)보다 1분 정도 더 길었다.

겸손은 그것 없이는 더 이상의 전진이 불가능할 정도로 우리에게 꼭 필요하다. 물론 자기 자랑을 하는 것 같아 마음이 불편하고 거북할 수 있지만 남의 주목을 받지 못하면 선택되기 어렵다. 아무리 대단한 성과를 거두어도 누구 하나 주목하지 않는다면 소용없다. 자신의 능력을 펼쳐 보이는 데는 세심한 감각이 필요하다. 그렇지 않으면 민망한 자기 자랑으로 들릴 수 있다.

역사는 자신이 이뤄낸 성공에 대해 지나치게 과대평가하던 사람들의 독단적인 자아로 충만하다. 알렉산드로스 대제는 스스로를 '제우스의 아들'이라 불렀고, 예카테리나 여제는 '존경하옵는 여왕 폐하'라고 부르지 않는 편지는 거들떠보지도 않았고, 조지 워

싱턴은 자기를 부를 때 반드시 '미합중국 대통령 각하'라는 호칭을 사용하게 했다. 대단한 사람들이다! 그러나 직장에서는 그런 태도가 조심스럽다. 무난하다고 평가받은 방법으로는 대형 프로젝트를 진행하면서 정기적으로 중간 보고를 하고, 진척 상황을 알리는 방법이 있다. 혹은 회의 시간에 가끔 발언권을 요구하는 것도 좋은 방법이다. 물론 자료를 충분히 준비한 상태에서 해야 한다.

혹은 자신의 지식과 능력으로 동료에게 도움을 주는 것도 좋은 방법이다. 그렇게 하면 상대는 당신에 대해 긍정적인 말을 하게 된다. 그리고 입소문은 자기 스스로 자랑하는 것보다 더 큰 위력을 발휘한다.

3월 30일
성공을 부르는 여덟 가지 성격

사람을 성공하게 만드는 성격이 따로 있을까? 당연히 있다. 그 질문에 대해서는 아무리 오랜 시간 말해도 부족하다. 지면 공간이 적어 요점만 간단히 정리해두었다.

1. **자신감:** 성공하는 사람들은 자기 의심에서 벗어난 이들이다. 자신감은 상대의 평가를 듣고도 금방 자기 자리를 찾아 일어설 수 있도록 도와준다.

2. **확신:** 지나친 회의는 스스로 그렇게 되도록 만드는 예언의 효과를 낸다. 예상했던 것이 실제로 실패하게 되는 것이다. 문제가 발

생했을 때 누구나 피하고 싶은 반응을 보인다. 그러나 성공한 사람들은 그런 반응을 통계적으로 불과 1초 13 정도만 느낀다.

3. **인내:** 끈기가 능력보다 더 중요할 때가 많다. 실제로 커리어를 쌓는 데 실패한 많은 사람들이 모자란 재능을 어떻게 해서든 끌어모으는 대신 가야 할 길을 끈기 있게 가지 못한 경우가 많다.

4. **열정:** 흥에 겨운 마음이 없으면 아무리 노력해도 소용없다. 열정은 아무리 힘든 과제라도 거뜬히 해낼 수 있게 도와준다.

5. **행운:** 성공한 사람들이 운이 좋다는 말은 맞다. 그들은 제때에, 올바른 곳에서 자신에게 딱 맞는 이들을 만난 사람들이다. 그들은 또한 그 기회를 놓치지 않았다.

6. **학습 능력:** 성공한 사람들은 자신의 실수에서도 교훈을 얻어 똑같은 실수를 두 번 반복하지 않는다. 그들은 또한 자기를 무너뜨릴 수 있는 것을 치밀하게 분석하는 능력도 갖추고 있다.

7. **용기:** 성공한 사람들은 변화를 높이 평가하고, 무서워하지 않는다. 때문에 스트레스에 강한 면을 보이고, 스스로 용기를 내서 뛰어들어야 하는 일을 사랑하는 사람들이다.

8. **기쁨을 누릴 수 있는 능력:** '성공의 절망'이란 말이 있다. 뭔가 계획했던 일을 마침내 이뤄냈거나 다른 사람보다 더 많은 성과를 냈을 때 오히려 기분이 안 좋아지는 사람들에게 적용되는 말이다. 그들은 질시의 대상이 될까 봐 두려워하고, 자신의 어깨를 짓누르게 될 성공의 압박을 무서워한다. 그것은 결정적인 순간에 사람들을 머뭇거리게 만든다. 성공한 사람은 성공을 기뻐하고, 기쁨을 만끽할 줄 알아야 한다.

자신에게 얼마나 만족하는지에 대한 테스트

커리어는 만들어지는 것이다. 당신은 매일 아침마다 하루를 어떻게 보낼 것인지에 대한 결정을 내리고, 스스로에게 만족하고 있는지 자문한다. 만족하고 있는가? 그것을 알아보기 위해 문항을 만들어보았다. 자신에게 해당된다고 생각하는 문항을 체크해보자.

1. 내가 꼭 해야 하는 만큼만 일한다. 내게 그 이상의 대가를 지불하는 사람은 없다. ☐
2. 종종 책상에 앉아 꿈을 꾼다. ☐
3. 게으름을 부린 적이 많다. ☐
4. 직장에 종종 지각한다. ☐
5. 내 직업에 대해 친구들에게 험담을 한다. ☐
6. 사무적인 일로 전화를 많이 하지만 사실은 잡담을 더 좋아한다. ☐
7. 회사의 가치는 상승했지만 내 몫은 별로 없다. ☐
8. 사정이 괜찮으면 근무 시간에 개인적인 약속을 잡는다. ☐
9. 내 고객이나 동료는 나에게 별로 중요한 사람들이 아니다. ☐
10. 일요일 밤만 되면 잠을 잘 못 이룬다. ☐
11. 흥미도 별로 없고, 피곤한 적이 많다. ☐
12. 아침에 일을 시작하기까지 시간이 오래 걸린다. ☐
13. 사무실에서 개인적인 일로 시간을 많이 보낸다. ☐
14. 근무 시간에 인터넷 서핑을 한다. ☐
15. 규정된 휴식 시간보다 더 길게 쉰다. ☐

16. 퇴근 준비를 일찍 시작한다. ☐

17. 외근이 있을 때 돌아오는 시간을 길게 잡는다. ☐

18. 직장에서 일하면서 무료해한다. ☐

19. 동료들과 이야기를 나눌 때 시간만 죽인다. ☐

20. 휴가가 끝나는 게 제일 슬프다. ☐

자신에게 해당된다고 체크한 것의 숫자를 세어보자.

5개까지: 모두 정상이다. 어쩌면 지금 단기적으로 안 좋은 시기를 겪고 있을 수도 있다. 충분한 숙면을 취하자!

10개까지: 직장이 당신에게 충만감을 주지 못하고 있다. 그 이유는?

15개까지: 아직도 그 직장에 다니고 있는가? 아니면 그냥 거기서 눈만 껌뻑이며 시간이 가기를 기다리고 있는 건가. 직장이 당신에게 비전을 거의 주지 못하고 있다. 이직을 고려해야 한다.

20개까지: 아직도 거기에서 무엇을 하고 있나? 이미 마음속으로는 회사에 사표를 던져놓은 상태다. 신명나게 열심히 일하든가 당장 그만두는 게 좋다.

APRIL

4월

직장 상사, 동료와의 관계 맺기

4월 1일
유머가 커리어에 주는 도움

두 남자가 LA에서 뉴욕으로 향하는 비행기에 앉아 있었다. 이륙하고 한 시간이 지나자 기장이 말했다.

"연료 분사기 중 하나가 작동을 멈췄습니다. 그러나 크게 걱정하실 일은 아닙니다. 비행 시간이 일곱 시간으로 늘어나기는 했지만 남아 있는 추진 장치만으로도 안전하게 착륙할 수 있습니다."

한 시간 후 기장이 다시 기내 방송을 했다.

"또 다른 분사기가 작동을 멈췄습니다. 너무 놀라지는 마시기 바랍니다. 다만 비행 시간은 열 시간으로 늘어나게 되었습니다."

잠시 후, 그가 다시 말했다.

"세 번째 분사기도 작동을 멈췄습니다. 하지만 이 비행기는 이륙 후 열여덟 시간이면 뉴욕 공항에 안전하게 착륙할 겁니다."

한 남자가 다른 남자에게 말했다.

"빌어먹을! 마지막 하나 남아 있는 분사기는 제발 계속 작동해야 할 텐데요. 안 그러면 우리는 이 높은 곳에 영원히 떠 있어야 되잖아요."

유머는 어떤 상황에서도 사람을 웃게 만든다. 위와 같은 상황에서는 더욱더 그렇다. 목젖이 드러날 정도로 깔깔대며 웃게 만드는 농담은 건강에 좋다. 그럴 때 불안이라는 비건설적인 힘은 약화된다. 또한 유머는 그 이상의 영향력을 발휘하여 기분을 띄우고, 긴장을 풀게 하고, 따가운 질책을 부드럽게 만든다. 뿐만 아니라 사고의 걸림돌을 제거하고, 기억력을 증진시키기까지 한다.

1977년, 심리학자 로버트 M. 캐플란과 그레고리 C. 패스코는 농담을 섞어가며 연설할 때 청중들이 그 내용을 더 잘 기억한다는 것을 알아냈다.

미시간 대학의 연구원들은 1986년 천 개의 광고를 조사한 결과, 재미있는 광고가 평범한 광고보다 17퍼센트 더 자주 기억된다는 결론을 얻었다.

1985년에 해고 원인을 연구한 학자들은 불과 15퍼센트만이 능력 부족으로 해고당했음을 밝혀냈다. 그 밖의 이유로는 동료들과 사이가 원활하지 않았고, 의사소통 능력의 부족이 원인이 되었다. 설문에 응한 사람들은 함께 일하는 데 꼭 필요한 요소로 유머를 꼽았다.

심리학자 윌리엄 루치는 유머에 관한 연구로 유명하다. 그는 15년 전부터 성격과 좋아하는 농담의 상관관계를 조사했는데, 난센스 개그를 선호하는 사람은 창의력과 모험심이 남다르지만 평균 이상으로 혼란스러운 성격을 보여준다고 밝혔다.

반면 논리적인 농담을 선호하는 사람은 양심적이고 믿음직스럽지만, 참을성이 부족하고 독선적이었다. 지그문트 프로이트는 유머를 "삶이 곤경에 처해 있을 때 인간적인 부족함을 인식하고, 웃음으로 용서하는 정신적 기본 자세"라고 했다.

유머는 자기 자신과 자신의 문제를 심각하게 생각하지 않는 자세에서 나온다. 그래서 인간을 더욱 커 보이게 한다. 인간이 사물을 압도하는 것이다. 유머를 배울 수는 없지만 유머의 전형적인 자세는 누구나 취할 수 있다. 그러려면 세상 모든 일을 심각하게 생각하지 말아야 한다!

4월 2일
미세 정치의 드라마

형사 추리극을 보면 대개 이렇다. 먼저 악의 무리가 나타난다. 그들은 희생자의 삶을 지옥으로 만든다. 시청자들이 악인을 미워하도록 만들기 위해 작가는 희생자를 가능한 한 오랫동안 시달리게 한다. 그런 다음 영웅을 등장시켜 희생자를 구출하고, 악인을 처단한다. 그 과정에서 영웅이 함께 죽기도 한다. 사람들은 그것을 보며 극적인 드라마라고 말한다.

위 내용이 직업과 어떤 상관이 있을까? 아주 많다. 1968년 캘리포니아의 심리학자 스티븐 카프먼은 인간들 사이의 문제를 드라마의 삼각관계로 표현했다. 그는 인간들이 가해자, 희생자, 구원자의 세 가지 역할을 번갈아가며 한다고 보았다.

어느 회사의 부장은 성과가 기대에 못 미친다고 부하 직원들을 질타함으로써 가해자가 되고, 부하 직원들은 희생자가 되었다. 그때 과장이 벌떡 일어나 불만족스러운 결과에 대해 변명하며 부하 직원들을 대변하는 것으로 구원자 노릇을 했다. 그러자 부장이 말했다.

"그래도 직원 몇 사람은 내보내야 합니다. 회사 사정이 어려워 어쩔 수 없어요."

그러자 과장은 자신이 희생하겠다고 나섰다. 만약 그가 나서지 않았다면 상황이 더 이상 확대되지는 않았을 것이다. 이제는 부장이 과장의 가해자 역할까지 하게 되었다. 부하 직원들이 과장의 희생을 막기 위해 팔을 걷고 나섰다.

위의 예를 보면 상황에 따라 역할이 바뀌는데도 관계는 비교적 안정되게 유지된다. 하지만 그런 관계는 마음에 부담이 된다. 드라마 속의 삼각관계는 조작되어 있다. 그 속에서 사람들은 남을 탓하고, 실망하고, 양심의 가책을 느끼며 책임을 서로 떠넘기려 한다.

1. **가해자의 전형적인 방법:** 남들보다 더 많이 알고 있는 것처럼 행동하며, 남을 비판하고, 통제하고, 위협하고, 기죽이고, 자존심 상하게 한다.

2. **희생자의 전형적인 태도:** 모든 것을 자기 책임이라 생각해 좌절하고 절망한다. 희생자는 그렇게 함으로써 다른 사람을 가해자의 역할로 만들고, 양심의 가책을 느끼게 하는 것으로 수동적이지 않은 태도를 취한다.

3. **구원자가 드라마를 압도한다:** 그러나 이 역시 조작한다. 그는 자신을 더 위대하게 보이려고 다른 사람은 일부러 왜소하게 만든다.

이런 삼각관계의 배경에는 교묘한 계산이 깔려 있다. 누구나 자신의 역할로 다른 이들의 인정과 함께 주목받기를 원한다. 때문에 악순환이 이뤄진다. 그러나 이를 타파할 방법은 있다. 다른 사람이 어떤 역할을 수행하고 있는지 파악하고, 그가 당신을 어떤 역할로 밀어 넣으려 하는지를 알아내면 된다. 게임의 숨은 규칙을 파헤치고, 당신에게 주어진 역할을 거부하면 악순환의 고리를 끊을 수 있는 것이다.

당신이 희생자라는 생각이 드는가? 그럼 징징 짜는 소리는 그만 하고 독립적인 인간이 되도록 노력하라. 당신이 지금 구원자의 역할을 하고 있는가? 그렇다면 다른 사람도 함께 책임을 지도록 끌어들이는 게 좋다. 혹은 다른 사람의 구조 요청에 용감하게 뛰어드는 짓을 그만둬야 한다. 가해자 역할을 맡고 있다면 당신에 대한 부정적인 비판이 건설적인 비판이 되도록 해야 한다. 그것은 설령 가해자가 아니라도 해야 할 일이다.

4월 3일
외교의 기본

외교관들은 특별한 내용도 없는 말을 많이 하고, 원하지 않는 말을 하기도 한다. 그들은 윈스터 처칠의 말처럼 '아무것도 말하지 않기 전에' 두 번 더 생각하기를 좋아하는 사람들이다.

갈등 상황에서 갈등을 불식시키는 기술은 외교관이 가장 효과적으로 쓰는 기술인 동시에 가장 하기 힘든 일이다. 그들은 완벽한 언변과, 목적을 염두에 둔 절반의 진실 사이에서 위험한 곡예 운전을 한다. 직업이나 개인적인 일로 다른 사람을 능가하려는 이들은 대부분 상대의 반감을 사기도 하지만 언어를 통한 섬세한 접근으로 전혀 다른 상황을 만들어낼 수 있다. 당신도 이런 외교술의 기본을 배워보자.

분위기: 대화하기 좋은 분위기를 만든다. 다른 사람에게 관심을 보이고 상대를 친절하게 대하며 미소 짓는다.

관계: 인간적 관계를 맺는 것이 성공의 주요 열쇠다. 믿음직한 태도

는 인간관계를 돈독하게 해주고, 전략적인 자세는 이를 망가뜨린다.

여유: 평안을 유지하고, 자신의 감정을 마음의 울타리 안에 가둬놓은 사람은 갈등이 증폭되기 전에 주변을 평화롭게 한다.

사전 준비: 모든 상황이 펼쳐지기 전에 미리 예측하면 깜짝 놀라지 않아도 될 뿐만 아니라, 이를 통해 시야를 넓게 가질 수 있다.

정직: 외교관은 거짓말해서도 안 되고, 남을 속여서도 안 된다. 또, 모든 것을 말해도 안 된다. 그러므로 상대가 당신을 통해 듣고 싶어하는 정보만 공개한다.

질문: 질문은 독단적인 결정을 내리는 것보다 친밀해 보인다. 다만, 유도 질문은 안 된다.

체면: 상반되는 가치 판단에는 반드시 염두에 두어야 할 부분이 있다. 둘 다 체면을 잃지 않게 해야 한다.

역지사지: 다른 사람이 무슨 이유에서 그런 생각을 할까? 그의 관심은 무엇일까? 그의 취약점은 어디 있나? 어떻게 하면 그를 이길 수 있나?

목표: 당신의 목표는 무엇인가? 어디로 가야 하는지 정확히 알지 못하는 사람은 엉뚱한 곳에 떨어지기 쉽다. 물론 외교에서는 우회가 정석이지만 당신이 맨 처음 목적한 바를 놓치지는 말아야 한다.

자축: 부분적으로 거둔 성공에 대한 기쁨은 혼자 간직한다. 그렇지 않으면 상대는 당신이 거둔 승리에도 불구하고 당신을 패배자처럼 보이게 하려고 할 것이다.

양보: 중간에서 적당히 합의하는 것은 두 사람을 실패자로 만든다. 차라리 기존 입장에서 벗어나 해결책을 찾는 게 더 낫다.

학습: 다른 사람을 능가하고, 남을 가르치거나 자신의 지식으로 뽐

내고 싶은 사람은 스스로 망가진다. 그러느니 상대에게 자신을 맞추는 게 낫다.

표정: 미리 연습한 것 같은 표정은 위험하다. 실체가 발각되면 당신은 위선자나 진실하지 못한 사람으로 평가받는다.

4월 4일
오늘날의 외교술

앞에서 외교관은 자신이 생각하는 바를 말하고, 말한 것은 반드시 지키는 사람이라고 소개했다. 한 연출가는 그것을 이렇게 표현했다.

"외교술은 아무것도 하지 않는 것처럼 하면서 하는 것이다."

오늘도 외교술에 대해 좀 더 알아보자.

포기: 말과 태도와 형식으로는 언제라도 그렇게 할 것처럼 보이지만 실제로는 절대 하지 않는다. 외교는 줄다리기와 정반대다. 여기서는 양측이 서로 원해서 상대에게 가까이 다가간다.

장소: 상황이 심각할수록 중립적인 장소에서 만나는 게 좋다. 홈그라운드의 유리함을 이용하는 사람은 전략적으로는 영리할지 몰라도 외교적으로는 미숙하다.

세세한 것에 매달림: 사소한 일에도 쉽게 흥분하는 사람은 이미 패배자다. 외교는 낮은 목소리와 미묘한 표현의 의미 변화로 빛을 발한다.

전체 그림 보기: 양쪽 산봉우리를 연결하는 선은 직선이 아니라 곡선이다. 우회함으로써 상대에 대해 더 많은 것을 알 수 있다. 당신의 진정한 목표는 항상 숨겨놓는 게 좋다.

속도: 초반부터 마지막 카드를 내놓는 사람은 어리석다. 외교적 협상은 지속적인 탐색, 조정, 적응, 대기다. 인내심이 반드시 필요하다.

활동 범위: 외교는 춤과 같다. 다른 사람의 발을 밟지 않기 위해 양쪽 다 자유롭게 움직일 수 있는 여유와 협상의 운용 범위가 정해져 있어야 한다. 따라서 자신이 내놓을 카드에 대해서는 미리 파악해놓고 협상에 임해야 한다.

대범함: 반격받으리라는 것을 알면서도 상대에게 호감을 보이는 사람은 상대를 유연하게 만들고, 용기를 인정받는다.

중단: 다른 사람의 말을 곧바로 거스르는 것은 주권에 대한 명백한 모욕이다. 상대로 하여금 변명을 늘어놓게 하는 것이 더 현명하다. 그럼으로써 더 많은 것을 들을 수 있다.

패배자: 외교에서 패배자가 나왔다면 그건 실패다. 그러므로 자신에게 유리한 것만 찾지 말아야 한다. 다른 사람의 문제를 함께 해결하는 것으로 진실한 유대 관계를 맺을 수 있다.

반복: 서로 이해된 것과 동의한 것에 대해 규칙적으로 요약하는 것은 공동체 의식을 강화시키고 오해를 불식시킨다. 하지만 그 과정에서 교묘한 가치 평가는 하지 말아야 한다.

임의: 이런 말은 아예 하지 말아야 한다. 언제나 오해가 생기지 않게 하고, 상대로부터 공격받을 여지를 최소화하기 위해 구체적으로 표현하고, 말은 가능한 한 적게 한다.

예스: '노'는 불필요한 차이를 만들어낸다. 별로 중요하지 않은 부분

에 대해서는 적당히 '예스'를 하는 게 낫다.

경청: 외교는 무조건 반대하는 자리가 아니므로 다른 사람이 대화를
이끌어간 것처럼 보이게 만드는 게 중요하다.

4월 5일
더 나은 토론을 위한 법칙

심한 갈등은 에너지, 시간과 비용을 소진시킬 뿐 아니라 공동
작업에 부담을 주고, 육체 건강과 심리에 부정적인 영향을 준다.
그에 비해 다툼은 천둥 번개가 공기를 맑게 해주듯, 관계를 새롭
게 정비해준다. 더 나아지기 위한 작은 소란으로서의 역할을 하는
것이다. 하지만 그것을 제대로 다툴 줄 아는 사람이 별로 없다. 그
냥 침묵하고, 참고, 잊고, 나약한 모습을 보이는 것은 큰 실수다.

다툼은 양측 당사자들이 자신의 주장을 강변하고, 관용을 베풀
지 않기 때문에 일어난다. 관용은 다툼이 있을 때 반드시 필요하
다. 자기 통제와 감정 이입 능력도 마찬가지다. 다른 사람의 사고
방식을 인정하고, 그와 동시에 상대를 이해하고, 갈등을 해결하기
위해 그 사람의 입장이 되어봐야 한다. 아래에 소개되는 원칙들이
다툼으로 인한 긴장을 푸는 데 도움이 될 것이다.

말조심: 남자들은 여자들과 싸우는 방법이 다르다. 대개 남자들은
하고 싶은 말을 문장에 담려 하고, 여자들은 단어로 오해를 풀려
고 한다. 남자가 이에 응하지 않으면 여자들은 외면당했다고 생각해

더 큰 싸움이 벌어진다.

앞을 내다볼 것: 다툼의 90퍼센트는 과거와 관련되어 있다. 그것은 대부분의 사람들이 미세한 부분을 벌써 잊어버렸기 때문에 건설적이지 못하다.

말하지 말고 질문하기: 자기주장을 펼치는 것은 상대를 선동한다. 반면 질문이 비난받는 경우는 드물다. 따라서 질문함으로써 긴장된 분위기를 풀 수 있다. 변명하지 말고 반문하라! "그게 무슨 의도로 하는 말씀이지요?"

구체적으로 말하기: "사람들 모두 그렇게 생각해요." "당연히 그래야죠." "그 아이디어는 정말 형편없네요." 이처럼 일반화시키는 표현은 상대에게 상처를 주고, 복수심을 자극하는 교묘한 공격이다.

듣고 잊어버리기: 기분 나쁘게 하는 말, 비하하는 말, 모욕하는 말은 듣는 즉시 잊어버린다. 그것이 전문가와 비전문가의 차이다. 물론 비난을 듣고 억울할 때는 반격해야 한다. 그러나 옳지 않다는 걸 알면서도 끝까지 자기주장을 펼치는 사람이 있다. 그런 사람들과는 휘말리지 않는 게 좋다. 그러나 한번쯤 언급해두는 것은 괜찮다. "그건 인신공격입니다. 주제에서 벗어나지는 말죠……." 개념을 잊어버리면 패배한다.

4월 6일
이렇게 하면 비판이 유용해진다

헐뜯기, 꼬집기, 아픈 데 찌르기는 누구나 전문가다. 때문에 수 없이 쏟아지는 비판이 무의미해진다. 여기에 좋은 비판과 신경질 부리는 것을 구분하는 비법이 있다. 그 비판이 누구에게서 나온 건지, 무엇에 해당하는지를 점검하는 것이다.

만약 비판이 정당하다고 가정해보자. 그럼 누구에게서 그 비난이 나왔는지는 중요하지 않다. 이를 부정하는 것은 실수다. 당신이 잘못을 저질렀고, 다른 사람에게 발각되었다는 사실을 직시하라. 일본에서 하는 것처럼 극적인 통회(痛悔)를 직접 해 보이는 것보다는 어떻게 해서 그런 일이 생겼고, 앞으로 그런 일이 재발하지 않게 하려면 어떻게 해야 하는지 짧게나마 분석하는 게 좋다.

만약 비판이 부당하다면 자신이 보여줄 수 있는 반응은 한 가지뿐이다. 차분하게 근거를 대며 비난을 거부하는 것이다. 이때 주의할 점은 너무 오랫동안 머뭇거리면 상대의 비평이 맞을지도 모른다는 인상을 주게 된다. 그리고 상반된 증거를 보이려 하지 마라. 그렇게 하면 거부 효과가 없어진다.

비난한 장본인이 친구라면 잘된 일이다. 친구는 신뢰해도 좋다. 그러나 상사에게서 비난이 나왔다면 그로 인해 당신의 이미지가 영향을 받기 때문에 안 좋다. 정당한 비난에 대해 상사에게 할 수 있는 태도는 역시 한 가지뿐이다. 그 자리에서 잘못을 인정하고, 사죄하고, 앞으로의 다짐을 말한다.

혹은 상사에게 감정이 개입되지 않은 목소리로 차분하게 설명한다. 그러려면 극기심이 필요하다. 당신의 항변이 정당하다면 상사는 당신을 인정할 것이다. 만약 당신의 경쟁자가 당신을 파국으로 몰아가기 위해 억울한 비판을 가했다면 당신은 두 가지 반응을 보여줄 수 있다.

첫 번째는 상대에게 톡톡히 반격을 가한 다음 무시한다. 늑대가 짖는다고 달이 귀찮아하겠는가? 그럴 리 없다. 두 번째 방법으로, 상대가 특권 의식이 강하고 회사 내에서 평판이 좋다면 직격탄을 날린다. 물론 부드럽고 여유 있는 모습으로 해야 한다. 그를 찾아가 그렇게 많은 관심을 보여주어 고맙다는 인사를 하고 나서, 다만 이번에는 판단이 옳지 못해 안타깝다고 말한다. 대개의 경우 상대는 당신의 공격에 할 말을 잃고 애처로운 모습을 보이게 된다.

마지막으로, 칭찬에 대해 알아보자. 그것도 긍정적인 것이긴 하지만 또 다른 평가다. 대부분의 사람들이 칭찬을 들으면 얼굴이 빨개지고, 수줍어하면서 이렇게 말한다. "당연히 해야 할 일을 한 것뿐이에요." 그것은 잘못된 태도다! 당신이 잘해서 칭찬을 받은 것이다. 축하 인사를 들으면 간단히 고맙다는 인사로 받아들인다. 다른 반응은 거만해 보일 수 있고, 비판받을 여지를 남겨둔다.

4월 7일
불평할 때 저지를 수 있는 최악의 실수

한 사무실에 여러 사람이 함께 일하는 것은 다양한 화학 물질을 잔에 넣고 섞어놓는 것과 같다. 모두 반응을 나타낸다는 점에서 그렇다. 그러다 보니 다툼도 자주 일어난다.

상사와 동료가 동등한 관계에서 비판을 가하는 다툼의 문화는 보기 어렵다. 그러므로 불편한 대화는 분위기가 어색해지고, 불만으로 화가 솟구치고, 막다른 골목에 다다른 것처럼 마땅한 해결책이 안 나올 때까지 문제가 쉽게 가라앉지 않는다. 그러다 보니 종종 심한 언쟁이 터져나온다. 하지만 그것은 사생활에서도 그렇듯, 직장에서도 치명적인 상처를 남긴다.

운 떼기: 비판을 잘한다는 것은 우월한 입장에서 조언하는 능력이 아니라 전문가답게 의견을 전달하는 것이다. "내가 옛날부터 말해주고 싶었는데……" 하며 시작한 비판은 저항을 받는다. 혹은 "당신이 반드시 해야 할 일은……"이라든가 "왜 그렇게 하지 않았어요?"라고 말문을 여는 것도 안 좋은 방법이다. 그보다는 이런 식으로 말하는 게 좋다. "옛날에 똑같은 입장에 처했을 때 난 이런 생각을 했는데……."

비난: 자기주장을 말하되 비탄에 잠기지는 말아야 한다. 그렇지 않으면 비판은 누군가를 탓하는 말이 되고, 두 사람의 대화는 끊긴다. 중립적인 입장에서 말하는 게 더 효과가 있다. 그것은 진심 어린 충고가 되고, 상대의 체면도 지켜준다.

도덕적 호소: 당신의 주장에 확신을 갖고 있다면 도덕까지 들먹일 필요가 없다. 만약 그렇지 않다면 도덕도 큰 도움이 되지 못한다. "그렇게 생각하는 사람이 나만이 아니고……"라는 상투적인 말은 제대로 접수되지 않는다. 상대가 다른 사람의 이름을 대보라고 했을 때 당신의 주장은 물거품이 되기 때문이다. 그렇다고 이름을 댄다면 당신은 비겁한 밀고자가 된다.

불손함: 당신 앞에 있는 사람은 여전히 당신의 직장 상사다. 상사가 의기소침해졌다고 건방지게 구는 짓은 절대 하지 말아야 한다. 조롱이나 야유는 대화 분위기를 망친다. 그렇게 대화하는 사람은 자기

자신을 망치는 사람이다.

협박: 부메랑이 될 수 있으므로 신중해야 한다. 대화를 나누다가 상부에 보고하겠다는 말로 위협을 가하거나 직장을 그만둘 것처럼 행동하는 것은 자기 무덤을 파는 것과 같다. 협박으로는 얻어낼 게 아무것도 없다. 상사가 당신의 제안을 듣고 반색하며 이렇게 말할 수도 있다. "……그럼 그만두지."

4월 8일
당신의 상사를 인도하는 법

무조건 화를 삼키는 행동은 아무 소용이 없다. 상사의 기분과 무례한 태도에 대해서도 마찬가지다. 매니저 역시 경영 관리를 받아야 될 사람이다. 경영학 책에서는 이를 '하급 직원에 의한 역경영'이라는 말로 표현한다. 상사가 선호하는 것과 금기시하는 것을 파악하고 자신의 관심사를 그의 관심사가 되도록 떠넘기기 위한 방법을 찾아내는 게 주목적이다.

당신의 상사는 어떤 사람인가? 직접 만나 대화하는 것을 좋아하는가, 아니면 이메일을 더 좋아하는가? 상사가 특별히 기분이 좋아 접근하기 쉬운 날이 있는가? 상사가 상세한 설명을 좋아하는가, 아니면 전체적인 그림 보기를 좋아하는가? 결론까지 완벽하게 마무리짓는 것을 좋아하는가, 아니면 스스로 결론 맺는 것을 좋아하는가? 이런 점들을 파악하면 전략을 세우기가 쉽다.

중요한 것은 상사를 대할 때 예의를 갖춰야 한다는 점이다. 언제나 공손한 태도로 당신이 상사와 상사의 능력을 높이 평가하고 있다는 사실과, 당신이 그의 충직한 부하 직원으로 일하겠다는 것을 수시로 표현해야 한다.

대개의 간부들은 부하 직원의 도발을 귀신같이 감지하고, 공격적인 반응을 보인다. 때문에 상사로 하여금 당신을 믿게 만들어야 한다. 그의 사고방식을 그대로 받아들이는 게 좋다. 그에게도 언젠가는 치고 올라가고 싶은 상사가 있으므로 당신이 그의 자리에서 빛을 발하도록 도움을 주면 그 역시 당신에게 도움을 줄 것이다. 그러나 상사가 당신의 생각을 알고 있을 거라는 기대는 하지 않는 게 좋다. 그러기에는 그에게 시간과 열정과 재능이 부족하다.

상사에게 당신의 생각을 알려주는 것이 바로 당신이 해야 할 일 가운데 하나다. 중요한 프로젝트와 계획의 진행 상황을 정기적으로 보고하라. 항상 좋은 상태를 유지하고 있지 않다고 해서 그를 우습게 보거나 실망해서는 안 된다.

보고를 간편화하라. 당신의 상사는 더 많은 문제가 아니라 더 적은 문제를 원한다. 당신이 혼돈스럽게 일을 전개하고, 제안이 암호처럼 어려우면 상사는 그것을 들어줄 시간도 여유도 없을 것이다.

간편화하는 방법 가운데 하나가 상사에게 시시콜콜한 문제까지 다 보고하지 않는 것이다. 가끔은 당신 스스로 결정을 내려야 한다. 그러나 상대를 놀라게 하지는 말아야 한다. 곤란한 상황이 벌어졌을 때 상사가 당신을 통해 그 문제를 맨 처음 듣게 해줘야 한다. 상황 분석은 사실에 근거를 두어야 한다. 상사는 공포심을 조장하는 사람을 싫어한다. 그런 사람들은 머지않아 새로운 직장을 찾아다녀야 할 것이다.

4월 9일
정서가 불안한 상사를 올바로 모시는 방법

사무실에서 일어나는 모든 일의 일거일동을 다 기록해놓아야만 되는 것처럼 회사 안을 수시로 돌아다니는 상사가 있다. 그는 모든 것을 직접 점검하지만, 책임은 지려 하지 않는다. 그렇게 하지 않으면 자신이 한직으로 밀리고, 무시당한다고 생각한다. 그는 그런 결정이 암묵적으로 일어난다고 생각한다. 아무도 자신에게 미리 말해주지 않는다고 생각하는 것이다.

그는 자기가 잘한다고 생각하는 것에 대해 다른 사람이 불만스러워하는 반응을 보이면 상대가 자신을 공격했다고 여긴다. 자기 생각을 솔직히 공개한 사람은 잠재적인 브루투스로 취급된다. 따라서 그는 부서의 장(長)이 자기라는 사실을 모든 사람에게 수시로 주입시킨다.

정서가 불안한 상사의 전형적인 모습이 그렇다. 외적으로 보이는 강인함의 유일한 목적은 자신에 대한 불신과 무계획성을 감추는 것이다. 그런 이들은 종종 지독하게 외롭다. 그들은 다른 사람들로부터의 관심을 갈구하고, 자신의 재능을 다른 사람들이 인정해주기를 학수고대한다.

하지만 그런 일이 일어나지 않기 때문에 협박을 가한다. 그런 상사는 결국 파멸의 길을 걷게 된다. 그들은 불안한 분위기에 수치심을 느끼고, 그런 상사 밑에서 일하는 직원들은 일에 몰두하지 않고 어깨 너머로 상대를 흘끔거리며 쳐다본다. 그런 상사에게서는 벗어나는 게 최고의 방법이다. 그런 사람이 담당 부서를 최고의 부서로 올려놓을 확률은 139,838,160분의 1이다. 그 그늘에서 벗어나는 게 쉽지 않을 때 쓸 수 있는 방법은 두 가지다.

- 존재를 인정해준다. 그가 자기 직위를 확신할 수 있도록 온갖 방법을 동원한다. 동의, 지지, 세심한 칭찬을 해준다. 그리고 필요 이상의 것을 요구하지 말고, 그가 일을 잘할 수 있도록 도와준다.
- 상사의 행동을 고쳐야겠다는 생각이 들 때 절대 공개적으로 무언가를 요구하지 않는다. 이메일이나 단둘이 만나는 게 유일한 대안이다. 그리고 비판은 부정적이지 않아야 한다. 예를 들어 이렇게 말하면 안 된다. "부장님께서 생각하신 대로는 안 될 것 같아요." 그보다는 다른 식으로 제안한다. "이렇게 해보시면 어떨까요?"

혁명을 일으킬 계획이 없다면 정서가 불안한 상사를 화나게 하거나, 불안하게 만드는 일은 삼가는 게 좋다.

4월 10일
상사를 비판하는 일은 불가능하지 않다

상사를 비판하는 데에는 위험이 따른다. 그리고 대부분의 상사들은 비판에 약한 모습을 드러낸다. 그들은 마크 트웨인의 방법을 종종 사용한다. "난 누가 내게 따끔한 질책을 가하는 걸 좋아해요. 하지만 그 질책은 내가 동의할 수 있는 것이어야만 해요." 안타까운 일이다.

사실 양측이 서로 다른 입장에서 자신이 생각하는 바를 표현하는 것에는 좋은 점이 많다. 상사는 다른 사람의 눈을 통해 자신이 내린 결정을 바라보고, 부하 직원들과의 관계도 잃지 않는다. 부하 직원은 진지하게 업무에 임하는 태도를 상사에게 인식시킬 수 있고, 업무가 좀 더 원활히 진행되도록 방법을 개선할 수도 있다. 물론 그러기 위해서는 제대로 준비하여 흔들리지 않는 주장을 펼칠 수 있어야 한다. 이렇게 하면 상사에게도 비판을 가하는 일이 가능해진다.

시각 바꾸기: 장기판에서는 상대보다 앞서 생각할 줄 아는 사람이 이긴다. 상사의 입장이 되어 생각해본 사람은 상사의 화를 잠재울 수 있을 뿐만 아니라 진지한 토론을 위한 자료도 모아놓을 수 있다. 그전에 동료와 이야기를 나눠보는 것도 도움이 된다.

감정 자제: 스트레스가 클수록 본능이 합리적인 사고를 압도한다. 따라서 머리를 냉정하게 유지하는 게 무엇보다 중요하다. 그러면 그 어떤 시련에도 마음의 평정을 잃지 않을 수 있다.

면담: 직접 만나 대화를 나눔으로써 중요한 의사소통이 이뤄지게 한다. 이왕이면 상사가 기분 좋을 시간에 맞춰 약속을 잡는다.

분위기 조성: 대화의 시작이 중요하다. 현재의 상황을 정확히 인식할 수 있는 발판을 만들어야 한다. "부장님은 이렇게 보시는데 제 생각에는 이렇습니다. 서로 다른 생각을 하나로 모아야 될 것 같습니다." 고개를 끄덕이거나 시선 접촉 같은 비언어 요인도 중요하다. 약간의 자신감은 스스로를 위해 비축해두어야 한다. 상사가 대화 중에 다른 생각을 하고 있는 것 같으면 이렇게 말하는 게 도움이 된다.

"지금 이야기를 나누기 곤란하다면 다음에 할까요?"

요점 전달하기: 자신의 주장이 회사 발전을 위한 것임을 제대로 표현한 사람은 뜻을 이룰 가능성이 높다. 대안으로 내놓은 제안도 받아들여질 가능성이 높다. 상사로서는 질책할 것이 없어지고, 상대적으로 압박감도 줄어든다.

되묻기: 질문하는 사람이 대화를 이끌어간다. 잘못된 해석은 곧바로 수정해줘야 한다. 이미 합의된 사항에 대해서는 반복하고, 이를 반영하여 자신의 의견도 고친다. 이런 모습을 보고 상대는 화해의 태도로 받아들인다.

4월 11일
흔들린 관계를 다시 견고하게 하는 방법

동료나 상사와의 갈등은 일상에서 흔히 일어날 수 있는 일이다. 회사에서도 자주 나타나는 문제다. 그러나 의견 충돌과 불일치가 지속적으로 이어지면 분위기가 심상찮게 된다. 별로 좋아하지 않는 단순한 감정이 상사에 대한 증오로 변할 수 있고, 다정한 태도 뒤에 분노와 복수심이 불타오를 수 있다. 이때는 마음속에 뭔가 부글부글 끓어오르는 것을 확인하기 위해 일부러 심리학자를 찾아가지 않아도 저절로 알게 된다. 그럴 때 사람들은 농담을 들어도 웃지 않을 뿐만 아니라, 길에서 누구를 마주쳐도 바닥만 쳐다보고, 어느 누구에게도 조언을 구하지 않는다.

간부라면 부하 직원의 그런 심리 상태를 미리 감지하고, 개선하려고 노력해야 한다. 조금만 신경 써도 그런 신호는 감지할 수 있다. 동료들과 개인적인 면담을 할 때는 그런 낌새가 감지되지 않는다. 팽팽한 긴장은 엄격함이 아니라 칭찬, 인정, 존경을 통해 사라진다. 동료와의 불안정한 관계를 다시 견고하게 하는 방법도 있다.

● 감성적인 상사는 대개 고독한 인간처럼 불안정하다. 그들은 누군가 자기를 배신하지 않을까 두려워하고, 자신이 애써 가꿔온 이미지를 망치지 않을까 겁낸다. 그로 인해 통제의 욕구가 강하다. 그런 상사의 긴장을 풀어주는 유일한 방법은 그가 필요로 하는 안정감, 칭찬, 권리를 선사하는 것이다. 늘 그렇진 않지만 그것으로 충분할 때가 많다. 특히 "그 말씀에 제가 깊은 인상을 받았어요" 와 같이 자신의 감정을 솔직하게 드러내는 말은 효과가 더 크다.

● 두 번째 전략은 모든 일에 예민하게 반응하지 않는 것이다. 상사의 성격이 원래 그런 거라고 생각해 받아들인다. 그러면 상사가 또다시 별것 아닌 일에 발작하듯 화를 내고, 잔소리를 심하게 해도 크게 상처받을 일이 없다. 간단히 사과하고, 앞으로 더 잘하겠다는 말만 해도 그는 화를 누그러뜨린다. 경험으로 볼 때 그런 고백을 일찍 하면 할수록 상사는 그 일을 쉽게 잊어버린다.

4월 12일
보고와 침묵, 나쁜 소식을 전하는 방법

고대 사회에서 나쁜 소식을 전하는 사람은 99퍼센트가 목숨을 잃었다. 그사이 문화가 변했다 해도 그 문제는 그대로 남아 있다. 나쁜 소식은 아무도 좋아하지 않는다. 침묵도 해결 방법은 아니다. 아니, 오히려 그 반대다. 시간이 지나면 모든 게 드러나게 되어 있다. 특히 난처한 순간에 더욱더 그러는 경우가 많다. 그때는 미리 살피지 않았던 문제들까지 더 크게 확대된다. 때문에 현대는 나쁜 소식을 제때에 올바르게 전달하는 것이 하나의 예술이 되었다.

나쁜 소식을 전달할 때 이렇게 하면 조금 낫다.

- 모든 정보를 취합한 후 감정을 배제하고 간단명료하게 전달한다.
- 인내심! 상대가 분노를 터뜨릴 수도 있으므로 마음의 준비를 해둔다.
- 피해를 최소한으로 줄일 수 있는 해결책을 제시하라. 하지만 곧바로 말하지는 않는다. 그렇지 않으면 스스로 잘못을 인정하는 것처럼 보인다.
- 당당하게 임하라. 당신이 잘못을 저질렀다면 특히 더 그래야 한다. 다른 사람이나 환경에 책임을 돌리는 짓은 하지 말아야 한다. 최대한 객관적인 입장에서 소식을 전하고, '제가'보다는 '우리가'를 이용하는데, 더 좋은 방법은 '사람들이'라고 말한다.
- 머지않아 좋은 소식을 전달하는 이가 되려고 노력하라. 그렇다고 같은 날 그러라는 말은 아니다. 그러면 의심받게 된다. 그보다는 어느 정도 마음을 진정시킨 주말쯤이 좋다.

나쁜 소식을 올바르게 접수하는 것 역시 어렵다. 하지만 그것도 배울 수 있다.

- 침착하라! 이미 화가 나 있다면 어설픈 상태로 반응하지 마라. 어떤 결정을 내리기 전에는 그런 일이 생기게 된 모든 요인들을 파악하고 있는지부터 먼저 점검한다.

- 피해를 최소한으로 줄이는 방법을 찾아보라. 당신 위에 상사가 있다면 감정을 배제한 채 전해 들은 정보를 간단명료하게 전달한다. 문제를 스스로 해결할 수 없을 땐 어떤 단계까지 해결책을 모색했는지를 보고한다. 더불어 그런 사고가 앞으로 반복되지 않도록 자신이 취한 방법도 보고한다.

일류 기업은 나쁜 정보를 시기적으로 늦게 보고한 전달자를 처벌함으로써 훌륭한 기업이라는 평가를 받는다.

4월 13일
솔직함이 당신의 커리어를 망친다

독일의 숲은 어두침침하고, 거칠고, 병들어 있는 곳이 많다. 회사 분위기도 그런 곳이 많이 있다. 그런 곳에서 사람들은 날마다 여덟 시간, 1주일에 5일, 1년에 220일을 동료들과 지낸다. 함께 커피를 마시고, 식사를 같이하고, 생일 축하도 하고, 저녁에 모여 회식을 하기도 한다. 따지고 보면 인생의 3분의 1을 동료들과 지내는 것이다. 그러다 보니 자연스레 취미, 자식, 휴가, 부부 관계와 같은 개인적인 이야기까지 오간다. 하지만 그로 인해 머리를 복잡하게 하고, 심지어 자신의 커리어를 망치는 경우가 종종 있다. 끝까지 사적인 문제로 고수해야 하는 것이 있기 때문이다.

특히 경제 사정, 성생활, 부부 사이의 문제 등으로 사무실에서 불평불만을 늘어놓지 말아야 한다. 자식 계획도 상사의 귀에 들어가지 않도록 해야 한다. 언제 휴직할 것인지 예고되어 있다면 승진에도 걸림돌이 된다. 성차별로 볼 수도 있지만 조만간 보이지 않을 사람과 큰 프로젝트를 진지하게 의논하는 회사는 없다.

정보를 나눌 사람을 찾을 때는 먼저 기준을 세워두는 게 좋다. 예를 들면 신뢰가 두터운 사람이 누구인지 파악해 그가 비밀을 잘 지키는지 알아두는 것이다. 또, 누가 소문을 잘 퍼뜨리고, 다른 사람의 사생활을 염탐하는지도 알아두어야 한다. 그것을 알아내는 방법은 쉽다. 제법 그럴듯해 보이는 정보를 몇몇 동료에게만 살짝 전달하고, 누구의 입을 통해 소문나는지를 알아보는 것이다.

대담한 솔직함은 경우에 따라 '내가 당신한테 비밀을 털어놓을 테니 당신도 나에게 뭔가 해줘야 한다'는 무언의 압력이 될 수 있다. 자기만의 비밀을 털어놓는 것은 유대 관계를 공고히 하는 계기가 된다. 그러나 그 게임은 위험하다. 자기 속내를 많이 털어놓는 사람은 상대의 신뢰를 얻기 어렵다.

비밀을 털어놓으면 한동안 관심을 받을 수 있지만 대신 상대가 갖고 있을 두려움은 줄어든다. 비밀은 항상 드러나게 되어 있다. 작은 우주라고 할 수 있는 사무실에서 자기 이야기를 조금 하는 정도는 괜찮다. 그러나 특별한 지위를 확보하고 싶다면 대담하게 비밀을 털어놓는 솔직함은 삼가야 한다. 한번 솔직하게 대답해보자. 당신은 남의 비밀을 다른 사람에게 언제 전해주었나? 사람들 모두 다 같은 입장이다.

4월 14일
수다와 잡담에서도 배울 게 있다

수다와 잡담을 근본적으로 멀리하는 것은 예의 바른 행동이기는 하지만 어리석은 짓이다. 그런 의사소통 방법은 두 가지 중요한 임무를 수행한다. 관계를 돈독하게 해주고, 중요한 정보를 남들보다 앞서 들을 수 있게 해준다. 그중에서도 잡담은 인간의 뇌를 쉬게 만드는 피로회복제 같다.

2006년 초에 스코틀랜드 세인트 앤드루스 대학의 알렉스 메소디 교수는 열 명의 실험 자원봉사자들에게 네 개의 짧은 글을 읽게 한 다음 기억하는 것들을 종이에 적게 해보았다. 그러고는 적은 것들을 다른 실험자에게 읽히고 똑같이 반복하게 했다. 그런 식으로 네 사람의 손을 거친 글을 최초의 글과 비교했다.

그 결과, 기억에 특히 잘 저장되어 있는 문구는 개인의 신상에 관한 것과 거짓말, 속임수와 같이 흥미를 돋우는 정보였다. 그것들은 비교적 정확히 전달되었고, 단순히 사실만을 전달하는 말보다 더 많은 정보를 담고 있었다. 메소디는 우리의 두뇌가 흥미를 돋우는 정보를 갈망하고, 또 더 잘 기억한다는 결론을 내렸다.

그러므로 복도에서 나누는 수다가 아주 쓸데없는 잡담만은 아니다. 그것을 유용하게 써먹기 위해서는 유해한 것과 믿을 만한 정보를 구분할 수 있어야 한다.

우선 누가 쓸데없는 잡담만 하는지 파악한다. 그리고 누가 유용한 정보를 남보다 빨리 알고 있고, 그것을 말해주는지 알아둔다. 전자는 피해야 할 사람이다. 후자에게는 자신이 모아놓은 유익한 정보를 나눠준다. 그렇게 함으로써 나중에 더 좋은 정보를 받아올 수 있기 때문이다.

가벼운 이야기를 나눌 때 필요한 것은 말하는 사람에게 부담을 주지 않는 편안한 태도다. 남의 정보만 캐내려고 집요하게 달라붙는 동료는 누구에게도 사랑받기 어렵다. 상대의 비밀을 캐내려면 우연히 만나 이야기를 나누는 것처럼 해야 한다.

동료의 뒷담화를 통해 누군가 자기에 대해 안 좋은 소문을 퍼뜨린다는 것을 알았을 때 취할 수 있는 행동은 두 가지다. 소문의 진원지인 당사자를 찾아가 소문 퍼뜨리는 일을 중단할 것을 요구한다. 혹은 간접적으로 표현하는 방법도 있다. "누가 나에 대해 이러쿵저러쿵 근거 없는 소문을 내고 돌아다닌다는데 혹시 그게 누군지 아세요? 그 사람을 알면 내가 직접 찾아가서 말 좀 해야겠는데……." 대개의 경우 그런 이야기를 하면 상대는 상황을 파악하고 더 이상 그런 짓을 하지 않는다.

4월 15일
내게도, 당신에게도 아무 해로움이 없는 것

협조하는 것과 속이는 것 가운데 무엇이 더 나을까? 이 질문은 '죄수의 딜레마'로 잘 알려져 있다. 죄수 둘이 은행을 털었다는 혐의를 받고 있다. 경찰은 그들을 분리해 심문하면서, 각각에게 제안한다. 자백한 죄수는 감형을 목적으로 공범자에게 불리한 증언을 하는 공범 증인으로 취급되어 공범이 죄를 뒤집어쓰게 하고 석방시키겠다는 제안을 하는 것이다.

대신 공범은 감옥에서 5년을 지내야 한다. 두 사람 모두 범죄를 자백하면 각각 4년을 복역하게 된다. 각 개인의 입장에서 보면 자백하고 석방되는 게 제일 간단하다.

만약 본인이 자백하지 않고 공범이 대신 자백한다면 5년을 복역해야 한다. 그리고 두 사람 모두 범죄 사실을 자백했다가 4년을 복역하더라도 5년보다는 낫다. 만약 두 사람이 서로 협조하여 끝내 아무 말도 하지 않는다면 둘 다 석방되는 게 바로 죄수의 딜레마다.

협조할 것인가 아니면 자백할 것인가? 많은 게임 이론가들의 연구 결과에 따르면, 그 결정은 두 사람이 앞으로 얼마나 자주 만날 수 있느냐에 따라 달렸다는 것이다.

상대의 배신에 복수할 기회가 있는지, 아니면 상대의 행동을 감수할 수 있는지 여부에 달려 있는 것이다. 평생 딱 한 번 보고 말 사람이라면 배신하는 게 이득이 가장 크다. 그래서 세상에는 도박 사기꾼들이 있다. 그러나 대개의 경우 사람들은 적어도 두 번은 만난다. 이때는 서로 협조하는 게 낫다.

미시간 대학의 정치학자 로버트 액설로드는 80년대 초 죄수의 딜레마에 관한 컴퓨터 프로그램을 만들어 여러 가지 전략을 짰다. 그 결과, 가장 성공적이고 간단한 방법은 눈에는 눈, 이에는 이였다. 두 사람이 원칙적으로 협조하되 상대의 태도에 따라 자신의 결정을 맞추는 것이다.

상대가 자기의 모든 권리를 갈취하려 하면 자신도 그렇게 하고, 상대가 신사적으로 나오면 자신도 괴롭히지 않는 것이다. 그런 전략의 기본 원칙은 남에게 친절하고, 외부의 자극에 반응하고, 유화적인 태도를 취하고, 예측 가능하도록 투명해야 한다는 것이다.

눈에는 눈, 이에는 이의 전략은 협상에서 종종 사용된다. 사실 우리는 막연히 생각하는 것보다 더 자주 협상을 벌여야 하는 상황에 처한다.

거래처와의 만남, 연봉에 대한 직장 상사와의 면담, 적극 참여를 요청해야 하는 동료와의 만남, 정보를 캐내기 위한 만남, 사랑과 관심을 얻기 위한 배우자와의 만남. 그들에게 늘 친절하게 대하고, 집념이 강한 사람처럼 굴지 말되 거짓으로 협상에 임하는 상대에게는 반박하라. 그렇게 하면 이기주의자보다 더 많은 것을 얻어낼 수 있다. 지금 당장 그렇게 되지는 않겠지만 장기적으로 볼 때 그렇다.

그런 전략에서 주의해야 할 점은 양측이 그런 원칙을 고수하면 길고 지루한 싸움이 될 뿐 아니라, 결국 서로 피해를 입게 된다. 복수에 복수를 부르는 처지가 되는 것이다. 이를 피하는 유일한 방법은 즉각적인 용서다. 그렇게 해서 한 사람이 협조하기 시작하면 서로를 깎아내리는 짓은 중단된다. 결국 더 영리한 사람이 먼저 포기하는 것이다.

4월 16일
다른 사람에게 관심을 기울여라

"많은 사람들이 서로 나서려고 하니 피곤해요."

"사람들은 다른 이들의 관심을 얻으려고 어떤 식으로든 경쟁하죠. 어느 회사에나 남의 주목을 받기 위한 경쟁이 벌어져요. 인간관계도 그렇죠. 따라서 게임의 규칙을 알아두어야 할 필요가 있어요."

"어떤 규칙이죠?"

"프로젝트를 성공적으로 마쳤을 때 당신은 그 소식을 동료에게 전하거나, 자축 파티라도 벌이고 싶을 거예요. 당신이 이뤄낸 성취감을 맛보며 신나게 즐기고 싶을 테니까요. 그런데 동료가 자기도 축하할 일이 있다면서 그 순간의 분위기를 망쳐버리면 당신은 기분이 별로 안 좋을 거예요."

"그건 너무 유치한 짓이에요."

"그렇죠. 하지만 자신이 거둔 성과를 크게 기뻐하는 것도 자기만 생각하는 이기주의이고 유치한 짓이죠. 벤저민 프랭클린은 올바른 말을 하는 것도 중요하지만 옳지 않은 말을 하지 않는 것이 훨씬 더 어렵다고 했어요."

"그럼 동료가 자랑하며 떠벌리도록 그냥 놔둬야 하나요?"

"그래야죠. 그 사람은 기뻐할 자격이 있으니까요. 당신이 그 기쁨을 희석시키려고 하면 그 피해는 고스란히 당신에게 갈 거예요. 그러나 상대가 부당하게 축하받으려 한다면 그런 짓을 하는 것만으로도 그 피해가 상대에게 갈 거예요. 대부분의 사람들은 정당하게 칭찬을 받는지 아닌지 정확히 분별해내는 능력이 있으니까요. 그런 사람이 오만으로 낭떠러지에서 떨어지는 것은 시간문제예요. 다른 사람의 오만을 다루는 지혜와 자기 통제는 단기간에 집중 조명을 받는 것보다 성공을 위해 꼭 필요하죠."

4월 17일
상사와는 얼마나 가까이 지내는 게 좋은가?

상사와는 어느 정도 가까이 지내는 게 커리어 쌓는 데 필요하다는 게 정설이다. 승진하는 데 있어서는 상사와의 우호적인 관계가 결정적인 요인이 될 때가 많다. 물론 상사들은 자기 일을 알아서 척척 해내는 부하 직원을 높이 평가한다는 말을 자주 한다. 하지만 그것은 권위를 드러낼 이유가 없을 때만 맞는 말이다.

그렇다면 상사와는 얼마나 가깝게 지내는 게 좋을까? 좀 더 구체적으로 말해서 상사에게 심복처럼 굴며 아부하면 나중에 보상을 받게 될까?

대답은 경우에 따라 다르다는 것이다. 아부가 효과를 내느냐 내지 못하느냐를 결정하는 것은 상사가 어떤 사람이냐에 따라 달려 있다. 권위적인 상사는 대부분 '예스맨'을 좋아한다. 그런가 하면 자신감이 부족한 상사는 부하 직원의 반발을 제대로 소화하지 못한다. 그들은 자기 자리가 위태해질지도 모른다는 불안감에 떤다.

그러나 이 두 종류의 상사들 모두 아첨꾼에 둘러싸여 있는 것을 좋아한다. 공동체 의식을 강조하는 상사도 크게 다르지 않다. 그는 팀플레이의 가치를 높이 평가하고, 가끔 비판도 따를 수 있는 공개적인 토론을 좋아한다.

상사가 어떤 사람이든 간에 그에게 진실을 말할 때는 그 역시 인간이라는 점을 명심해야 한다. 누구에게나 비판은 고통스럽고, 칭찬과 감탄을 싫어할 사람은 거의 없다. 그리고 상사가 이룬 업적에 대해 새삼 기억을 일깨우며 수시로 말해주는 것만큼 상사의 얼굴을 활짝 펴게 해주는 일도 없다.

이미 상사에게 아부하기 시작한 사람은 동료들을 예의 주시할 필요가 있다. 공개적으로 상사의 환심을 사는 사람은 아첨꾼으로 낙인찍힌다. 그런 사람에게는 아무도 접근하지 않는다. 상사의 편애를 받는 사람은 상사의 첩자나 고자질쟁이일 거라는 의심을 받기 때문이다. 그들은 당신의 승진을 능력에 대한 보상이 아닌 특혜로 생각한다. 당신이 열심히 노력해서 거둔 결과라 하더라도 다른 사람의 입방아에 오르면 그런 이미지를 벗기가 쉽지 않다. 결국 따돌림을 당하게 되는 것이다.

상사의 편애를 받는 것에는 또 다른 위험이 도사리고 있다. 부하 직원의 판단이 흐려지는 것이다. 그들은 권력이 잠시 빌린 것이라는 사실을 잊는다. 역사책을 보면 권력에 기대 거만했던 사람이 한순간에 권력을 잃고 비틀대거나 추락하는 모습을 쉽게 볼 수 있다.

권력 구조는 언제든 바뀔 수 있다. 상사에게 지나치게 의지했던 사람은 그 상사가 권좌에서 밀려날 때 함께 추락할 위험을 안고 있다. 그렇게 되지 않으려면 당신이 갖고 있는 특혜와 거짓된 명성을 떨쳐내고 동료들과 끈끈한 유대 관계를 유지해야 한다.

다른 간부들에게도 당신이 충분한 역량을 갖고 있는 사람이라는 확신을 갖게 하고, 단지 운이 좋아서 그 자리까지 올라간 게 아님을 알게 해준다. 그리고 직속 상사와는 공간적으로나 실질적인 면에서 적당히 거리를 두는 것이 좋다. 그러면서 독립적인 태도를 보여주면 당신이 권력의 핵심에 아주 가까이 접근했지만 그 안에는 들어가지 않았다는 인상을 다른 사람들에게 심어줄 수 있다.

4월 18일
상사의 심복, 편애의 부담

누구의 심복이라고 소문나면 유리한 점이 별로 없다. 스포츠에서도 튀는 선수가 더 심한 공격을 받는다. 직장에서 '상사의 충견'으로 알려지는 것은 별로 바람직하지 않다. 그냥 겉으로 그렇게 보여도 마찬가지다.

직장 내의 분위기는 항상 양면성을 갖고 있다. 한편으로는 절친한 동료들이 귀중한 정보를 알려주고, 조언해주거나 솔직한 평가도 들려주고, 좋은 소문을 퍼뜨리기도 한다. 그런 관계는 정반대로 흐를 수 있는데, 후유증이 심각하다. 부서 내에서의 다툼으로 인해 생산성, 창의력, 일에 대한 의욕이 떨어질 뿐만 아니라 기존의 절친했던 관계가 서로를 외면하는 쪽으로 변할 수 있다.

상사가 한 사람을 편애할 경우 같은 부서에서 일하는 동료들의 화를 돋운다. 그 사람 때문에 자기들이 뒷자리에 머물게 됐다고 생각해 동료들은 분노와 질투 그리고 반발로 반응한다. 특히 그가 온갖 아첨을 떨어 그 자리를 확보했다고 생각할 땐 더욱더 그렇다.

일단 상사의 심복이라는 소문이 나면 다른 사람들과의 원활한 관계를 회복하기 어렵다. 따라서 그런 상황은 가능한 한 빨리 종지부를 찍는 게 좋다. 올바른 방법은 사람들 모두에게 자신이 비록 편애를 받고 있기는 하지만 나름대로 소신과 내면의 독립심을 유지하고 있음을 확실히 밝혀두는 것이다. 그런 다음 상사와 단둘이 만나 그 문제를 심도 있게 논의한다. 당신에 대한 특별한 배려가 부서 직원들에게 어떤 영향을 미치는지를 말하는 데는 많은 용기가 있어야 하지만 그만큼 동료들과의 결속력은 더 높아진다. 상사에게는 앞으로도 충성을 다하겠다는 약속을 하고, 그의 든든한 믿음에 감사의 인사를 하지만 부서 내에서 팀원들로부터 외면당할 때 당신의 처지가 어떤지에 대해서도 분명히 밝혀둔다.

또한 상사의 입장도 고려해야 한다. 부하 직원과 특별히 더 끈끈한 관계를 유지하려고 하는 상사는 일반적으로 외톨이로 지내며 외로움과 우울증에 빠져 있을 수 있다. 때문에 다른 사람과의 연대감은 자신감과 정서적 안정을 준다. 그러면서 그들은 관계 맺은 사람을 통해 자신의 생각을 동료들에게 퍼뜨리려고 한다. 전통적인 수비 전략이다. 자신의 생각을 솔직히 말하고 그것을 명심하는 사람은 목표에 더 빨리 도달할 수 있고, 양쪽 모두에게 사랑받는 사람이 될 수 있다.

4월 19일
'언제나 착한 사람'으로 살아가는 것의 함정

조직을 진정으로 사랑하는 사람은 동료들에게 도움의 손길을 먼저 내민다. 얼핏 보면 아름다운 모습이지만, 그렇게 남을 많이 도와주는 사람은 다른 사람들로부터 이용당할 위험도 갖고 있다. 압박, 협박, 아부는 물론이거니와 죄의식과 측은지심을 내세우며 사람들이 그를 몰아붙인다. 살다 보면 자기 자신의 이익이나 관심사를 뒤로 미뤄놓아야 할 때가 있지만 일정 부분에 대해서는 '노'라고 말할 수 있어야 한다. 그러지 못하는 사람은 왜 그렇게 못하느지 스스로에게 물어봐야 한다. 대개 그럴 만한 이유가 있다.

- **후유증에 대한 불안**: 특히 상사가 부탁해올 때 그런 갈등이 생긴다. 게다가 안타깝게도 부탁을 거절하기 어려운 상황이 현실 세계에선 많다. 부탁을 거절했을 때는 실망한 상사가 지원을 해주지 않는다. 그러나 아무리 상사라도 한계가 있음을 알아야 한다. "하기는 하는데, 그러려면 제게 시간을 더 주셔야 해요."
- **더 이상 우호적인 관계를 지속하지 못할 것 같은 두려움**: 특히 가족 구성원의 부탁을 거절하기 어려워하는 사람이 많다. 그러나 직장에서도 자기가 원하는 것을 처리해주었을 때만 친절하게 대하는 사람이 있다. 그런 사람은 가까이하지 않는 게 좋다. 그들은 걸핏하면 상대를 조작하고, 계산하고, 상대에 대한 고마움도 별로 느끼지 않는다. 남에게 인정받고 싶은 강한 욕망이 악순환의 빌미가 된다. 남의 부탁을 자주 들어주다 보면 자기가 맡은 일의 질이 떨어지고, 남에게 인정받는 일이 줄어들어 더 열심히 일해야 한다는 압박감에 시달린다.
- **외톨이가 되지 않을까 하는 두려움**: 처리해야 할 일이 산더미 같은데도 불구하고 많은 사람들이 동료와 함께 차를 마시러 간다. 외톨이가 되는 것은 커리어를 쌓는 데 방해가 된다. 그러나 일을 잘 못하는 것도 결과는 마찬가지다. 가끔은 그런 자리에 참석하지 않는다고 해서 크게 문제되지 않는다.
- **어떻게든 남을 도와주려는 마음**: 항상 누군가에게 도움을 주고 싶어하는 사람들이 있다. 자기가 할 일을 다른 사람이 대신할 수 있다는 상상만으로도 그들은 불안해한다. 그러나 사람은 누구나

대체 가능하다. 남을 도와줘야 한다는 강박증에 시달리면 엄청난 스트레스를 받게 된다.

언제나 '착한 사람'으로 살아가야 한다는 함정에 빠지지 말자. 도움을 요청하는 사람이 처한 상황을 정확히 파악하고, 의심이 들 때는 그런 일을 감당할 만한 여력이 없음을 솔직하게 털어놓고, 그가 도움을 필요로 하는 부분에 대해 충분히 이해하는 모습을 보여주되 당신의 입장을 분명히 말하며 '노'라고 한다.

4월 20일
인내는 성공의 열쇠

두 사람이 회교국 군주인 술탄으로부터 사형을 언도받았다. 그러자 그중 한 사람이 술탄에게 다가가 술탄이 무척 아끼는 말이 1년 안에 하늘을 날 수 있게 해줄 테니 목숨만은 살려달라고 제안했다. 술탄은 하늘을 나는 말을 탈 수 있을지도 모른다는 생각에 그 제안을 흔쾌히 받아들였다.

그러자 같이 사형을 언도받은 다른 사람이 제안한 사람에게 말했다. "자네 지금 뭐 하는 건가? 말이 날 수 없다는 건 자네도 잘 알잖아." 그러자 꾀를 내어 위기를 모면한 사람이 말했다. "이봐, 친구. 나한테는 이제 네 가지 일이 일어날 가능성이 생겼어. 첫째는 술탄이 1년 안에 죽는 것, 둘째는 말이 죽는 것, 셋째는 내가 죽는 것, 넷째는 말이 하늘을 나는 방법을 배워서 정말로 날 수 있게 되는 것."

최고의 전략은 최고의 아이디어이다. 그러나 최고의 제품도 때가 맞지 않으면 아무 소용이 없다. 이 원칙은 당신이 다른 사람을 비판하거나, 사형을 언도받은 두 사람처럼 긴박한 상황에서 좀 더 나은 방법을 찾으려 할 때 적용된다.

이때 가장 안 좋은 것은 조바심이다. 모든 일은 다 때가 있는 법이다. 당신이 근무하는 회사에서 꼭 바꾸고 싶은 것을 발견했다면 당신은 어떻게 할 것인가?

❶ 곧바로 상사에게 보고한다.
❷ 상위 직급에 있는 상사를 찾아가 보고한다.
❸ 이메일, 게시판, 소문을 통해 사람에게 알린다.

세 가지 방법 모두 별로 좋지 않다. 그래도 많은 사람들이 바람이 어디에서 불어오는지 확인해보지도 않고 곧바로 상사와 동료를 찾아가 하고 싶은 말을 다 해버린다. 적절한 때를 기다리는 것은 수동적이지만 매우 중요한 성공 전략이다. 그 시간이 언제가 될지는 본인이 어떤 인식을 갖고 있느냐에 따라 결정된다.

스트레스를 받고 있는 사람은 시간이 너무 빨리 흘러 여유가 없다고 생각한다. 하지만 그것은 착각이다. 결정을 내리고, 협상하는 데 적합한 시간은 자신이 생각한 시간보다 훨씬 더 늦게 온다. 인내심을 갖고 적당한 때를 알아채는 것이 바로 지혜다. 사형 집행을 언도받은 순간도 그런 시간이 될 수 있다.

원하는 것을 얻는 방법

직장 상사나 동료, 시어머니, 텔레비전……. 세상에는 화를 돋우는 사람이나 물건들이 아주 많다. 화를 푸는 가장 좋은 방법은 밖으로 내보내는 것이다. 그러는 게 위장 장애를 막을 뿐만 아니라 커리어를 쌓는 데도 도움을 준다. "화를 분출하는 사람은 자신 있고, 강해 보인다"고 스탠퍼드 대학의 라리사 타이덴스 교수는 말했다.

그는 학생들을 대상으로 다양한 얼굴 표정에 대한 연구를 했다. 그리고 《인간성과 사회심리학》 잡지에 연구 결과를 발표했다. 연구에 따르면, 화를 낼 상황에서 측은한 모습을 보이는 사람은 다른 이들로 하여금 애정으로 감싸주고 싶은 마음이 들게 할 뿐 아니라, 실제로도 나약한 사람들이었다.

반면 화를 내는 사람은 강하고 영리하다. 더 나아가 화를 밖으로 드러낸 학생들은 정의감이 높고, 자기 할 일을 잘 감당해나간다. 설문에 응한 사람들은 화를 분출하는 사람들이 상대적으로 좀 더 높은 지위를 갖고 있을 거라고 생각했다.

물론 통제하지 않은 분노 폭발은 몸에도 해롭고, 곁에서 지켜보는 사람의 삶을 괴롭힐 수 있다. 하지만 그런 문제는 지속적인 상황에서 나타난다. 오랫동안 분노의 감정을 갖고 있으면 인간관계도 손상된다.

그러나 적당히 분출하는 화는 단기적으론 자신의 위상을 높일 수 있고, 다른 사람들의 존경과 지지와 부러움의 대상이 될 가능성이 한층 높다. 그것은 에너지와 추진력 및 추진 의지를 증명해 보인다. 또한 그것은 다른 사람들에게 위협을 가하고 방어의 자세를 갖게 한다. 미시간 대학의 사회심리학자인 브래드 부시먼 교수도 이러한 점을 확인해주었다. 화가 났을 때 제대로 풀 줄 아는 사람은 대부분 자신이 원하는 것을 쟁취한다고 그는 말했다.

4월 22일
공명심 많은 상사 다루기

"좋은 아이디어가 떠올랐는데, 상사에게 말해주고 싶어요."
"좋은 생각이지만, 그것 때문에 당신이 위험해질 수도 있어요."
"그건 왜죠?"
"획기적인 아이디어라면 당신의 능력 과시에 도움이 되겠지만 당신에 대해 별로 안 좋은 감정을 갖고 있는 사람에게 그 아이디어를 통째로 넘겨줄 수도 있지요. 혹시 당신의 상사가 공명심 많은 사람인가요?"
"상사들은 모두 공명심이 많잖아요."
"그래서 하는 말이에요. 공명심은 획기적인 제안을 가로막는 최고의 훼방꾼이죠. 창의적인 아이디어가 딜레마에 빠질 수도 있어요. 당신이 제안한 아이디어가 설명만큼 좋지 않다면 부정적인 반응을 얻게 되지요. 반면 그 아이디어가 좋다면 자기 머리에서 나온 게 아니므로 상사는 묵살하려 하겠죠. 설령 그렇게 하지 않더라도 그것이 상사의 신경을 거슬리게 할 가능성은 있어요. 하지만 당신을 별로 좋아하지 않는 사람에게 그 아이디어를 건네주면 일석이조가 될 수 있어요. 당신의 아이디어가 실행되게 할 수도 있고, 경쟁자의 위상에 약간의 손상을 입힐 수 있고, 당신의 상사가 어떤 성격인지 알 수 있는 기회가 되기도 할 테니까요.”

4월 23일
다루기 힘든 상대 길들이기

직장에서는 다양한 성격과 근무 방식을 가진 사람들이 모여 함께 일한다. 따라서 모든 직장 동료와 친구처럼 지낼 필요는 없다. 그러나 만족감을 느끼며 일하는 태도는 반드시 필요하다. 그렇지 않으면 의욕과 능률이 떨어진다.

서로의 생각이 달라 갈등이 생겼을 때는 각자 자신의 행동에 대해 냉정한 평가를 내리는 게 좋다. 그렇게 하지 않고 무조건 피하는 사람에게는 문제가 생긴다. ‘그 사람은 이렇게 했고, 저 사람은 저렇게 했어. 모두 다 바보 같아.’ 그런 생각은 아무에게도 도움이 되지 않는다.

그러나 상대의 행동을 통해 자신의 사고가 더 넓어진다는 생각을 하는 사람은 문제를 쉽게 해결할 수 있다. 자신의 입장만 고집 피우다 보면 상대방까지 편협하게 만든다. 반면 서로를 더 많이 이해할수록 포용력도 넓어진다.

남을 깎아내리지 말고, 상대가 그럴 수밖에 없는 이유를 생각하라! 공격받았다는 느낌이 들더라도 즉각 보복하지 말아야 한다. 보복은 상황만 악화시킬 뿐이다. 당신의 생각으로 다른 사람을 규제하거나 가르치려고도 하지 말아야 한다. 무슨 법칙을 말하듯 엄격하게 말하면 누구나 예민하게 반응한다. 듣기 싫은 소리를 해야 할 때는 다른 사람이 아닌 '자신의' 생각을 말해야 한다.

항상 거칠게 행동하고 복도에서 시끄럽게 떠드는 버릇이 있는 사람에게 항의해봤자 아무 소용이 없다. 그러나 "미안하지만 너무 시끄러워서 집중이 잘 안 된다"고 말하면 상대의 이해를 구하기가 더 쉽다. 구체적으로 말할수록 더 잘 받아들여지고 상대로 하여금 태도를 바꾸려는 마음을 갖게 한다. 남을 생각하지 않는 사람에게 다정하게 대하는 것도 자신에게 유리하다. 동료와 자주 싸우는 사람은 승진에서도 불리하다. 친절한 태도로 자신의 능력을 보여줄 수 있다.

4월 24일
왕따에는 어떻게 반응해야 하나?

폴크스 방크에서 근무하던 한 직원이 회사로부터 거액의 보상금을 보상금으로 받을 수 있다는 판결을 받아냈다. 재판부는 수개월에 걸쳐 상사가 부하 직원을 괴롭힘으로써 부부 생활에도 치명적인 손상을 입힌 것을 판결 이유로 밝혔다.

회사가 합병된 후 그 직원은 상사의 지시로 조직적인 냉대를 받았다. 상사는 그에게 별 볼일 없거나 수치스러운 업무를 떠안겼을 뿐 아니라, 심지어는 책상을 치우고 사무실까지 폐쇄했다. 전통적인 방법으로 따돌린 것이다.

아직도 그런 일은 비일비재하다. 2007년, 여론 조사 전문 기관을 통해 조사한 바에 따르면, 열 명 중 여섯이 직장에서 그런 위협을 받고 있는 것으로 나타났다. 물론 정확한 수치는 아니다. 대부분의 희생자들이 수치심과 두려움 때문에 침묵하기 때문이다.

사람을 따돌리는 방법으로는 일부러 소문을 조작해서 퍼뜨리기, 정보를 제때에 알려주지 않기, 자동차에 흠집 내기, 노골적으로 싫어하거나 적대감을 드러내기 같은 것이 있다. 조직에서 '왕따'를 당하게 하는 것이다. 피해자는 엄청난 후유증과 함께 심리적 타격을 입는다.

그로 인해 많은 사람들이 불면증, 우울증, 편두통, 위장 장애를 앓는다. 왕따는 여러 가지 형태로 나타난다. 성희롱, 멸시, 차별, 부당한 평가, 혹독한 비판, 격리……. 회사 내의 의사소통에서도 왕따는 이뤄진다. 자존심을 상하게 하는 업무 지시, 도저히 해결 불가능한 쓸모없는 업무 배당, 직급에 맞지 않는 업무 배당, 특별한 근거 없이 수시로 이루어지는 업무 감시나 소환. 그런 괴롭힘이 일주일에 적어도 한 번, 6개월간 지속되면 법원은 왕따가 이뤄졌다고 판단한다.

왕따는 조직의 업무 체계가 불합리할 때 자주 일어난다. 부하 직원과 간부가 과중한 업무에 시달리거나 지나치게 한가하고 지루할 때 사람들은 자신들의 좌절감을 한 사람에게 쏟아 붓는 경향이 있다.

대개 정서가 불안하거나 사교적이지 않고, 과묵한 동료가 피해자가 된다. 그들에게는 격리, 비방, 편집증, 모략과 같은 악순환이 반복된다. 경영진이 이러한 사실을 인지했다면 직원을 돌봐줄 의무가 있기 때문에 어떤 식으로든 조치를 취해야 한다. 경고, 독촉, 좌천, 해고와 같은 방법을 통해 왕따를 중지시켜야 할 의무가 있다. 또, 왕따를 당한 피해자가 그런 상황을 타개하고 나올 수 있게 도와줘야 한다.

무시: 회사 내에 친한 동료가 많아 상사의 괴롭힘이 크게 문제되지 않는다면 가해자에게 당당한 태도를 취한다. 그렇게 함으로써 상사의 계획을 무산시키고, 공격을 무디게 만들 수 있다. 그런 상사들은 자기들의 공격이 잘 먹혀들지 않을 때 쉽게 포기하는 경향이 있다.

공격: 가해자가 왕따를 중단하지 않으면 적극적으로 나설 필요가 있다. 먼저 단둘이 만나 이야기를 나누고, 그다음에는 증인을 두고 말한다. 회사 경영진에 사실을 알릴 필요도 있다. 부당한 조치를 공개하고, 필요한 경우 법적 절차도 밟겠다는 태도를 분명히 해둔다. 물론 반격을 가하기 전에 충분한 증거를 수집해야 한다. 직장에서의 왕따는 법의 처벌 대상이다.

퇴사: 그 어떤 노력도 문제 해결에 도움이 되지 않을 때 취할 수 있는 방법은 두 가지다. 자기를 괴롭힌 상사보다 직급이 높은 상급자를 만나러 가거나, 사표를 쓰는 것이다. 전자의 경우에는 부하 직원을 돌볼 의무가 상급자에게 있음을 상기시키고, 직장 내의 근무 환경에 대한 자료를 모아 갖고 간다. 모든 말은 객관적인 입장에서 해야 한다. 눈물을 보이거나 위축된 모습은 본인의 체면만 손상시킬 뿐이다. 설령 그로 인해 사표를 쓰게 될지라도 그런 분위기에서 직원이 일하게 하는 회사가 당신을 붙잡지 못한 거라고 생각하는 게 낫다. 어떤 상황에서든 당신의 건강과 안녕이 최우선이다.

입소문의 효과

입소문은 비즈니스 세계에서 가장 강력한 의사소통 방법이다. 사람들이 다른 이들에 대해 말할 때 그에게는 좋든 나쁘든 명성이 생긴다. 믿을 만한 사람인가? 능력 있고, 남을 도와줄 자세가 되어 있는 친절한 사람인가? 함께 일하는 게 도움이 되는 사람인가? 혹은 내게 해로움을 줄 사람인가? 그런 소문들은 홍수처럼 쏟아지는 정보의 세계에서 사람이나 제품에 대해 비교적 적은 투자로 상황을 파악하고, 결정을 내릴 수 있게 도와준다.

몬트리올의 맥길 대학에서 경영학을 가르치는 헨리 민츠버그 교수는 최고 경영자의 하루 일정을 조사했는데, 한 가지 일에 한 시간 이상 몰두하는 사람이 거의 없는 것으로 나타났다. 50퍼센트를 훨씬 웃도는 사람들이 한 가지 일에 9분 이상 쓰지 않았다.

160명의 영국 최고 경영자들을 대상으로 한 또 다른 연구에서는 대상자들이 이틀에 한 번꼴로 30분 이상 다른 것에 신경 쓰지 않고 한 가지 일에 몰두하는 것으로 나왔다. 이로 미루어 최고 경영자들이 충분한 조사와 전체적인 계획을 통찰하며 어떤 결정을 내리지 않는다는 것쯤은 쉽게 짐작할 수 있다. 그보다는 소문이나 직감에 즉각적인 반응을 보일 때가 더 많다.

미국의 소문 전문가 제리 R. 윌슨은 손님들의 경험이 시장에 어떻게 전파되는지를 알아보았다. 그 결과, 좋은 경험을 한 사람은 자신의 경험을 다른 사람에게 세 번 들려주고, 나쁜 경험을 한 사람은 33번까지 반복해 말한다는 것을 알아냈다. 그러므로 누군가

의 심기를 건드리는 짓을 했다면 다정하게 대해주었던 사람보다
나쁜 소문에 휘말릴 위험이 11배나 많다는 점을 명심해야 한다.
그야말로 엄청난 차이가 아닌가? 정신없이 빠르게 돌아가는 현실
에선 함께 일하거나 사업을 같이하려는 사람과 진지한 인간관계
를 구축할 시간이 별로 없기 때문에 사람들은 상대를 입소문으로
평가하고 믿는 경향이 있다.

오늘의 조언은 그래서 간단하다. 자신에 대해 좋은 소문이 퍼져
나가도록 노력하라. 항상! 그것은 당신을 평생 따라다닌다. 일단
그런 이미지가 굳어지면 나쁜 소문에도 흔들리지 않고, 평소엔 닫
혀 있던 많은 문들이 열릴 것이다.

4월 26일
인맥, 네트워크 형성을 위한 원칙

경력이 쌓일수록 프로젝트를 다루는 일이 점점 많아진다. 직업
의 세계를 연구한 많은 전문가들이 한목소리로 그렇게 말한다. 프
로젝트를 진행할 때마다 새로운 팀이 구성되고, 그 분야의 전문가
들이 함께 모인다. 근무 방식이 유연해지는 만큼 평생 한 직장을
다닐 가능성도 줄어든다. 앞으로 많은 사람들이 직업을 찾거나 커
리어를 쌓아가려 할 때 개별적으로 일하는 사람들과 네트워크를
형성하는 게 중요해진다.

그러나 문어발식 인맥 확장은 바람직하지 않다. 네트워크 형성
은 오늘날 좋은 평가를 받는다. 네트워크 형성과 사람을 무조건

많이 아는 것의 차이는 체계에 있다. 네트워크를 형성하는 사람은 인간관계를 맺을 때 목적을 지향한다. 그런 인맥 형성에는 엄청난 장점이 있다.

미국의 사회학자 마크 그래노베터는 1974년에 최고의 직장은 인맥을 통해 주어진다는 것을 증명했다. '나약한 연대의 힘'이라고 제목을 붙인 저서에서 그는 그런 현상을 이렇게 표현했다. 좋은 자리를 다른 사람에게 인계할 때 직접 알고 있지 않지만 그 사람을 통해 좀 더 많은 인맥을 형성할 수 있다는 점이 관건이 될 때가 많다. 그러한 인맥이 클수록 효과는 배가된다.

커리어를 쌓으려면 인맥을 형성해야 하지만 그 안에 포함되는 인맥들이 같은 분야, 직업, 관심사를 갖고 있는 사람으로만 묶이지 말아야 한다. 그렇지 않을 경우 켈로그 경영대학원의 브라이언 우치 교수의 말처럼 '메아리'만 들릴 뿐이다. 다양한 시각을 가진 사람들과 다양한 사회 계층이 모여야 효과가 극대화된다. 전문가들은 이를 위해 다음과 같은 네트워크 형성 원칙을 추천했다.

목표를 정하라: 그 사람과 관계를 맺음으로써 나의 어떤 것을 확장시킬 수 있는가? 난 무엇을 쟁취하고 싶나? 자신의 목표를 분명하게 정의한 사람만이 무엇이 중요한지 간파할 수 있고, 그것을 다른 사람에게 전달할 수 있다.

양보다는 질: 네트워크는 그것을 형성하고 있는 사람만큼의 가치를 지닌다. 사적인 인연으로 받아들이고 싶은 사람은 그 사람의 신분이 아니라 목표에 따라 결정해야 한다.

일단 주고, 나중에 받는다: 직업상 공통점이 있고, 지식을 서로 나눌 수 있는 게 가장 좋은 조건이다. 보답받을 거라는 기대 없이 기꺼이 주는 것이다. 상대가 물어보았을 때 아낌없는 조언도 줄 수 있어야 한다.

정성 들이기: 일단 관계가 맺어지면 실제로 만나거나 생각을 교류하며 만남에 정성을 들여 관계를 키워나가야 한다.

4월 27일
60초, 전문가답게 정곡을 찔러라

광고는 잠재 고객에게 몇 분 안에 구매욕을 불러일으키도록 정곡을 찔러야 한다. 경영학에서는 고층 건물에 운행되는 승강기가 올라가는 속도처럼 60초 안에 상대를 감동시켜야 한다고 한다.

일터에서도 그런 상황이 생길 때가 많다. 잠재적인 후원자를 만나 관심을 받고, 호감을 느끼게 해줘야 하는 것이다. 짧은 시간에 그런 목적으로 나누는 대화에도 지켜야 할 원칙이 있다.

조금은 유치한 말처럼 들리겠지만, 일단 인사부터 하라. 그렇게 하면 당신이 상대의 지위를 인정한다는 것을 표현할 수 있다. 겸손은 누구나 좋아하는 덕목이다. 상대의 마음에 들게 하라. 그러나 이성 앞에서는 칭찬에 조심해야 한다. 당신이 선의에서 한 말이 성적인 유혹으로 들릴 수도 있다. 상대의 건강이 좋은지 정도를 묻는 게 별 무리가 없다.

제3자에 대해 나쁜 말을 하는 것은 커리어를 쌓는 데 치명적인 실수가 될 수 있다. 남을 비방하는 것으로는 자신의 능력에 확신을 줄 수 없다. 그보다는 지금 당신이 무궁무진한 가능성을 띤 프로젝트를 진행하고 있다는 인상을 주는 게 좋다.

당신이 지금 무엇을 하고 있으며, 어느 정도까지 진척된 상황이고, 회사가 그 일로 어떤 이득을 취할 수 있는지에 대해 가능한 한 다섯 문장 이내로 설명하라. 그 말을 할 때는 미소를 짓고, 약간 흥분하면서 열정적으로 말하는 게 좋다. 당신의 상사는 당신의 적극성을 기억할 될 것이다.

4월 28일
인색함은 옹졸한 게 아니라 어리석음이다

경제학에 '한계 효용'을 알아보는 놀이가 있다. 예를 들어 A라는 사람에게 백만 원을 주고 그 돈의 일부를 B라는 사람에게 나눠 주라고 한다. A가 B에게 얼마를 줄 것인지는 A 혼자 결정할 수 있다. B는 A의 제안을 받아들일지, 아니면 거절할지 스스로 결정할 수 있다.

B가 A의 제안을 받아들이겠다고 했다면 두 사람 다 미리 합의한 것을 교환해 새로운 것을 가질 수 있다. 그러나 B가 A의 제안을 거절하면 둘 다 아무것도 받지 못한다. 결정을 내릴 때 두 사람은 자신이 최대의 이득을 볼 수 있는지, 정당한 대가를 받는지에 대해 심각하게 고민한다.

실험에 참여한 사람들은 과연 어떤 결정을 내렸을까?

대부분의 사람들이 아무것도 받지 못하는 상황을 피하기 위해 자기 것을 내주는 쪽으로 결정했다. 자기 것 가운데 30퍼센트 이하를 주려고 한 사람은 거절을 많이 당했다. 가장 성공적으로 초기 자산을 나눈 사람은 60대 40으로 나눈 이들이었다.

이를 통해 두 가지 결론을 내릴 수 있다. 첫 번째 결론은 이타주의가 물질적으로 이득을 더 많이 취하는 것보다 낫다는 점이다. 다른 사람을 도와주었을 때에는 선의의 보답이 생긴다. 협상도 마찬가지다.

두 번째 결론은 다른 사람의 입장을 잘 이해하는 사람이 더 큰 결과를 얻는다. 한계 효용을 알아보는 게임에서 사람들은 자기 몫을 가능한 한 많이 챙기기 위해 자기중심적인 거래를 앞으로 얼마나 더 할 수 있는지를 고려하게 된다.

당신이 한 부서의 책임자로서 부하 직원이 더 많은 성과(월급 인상 없이)를 내주기를 바라거나, 혹은 직원으로서 급여 인상을 요구하고 싶을 때도 마찬가지다. 당신이 상대의 입장을 충분히 이해하면서 그의 시각에서 상황을 보려고 할 때 좀 더 성공적으로 협상을 이끌 수 있다.

전략이 전부가 아니다. 악착같이 자신의 이득을 취하려는 사람처럼 하지 말고 이해심이 풍부한 사람처럼 상대를 대해야 한다. 60퍼센트는 아무것도 거두지 못한 것보다 훨씬 낫다.

밀고하지 말 것, 배신자는 도태된다

후에 칭기즈 칸이 된 테무친은 충성심을 가장 높은 가치로 여겼다. 그의 무조건적인 복종은 1206년 오랜 친구였던 자무카를 철천지원수로 생각하게 만들었다.

두 사람은 결투를 벌였고, 테무친은 사흘 만에 승리를 거뒀다. 자무카는 도망치다가 자신의 측근들에게 붙잡혀 압송되었다. 자무카의 부하들은 테무친으로부터 큰 보상을 받으리라 기대했다. 그러나 놀랍게도 테무친은 (비록 거절당하기는 했지만) 자무카에게 적대적인 관계를 끝낼 것을 제안하며, 그를 붙잡아온 부하들은 처형했다. 명예도 없는 기회주의자들로 판단했기 때문이었다.

배신한 데 대해 적절히 보상받는 경우를 아직 한 번도 본 적이 없다. 배신자는 딜레마에 처하게 된다. 설령 자신의 의지와는 상관없이 첩자 역할을 했다 하더라도 일이 끝났을 때 그를 보호해주어야 할 사람은 그를 외면한다. 한번 신의를 저버린 사람은 다시 배신할 가능성이 높다고 보기 때문이다.

불신이 파국을 맞는 것은 죄수의 딜레마(4월 15일 참조)라는 과학적 연구를 통해서도 증명되었다. 독일의 본과 미국의 하버드 대학 교수들은 그런 모형을 가상의 사회에 적용시키고, 변수를 계속 바꿔가며 백여 차례에 걸친 실험을 해보았다.

실험 과정에서 그들은 의리파, 배신자 그리고 경우에 따라 의리를 지키거나 배신한 기회주의자를 가상 실험을 열 번 할 때마다 추가로 투입시켰다. 가상의 실험자들은 실험이 이뤄질 때까지 감옥에서 보낸 시간이 오래될수록 아무 가책 없이 배신했고, 새로운 실험자가 투입되었다. 그런 실험을 계속했다면 결과는 과연 어떻게 되었을까?

그 게임을 계속할 수 있다면 인구가 무한정 늘어난다는 가정하에 배신은 계속 이뤄지고, 의리파들은 결국 다 사라져버렸을 것이다. 하지만 그런 이론은 수학책에서만 가능하고, 현실 세계에서는 인구수가 제한되어 있으므로 불가능하다.

결과를 살펴보면 세 개의 전략이 엄격히 순서를 지키며 나타났다. 처음에는 협조하고, 그다음에는 배신하고, 결국에는 상황에 순응한 기회주의자가 승자가 되었다. 그러한 이론이 안정된 사회 전략을 제공한다.

거기서 우리가 취할 수 있는 교훈은, 배신함으로써 빠른 시간 안에 승리를 쟁취할 수 있을 것처럼 보이지만 절대 그 유혹에 넘어가지 말아야 한다는 점이다. 그렇게 했다가는 궁극적인 승자가 되지 못할 것이다.

4월 30일
퇴근 무렵 심신이 지치는 것을 피할 수 있다

"자네가 재채기하는 걸 보니 달력을 보지 않아도 오늘이 금요일이라는 걸 알겠어."

직장에서 동료들이 히죽거리며 하는 말이다. 당신은 모처럼 생긴 공휴일을 몇 주일 전부터 기다려왔을 수도 있다. 아무 약속도 안 잡고, 전화도 받지 않고, 이메일도 안 보고 푹 쉬려 하지만 실제 상황은 전혀 그렇지 않다. 몸이 아파 드러눕게 되는 것이다.

주중에 일하고, 주말이 되면 감기에 걸리는 경우가 생각보다 자주 있다. 가끔은 고열, 두통, 관절염, 만성 피로와 오심까지 동반한다. 위의 증상들은 네덜란드의 틸뷔르흐 대학 연구진이 조사한 현상에 나오는 것들 중 몇 개의 예다.

사람들은 쉴 때 종종 병에 걸리는데, 이른바 '책임 면제 우울증'이라고도 한다. 미국에서는 '홀리데이 블루'라는 이름으로 부르기도 한다.

왜 그렇게 될까? 그것은 면역 체계가 망가지기 때문이다. 심한 압박을 느낄 때 신체는 엄청난 양의 호르몬을 분비함으로써 맡은 업무를 완수하거나 프레젠테이션을 성공적으로 수행하게 하거나 시험을 잘 치를 수 있게 도와준다.

신체 기관이 그 오랜 시간 동안 왜 그렇게 하는지는 아직까지 밝혀지지 않았다. 분명한 점은 그런 과도한 호르몬이 면역 체계를 약화시켜 신체의 긴장을 팽팽하게 유지시킨 다음, 사람을 완전히 탈진하게 만든다는 것이다. 어떤 사람은 쉬는 날 그런 증상이 나타나고, 어떤 사람은 비교적 오랫동안 버티다가 가끔 며칠씩 병가를 내는 게 그런 까닭이다.

해결책은 정기적으로 긴장을 풀어주고, 쉬는 날 직전까지 일에 매달리지 않는 것이다. 그리고 쉴 때에도 일상의 리듬을 크게 깨뜨리지 않는 것이 중요하다.

늦잠을 자면 두통이 생길 수 있으므로 적당히 자고 일어나 편안하게 아침을 먹고, 과일도 많이 섭취하고, 가벼운 운동으로 몸의

긴장을 풀어주는 게 좋다. 아침 식사 전에 30분 정도 산책을 다녀
오는 것도 좋다. 그렇게 하면 긴장이 100에서 0으로 급격히 떨어
지지 않아 당신의 몸까지 갑자기 풀어지며 후유증에 시달리지 않
아도 된다.

MAY

창의력으로 커리어 쌓아올리기

5월

창의력으로 커리어 쌓아올리기

5월 1일
만족은 마음먹기 나름

한스는 금덩어리를 다른 물건으로 계속 교환하다가 나중에는 숫돌을 갖게 되었는데 그조차도 무거워서 부담스러워했다. 그러다가 숫돌이 웅덩이에 빠지자 안도의 한숨을 내쉬며 스스로를 행운아라고 생각했다. 대부분의 사람들이 한스와 다르게 반응한다. 그들은 부담이 되는 것을 열심히 모으고도 행복해하지 않는다. 그렇다면 무엇이 인간을 행복하게 하는 걸까? 천생연분의 배우자? 엄청난 돈? 직업적 성공? 건강?

행복은 원래 누구나 쉽게 느낄 수 있는 느낌이다. 60년대부터 학자들은 그에 대한 연구를 많이 해왔는데, 연구 결과는 다양하게 나왔지만 핵심은 동화책에 나와 있는 것과 같았다. 행복은 마음먹기 나름이라는 것이다. 그것은 돈을 주고 살 수도 없고, 통제할 수도 없다. 환경에 상관없이 사람은 행복을 느낄 수 있다. 종교나 과학 논문을 살펴보아도 행복에 이르는 길은 놀랍게도 늘 똑같다.

감사하는 마음을 가질 것: 다른 사람을 흘깃거리며 비교하고, 그들의 성공이나 재산 축적을 따라 하려고 애쓰는 사람은 결코 행복해질 수 없다. 그보다는 당신이 이미 쟁취한 것에 대해 감사하는 마음을 가져야 한다.

아름다운 순간을 기억할 것: 일이 풀리지 않을 때는 마음에 하루 종일 어두운 그림자가 드리운다. 안타깝게도 대부분의 사람들이 부정적이고 난처한 상황을 더 많이 기억하고, 아름다운 시간은 기억에서 밀어낸다. 그보다는 현재를 즐기면서, 그 순간을 과거의 골치 아픈 기억과 뒤섞이지 않게 해야 한다.

창의적으로 생각할 것: 창의력은 사람을 행복하게 해준다. 누구나 날마다 창의적인 생각을 표현할 수 있다.

몸을 움직일 것: 몸을 움직이면 엔도르핀이 분비된다. 그것은 사람을 행복하게 해준다.

영감 주는 글을 읽을 것: 모든 생각들을 할 필요는 없다. 날마다 긍정적인 사고를 떠올리는 것만으로도 충분하다. 그렇게 하기 위한 최고의 방법은 독서다.

혼자만의 시간을 가질 것: 항상 가능하지는 않지만 그 효과는 크다. 규칙적으로 자기 혼자만의 시간을 갖는 사람은 스트레스도 적게 받고 만족한 삶을 살아간다.

행복할 것: 동의어의 반복처럼 들릴 수 있겠지만 창의적으로 생각하고, 몸을 움직이고, 좋은 글을 읽으면서도 마음은 우울해질 수 있다. 행복과 만족은 마음먹기에 달려 있다. 한번 시도해보라. 그리고 행복하라!

5월 2일
섬광처럼 떠오르는 생각

동전이 떨어질 때 쨍그랑 하고 소리가 나는 것처럼 생각이 그렇게 떠오르지는 않는다. 그러나 머릿속에 섬광처럼 떠오르는 생각은 양쪽 뇌를 새롭게 연결시켜준다. 뇌가 그러한 생각이 적절하다

고 판단하면 사람
은 안정적인 느낌
을 갖는다. 그 후 양
측 두뇌 사이에 복
잡한 교환이 이뤄
진다.

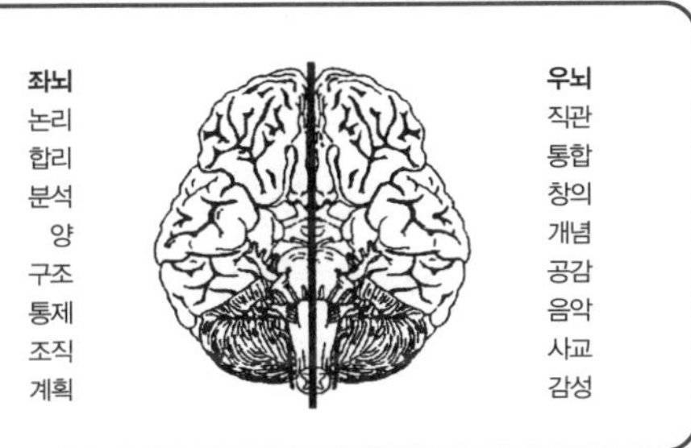

왼쪽 두뇌는 논리적 사고, 언어, 분석적 사고를 담당하고, 오른쪽 두뇌는 음악, 창의력, 공간 감각을 관할한다. 양측 두뇌는 따로 나뉘어 일한다. 서로 정보를 교환하는 장소 없이, 화학적 전달 매체를 통해 정보 교환이 이뤄진다.

그중 하나가 도파민이다. 그것은 신경계의 명령을 근육에 전달하고, 흥분시키며 연상하는 힘을 강화시킨다. 한마디로 창의적인 사고를 증진시킨다. 그런데 그 과정이 너무 활발하면 머릿속이 복잡해진다. 뇌 전문가는 도파민의 분비량이 환경에 따라 결정된다고 본다. 즉, 우리가 살아가고 일하는 장소나 공간과 상관있다는 것이다. 그에 따르면, 책상은 창의적인 사고에 적합하지 않다. 책상을 보았을 때 우리는 일, 스트레스, 압박을 떠올리며 심리적으로 위축된다.

도파민 분비와 창의적인 사고의 힘은 스스로 증진시킬 수 있다. 예를 들면 환경의 변화로 가능하다. 늘 똑같은 일을 하는 사람은 뇌가 일방통행로가 되기를 강요한다. 따라서 독서, 박물관 방문, 책상 정리 등의 작업을 통해 시야와 인지 능력을 지속적으로 확장함으로써 영감을 받을 수 있다. 결국 익숙한 행동 양식과 사고방식에서 의도적으로 벗어나는 노력만으로도 큰 도움을 받을 수 있다.

그러나 불만족은 혁신적인 의욕을 불식시킨다. 많은 훌륭한 아이디어가 궁핍한 환경에서 태어났다. 바퀴의 발명이나, 얼굴에 주름을 없애는 크림의 발명도 그런 배경을 갖고 있다. 배부른 사람은 더 이상 먹잇감을 찾아 나서지 않는다. 그 결과 정신적으로 태만해지고, 머리는 대기 상태가 된다. 반면 엄청난 좌절감은 예상치 못하게 많은 힘을 빠져나가게 한다. 머리에 섬광처럼 떠오르는 생각은 끈질기게 추적하지 않으면 이내 사라져버린다. 좋은 아이디어는 많은 사람들이 갖고 있지만 이를 실행에 옮기는 사람은 극히 적다.

5월 3일
브레인스토밍이 제대로 되는 원칙 공개

1930년 무렵 알렉스 오즈번은 지칠 대로 지쳐 있었다. 그가 공동 창업한 광고회사 BDO에서는 아무런 영감도 주지 못하는 회의가 끝도 없이 이어졌다. 그런 회의는 사람을 지치게 하고 창의력을 위축시켰다. 창의력이 생명인 회사에서 정반대의 현상이 일어났던 것이다.

오즈번은 위기의식을 느끼다가 4백 년도 더 된 고대 인도의 창의력 고양 방법인 '프라이 바르샤나'를 생각해냈다. 그리고 거기서 브레인스토밍을 만들어냈다. 브레인스토밍은 회의에 참석한 사람들이 구체적인 문제를 풀어갈 해결책들을 즉흥적으로 내놓는 방법이다. 그렇게 아무 제약 없이 쏟아지는 생각들은 대단히 생산적이었다. 물론 그러기 위해서는 다음 규칙들을 모두 지켜야만 한다.

- **비판 금지:** 아무리 이상한 것일지라도 모든 아이디어를 환영하며 받아들인다.
- **질보다 양:** 아이디어가 많으면 많을수록 좋다.
- **저작권 무시:** 일단 나온 아이디어를 구체화시키기 위해 계속 엮어나가야 한다.
- **다양하게 생각하기:** 거꾸로 생각하고, 상상하는 것을 허용한다.

브레인스토밍은 다양한 형태를 지니게 되었고, 개별적으로도 사용할 수 있었다. 하지만 그 방법이 자주 오용되고 있다. 물잔 속의 태풍이 되어버리지 않게 하려면 아래 사항들을 꼭 지키는 게 중요하다.

1. **전제 조건은 반드시 지켜야 한다:** 단체로 모여 생각을 나누는 힘은 거리낌 없이 모든 말을 할 수 있어야 가능하다. 자신이 낸 아이디어 때문에 나중에 문책당한다는 생각을 하면 모두들 입을 다물게 된다. 제안을 평가하는 일도 없어야 한다. 브레인스토밍 이후에도 마찬가지다. 최고의 아이디어에 상을 주는 것은 생산성을 저해시킨다.

2. **전체적인 맥락을 잡아줘야 한다:** 역설적으로 들리겠지만, 브레인스토밍을 할 때는 자유롭게 생각해야 한다. 그러나 한계가 없는 자유는 있을 수 없다. 회의 진행자는 말을 너무 많이 하는 사람의 의견 개진을 중단시킴으로써 전체적으로 자유로운 의견 개진의 환경을 유지해야 한다.

3. **먼저 쏟아내고, 그다음에 실행으로 옮긴다:** 아이디어의 폭발과

혁신의 차이는 생산성이다. 브레인스토밍은 창의력을 북돋워주고, 최종적으로 전형을 만들어낼 수 있어야 한다. 그렇지 않으면 그런 만남이 커피를 마시며 잡담이나 하는 자리처럼 보여 의욕을 꺾는다. 자신이 내놓은 제안이 현실화되지 않았을 때 참가자들은 더 이상 생각하지 않으려고 한다.

4. **모으기만 하지 말고, 확장시킨다**: 브레인스토밍을 그저 아이디어를 쏟아내는 자리로 만드는 것은 일차원적이다. 여러 부서나 다양한 분야의 전문가들이 참여하면 서로에게 배울 점이 있고, 나쁜 감정도 덜어낼 수 있다.

5월 4일
웃는 사람은 복합적인 사고를 한다

오늘날까지도 사람이 왜 웃는지 그 이유를 과학자들은 분명하게 규명해내지 못했다. 프랑스의 수학자 블레즈 파스칼은 웃음이 예기치 못한 논리적 불일치에서 비롯된다는 점을 일찍이 간파했다. 흔히 사람들이 농담으로 노리는 것도 바로 그것이다.

그러나 인간이 우스운 상황에서만 웃는 것은 아니다. 안도의 웃음, 쓴웃음, 악의적인 웃음, 음흉한 웃음, 고소해서 웃는 웃음, 더러운 웃음, 긴장한 웃음, 병적인 웃음 같은 것도 있다. 웃는 사람은 '광기가 폭발하는 순간'을 즐긴다고 이탈리아의 시인 자코모 레오파르디는 표현했다.

그런가 하면 위협적으로 다가오는 갈등을 외면하기 위해 웃기도 하는데, 이는 좋은 의미의 웃음이다. 게다가 웃음은 전염된다. 방송 제작자들은 이 점을 이용해 방청객의 웃음소리를 중간에 끼워 넣어 웃음을 유도하기도 한다.

웃으면 건강하다. 웃음을 연구하는 과학자들은 웃음이 스트레스를 줄여주고, 면역력을 키워주며, 행복 호르몬을 더 많이 분비하기 때문에 기분을 들뜨게 해주고, 혈압을 낮춰주고, 고통을 약화시킨다는 연구 결과를 밝혀냈다.

더 나아가 웃음은 직업적인 성공을 거둘 수 있게 도와준다고 한다. 명랑한 분위기는 몸을 건강하게 만들고, 생산성을 높여주고, 창의력이 좋아지게 한다. 특히 웃음은 사회관계를 형성하고 유지시켜준다. 다양한 실험 결과, 다른 사람의 관심을 받거나 사랑받고 싶은 사람은 재미있지 않은 농담에도 잘 웃어주어야 한다고 한다.

하버드 대학의 심리학자 대니얼 골먼은 베스트셀러 《정서지수(EQ)》에서 명랑한 기분은 복잡한 것을 서로 연결시켜 새로운 것을 떠올리는 데 도움을 준다고 썼다.

웃음은 정신의 유연성을 높여주고, 문제 해결에 도움을 준다. 리눅스 개발자인 리누스 토르발스는 좋은 프로그램을 만드는 데 익살을 사용했다. "사람들에게 장난칠 수 있는 여유를 주고 싶었습니다"라고 그는 인터뷰에서 말했다.

그러므로 웃어야 한다. 그래서 커리어에 날개를 달자! 웃는 것은 아주 쉽다. 눈썹을 올리고, 콧구멍을 벌리고, 광대뼈 근육을 움직여 입꼬리를 올린 뒤, 숨을 시속 백 킬로에 가깝게 폐로 들이마셔 성대를 진동시키면 된다. 남자들은 1초에 280번, 여자들은 5백 번이나 성대 진동이 가능하다.

5월 5일
올바른 호흡은 정신을 맑게 해준다

대부분의 사람들이 숨쉬기를 잘 못하고 있다. 조급함과 스트레스가 너무 급하고 얕은 호흡을 하게 만든다. 그러다 보니 이미 내쉰 공기를 다시 들이마셨다가 도로 내뱉는 식이 된다. 결국 몸에는 산소가 부족해지고, 근육 조직과 기관, 특히 뇌에 혈액 순환이 원활하지 않게 된다. 그 과정에서 섬유소의 교환과 면역 체계만 약화되는 것이 아니라 집중력도 현저히 떨어진다.

올바른 호흡은 신체가 산성과 염기성을 조절하기 위해 필요로 하는 산소의 90퍼센트를 공급한다. 심호흡은 공기를 통해 흡입한 독을 70퍼센트까지 배출하도록 도와줄 뿐 아니라 피부, 요도, 직장과 같은 해독 기관의 부담을 줄여준다.

올바른 호흡이 질병까지 치유할 수 있다는 사실을 동양에서는 이미 4천 년 전에 간파했다. 이집트의 한 동굴에 있는 비명(碑銘)을 보면 '호흡을 통한 치유'가 '칼'이나 '식물 즙'의 치유 효과를 능가하는 것으로 되어 있다. 공기를 잘 들이마시고 내뱉는 것과 신체의 건강이 얼마나 강한 연관을 맺고 있는지는 우리가 흔히 쓰는 말에서도 잘 나타나 있다.

스트레스를 받았을 때 사람들은 '심호흡'을 권하고, 깜짝 놀라 충격을 받았을 때 '숨이 멈췄다'고 한다. 또 화가 나서 분노를 터뜨리는 사람에게는 '숨통을 열어주라'고 말한다. 문제는 대부분의 사람들이 무의식적으로 호흡한다는 것이다. 사람은 1분에 15회 정도 호흡한다. 그리고 숨을 들이마실 때 1회에 약 5백 리터의 공기를 빨아들인다. 제대로 해야 그렇게 되는 건데, 제대로 한다는 말은 복식 호흡을 하는 것이다.

대부분의 사람들은 긴장했을 때 흉식 호흡을 하려는 경향이 있다. 어깨와 흉곽만 살짝 움직이고, 배는 안으로 들이민다. 오랜 기간 그렇게 하다 보면 호흡이 짧아지고, 답답해지고, 자세도 안 좋아진다.

따라서 복식 호흡이 더 건강한 호흡법이다. 대부분의 사람들이 잘 때는 복식 호흡을 한다. 폐 아래 3분의 1 부분에 혈액 순환이 충분히 되기 때문에 산소를 많이 흡입할 수 있다.

숨을 내쉴 때 사람은 자연스럽게 긴장을 풀고, 기분이 나아지며, 두뇌 회전도 좋아진다. 올바른 호흡법은 반듯하게 앉아 어깨를 바르게 하고, 손을 배 위에 올려놓고 코를 통해서만 공기를 들이마시되 흉곽은 되도록 움직이지 않고 배까지 들이쉰다. 그런 다음 4-6-8 방법으로 호흡한다.

숫자를 넷까지 세는 동안 숨을 천천히 깊게 들이마시고 여섯까지 세면서 숨을 참고, 여덟까지 세는 동안 입을 통해 천천히 내쉰다. 적어도 이런 행동을 다섯 번 반복한다. 시간이 지나면 나중에는 배에 손을 올릴 필요도 없어진다. 그리고 그런 호흡을 통해 좌절이나 분노의 감정처럼 스트레스를 내보낼 수 있다.

5월 6일
네트워크에서 영감을 주는 것들

독서는 생각의 폭을 넓혀준다. 특히 인터넷을 통해 직업, 커리어, 성공에 관해 영감을 받을 수 있는 글과 유용한 조언을 많이 읽을 수 있다. 역사상 그 어떤 언론 매체도 인터넷만큼 광범위하지 않았다. 약 7억 명의 성인이 전 세계적으로 인터넷을 이용한다. 따라서 인터넷을 통해 정보를 찾아보는 것도 커리어에 도움이 된다.

5월 7일
창의적인 사람이 되는 방법

샤워하다가 좋은 생각이 떠오르는 경우가 많다. 조깅할 때, 잠잘 때, 화장실에서도 마찬가지다. 좋은 아이디어는 이처럼 책상이 아닌 엉뚱한 곳에서 나올 때가 많다. 스위스의 정신분석학자이자 창의력 연구가인 고틀리에프 군테른은 긴장을 풀고, 생각을 분산하는 것이 창의력을 높이는 일등공신이라고 자신의 연구 결과를 밝혔다.

화가, 시인, 학자는 일상에서 벗어나 기분 전환할 수 있는 것을 항상 자연에서 찾는다. 프리드리히 니체는 엥가딘의 서늘한 기후 아래서 《차라투스트라는 이렇게 말했다》를 썼다. 리하르트 바그너는 이탈리아 라벨로의 별장 정원에서 영감을 받아 오페라 〈파르지팔〉의 2악장 무대를 구상했다. 그리고 이탈리아의 아드리아 해변에 있는 라벤나는 단테 알리기에리, 조지 고든 바이런, 구스타프 클림트 등에게 영감을 불어넣어준 곳이다.

굳이 그런 명소까지 일부러 찾아가라는 말은 아니다. 단지 시야에 들어오는 모습만 바꿔도 좋은 아이디어가 더 이상 떠오르지 않는 것을 막을 수 있다. 미처 가보지 않은 곳을 산책하거나, 회사 내에 멀리 떨어진 부서를 방문하거나, 출근하면서 새로운 길을 가는 것 등이 모두 세상을 다른 눈으로 바라보는 데 도움이 된다.

유명한 창의력 연구가이자, 시카고 대학의 심리학 교수를 역임한 미할리 칙센트미할리는 화학자, 물리학자, 노벨상 수상자, 작가, 음악가 등 창의적인 일을 하는 백 명에게 영감을 받은 장소에 대한 설문 조사를 했다. 그 결과, 대부분의 대답이 영감을 불러일으키는 주변 환경이었다.

틀에 박힌 규칙에서 벗어나기만 하면 영혼에 날개가 달릴까? 물론 말처럼 쉬운 것은 아니다. 지식의 보고 없이는 창의력도 발휘될 수 없다.

두 개의 낡은 사고를 새로운 것과 연결시키려면 먼저 두 개의 낡은 사고가 있어야 한다. 영감을 주는 장소에서 어떻게 시간을 보냈는지도 중요하다. 그냥 아무 생각 없이 앉아 한 가지 문제에만 정신을 집중하는 것은 도움이 안 된다. 목적의식을 갖고 심사숙고하는 사람은 자신의 사고를 예측 가능한 방향으로 끌고 간다.

몸을 움직이는 것도 또 다른 좋은 방법이다. 그렇게 하려면 주의력이 더 필요하지만 우측 뇌가 정보를 아이디어로 만들기에 충분한 공간을 확보하게 된다. 전등을 발명한 토머스 에디슨도 몸을 움직이는 방법을 자주 사용했다. 어떻게 그런 훌륭한 발명을 했느냐는 질문에 그는 이렇게 말했다.

"1퍼센트의 영감과 99퍼센트의 땀이죠."

5월 8일
케쿨레의 꿈, 깜빡 졸다가 발명하게 된 이유

1864년, 독일의 화학자 프리드리히 아우구스트 케쿨레는 벤젠 분자의 구조를 알아냈다. 전설 같은 이야기에 따르면, 밤중에 그는 의자에 앉아 타들어가는 벽난로의 장작을 바라보며 생각에 빠져 있다가 살짝 졸았는데, 순간 탄소 원자와 수소 원자가 눈앞에서 춤추는 것 같은 이상한 광경을 보게 되었다. 자세히 들여다보니 뱀이 자기 꼬리를 물고 원을 만드는 것 같았다. 그 모습에서 케쿨레는 그토록 오랫동안 찾으려 했던 벤젠의 구조를 알게 되었고, 이는 유기 화학이 탄생하는 순간이 되었다.

이 아름다운 에피소드는 케쿨레가 벤젠의 구조를 밝혀내고 25년이 지나고 나서 밝힌 이야기다. 물론 꾸며낸 이야기다. 이미 1861년에 그는 동료들을 통해 원이론(圓理論)에 대해 알고 있었지만 그때는 받아들이지 않고 거절했었다. 어쨌거나 이 이야기는 주로 어디에서 아이디어가 나오는지에 대한 좋은 예다. 졸다가 주요한 이론을 알아낸 것이다.

비몽사몽의 상태는 오른쪽 두뇌가 담당한다. 논리적으로 정리하는 왼쪽 뇌는 그사이 쉬고 있다가 상상에서 유용한 아이디어가 형성되었을 때 다시 움직이기 시작한다. 한 가지 일에 너무 오래 매달려 있는 사람에게는 새로운 두뇌 회전을 위해 신선한 공기가 필요하다. 졸고 있을 때 뇌는 정보를 서로 연결하는 데 필요한 시간을 벌고, 세포를 좋은 아이디어로 변형시킨다. 그러므로 낮잠을 자며 잠시 꿈을 꾸는 것도 영감을 얻기 위한 좋은 방법이다.

5월 9일
경계, 단순함 대신 다양함

회의는 지뢰밭 같다. 대부분의 사람들이 다음과 같은 선입견을 가지고 회의실로 향한다. '해봤자 아무 소용 없지, 뭐.' '잔소리꾼 마이어 부장은 뭐든 다 잘못되었다고 할 거야.' '카수프케 과장은 잘난 척만 하며 자기가 생각해낸 기발한 아이디어를 관철시키려 하겠지.' '레만은 사소한 것까지 시시콜콜 따지려 하겠지.'…….

그런 생각은 대개 맞다. 사람들에게 미래를 예언하는 능력이 있어서가 아니라 대부분 항상 그렇게 되어왔기 때문이다. 창의적인 사고를 하는 방법을 가르치고, 심리학자로 유명한 에드워드 드 보노는 이른바 '여섯 개의 모자 방법론'을 개발했다.

그는 문제가 생겼을 때 여섯 가지의 다양한 관점으로 문제를 보면 가장 효과적으로 풀 수 있다고 했다. 그는 서로 다른 관점에 여섯 개의 색이 다른 모자를 배치했다.

● **하얀색:** 이것은 사실을 주시하는 관점이다. 객관적이고 분석적이고, 편견 없이 판단하며 통찰력을 갖고 있다.

- **빨간색:** 이것은 합리적이지 않고 감정적이며 직관적인 관점이다. 또한 내면의 소리에 귀를 기울이며 하얀색이 주시하는 요인들을 평가한다.
- **검은색:** 이것은 비판, 회의적인 시각으로서 사고에 영향을 미치는 관점이다. 어디에 예상치 못한 위험이 도사리고 있는지, 프로젝트를 방해하는 것은 무엇이 있는지를 객관적으로 판단한다.
- **노란색:** 이것은 검은색과 정반대의 관점이다. 낙천적인 사고로 기회를 찾고 만들지만, 열정은 없다. 열정은 빨간색 형태에만 있다.
- **초록색:** 이것은 창의적이어서 늘 아이디어가 샘솟는 관점이다. 생각이 조금 비정상적이고, 항상 좋은 상태는 아니지만 엉뚱한 생각으로 다른 사람의 영혼에 활기를 불어넣는다.
- **파란색:** 이것은 모든 것을 정리하고, 조절하고, 지휘하고, 결정하며 최고의 결과를 찾아 헤매게 만드는 관점이다.

색이 다른 여섯 개의 모자는 조직 구성원을 제각각 다른 시각으로 볼 수 있게 도와준다. 마이어 부장은 잔소리꾼이 아니라 검은색 모자의 관점을 갖고 있는 사람으로, 큰 실수가 생기지 않게 하는 역할을 맡았다고 생각할 수 있다.

초록색 모자의 카수프케 과장 덕분에 당신은 새로운 아이디어를 내놓을 수 있고, 하얀색 모자의 레만은 당신이 결정을 내리는 데 필요한 자료들을 모아주는 고마운 사람이라고 생각할 수도 있다.

여섯 가지 색의 관점을 갖고 있는 사람들이 같은 팀에서 일하지 않는다 하더라도 동료들에게 각각의 색과 성격을 정해주거나, 그

들의 장점에 따라 조직을 구성하거나, 모든 사람에게 다양한 색의
모자를 씌우는 방법을 사용함으로써 창의적인 생각을 더 많이 하
게 만들 수 있다.

5월 10일
생각해보세요

우리가 뭔가를 하려고 계획하는 동안 우리에게 벌어지는 일들이 곧
삶이다.   **-존 레넌, 음악가**

많은 사람들이 성공을 향한 사다리를 잘 올라가지 못하는 이유는 스
스로 에스컬레이터에 서 있다고 믿기 때문이다.   **-무명인**

휴가는 빈틈을 남겨놓지 않았다는 사실을 뒤늦게 깨닫기 때문에 항
상 위험하다   **-무명인**

일단 못되게 굴면 사람들은 그제야 당신을 진지하게 받아들인다.

                               -콘라트 아데나워, 독일 총리

자기가 무엇이 되었다고 생각하는 사람은 장차 뭔가 되려고 하는 꿈
을 포기한 사람이다.   **-소크라테스, 철학자**

한계를 통해 더 큰 성공을 거둔다

시간을 잘 지킨다는 말은 뜻이 애매하다. 누군가 비행기를 타고 간다면 이륙 시간보다 두 시간 일찍 공항에 도착하는 게 시간을 잘 지키는 것이다. 반면 파티에 초대받았다면 초대한 시간보다 30분 늦게 와도 시간을 잘 지킨 것이라고 할 수 있다. 제시간에 맞춰 파티에 오는 사람은 별로 없기 때문이다.

대출 반납 시간을 지키는 것도 비슷한 경우다. 모든 일을 마감 시간에 임박해서야 처리하는 사람들이 있다. 그전에는 커피 마시고, 인터넷을 하고, 전화를 걸거나 잡담하면서 시간을 보낸다. 때문에 '데드라인'이라는 말이 생겨났다. 실제로 그런 마감 시간이 없다면 "세상에 끝나는 게 아무것도 없을 것"이라고 마크 트웨인은 말했다.

그런 습관의 배경에는 영국의 역사학자이자 언론인인 시릴 노스코트 파킨슨이 발견해 1957년부터 이른바 '파킨슨의 법칙'이라 부르는 원칙이 숨어 있다. 법칙에 따르면, 사람들은 일을 처리할 수 있도록 허용된 시간을 모두 사용하며 일하려고 하는 습성이 있다. 그런 원칙은 거시경제학에 팽배한 관료주의만큼이나 뿌리가 깊다.

직장에서 하는 회의를 한번 생각해보자. 몇 시간 동안 논의되는 주제에 대해 모두들 다양한 의견을 내놓는다. 심지어 내용을 잘 모르는 사람도 그렇게 한다. 결국 회의 참가자들은 중요하지도 않은 사안에 대해 많은 이야기를 하게 된다. 그러다가 회의 종료 시간 5

분을 앞두고서야 중요한 결론을 내린다. 왜 처음부터 그렇게 하지 않는 걸까? 그건 파킨슨한테 물어봐야 할 듯싶다.

시간을 질질 끄는 상황을 막기 위해 취하는 간단한 방법이 있다. 미리 시간을 정해놓는 것이다. 회의 시간을 일부러 짧게 하고, 시간 조절을 한다. 30분으로 정해놓고 그 안에 결론을 내기로 하면 한 시간 동안의 회의에서 내릴 결정과 똑같은 결정을 내리게 된다는 사실을 알게 될 것이다. 그렇게 절약한 시간은 실행으로 옮기는 데 대한 이야기를 나누며 요긴하게 쓸 수 있다.

이 원칙은 대형 프로젝트를 진행할 때도 '마일스톤'이라 부르는 기준점으로 구간을 설정하고, 각각 시한을 정해놓음으로써 적용할 수 있다. 그렇게 하면 귀중한 시간과 노동력을 낭비하지 않고 좀 더 빨리 결과에 다가갈 수 있다.

5월 12일
선택의 여지가 너무 많으면 왜 불행해질까

흥미롭게도 점점 더 많은 학자들이 무엇이 인간을 행복하게 해주는지 안다고 생각한다. 스와트모어 대학의 배리 슈워츠 심리학 교수(『선택의 심리학』), 펜실베이니아 대학의 마틴 셀리그먼 교수(『진정한 행복』), 하버드 대학의 대니얼 길버트 교수(『행복에 걸려 비틀거리다』) 등의 저서들이 좋은 예다.

그들이 실시한 연구 결과를 요약하면 이렇다. 남자들은 여자보다 행복하지 않다. 그러나 여자들은 감정 변화가 심하다. 똑똑한 사람은 둔한 사람보다 행복하지 않고, 젊은이는 늙은이보다 더 행복하지 않고, 오히려 그 반대로 노년층에 행복한 사람이 더 많다. 또 예쁜 사람들이 못생긴 사람보다 더 행복하고, 결혼한 사람, 종교가 있는 사람, 적당히 음주를 즐기는 사람들도 마찬가지다.

무엇보다도 전문가들이 한목소리로 동의하는 것이 있는데, 바로 행복은 돈으로 살 수 없다는 점이다.

1978년, 필립 브링크먼은 로또에 당첨된 사람이 사고로 중상을 입은 장애인보다 행복하지 않다는 연구 결과를 발표했다. 그는 로또에 당첨된 사람 22명과 사고 희생자 29명을 대상으로 조사했는데, 장애를 입은 사람들이 로또 당첨자들보다 전혀 불행하지 않았다.

배리 슈워츠의 연구 결과도 이를 확인해주었다. 그는 더 나아가 선택의 여지가 너무 많을 때, 돈이 그중 많은 것을 해줄 수 있어도 불행한 마음은 더 깊어진다는 결론을 내렸다.

컬럼비아 대학의 시나 아이엥거 교수의 실험을 통해서도 그 결과가 확인되었다. 그는 제과점에서 여섯 가지의 고급 빵을 고객들에게 제공하며 자기 입맛에 맞는 것을 발견한 사람에게는 1달러 깎아주기로 했다. 그리고 일주일 후에 24개 종류의 빵을 갖고 똑같은 실험을 했다. 이전보다 더 많은 사람들이 실험에 참여했지만 불과 3퍼센트만 구매했다. 지난주에는 실험에 참여한 사람들 가운데 30퍼센트가 구매했다. 선택은 고통이다.

너무 많은 선택의 여지와 돈이 사람을 행복하게 해주지 않는다는 실험 결과가 별로 놀랍지 않을 수도 있다. 그러나 임금 협상이나 의상 구매, 혹은 스피드 데이트에 참여하는 사람은 이 점을 명심해두는 게 좋다.

5월 13일
향기가 성공을 돕는 이유

돈은 악취를 풍기지 않지만 성공은 향기롭다. 냄새는 우리의 두뇌를 직접 겨냥해 배고픔, 피곤함, 동정심과 같은 본능에 영향을 미친다. 그래서 레몬 향은 집중력 증진에 도움을 주고, 라벤더 향은 수학 문제를 실수 없이 빨리 풀 수 있게 해주고, 바닐라 향은 스트레스를 줄여주고, 페퍼민트는 영혼에 활기를 불어넣어준다.

역사 속의 수많은 사람들이 그런 효과를 이용했다. 클레오파트라는 자기가 타고 갈 배에 남자들을 유혹하기 위해 향수를 뿌려놓았다. 프리드리히 실러는 코로 흥분제를 흡입했고, 썩은 사과를 책상에 올려놓기도 했다. 회사도 마찬가지다. 해변에서 자기 회사 고객을 구분하기 위해 선크림 향을 이용하는 여행사가 있는가 하면, 제과점에서는 연한 바닐라 향이 구매욕을 불러일으키고, 프랑크푸르트 공항에는 비행에 대한 두려움을 줄이기 위해 출국장 사이에 가동되는 에어컨에서 페퍼민트와 로즈마린 향기가 난다.

냄새는 얼마든지 조작할 수 있다. 남자들은 그런 자극에 대해 여자들보다 더 많은 영향을 받을 뿐 아니라 더 강력하게 반응한다. 퍼듀 대학의 로버트 배런 교수는 면접할 때 사람들이 사용하는 향수의 효능에 대한 연구를 했다. 남자 면접관은 향수를 뿌리고 온 수험생을 지나치게 적극적인 사람으로 인식했고, 간단히 로션만 바르고 온 사람보다 덜 영리하고, 덜 친절한 사람으로 평가했다.

반면 여자들에 대해서는 정반대의 반응을 보였다. 우리 몸에서 나온 땀 냄새는 더 강력한 반응을 불러일으킨다. 우리는 페로몬을 통해 눈에 보이지 않는 메시지를 전달한다. 그 화학 물질은 상대의 관심을 유인하고, 유혹하고, 판단 능력에 영향을 미친다. 그래서 한 연구자는 실험에 참가한 사람들에게 여자, 남자, 동물, 건물의 사진을 보여준 후에 다양한 수식어로 표현하게 했다. 실험 결과, 안드로스테놀(인간의 땀이 갖고 있는 페로몬)의 영향으로 건물과 동물에 대한 평가는 거의 변하지 않았지만 사람에 대해서는 즉각적인 반응이 나와 더 예민하고, 더 지적이고, 더 매력적이고, 더 친절하고, 더 믿음직스러운 사람으로 바뀌었다.

물론 그 반대의 해석도 가능하다. 안드로스테놀과 짝을 이루는 안드로스테논은 상대로 하여금 공격성과 카리스마를 느끼게 한다. 여자들은 그런 무거운 분위기에 매력을 느낀다. 실험 결과, 참가자들은 대기실에 미리 안드로스테논을 뿌려놓은 의자에 가서 앉았다. 전화 부스에도 똑같이 해놓자 여자들이 그곳을 더 잘 이용하고, 전화도 오래 하는 것으로 나타났다.

남자들은 정반대의 반응을 보였다. 아마도 이미 누군가 압도하고 있는 분위기가 풍기는 영역을 피하고 싶은 마음이 있기 때문이었던 것 같다. 그것이 알파 부족(部族)의 법칙이다. 그 법칙에 따르면, 가장 높은 곳에는 단 한 사람만 존재한다. 직장에서 카리스마를 내뿜는 사람은 여직원들을 더 쉽게 설득한다. 그러나 비슷한 분위기를 내뿜는 남자가 한 장소에 둘이 있다면 권력 투쟁이 벌어지기도 한다. 두 사람은 궁합이 맞지 않는다. 한 가지 다행스러운 점은 전체 인구 중 60퍼센트만 안드로스테논과 같은 페로몬을 인지할 수 있다는 것이다. 천만다행이다. 그것은 농축되면 오줌 냄새를 풍긴다.

5월 14일
마인드맵, 생각 카드를 이용한 창의력 향상

생각은 복잡한 과정을 거친다. 양쪽 뇌의 시너지 효과를 높이기 위해 영국의 토니 부잔은 70년대에 '마인드맵', 즉 '생각의 지도'를 만들었다. 머릿속에 떠오르는 생각들을 나무줄기처럼 키워드에 따라 나열하는 방법이다.

사실 그것은 아주 오래전부터 내려오던 방법이다. 기원전 500년에 그리스의 연설가 시모니데스는 '기억술'을 알고 있었다. 그것은 연설 내용을 강연하는 장소 혹은 그림이나 사물과 연결시키는 방법이다. 연설하는 동안 정신적인 눈으로 방 안의 사물들을 훑다 보면 원고 없이 연설하는 것이 가능하다. 스페인의 철학가 라몬 이유이는 13세기에 말과 그림을 일종의 '지식나무'로 연결시켜놓았다. 마인드맵은 그보다 한 단계 더 일찍 시작한다. 그것은 사고를 인식하고, 틀을 갖춰나가도록 도와준다. 방법은 이렇다.

1. 선이 그려져 있지 않은 백지를 가로로 놓는다. 그렇게 함으로써 왼쪽 두뇌(위에서 아래로 수직적인 체계를 세우는 것)의 지배력이 무너진다. 종이 한가운데에 프로젝트를 위해 상징적인 그림을 그려놓는다.

2. 그림을 보고 연상되는 단어를 가지처럼 이어나간다. 그렇게 떠오른 하부 연상 단어들을 중심 주제어와 선으로 연결하면 키워드에서 또 다른 키워드가 이어져 나무 우듬지 모양을 만들고 생각이 원형을 이루며 뻗어나간다. 이때 주의할 점은, 단어만 적어야 한

다. 글씨는 가능한 한 멋있게 써서 오른쪽 두뇌가 단어가 아닌 그림으로 인식하게 함으로써 자극을 받게 해준다.

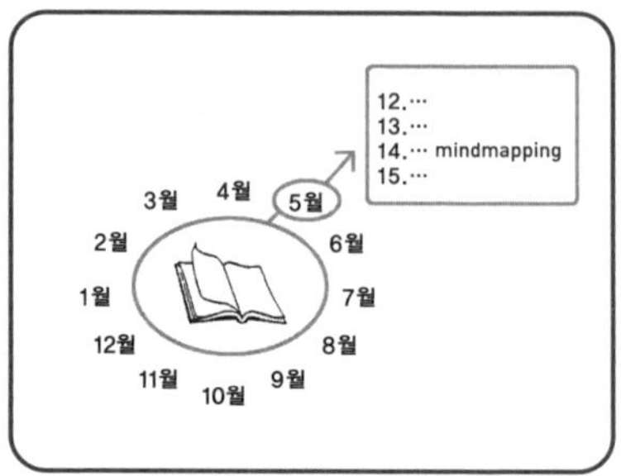

3. 전체적인 그림을 더 잘 파악하기 위해 전문가들은 색을 사용할 것을 권한다. 관련 있는 생각들을 같은 색으로 묶어주는 것이다. 어떤 상징이나 화살 표시도 도움을 준다.

다차원적인 공간은 많은 장점을 지닌다. 복잡한 과제들이 한눈에 보이는 조각들로 나뉘어 있다. 중요한 것(나중에 알아보기 쉽게 굵은 줄로 연결함)과 중요하지 않은 것이 확연히 드러난다. 기억을 돕기 위해 마련한 카드에도 틈이 생길 수 있다. 그러나 마인드맵은 프로젝트의 틀을 짜고, 강연을 준비하거나 원고를 작성할 때 매우 유용하다. 한 가지 단점은, 그것이 개별적이라는 점이다. 아이디어를 적어놓은 카드를 다른 사람이 보면 혼란스럽고, 키워드들과 다른 것을 떠올릴 가능성이 있다. 따라서 팀으로 일할 때는 공동으로 쓸 수 있는 아이디어 카드를 함께 만들어야 한다.

5월 15일
전통이 부정적인 영향을 미치는 경우

네 마리의 원숭이를 한 우리에 가둬놓았다. 우리 한가운데에는 나무 기둥을 세우고, 그 위에 잘 익은 바나나를 매달아놓았다. 원숭이가 바나나를 먹으려면 나무 기둥을 기어 올라가야 한다.

원숭이 한 마리가 바나나를 먹으려고 기둥을 올라가기 시작했다. 그런데 원숭이가 바나나를 잡기 직전에 과학자들이 차가운 물을 기둥에 뿌렸다. 시간이 조금 지나 다른 원숭이들도 기둥을 올라가려 했지만 네 마리 모두 차가운 물 때문에 기둥에서 내려와야만 했다.

그런 과정이 몇 차례 반복되자, 원숭이들은 결국 포기했다. 그러자 과학자들은 원숭이 한 마리를 교체했다. 새로 들어간 원숭이는 찬물 세례를 알지 못한 채 바나나만 바라봤다. 그 원숭이가 기둥을 올라가려 하자 다른 원숭이들이 붙잡거나 큰 소리를 지르며 올라가지 못하게 막았다. 원숭이들이 사회적인 행동을 한 것이다.

과학자들은 이미 물세례를 받은 다른 원숭이를 새로운 원숭이로 교체하고 실험을 계속했다. 그 과정을 반복하다 보니 나중에는 물세례를 받지 않은 원숭이들만 우리에 남게 되었다. 이후 어떻게 되었을까? 아무 일도 일어나지 않았다. 기둥을 올라가려는 원숭이가 한 마리도 나오지 않게 된 것이다.

전통은 그렇게 시작된다. 사람들은 왜 그래야만 하고, 어떻게 하는 것인지도 모른 채 그냥 누구나 그렇게 하는 게 옳다고 확신하거나, 꼭 그렇게 해야 한다고 생각하는 가운데 전통은 이어진다.

1944년, 매릴린 먼로를 거절했던 모델 에이전시의 사장은 먼로에게 이렇게 말했다.

"공부를 해서 비서가 되든가, 결혼이나 하는 게 당신한테 제일 좋을 것 같네요."

사람은 이렇듯 큰 착각을 할 수 있다. 당신이 성공의 사다리를 올라가려 하는데 원숭이들이 막는다면 절대 물러서지 말아야 한다.

5월 16일
효과적인 회의 방법

회의는 대개 이런 식으로 진행된다. 여덟 명 정도가 탁자에 둘러앉는다. 책임자는 모두의 주목을 받는 상석에 앉아 잠시 가벼운 이야기로 회의를 시작한다. 나머지 사람들은 등받이에 등을 기대고 지루해하거나 고개를 푹 숙인 채 회의에 참석한다.

똑똑한 사람 하나가 좌중의 관심을 자신에게 쏠리게 한다. 두 사람은 아무 말도 하지 않고, 나머지 사람들은 다른 이의 말에 동의하거나 반복하는 것으로 회의에 참석한다. 회의가 원활히 진행되지 못하는 모습이다.

회의는 긍정적, 우호적, 생산적인 수식어가 붙어 있는 신성 불가침의 의미를 지닌다. 때문에 회의가 제대로 진행되지 않는다는 사실을 어느 누구도 인정하지 않으려 한다. 일단 모인 이유가 불분명하기 때문이다. 단순히 아이디어를 모으기 위한 만남인가, 아니면 실행까지 의논하려고 만난 건가? 회의의 목적을 규명하기까지 너무 많은 시간을 소모하는 바람에 정작 일할 시간은 별로 남지 않는다.

또 회의에 참석한 사람들은 대부분 다른 참석자를 경쟁자로 인식한다. 서로에게 협조적인 태도를 취해야 한다는 건 누구나 알고 있다. 동시에 자신의 이미지를 가장 좋은 쪽으로 구축하고, 차후의 만남을 위해 좀 더 유리한 입지를 다지려는 생각을 갖고 있다.

주장에 강한 사람은 회의에서 의견을 발표하고, 발표 내용의 강약을 조절하고, 비판 능력을 보여줌으로써 자신의 능력을 발휘해 머지않아 팀장을 맡을 수도 있다. 회의에서는 솔직함과 상호 간의 신뢰가 제한되어 있다. 안타깝게도 그 두 가지는 서로 어울리기 어렵다. 그래서 성공적인 회의가 드물다. 회사의 최고 책임자들이 만나는 회의에서는 더욱더 그렇다.

회의를 원활히 진행하기 위해서는 지켜야 할 몇 가지 규칙이 있다. 간단하지만 효과가 좋은 규칙들이다.

- **정시에 시작하기:** 처음엔 모두 모이지 않았다 하더라도 다음에는 제시간에 오게 된다.
- **회의 참석자를 최소한으로 줄이고, 꼭 필요한 사람만 참석하게 하기:** 회의 참석자가 여덟 명을 넘으면 효과가 거의 없다는 연구 결과가 있다.
- **먼저 회의 절차에 대해 말하고 그것을 지키기**
- **시한을 정해놓기:** 가장 좋은 아이디어는 회의를 끝낼 무렵 나온다. 쓸데없이 허비하는 시간을 최대한 줄인다.
- **결과를 종합해서 회의에 참석한 사람들에게 이메일 같은 것으로 보내주기:** 그렇게 하면 나중에 오해가 생기지 않는다.

5월 17일
최고의 팀을 만드는 방법

똑똑하고, 전문 지식이 가장 많은 사람들로 이루어진 팀이 최악의 결과를 내놓기 쉽다. 경쟁을 붙여놓으면 그런 팀이 아니라 평범한 팀이 이긴다. 이유는 무엇일까?

영국의 심리학 교수인 메레디스 벨빈이 70년대에 헨리 경영대학에서 그러한 현상을 분석했는데, 개개인의 뛰어난 재능이 팀의 우승 요인에 절대적이 아닌 것으로 나타났다. 그보다는 팀원들이 서로 보완해주고, 서로에게 영향을 미치는 인성이 중요한 역할을 했다. 1981년에 발표한 연구에서, 그는 아홉 개의 역할 모델을 소개했다. 경영학의 교본으로 평가받는 그의 연구에 따르면, 아홉 개의 역할을 하는 팀원이 갖춰져 있고, 각자 자신의 장점을 활용하는 팀이 가장 효과적으로 일하는 것으로 나타났다.

물론 벨빈의 모델에도 취약점이 있다. 현실에서 이런 구성원으로만 팀이 만들어진 경우는 거의 없다. 그보다는 팀원의 활용 가능 여부, 권력의 수직적 체계, 전문가적 역량에 따라 팀이 만들어진다. 또 벨빈은 팀원들 사이에 경쟁심, 동정심, 혐오감처럼 공동 작업을 힘들게 하는 감정이 있다는 것을 간과했다. 하지만 그의 모델은 현황 파악을 돕는다는 점에서 유용하다. 팀에서 역할을 맡을 사람이 이미 있는가? 나에게는 어떤 역할이 가장 잘 어울리나? 그룹에서 자기가 할 수 있는 최적의 기능을 파악하면 장점을 부각시키고, 부족한 점을 보완할 수 있다. 팀원들 간에 생각의 차이가 줄어들면 팀이 제 기능을 하지 못할 가능성은 현저히 줄어든다.

역할	팀에서 맡은 역할	장점과 단점
행동 중심으로 본 역할		
코디네이터	팀장으로서 이상적이며, 결정을 내리는 데 도움을 준다.	조용하고, 자신감 있지만 능력은 평균 정도이다.
전철수(轉轍手)	인맥을 통해 새로운 아이디어만 가져오는 게 아니라 조직 구성원을 외부의 필요에 따라 나눈다.	열정적이고, 호기심 많고, 사교적이지만 금방 흥미를 잃고, 너무 낙관적이다.
행동가	다른 사람들이 행동하도록 압박하고, 장애물을 극복할 용기가 있다.	역동적이고 실용적이며, 스트레스에 저항력이 있지만 인내심이 부족하고, 선동적이다.
의사소통 중심으로 본 역할		
발명가	성격이 특이하고, 새로운 아이디어를 내놓을 줄 알며, 생각이 자유롭다.	격식에 구애받지 않고, 개인적이지만 너무 유별날 때가 많고, 형식을 무시한다.
관찰자	회의론자로서 제안이 실행 가능한지를 점검하고, 언제나 현실적이다.	강인하고 차분하며, 전략적이지만 영감이나 동기 부여가 적다.
조력자	의사소통이 원활히 이뤄지도록 도와주고, 문제를 미연에 방지한다.	예민하고 온화하며, 협동적이고 외교적이지만 결정력이 부족하다.
지식 중심으로 본 역할		
실행자	실제로 행동에 옮길 뿐만 아니라, 조직 관리 능력과 실용적인 이해심이 있다.	훈련되어 있으며, 책임감이 강하고, 효과적이지만 유연성이 부족하고, 고집이 세다.
완벽주의자	양보다는 질을 생각하며, 세세한 부분까지 점검하여 실수를 피한다.	치밀하고 철저하지만 지나치게 점검하려 하고, 다른 사람에게 일을 맡기지 못한다.
전문가	언제나 골똘히 생각하며 필요한 전문 지식을 제공한다.	솔선수범하고 적극적이지만 기술적인 측면에 소홀하다.

자신의 영리함을 과시하는 것은 해롭다

회사의 중역들과 컨설턴트들이 한자리에 모여 회의를 했다. IQ 높은 사람들이 한자리에 모였지만 정작 특별한 것은 나오지 않았다. 이처럼 똑똑한 사람들이 모이면 문제점, 의문점, 복잡한 아이디어가 다각도로 검토되고 설명된다. 그 결과는 손색없는 이론, 품위 있는 분석을 담고 있지만 실용적인 면에서는 전혀 도움이 안 되는 경우가 많다.

지능이 전부가 아니다. 회사는 잘 분석해놓은 대차대조표가 아니라 움직일 수 있는 사람을 필요로 한다. 예리함은 높게 평가되지만 그 역시 핸디캡이 될 수 있다. 인간적인 면에서도 그렇다. 당신이 상사보다 더 똑똑하다 생각하고, 상사가 그런 당신의 생각을 알고 있을 때 더욱 그렇다. 회사 입장에서는 똑똑한 직원이 너무 많으면 생산적인 제안들이 쏟아져 나오지만 막상 실행에 옮길 만한 것은 별로 없다.

영국에서 성공한 사업가들의 공통점을 조사한 적이 있는데, 조사 결과에서 나온 것은 용기나 지능이 아니라 난독증이었다. 버진 그룹의 창업주인 리처드 브랜슨도 그 병에 시달렸다. 그는 언제나 새로운 것을 발명했고, 사업으로 성공한 실행가였다. 물론 그의 발명품들이 모두 성공을 거둔 것은 아니었다. 가끔 어리석은 것들을 만들기도 했지만 그는 계속 만들어냈고, 결국 성공했다.

독일의 시인이자 물리학자인 게오르크 크리스토프 리히텐베르크는 이렇게 말했다. "사람의 지능은 아무짝에도 쓸모없을 정도로 너무 높다." 정말 똑똑한 사람들은 지능을 적응력이라고 생각한다. 그런가 하면 쿠르트 투콜스키는 이렇게 말했다. "영리함의 장점은 바보처럼 굴 수 있다는 것이다. 그 반대의 입장에서는 어렵다."

상대를 공격적으로 대하는 사람은 누구에게나 늘 경계의 대상이 된다. 그들은 일보다는 자신이 얼마나 영리한지를 드러내는 데 관심이 더 많다. 그들에게는 직장이 아니라 무대가 필요하다. 커리어에 대해서도 이런 질문을 한번쯤 해볼 수 있다. 자신이 더 똑똑하다는 사실을 다른 사람이 알게 하는 것이 과연 영리한 짓일까?

5월 19일
디즈니처럼 자유로운 사고를!

월트 디즈니에게 고마워해야 할 것이 미키 마우스, 도널드 덕과 구피만은 아니다. 디즈니는 생각이 막힐 때마다 사고를 유연하게 해주는 특별한 방법을 고안했다. 그 방법은 NLP(Neuro-Linguistic Programming), 즉 신경 언어 프로그램으로 로버트 딜츠가 월트 디즈니 영화사 초기의 성장 과정을 연구하면서 큰 성공을 거뒀다. 그의 주장에 따르면, 창의력은 다양한 성격이 함께 모일 때 생겨난다. 디즈니는 그것을 몽상가, 현실주의자, 비평가로 분류했다.

만화 영화를 통해 엄청난 성공을 거둔 월트 디즈니는 사무실에 세 개의 의자를 비치해놓고, 꿈꾸는 의자, 계획하는 의자, 보완하는 의자의 용도로 번갈아가며 앉았다고 한다. 그가 실제로 그랬는지는 확인할 수 없다. 하지만 그런 방법이 개인이나 그룹에 효과를 발휘하리라는 점은 확실하다. 이를 증명하기 위해 사람들이 스스로 혹은 참여자들이 다른 사람의 역할을 해보면 된다.

몽상가는 주로 오른쪽 두뇌를 이용한다. 그는 혼란스러운 것들을 그림으로 생각하고, 어떤 규칙이나 전통에 구애받지 않는다. 현실주의자는 아이디어가 실행 가능한지 여부에 초점을 둔다. 몽상가의 아이디어가 실행 가능한지, 그렇다면 무엇이 필요한지, 비용은 얼마나 드는지, 어떤 단계를 거쳐야 하고, 어떤 순서로 실행해야 하는지를 점검한다.

여기서 중요한 점은 현실주의자들이 비평가들보다 먼저 아이디어를 접하게 해야 한다는 것이다. 그렇게 함으로써 그들은 자신의 잠재력을 보여줄 기회를 갖는다. 그다음에 비평가들이 건설적인 질문을 던지고, 점검하고, 분석하고, 결과를 사전에 개선한다. 그러곤 다시 처음으로 돌아가, 비평가는 몽상가에게 해결책을 건네고, 몽상가는 그것으로 몽상을 계속하며 그 과정을 반복한다. 비평가가 더 이상 질문할 게 없으면 현실주의자는 프로젝트의 성공을 확신하고, 몽상가는 장밋빛 미래를 꿈꾸며 낙천적인 결과를 예측한다.

물론 그 과정에 세 개의 의자나 쑥스러운 역할 놀이는 필요하지 않다. 역할 분담의 원칙은 내면의 역할 분담 과정을 거친다. 심리학에서는 장소를 바꾸는 것이 생각에 매달리지 않고, 몸을 움직이며 새로운 관점을 갖게 되므로 효과적이라고 말한다. 회의 시간에 의자를 바꾸는 일이 조금 유치해 보일 수 있겠지만 효과는 크다. 또 그 세 개의 과정을 세 개의 회의로 나누고, 매번 회의실을 바꾼다면 디즈니 효과가 생길 수 있고, 덕분에 큰 성공을 거둘 수 있다.

5월 20일
책이 커리어에 도움을 주는 이유

인기 많은 사람들은 대부분 자신의 저서를 하나씩 갖고 있다. 유명 인사들은 물론이고, 성공한 이들도 마찬가지다.

극작가 몰리에르는 글 쓰는 것이 매춘과 같다며 이렇게 말했다. "처음에는 사랑을 찾아 쓰고, 다음에는 친구를 위하는 마음에서 쓰고, 마지막에는 돈을 위해 쓴다."

요즘은 책을 내는 사람들이 무척 많아졌다. 베스트셀러는 저자의 명성을 높여준다. 프리랜서나 컨설턴트에게 베스트셀러가 있다는 것은 새로운 고객을 유혹하는 미끼가 된다. 직장인들은 어느 한 분야의 전문가로 자신을 격상시킬 수 있고, 헤드헌터의 관심 대상이 될 수 있다.

출판사에 따라서는 1년 후에 낼 책들을 미리 계획하는 경우가 많다. 때문에 곧바로 출판하지 못할 경우 시간을 허비하게 돼 현재 이슈가 되는 주제로 책을 준비했다가 시기를 놓치기도 한다. 책을 집필할 때 걸리는 시간 투자도 고려해야 한다. 전문가들은 2백여 쪽 되는 책을 쓰는 데 걸리는 평균 시간이 6개월에서 9개월 정도 된다고 한다.

그리고 책을 내는 사람이 분명히 알아둘 점은, 집필만으로 부자가 되는 사람은 극소수라는 것이다. 전문 서적의 초판 발행 부수는 대개 2천 부다. 판매 부수가 5천 부만 되어도 베스트셀러로 자리매김하는 경우가 있다. 선인세를 듬뿍 받는 경우는 드물고, 정가의 5 내지 10퍼센트를 저자의 인세로 받는다.

자신만의 리듬 찾기

컨디션이 좋을 때도 있고, 나쁠 때도 있다. 사람들은 흔히 바이오리듬 때문이라고 말한다. 그들의 주장에 따르면, 인간은 세 개의 서로 다른 리듬을 갖고 있다. 바로 신체 리듬(23일 주기), 감성 리듬(28일 주기), 지성 리듬(33일 주기)이다.

그것들은 태어날 때 모두 같은 시점에서 시작하지만 나중에는 서로 겹치거나 달라진다. 각 리듬의 고조기와 퇴조기가 생기면서 기분이 가라앉을 때가 있는가 하면 승리감을 누릴 때도 있다.

바이오리듬을 알아보는 것은 자신의 타고난 운세를 보는 것과 비슷하다. 그러나 둘 다 쓸데없는 짓이다. 호르몬 분비를 제외하고 우리의 삶에 규칙적으로 영향을 주는 리듬을 과학자들은 아직까지 증명해 보이지 못했다. 임금 협상하기에 좋은 날이나 영업 결과 보고를 하기에 좋은 날을 바이오리듬에 맞춘다면 부질없는 짓이 될 것이다.

누구나 하루를 보내면서 시간에 따라 다양한 능력을 발휘한다. 그것은 대개 반복되는데 일정한 시간에 잠자리에 들고, 식사하고, 일하고, 긴장을 풀면 매번 비슷하게 나타난다. 물론 시간이 지나면서 그 시간은 조금씩 지체된다. 과학자들은 이를 '서캐디안 리듬(circadian rhythm, 24시간 주기의 생활 리듬)'이라고 부른다. 서캐디안 리듬에 따르면, 인간이 하루를 보내는 실제의 생활 리듬은 24시간이 아니라 조금 더 길다.

동물들도 지구의 자전을 기준으로 삼지 않고 그것에서 약간 벗어나게 생활 리듬을 유지한다는 연구 결과도 있다. 동물들에게 하루는 23시간과 26시간 사이였고, 식물은 22시간과 28시간 사이였다. 그 이유를 2001년 일본 규슈 공대 기술연구소의 다이도 히로아키가 연구, 발표했다.

그는 시간이 조금씩 지체되는 생체 리듬이 살아남을 확률을 더 높여주기 때문이라고 설명했다. 동물이 날마다 같은 시각에 먹이를 찾아 사냥을 나서면 경쟁이 심해질 거라는 분석이었다. 말하자면 생물학적 러시아워가 나타난다는 것이다. 때문에 그런 흐름에서 조금만 벗어나도 경쟁이 줄어들어 스트레스가 줄고, 성공률은 그만큼 높아진다. 다이도가 프로그램을 짠 컴퓨터 자극에 따른 결과를 보면, 하루의 리듬에 노예처럼 매달리는 종(種)은 모두 사라졌다.

비즈니스 세계로 그 이론을 옮겨놓으면 한 치의 오차 없이 시간을 지키고, 휴식 시간과 업무 시간을 엄중히 지키는 것이야말로 스트레스를 주고, 생산성을 떨어뜨린다. 때문에 각자 자기 내면의 시계를 알아둘 필요가 있다.

누구나 아침, 점심, 저녁 중에 집중적으로 일을 더 잘하는 시간이 있다는 것을 알고 있다. 그러므로 힘든 일은 가능하면 그 시간에 배치하고, 하찮고 귀찮은 일들은 집중력을 크게 요구하지 않는 시간에 하는 게 좋다. 대부분의 사람들에게 오후 1시와 4시가 그런 시간이다.

압박 놀이, 당신의 목표를 공개하라!

"남들보다 더 쉽게 목표에 도달하는 사람이 있는데, 그 이유는 무엇인가요?"

"이유는 여러 가지가 있을 수 있어요. 그중에서 가장 중요한 것이 두 가지 있는데, 하나는 목표가 있다는 것과, 다른 하나는 그것을 확실히 파악하고 있다는 거죠."

"자신의 목표를 외부에 공개하는 게 좋은가요?"

"목표를 공개하는 것은 두 가지 측면에서 영향을 미치지요. 하나는 다른 사람들로 하여금 기대를 갖게 한다는 것이고, 또 하나는 자기 자신도 그 기대에 맞춰 노력하게 된다는 점이지요."

"그러다가 실패하면 난감하겠네요."

"바로 그 점 때문에 자신의 목표를 공개하면 의식적으로나 감성적으로 목표에 집중하는 데 도움을 받을 수 있고, 어떻게 해서든 목표를 이루려고 노력한다는 거죠. 마치 권투 선수가 시합에 임하기 전에 상대 선수를 때려눕히겠다고 공언하는 것과 같아요. 그것 역시 시합에 포함되는 거죠. 자신의 각오를 말하면 그에 맞게 의욕적으로 싸우게 될 테니까요."

"안팎으로 가하는 압박을 성공의 열쇠로 삼으라고요?"

"자신의 목표를 다른 사람에게 알리는 것이 성공을 위해 압박을 가하라는 말은 아니에요. 하지만 그것은 자신이 그 목표에 얼마나 집중하고 있는지를 알려주는 좋은 징표지요. 그리고 그렇게 함으로써 다른 사람을 통해 목표를 점검받는 것도 좋은 점이에요."

5월 23일
호기심을 유지하는 것

상쾌한 기분을 갖게 해주는 '쾌감 영역'이 있다. 대부분의 사람들이 쾌적함을 느끼는 그러한 범위 안에서 우리는 편안함과 안정감을 느낀다. 쾌감 영역을 지키며 살아가는 사람들은 고요함과 관습을 흔드는 일을 절대 하지 않는 수동적인 불문율을 지킨다. 인간은 습관의 동물이다.

역설적이게도 사람이 그런 상태를 너무 오랫동안 유지하면 나태해진다. 남들은 힘차게 발전하는데 그런 사람만 제자리에 멈춰서 있게 되는 것이다. 그런 함정에 빠지지 않으려고 심리학자들이 수십 년째 연구하고 있다. 지금까지 나온 결과로는, 압박이 가장 좋은 방법이다. 압박은 우리가 해야 할 일이 우리의 능력 범위 이상이라고 생각할 때 느껴진다.

과제를 해결할 능력이 있는 사람은 의욕을 갖고 다른 일에 도전할 용기를 갖는다. 당신이 새로운 프로젝트를 맡게 되었다고 상상해보라. 엄청나게 큰 과제인데 안타깝게도 당신은 그 분야에 대해 문외한이다. 게다가 당신의 능력은 과제가 요구하는 것에 턱없이 부족하다. 결국 당신은 과중한 업무에 절망한 나머지, 좌절과 불안에 휩싸이게 된다.

그와 비슷한 일이 당신이 잘 알고 있는 일을 새로 시작할 때도 일어난다. 당신의 능력이 과제보다 뛰어날 경우, 당신은 자신의 능력에 비해 너무 시시한 일을 맡았기 때문에 지루해하고, 이번에도 똑같이 좌절한다.

결론적으로 아주 작은 시도를 해야만 약간의 변화가 이뤄진다는 것을 알 수 있다. 따라서 좀 더 발전하고 싶다면 쾌적함을 주는 공간에서 벗어나 경계선에 좀 더 가까이 다가가고, 거기서 살짝 넘어봐야 한다. 그런 경계를 넘나드는 과정을 반복할수록 당신은 발전할 수 있다. 1년 동안 햇빛과 바람과 눈을 이겨냈을 때 나이테가 하나씩 새겨지는 나무처럼.

5월 24일
눈 질끈 감고 하는 질주

르네 데카르트는 '아침의 음울함'에 대해 잘 알고 있었다. 프랑스 출신의 수학자이자 철학자로 잘 알려진 그는 점심때까지 늦잠 자는 버릇이 있었다. 그렇게 해도 전혀 문제될 것이 없었다. 그런데 1649년, 스웨덴 크리스티나 여왕의 부름을 받아 궁전에 들어가면서부터 그의 삶에 극적인 변화가 생겼다.

여왕은 전형적인 아침형 인간이어서 늦잠을 자는 그에게 새벽 5시에 일어나 철학 강의를 해주기를 원했다. 잠을 충분히 자지 못하면 철학자의 사고에도 안 좋고, 면역 체계에도 좋지 않다. 결국 그는 1년 후 폐렴에 걸려 사망했다.

수면 부족이 생활은 물론 능력을 발휘하는 데 위협을 가한다. 그런데도 우리는 잠을 짧게 자는 사람을 칭찬하고, 늦잠꾸러기를 비웃는다. 하지만 피곤이 덜 풀려 예민해 있는 사람은 숙면을 취한 사람보다 주의력이 부족해 실수를 더 자주 한다. 그들은 공간 감각을 잃고, 집중력도 떨어지고, 능력도 제대로 발휘하지 못하고, 반응을 보이는 속도와 결정을 내리는 능력도 떨어진다. 연구 결과, 잠을 지나치게 조금 잔 사람은 그날 하루에 해야 할 일을 끝내지 못했을 때 우울증에 걸릴 확률이 높다.

"5일 내내 네 시간만 자는 사람은 24시간 잠을 자지 않은 것과 같은 상태가 된다"라고 수면의학 전문가로 알려진 하버드 대학의 찰스 차이슬러는 말했다. 열흘간 잠을 못 자면 48시간 꼬박 잠을 자지 못한 것과 같은 상태가 된다. 그런 사람은 현명한 결정을 내릴 수 없다.

평균 일곱 시간으로 보는 건강한 수면은 장점이 꽤 많다. 우리의 두뇌는 밤사이 최고의 능력을 발휘한다. 잠이 들기 시작해 15분이 지나면 사람은 숙면을 취한다. 그다음부터 머리는 낮에 경험한 것, 배운 정보들을 중뇌(해마상 융기)에서 끄집어내 장기간 보관소(뇌신피질)로 옮긴다. 새로운 정보가 들어올 자리를 그런 식으로 마련하는 것이다. 그와 동시에 수치, 어휘, 대본을 기억한다. 그러므로 이튿날 강의해야 할 사람은 원고를 한 번 읽어보고 잠자리에 드는 게 좋다.

90분 안에 숙면은 가면 상태로 바뀐다. 그때는 감은 눈 밑으로 눈꼬리가 움직이는 모습이 보인다. 꿈을 꾸는 그 시간에 우리는 축구, 자전거 타기, 그림 그리기와 같은 것들이 어떤 단계를 거쳐 완성되는지를 기억하게 된다.

가면 상태는 주로 아침에 있으므로 새로 운동을 배우는 사람은 충분히 잠을 자두는 게 좋다. 잠자는 동안 우리의 뇌는 미리 배운 것만 서로 연결하는 게 아니라 새로운 생각을 요구하기도 한다.

잠은 사람을 영리하게 할 뿐만 아니라 창의적으로 만든다.

어떻게 하면 잠을 더 잘 잘 수 있을까? 일단 편안한 생각을 해야 한다. 그리고 아래의 사항들을 유념해두면 좋다.

- **규칙적으로 자기:** 가능한 한 정해진 시간에 침대로 간다. 특별한 버릇을 들이는 것도 좋다. 20분간 책을 읽는다든가, 15분간 긴장을 풀어주는 음악을 듣는다든가, 마음을 진정시키는 차를 마시거나 명상을 한다.
- **중압감은 절대 금지:** 20분 동안 잠이 안 오면 일어나서 뭔가 하는 게 좋다. 다만 일을 하거나 불을 밝히는 것은 안 된다. 그렇게 하면 뇌가 일어날 시간이라는 신호로 잘못 해석한다.
- **약은 먹지 않는 게 좋다:** 약을 먹으면 잠드는 데 도움을 받을 수 있지만 인식 과정에 혼란을 겪을 수 있다. 그리고 후유증도 나타난다. 시차 적응이 어려울 때는 예외적으로 약물의 도움을 받는 것도 괜찮다.

5월 25일
쉬어가기

제 발에 자기가 걸려 넘어지는 사람은 아무도 앞지를 수 없다.

-프랑수아 트뤼포, 프랑스의 영화감독

아무리 먼 길도 첫발자국을 내딛어야 한다.　**-마오쩌둥, 중국의 정치가**

사람은 넘어지면서 걷는 법을 배운다.　　　　　　　　—불가리아 속담

시작에 대한 보상은 없다. 오직 끝까지 버티고 해낸 사람만이 보상
을 받는다.　　　　　　　　　—카타리나 폰 시에나, 목회자

5월 26일
당신은 얼마나 적응력이 뛰어난가?

테세우스는 여행길에 수많은 적을 만나 위험에 빠졌다. 그리스 신화에 나오는 가장 무서운 상황은, 여행객들이 지나가는 길목을 지키고 있던 사디스트 프로크루스테스와의 만남이었다. 그는 누군가 자기 집 앞을 지나가면 안으로 들어오게 했다.

집 안에는 아주 작은 침대와 큰 침대가 하나씩 있었다. 몸이 작은 여행객을 큰 침대에 눕히며 그가 말했다. "친구, 자네에겐 침대가 너무 크군. 내가 맞춰줘야겠어." 그러고는 여행객을 침대에 묶어놓고 죽을 때까지 사지를 잡아당겼다.

또 키가 큰 여행객은 작은 침대에 눕혀놓고 이렇게 말했다. "이봐, 친구, 침대가 자네에게 너무 작구면. 내가 잘 맞춰주지." 그렇게 말하고는 다리를 뚝 잘라버렸다. 테세우스가 그 앞을 지나갈 때 프로크루스테스는 그를 붙잡았다가, 자신이 저질렀던 똑같은 방법으로 죽임을 당했다.

끔찍한 이야기다. 그러나 아직도 그런 일이 여전히 벌어지고 있다. 다만 프로크루스테스의 침대가 다른 것으로 바뀌었을 뿐이다.

우리는 선입견이나 고정관념을 갖고 있다가 다른 사람이 자기가 생각하는 틀에 맞지 않으면 억지로 틀 속에 구겨 넣거나 자신이 생각하는 틀에 들어갈 수 있도록 바람을 잔뜩 불어넣는다. 전통이나 전략도 미리 생각해둔 틀로 이어나가게 만들려고 한다. 우리는 우리 자신이 아니라 세상이 우리에게 맞춰야 한다는 생각으로 세상을 억누른다. 그러느라 세상을 다차원으로 경험할 기회를 놓치고 만다.

"진정한 발견은 신대륙을 발견하는 게 아니라 새로운 눈으로 사물을 보는 것"이라고 마르셀 프루스트는 말했다. 무엇이든 시도해보는 것은 언제나 가치 있는 일이다.

5월 27일
무결점, 완벽주의

실수하지 않으려고 애쓰는 것은 잘못이다. 많은 사람들이 그런 노력을 하느라 평생을 허비한다. 물론 객관적으로 볼 때 그들은 다른 사람들보다 실수를 적게 한다. 하지만 잠재적인 실수를 피하려고 아주 많은 시간을 허비하기 때문에 일을 적게 한다. 커리어를 쌓는다는 것은 결정을 내리는 일이고, 그 결정은 얼마든지 잘못될 수 있다. 그런들 어떤가?

물론 자기 자신과 다른 사람에게 높은 기대치를 갖는 것은 좋다. 하지만 그것은 현실적일 때만 가능하다. 그렇지 않으면 중요한 결정을 내려야 할 때 자신이 원하는 대로 될 때까지 미룬다. 하지만 그런 상황은 벌어지지 않고, 그대로 끝나는 경우가 더 많다. 한 치의 실수도 허용하지 않는 것은 오직 신(神)만 할 수 있는 일이다.

완벽주의는 시간을 지체시킨다. 그것은 전체적으로 볼 때 사소한 의미만 지니는 세밀한 부분에 신경을 집중하게 만든다. 그러나 부족함은 시야를 넓혀준다.

크리스토퍼 콜럼버스도 실수하지 않았다면 미국을 발견하지 못했을 것이다. 성공을 거둔 사람들은 다른 이보다 더 많은 일을 하기 때문에 실수하는 과정을 통해 성장했다. 실수를 통해 뭔가 깨달았다면 절대 나쁜 게 아니다.

IBM을 창업한 토머스 왓슨도 그랬다. 직원이 큰 실수를 저질러 60만 달러에 달하는 손해를 입었을 때 사람들이 왓슨에게 그 직원을 해고할 생각이냐고 묻자 그는 고개를 가로저으며 말했다.

"교육비로 그에게 투자한 돈이 60만 달러나 됩니다. 그처럼 좋은 교육을 받은 사람을 공짜로 내줄 수는 없지요."

5월 28일
사소한 일이 큰 성과를 이뤄낸 경우

1853년에 미국의 새러토가스프링스에 있는 호텔 주방장 조지 크럼은 화가 많이 나 있었다. 한 손님이 감자튀김이 너무 두껍다며 계속 불평했기 때문이었다. 그는 감자를 종이처럼 얇게 잘라 나이프나 포크로 먹기 어려울 정도로 바삭하게 구워냈다. 그러자 손님은 몹시 만족스러워했고, 그렇게 해서 메뉴판에 '새러토가 칩스'라는 음식이 세계 최초로 등장하게 되었다.

그런가 하면 1992년에 미국의 연구진이 파란색의 기적을 경험했다. 그들은 애초에 협심증 치료제를 개발할 생각이었다. 한데 그들이 개발한 약에 부수적인 효과가 나타났는데, 특히 남자들에게 심했다. 10일의 연구 기간 동안 연구진은 남자의 성기가 그 약의 영향으로 발기된다는 결론을 내렸다. 처음에는 그런 결과에 무척 당혹스러워했지만 이제는 수억 원을 벌어들이고 있다. 그 약이 바로 비아그라이다.

결과적으로, 사소한 일이 큰 성과를 이뤄낸 것이다. 사람이 얼마나 열심히 노력하든 간에 결정적인 성공을 거두게 하는 요인은 우연이나 부수적인 효과에 의한 경우가 많다. 백 퍼센트의 성공을 거둘 때 대개는 백 퍼센트가 아니라 더 적게 투입된다. 정확히 말하면 20퍼센트로 충분하다.

이탈리아의 사회학자이자 경제학자인 빌프레도 파레토는 1906년, 이탈리아의 자산 분배에 대한 연구를 통해 전체 자산의 80퍼센트가 이탈리아 가정의 20퍼센트에 집중되어 있다는 결론을 내렸다. 그러므로 은행이 그 20퍼센트에 서비스를 집중해야 한다고 권고했다.

파레토 원칙 혹은 '80대 20' 원칙은 커다란 반향을 불러일으켰고, 수많은 분야에 접목되었다. 예를 들어 전체 판매 직원의 20퍼센트가 총 매출의 80퍼센트를 책임지고 있거나, 창고는 전체 생산품의 20퍼센트가 80퍼센트의 공간을 차지하고 있다는 것도 확인되었다.

80대 20 원칙은 이제 유행이 지난 원칙이 되었지만 비즈니스 세계에서는 그 영향이 여전히 남아 있다. 물론 약간 수정된 형태다. 예를 들어 하버드에서 강의를 하고 있으며, 퓰리처상을 수상한 마이클 가트너는 우리가 일하면서 느낄 수 있는 기쁨의 80퍼센트를 20퍼센트의 잡무가 빼앗아간다는 말을 했다.

또 아무런 결론도 내지 못하는 회의, 혼란스러운 상사나 심하게 잘난 체하는 직원들이 그런 요인들이다. 하지만 그들은 전체의 20퍼센트밖에 안 된다. 누구나 에너지를 소모하게 만들고, 좌절을 안겨주는 일을 해야 한다. 하지만 나중에 평가받는 것은 열정을 다한 나머지 80퍼센트다.

5월 29일
우리는 생각 이상 많은 것을 할 수 있다

1924년, 제너럴 일렉트릭(GE)의 경영진은 어떻게 하면 제품 생산을 최적화시킬 수 있을지를 고민했다. 다행스럽게도 그들은 작업 과정을 각 단계별로 세분화시켰다. 그런 다음 전문가들을 찾아가 조명의 변화가 생산성에 영향이 미치는지를 조사하게 했다. 실험 조사는 일리노이의 시서로에 있는 호손 공장에서 이뤄졌다.

연구진이 근로자들에게 자신들의 연구 방침을 알린 다음 조명을 밝게 하자 실제로 효과가 나타났다. 조명이 밝아지면서 생산성이 올라간 것이다.

연구진은 결과에 당황하며 실험을 반복했다. 그들이 근로자들에게 다시 실험이 이뤄지고 있음을 알려주고 나서 보조 조명을 더 설치하자 생산성이 곧바로 치솟았다. GE 경영진은 앞으로 팔게 될 수백만 개의 전등을 만들려는 생각하며 무척 기뻐했다.

그런데 연구진에서는 생산성 향상의 원인이 감시받고 있다는 느낌 때문이 아닌가 하는 의심을 품었다. 그들은 직원들에게 빛과 생산성에 대한 조사를 하겠다고 미리 알려준 다음 새로운 조명 시설은 더 이상 설치하지 않고 거짓 실험을 했다. 그런데도 생산성이 올라갔다. 그것으로 전등을 만들려는 회사의 꿈도 날아갔다.

그때 이뤄진 실험에 '호손 효과'라는 명칭이 생겼다. 이를 통해 사람들은 두 가지 사실을 알게 되었다. 실험 참가자들이 다른 사람의 감시를 받고 있다는 사실을 알고 있으면 행동에 변화를 주어 놀라운 결과를 만들어낸다는 것이 그중 한 가지다. 그리고 직무 성과는 작업 환경에만 의존하는 게 아니라 사회적이고 심리적인 요인에 영향을 받는다는 것도 증명되었다. 그 효과는 우리가 스스로 할 수 있다고 생각하는 능력에 한계가 있음을 나타내기도 한다.

호손 실험에 참가한 근로자들은 약간 어두운 조명 아래서도 더 나은 성과를 거둘 수 있었다. 하지만 실험을 하겠다는 연구진의 통보를 미리 받고 나서야 그들은 능력을 발휘했다. 그러므로 인간은 우리가 생각하는 것보다 더 큰 능력을 갖고 있음을 알 수 있다.

그것이 바로 성장의 딜레마다. 우리는 스스로 자신의 한계를 뛰어넘지 못하고, 누군가 요구할 때 해낸다. 그 과정이 힘들기 때문에 많은 사람들이 피한다. 그리고 빛을 조금 더 밝게 하는 것으로 본질에서 벗어난다.

5월 30일
자유로운 사고, 창의력의 신비

신은 세상을 창조할 때 제일 먼저 빛을 떠올렸다. 최초의 것이었으니 최고의 것이라고 생각할 수도 있다. 빛이 없었다면 지구에 삶도 없었을 테니 말이다.

인간들은 불빛이 번쩍 나는 것 같은 창의적인 생각을 잘해내지 못한다. 그것은 말하자면 정신적인 순교라고 할 수 있다. 그래서 어떻게 하면 그런 생각이 나는지에 대해 많은 사람들이 연구했다.

하버드 대학의 교수인 테레사 아마빌은 25년 전부터 그에 대해 집중적인 연구를 계속하고 있는데, 약 10년 전부터 그는 창의적인 일에 종사하는 238명이 쓴 1만 2천여 편의 일기들을 조사한 뒤 창의력에 대한 몇 가지 결론을 내렸다.

- 아마빌이 조사 이전에 질문했던 많은 간부들이 마케팅과 연구 부서에서 일하는 직원들은 창의적 사고를 더 많이 하기를 원하지만 회계 부서의 직원에 대해서는 전혀 원하지 않았다. 그것이야말로 위험한 고정관념이다. 그 배경에는 어떤 직원은 창의적이고, 어떤 직원은 그렇지 못하다는 생각이 깔려 있다. 좋은 경영자는 창의력을 답답한 사무실 안에 가둬놓지 않고, 모든 직원이 창의적으로 생각할 것을 독려한다. 경리 담당처럼 일을 꼼꼼히 하는 사람도 마찬가지다. 신선한 뇌세포에서 아이디어를 샘솟게 하려면 열린 사고가 필요하다.
- 압박은 창의력을 고갈시킨다: 아마빌이 조사한 사람들은 시간이

촉박할 때 창의력을 발휘하지 못했다. 압박이 아이디어를 숙성시키는 기회를 앗아간 것이다. 오히려 후유증을 안겨주었다. 압박이 사라져도 직원들은 평소보다 생산성이 낮게 일했다.

● 경쟁으로 인한 압박감도 마찬가지다. 경쟁은 사업을 활성화시키지만 혁신적인 사고에는 해롭다. 직원들이 서로 협조하지 않고, 경쟁에 시달릴 때 창의력은 손상된다. 순간적으로 떠오른 생각들을 서로에게 거침없이 말할 수 있을 만큼 신뢰 있는 팀이 폭넓은 사고를 할 수 있었다. 창의력을 향상시키는 것은 자유로움이다. 이를 통해 섬광이 번쩍이는 듯한 좋은 생각들이 떠오르게 된다.

5월 31일
직관의 힘

로스앤젤레스의 게티 박물관 예술품 구매 담당자를 찾아온 한 조각가가 그리스 청년들을 조각한 작품을 1천만 달러에 구입할 것을 요구했다. 그토록 많은 돈이 오가는데 아무 생각 없이 무턱대고 값을 지불할 사람은 없다. 그래서 예술에 조예 깊은 전문가들이 진품 여부를 확인하기 위해 전자 현미경, 방사선 등의 장비를 동원했다. 그렇게 완전한 점검 과정을 통해 그 작품이 진품이라는 결론을 내렸다.

하지만 잘못된 결론이었다. 구매 계약서에 서명하기 전에 뉴욕의 메트로폴리탄에서 일했던 토머스 호빙은 그 작품을 한번 쓱 쳐다보고는 진품이 아니라는 것을 몸으로 느낄 수 있었다. 기계가 파악할 수 없는 것을 그의 몸이 감지한 것이다.

뉴욕의 저널리스트 말콤 글래드웰은 《블링크(Blink)》라는 베스트셀러에 직관의 힘에 관한 글을 실었다. 글래드웰이 많은 사람들에게 확신을 심어주었듯이 마음으로 내리는 결정은 이성보다 결코 나쁘지 않고 오히려 몇십 배 더 빠르다. 시카고 대학의 심리학자 시안 리어 베일록도 골프 선수들이 시간에 쫓겨 공을 어떻게 쳐야 할지 고민하지 않을 때 가장 좋은 결과를 보여준다는 사실을 밝혀냈다.

하지만 초보자의 경우에는 그 반대로, 감성이 이성을 덮지 않는다. 그에 대한 연구가 미국의 신경학자인 로와 대학의 안토니오 다마시오에 의해 이뤄졌다.

그는 90년대 초, 사람들에게 거짓말 탐지기를 연결시켜놓고 미리 준비한 카드를 갖고 놀게 했다. 첫 번째 카드놀이에서는 큰 이익이 나게 했고, 두 번째 판에선 조금 나게 했다. 또 카드놀이를 할 때 빨간색의 벌칙 카드를 섞어놓았다. 다만, 두 번째 카드에는 빨간 카드를 적게 집어넣어 오랫동안 게임할 수 있게 만들었다.

50번째 카드부터 실험에 참여한 대부분의 사람들이 그러한 사실을 어렴풋이 깨달았다. 그러나 탐지기 결과를 분석해보니 실험에 참여한 사람들의 직감이 열 번째 카드부터 이미 경고한 것으로 나타났다.

또 다른 실험도 있다. 암스테르담의 심리학자 압 데익스테르후이스는 2004년에 1991년의 티모시 윌슨과 조너선 스쿨러가 했던 실험의 후속 연구를 실시했다. 세 개의 실험군으로 나뉜 사람들에게 모조 회화 작품들을 품평하게 했다.

첫 번째 그룹 사람들에게는 그림이 진품일 가능성과 그렇지 않을 가능성에 대해 세밀한 정보를 주었다. 두 번째 그룹 사람들은 즉흥적으로 결정하게 했고, 세 번째 그룹 사람들은 포스터 그림을 잠깐 보여주고 다른 것으로 관심을 돌리게 한 다음 좋아하는 노래를 부르게 했다.

세 그룹에 속한 사람 모두 자신이 가장 좋아하는 포스터를 집에 가져갔다. 몇 주일 후에 연구진이 그들을 불러모아 반응을 살펴본 결과, 심사숙고한 끝에 그림을 골라 집으로 가지고 간 첫 번째 그룹은 자신들이 선택한 그림에 대부분 불만족스러워했다.

그러나 즉흥적인 결정을 내린 두 번째 그룹은 대체로 만족스러워했다. 가장 만족스러워한 사람들은 다른 것 때문에 집중이 흐트러졌던 세 번째 그룹이었다. 그들은 무의식 상태에서 그림을 평가했다. 무의식적인 판단 능력이 더 좋아 만족할 만한 선택을 했다고 브레멘의 뇌 연구가 게르하르트 로트는 분석했다. 그는 무의식이 1초에 수백만 개의 정보를 다룰 수 있는 데 비해 의식 세계는 그것의 10퍼센트밖에 해내지 못한다고 했다.

당신은 어떤 결정을 내렸는가? 예술품에 조예 깊은 호빙과 골프 연구가인 베일록은, 당신이 잘 아는 분야라면 직감에 따를 것을 조언한다.

초보자라면 머리를 이용해야 한다. 심리학자인 다마시오에 따르면, 문제가 복잡할수록 의식은 안개 속에 가려져 있는 것처럼 보이지만 무의식은 뚜렷한 판단력을 갖고 있다고 한다. 따라서 그런 경우에는 직감을 따르는 게 좋다.

마지막으로, 혼자 해볼 만한 실험이 있다. 샌안토니오와 샌디에이고 둘 중 어디에 사람들이 더 많이 살고 있을까? 맞다, 샌디에이고다. 이 역시 당신의 무의식이 판단한 것이다. 세상에 더 많이 알려진 이름을 고르게 만든 것이다.

그 실험은 내가 고안한 것이 아니라 막스 플랑크 연구소의 소장인 게르트 기거렌처가 그란 종류의 질문을 여러 개 만들어 창안했다. 미국에서도 똑같은 질문을 했더니, 대부분의 미국인들이 답을 말하는 데 힘들어했다. 두 도시를 잘 알고 있기 때문이었다.

JUNE

6월

6월 1일
위험한 승진, 피터의 원칙

가끔 사람들은 저렇듯 무능한 사람이 어떻게 그 자리에 올라갔는지 모른다는 생각을 한다. 그런 의문은 새로운 게 아니다. 이미 1969년에 미국의 작가 로렌스 J. 피터와 레이먼드 헐이 그런 의문을 품다가 정상의 자리에서 무능한 면모를 보이는 사람에 대한 '피터의 원리'라는 말을 만들어 냈다. 그것은 수직적인 권력 체계가 종사자를 계속 승진시키다 보니 능력 범위를 뛰어넘는 자리까지 올려주게 된다는 것을 의미한다. 그렇게 해서 어느 회사에나 자신의 능력을 뛰어넘는 자리를 차지하는 사람들이 있다고 그들은 주장했다.

물론 풍자적으로 표현한 말이다. 하지만 그 말 속에 진실이 담겨 있다. 엔지니어가 탁월한 기획력을 발휘하여 최고 경영자 자리에 올라갔다가 실패하는 경우가 종종 있다. 사람들을 지휘해본 경험이 없기 때문이다.

그런가 하면 교사가 훌륭한 교육자였다는 과거의 경력으로 교장이 됐다가 실패하기도 한다. 행정에 문외한이기 때문이다. 그런 원칙에는 거짓 승진도 포함되어 있다. 부서장이 부하 직원의 무능함을 파악하고 그를 장식용 자리에 앉혀놓는 것이다. 그곳에서도 그는 여전히 비생산적으로 일하지만 그의 승진을 보고 다른 직원들은 희망을 갖게 된다. '저런 사람도 승진했으니 나에게도 기회가 있을 거야……'라고.

능력 이상의 업무와 불만족으로 이어지는 두 개의 길을 걷게 되는 데는 지나친 공명심이나 혈연에 의한 배려가 배경에 있다. 두 가지 모두 당사자가 원하는 자리까지 올라가지만 그렇다고 문제가 개선되지는 않는다. 말하자면 호박에 줄을 긋는다고 수박이 되지는 않는다는 것이다. 모든 불행은 잘못된 승진에서 비롯된다. 그런 일이 벌어진 것은, 따지고 보면 양쪽 다 잘못이 있다. 먼저 자신의 능력을 비판적으로 바라보는 시각이 부족한 직원이 아무 생각 없이 승진 기회를 받아들인 것이 문제다. 그리고 상사가 그런 사람을 승진시킨 것도 문제다.

물론 승진 기회를 거절하는 것은 쉬운 일이 아니다. 직원의 배우자는 그런 처사를 이해하기 어려워할 테고, 동료들은 조롱할 테고, 상사는 배은망덕하다고 여길지도 모른다. 그런 비난을 모두 피하기는 어렵다.

따라서 그런 경우에는 자신이 그런 직위를 받을 만한 능력이 없다는 것을 보여줌으로써 승진을 어렵게 만들어야 한다. 지금 있는 자리도 능력에 벅차 보인다는 인상을 주는 것이다.

6월 2일
당신은 목표에 이미 도달해 있는 걸까?

어제는 피터의 원리가 안고 있는 위험에 대해 소개했다. 그것을 아는 것만으로도 당신은 당신의 동료나 상사보다 한발 앞서나가 있다. 당신이 자신의 능력 범위 안에서 할 수 있는 최고 자리까지 올라왔는지 확신이 서지 않는다면 로렌스J. 피터가 유형별로 소개한 특징을 읽어보는 게 도움이 된다.

외형지상주의자: 이 유형에 속한 사람은 동료들보다 더 큰 책상, 큰 사무실, 고급 승용차를 가지려는 욕심이 있다.

구조신봉주의자: 이 유형에 속한 사람들은 구체적으로 어떤 일을 하게 되는지 전혀 생각해보지도 않고 건물이나 사무실의 구조 변경에 몰두한다. 그들은 책상에 서류 더미를 쌓아놓고, 자신이 습득한 지식을 수시로 전달하려 하고, 끊임없이 고치려 함으로써 다른 사람을 방해한다.

서류 혐오자: 이 유형에 속한 사람들은 서류가 쌓여 있는 꼴을 보기 싫어해 책상 위를 언제나 깔끔하게 치운다. 그런 사람은 모든 일을 즉시 처리할 것 같은 인상을 준다. 하지만 그것은 겉으로 드러난 모습일 뿐이다. 사실은 서류를 보면 일해야 한다는 생각이 들어 종이에 대한 혐오감을 그런 방식으로 드러내는 것이다.

서류 애호가: 이 유형에 속한 사람은 서류 혐오자와 정반대다. 그들은 책상 위에 서류를 잔뜩 쌓아두기를 좋아하고, 일을 엄청나게 많이 하는 듯한 인상을 준다. 실상은 이미 오래전부터 과중한 업무에 부담을 느끼고 있다.

꼼꼼쟁이: 이 유형에 속한 사람은 아주 사소한 실수나 문제라도 규칙과 지시 사항을 검토해 그에 맞게 따르려고 한다.

우유부단: 이 유형에 속한 사람은 전형적으로 업무 부담에 시달린다. 그들은 어떤 결정도 내릴 능력이 없다. 대개는 문제가 저절로 해결되거나 손을 쓰기엔 너무 늦은 시점까지 기다린다. 그들은 자신의 무능함을 일찍부터 깨닫는다. 대부분 첫 관문에서 그것을 맛본다.

6월 3일
커리어에는 특별한 문화가 있다

사업이 번창하면 직원을 충원하는 것이 중요한 경영 과제다. 회사의 간부는 직원들에게 최적의 자리를 찾아줄 의무가 있다. 그래야만 그들이 회사에 피해를 끼치는 실수를 막을 수 있다. 그리고 높은 자리에 앉혀놓은 사람일수록 그의 실수가 회사에 치명적인 손실을 안겨줄 수 있다.

내가 아는 사람 가운데 물려받은 유산과 유능한 능력으로 대기업의 최고 자리에 올라간 이가 있다. 난 그를 훌륭한 웅변가요, 영혼이 맑은 사람으로 기억한다. 그는 다른 사람의 마음을 얻는 데 탁월한 재주가 있다. 하지만 다른 사람을 지휘하는 리더십은 전혀 없다. 그런데 안타깝게도 그게 그가 해야 할 일이었다.

결국 그가 갖고 있는 많은 재능이 파묻혀버렸고, 그가 일하는 곳에서는 이직률이 매우 높게 나왔다. 어느 날 본인 스스로 이직하게 되리라는 것은 시간문제다. 안타까울 뿐이다. 다른 재능은 많이 갖고 있는 사람인데.

피터의 원리는 승진 실패의 위험을 당사자의 체면을 손상시키지 않고 사람을 교체하는 회사 문화로 만드는 데 기여한다. 다시 말해 비즈니스 세계에선 항상 위로 오르는 것만 있는 게 아니라 때로는 밑으로 내려가기도 하고, 가끔은 옆길로 갈 수 있다는 것을 알려준다. 직무에 대한 보람과 적성을 잃지 않기 위해서라도 그것은 필요하다. 산악인들은 산을 오를 때 가끔 발길을 옆으로 돌리거나 후퇴하는 것이 정상을 향해 갈 때 더 낫다(안전하다)는 말을 한다.

6월 4일
사무실을 승진에 이용하는 방법

회사에서 근무하는 사람들은 가족사진, 상패, 휴가지에서 가져온 기념품, 예술품, 책, 화분, 고급 의자 등으로 사무실을 꾸민다. 그 모든 것들은 일정한 공간을 확보하고 있다는 것을 남에게 보여줄 뿐만 아니라 그곳에서 어떤 지위를 갖고 있음을 보여준다.

그렇게 사무실을 장식함으로써 자신에 대한 신뢰와 자부심을 무언으로 표현하는 것이다. 그래서 텍사스 대학의 심리학자 새뮤얼 D. 고슬링은 모르는 사람의 침실과 사무실만 보아도 그 사람의 성격을 말해줄 수 있다는 것을 증명해 보였다.

실험 참가자들은 다른 사람의 집 안을 잠깐 들여다보고 가구와 장식을 유심히 살핀 다음 그곳에 살고 있는 사람의 성격을 종이에 적어서 냈다.

참가자들이 판단한 거주자의 성격은 당사자가 자기 자신에 대해 생각하고 있는 것과 정확히 일치했고, 당사자를 수년 전부터 알고 있는 사람이 갖고 있는 생각보다 더 정확했다. 상대가 누구이고, 어떤 사람이 되고 싶은지는 그가 머물고 있는 방의 벽이 잘 말해준다. 이를 활용해 당신의 품격을 높여보자.

벽에 걸어놓는 예술품: 사장실에는 개방성과 신선한 사고를 갖고 있음을 보여주기 위해 현대 화가의 추상화가 자주 걸려 있다. 중간 간부들은 전통과 신뢰를 보여주기 위해 조상의 초상화 같은 것을 책상 뒤에 걸어둔다. 벽 장식은 많은 것을 말해준다. 자신이 목표하는 곳의 양식에 적응한 사람은 자신이 권력 체계의 구조에서 어디쯤에 와 있는지 벽 장식을 통해 드러낸다. 그런가 하면 본인의 개성과 창의력을 강조하기 위해 독자적인 형태를 택할 수도 있다. 하지만 그렇게 할 때는 주의해야 한다. 그림이 상사의 방에 걸려 있는 것보다 비싸다면 허풍쟁이로 평가받기 쉽다.

책과 상패: 책은 방문객에게 요즘 무엇에 관심 있는지를, 그리고 상패는 어떤 분야에 특기가 있는지를 보여준다. 둘 다 지적인 능력을 나타낸다. 책꽂이에 전문 서적만 꽂아두었다면 전문 분야에만 생각의 폭이 집중되고 있음을 보여준다. 그런 사람과는 영감이 떠오르는 대화가 이뤄지기 어렵다. 마찬가지로 《직장 상사와 멍청한 상관 극복하기》와 같은 책이 꽂혀 있는 경우도 문제가 있다.

장식품: 여기서는 전체적인 안목이 중요하다. 어떤 것들은 지저분하고 혼란스러워 보이는 것도 있다. 뚜껑에 '매우 중요함'이라고 써놓은 서류함, 우아한 책상 덮개, 값비싼 만년필, 가족사진뿐만 아니라 그의 인맥과 취향을 가늠할 수 있는 인사들과 찍은 사진 등이 주로 비치된다. 사무실을 썰렁하게 하지 말고 따뜻한 인간미가 흐르는 공간으로 만들어주어야 한다.

정리 정돈: 책상은 장애물이 될 수 있고, 두 사람이 친밀하게 만나는 장소가 될 수도 있다. 방문객이 주인보다 더 낮은 의자나 안 좋은 의자에 앉게 된다면 두 사람 사이의 권력 체계가 자동으로 형성된다. 책장이 유리나 나무 문으로 덮여 있거나, 아무것도 없는 개방형일 때는 느낌이 각각 다르다. 개방형일 때는 적극성, 자유분방함, 자신감이 엿보인다. 또한 정신과 의사인 파울 바츨라비크의 말에 따르면, '당신 사무실이 의사소통을 어렵게 만드는 것을 방치하지 않겠

다'는 의미로 해석되기도 한다.

6월 5일
적성 검사를 잘 받는 방법

당신이 전도양양한 음반회사의 사장이라고 가정해보자. 시장 상황이 매출 저조와 불법 복제로 위기에 처해 있다면 당신은 어떤 전략을 구사할 것인가?

이런 질문이 적성 검사 문제로 자주 나온다. 중간 간부들은 직원을 뽑을 때 이런 질문을 자주 사용하고, 회사는 직원 교육 시간에 이용하기도 한다. 가끔은 응시자가 상사나 동료 혹은 고객에게 되묻기도 한다. 그렇게 입장을 바꾸어 의견을 타진하는 것이 전문 용어로는 360도 피드백이다.

적성 검사를 받을 때 가장 중요한 것은 당당한 자세와 미소다. 여유는 무엇보다 중요하다. 그리고 약속 시간은 정시에 지켜야 한다. 자기소개부터 평가가 시작된다.

응시자는 자기 자신을 명확하고, 인상 깊게 소개해야 한다. 구체적인 업무에 지원했다면 그와 관련된 임무나 회사와 연관된 말을 해야 한다. 그리고 자신의 특기와 그간의 성공을 자신 있게 발표해야 한다. 그것은 자기소개의 도입부나 끝낼 무렵에 해도 상관없다. 둘 다 효과가 있다.

면접관이 당신의 취약점에 대해 물어볼 수도 있으므로 미리 준비해야 한다. 예를 들면 이런 질문이다. "그런 취약점을 극복하기 위해 당신은 어떤 노력을 할 생각입니까?" 질문에 유연하게 대답한 사람은 가산점을 받는다.

개인 면접 후에는 그룹 면접이 이어진다. 대개 시사 경제 관련 문제들이 질문으로 다뤄진다. 이때는 전문 분야의 지식보다는 함께 일할 수 있는 능력이 되는지를 중점적으로 점검하기 때문에 어떤 상황이든 자기 입장만 변호하기보다는 공평한 입장에서 말하는 게 좋다.

자기 소신을 지나치게 주장하는 사람은 감점당한다. 면접관은 다른 응시자의 이름을 호명하며 말하는 응시자에게 호감을 갖는다. 다른 사람과 유대를 맺고, 팀의 일원으로서 힘을 키울 만한 능력이 있다고 보기 때문이다.

마지막으로, 면접관들과 심도 있는 대화를 나누게 된다. 그때 그들이 당신에 대해 받은 인상을 말해주고, 본인 스스로 내린 평가를 물어볼 수도 있다. 그 시간은 실수를 바로잡고, 좋은 경험을 강조하는 기회로 삼아야 한다.

말할 때는 겸손해야 한다. 어느 누구도 자기 자랑이나 지나친 자기 비난을 듣는 것을 좋아하지 않는다. 그보다는 자신이 잘못 대답한 부분에 대해 비판적으로 바로잡는 게 더 낫다. 그것은 학습 능력이 있음을 보여준다. 너무 어려웠다고 신음을 터뜨리는 행동은 곤란하다. 다른 사람에게 부담을 주는 이에게 두 번째 기회는 찾아오지 않는다.

6월 6일
친절하다고 승진시켜주지는 않는다

서른 살의 클라우디아는 금발의 미녀로 키가 크고 날씬하며, 운동도 잘하고, 정이 많다. 그녀는 경리부에서 일하는데 누구든 말을 걸어오면 친절한 미소를 짓고, 고개를 끄덕이거나 머리를 뒤로 쓸어 넘기며 다정하게 바라본다. 누군가 고민을 털어놓으면 그녀는 늘 이렇게 말한다. "그럼 일단 그렇게 해보는 게 좋겠네요……" 혹은 "충분히 이해해요……"라고. 어느 누구도 클라우디아가 화를 내거나, 자기 이득을 챙기려 하거나, 술수를 쓴다고 의심하지 않는다. 하지만 그녀가 추진력이 강할 거라고 생각하는 사람은 아무도 없다. 모두에게 다정하기 때문이다. 너무 착한 것도 문제다.

주변 사람들은 모두 그녀를 다정하고 재능 많은 직원으로 인정한다. 그러나 하루하루가 전쟁터인 회사에서는 오히려 그것이 약점으로 작용한다. 친절은 비즈니스 세계에서 보상받지 못한다. 좀 더 분명하게 말하면, 가끔은 악동으로 구는 게 이점이 더 많다.

다른 사람이 도와달라고 할 때도 거절하지 못하고 항상 해주겠다는 사람은 가끔 안 된다고 하거나 머뭇거리는 사람보다 대접받지 못한다. 이는 공급과 수요의 문제다. 쉽게 손에 넣을 수 있는 것은 그만큼 가치가 떨어진다.

반면 품위 있게 거절할 줄 아는 사람은 뭔가를 부탁하려는 이들이 고개부터 숙이고 접근한다. 친절한 사람은 자기가 할 일들을 덜어주므로 사람들이 금방 좋아한다. 하지만 서로 부대끼며 정을 나눌 기회는 없다. 때문에 그저 편안하다는 느낌만으로 관계가 맺어져 있다. 우리를 가끔 화나게 만들고, 자극하고, 충격을 주고, 웃게 만들고, 우리를 정신없게 만들면서 추월하는 사람에게 우리는 존경심을 느낀다. 그런 사람이 자신과 절친한 친구는 되지 않겠지만 뭔가 해낼 거라고 믿는 것이다.

까다롭고 호락호락하지 않은 사람은 상대를 자극한다. 그들은 상대를 긴장시킬 뿐만 아니라, 자신들의 기회를 최대한 활용한다. 그러다 보니 일시적으로 다른 사람은 신경 쓰지 않고 강력한 추진력을 발휘한다. 그런 사람은 나중에 모든 이의 요구를 맞춰줄 수 없는 책임자의 자리에 앉게 된다. 책임자는 판단력이 중요하지, 친절함이 중요하지 않기 때문이다.

그렇다고 내 말을 오해할 필요는 없다. 일부러 남에게 못되게 굴며 살라는 이야기가 아니다. 성격이 파괴적인 사람들은 불편한 환경을 조성하고, 주변 사람들을 멀리 쫓아낸다. 그들의 거친 행동은 고객을 밀어내고, 다른 사람의 에너지를 빼앗고, 창의력을 발휘하지 못하게 만든다. 그런 극단적인 행동은 보상받을 수 없다. 다만, 아주 가끔 앞에 있는 돌멩이를 발로 차서 치워달라는 부탁을 하는 사람은 뭐든 받아주기만 하는 사람보다 앞으로 나아갈 가능성이 더 많다.

6월 7일
타이밍의 중요성

사람들은 많은 것을 잘할 수 있는데도 실패한다.

상사와의 면담은 이미 몇 주일 전부터 잡혀 있었고, 임금 협상 자료도 완벽하게 준비했다. 면담 자리에서는 최근까지 자신의 공로와 회사에 어떤 도움이 되었는지에 대한 언급도 잘했다. 그런데도 상사가 자신도 예산 삭감을 당했다며 임금 인상에 응할 수 없다고 단호하게 말한다. 회사 사정이 어려워 모두 긴축해야 한다는 것이다. 그런 자리가 마련되기 전에 부서 안의 사정이 어떠한지 한번쯤 더 생각해봐야만 했다. 모든 것을 절약해야 하는 시기인지 알아봐야 하는 것이다.

살아가면서 사랑을 쟁취하거나 직장 생활을 원활히 하려면 제때에 알맞은 장소에서 이야기를 꺼내고, 상황을 정확히 판단하고, 적절한 시간을 이용하고, 적합한 순간을 정해놓고, 언제가 좋은 때인지를 파악해야 한다.

타이밍을 맞추지 못하는 오케스트라 단원은 조기 교육을 받기 시작한 초보자, 혹은 적당한 매매 시점을 몰라 헤매는 주식 투자자처럼 보인다. "제때에 맞춰 나타난 아이디어보다 세상에 더 큰 위력을 발휘하는 것은 없다"라고 빅토르 위고는 말했다. 그 말에 이런 말을 하나 더 첨가할 수 있다. 시간 예측을 잘못한 것보다 더 큰 실패 요인은 없다. 세상에는 뒤로 미루면 해결할 수 없는 일들도 있다.

물론 타이밍이 우연히 맞는 경우도 종종 있다. 비행기를 놓치고, 대기실에서 기다리는 중에 회사를 운영해줄 바로 당신 같은 사람을 찾는 이를 만날 수도 있다. 그것은 행운이다. 그러나 아주 드문 경우다. 그런 행운은 감각이 살아 있을 때 훨씬 자주 일어난다.

성공을 거둔 사람들은 언제 나서고, 언제 물러나야 하는지 남들보다 더 일찍 감지하는 능력을 갖고 있다. 그리고 그들은 상황이 좋지 않을 때 봉급 인상 이야기는 꺼내는 게 아니라는 것도 안다.

타이밍을 맞추려면 속도도 맞춰야 한다. 제때에 끝마치는 것은 많은 사람들이 할 수 있다. 다만 당신의 경쟁자가 더 매력적인 프로젝트를 같은 시기에 끝마쳤다면 상황이 불리해진다.

그럴 때는 그보다 한발 앞서 결과를 말하는 게 좋다. 혹은 경쟁자가 자신의 결과물을 내놓는 것을 보기 위해 좀 더 늦게 끝내는 것도 좋은 방법이다. 결국 가장 좋은 최적의 순간을 활용하는 게 관건이다.

6월 8일
소문을 내는 사람

수다쟁이는 대부분 여자다. 여자들은 정보가 있으면 마치 무슨 후광이라도 갖고 있는 것처럼 선심 쓰듯 제공한다. 그 과정에서 제대로 알지도 못하는 말들이 퍼져나간다. 소문을 내는 것은 모든 인간들이 선천적으로 갖고 있는 능력이다. 미국 일리노이 주 녹스 대학의 심리학자 프랭크 맥앤드루는 원시 시대에는 그러한 능력이 생존을 위해 절대적으로 필요한 것이라고 주장했다.

중요한 인물의 안 좋은 비밀을 알아낸 사람은 신분이 올라가고, 힘을 키울 기회를 잡을 수 있었다. 맥앤드루는 실험을 통해 자신의 주장을 보여주었다.

그는 학생들을 모아놓고 온갖 소문들을 모아둔 잡지를 읽게 했다. 그러고 나서 어떤 기사가 기억에 남는지를 물어보았다. 남학생들은 남자 연예인들이 저지른 실수에 대한 기사를 잘 기억했고, 여학생들은 같은 여성 스타의 부정적인 기사들에 관심을 보였다. 양쪽 모두 잠재적인 경쟁자가 안 좋게 지내는 데 관심이 많았다.

배우 빌리 라이헤르트는 "소문은 두 개의 느슨한 혀를 단단히 묶어주는 끈이다"라고 말했다. 사람들이 수군대는 소문을 많은 사람들이 믿는다. 그래서 비밀은 눈 깜짝할 사이에 새어나간다. 배신! 다른 사람들은 아직 모르고 있는 것을 자기만 잠시 먼저 알고 있다는 우월감은 종종 상처뿐인 영광이 된다.

첫째는 세상에 완벽한 비밀은 존재하지 않기 때문이고, 둘째는 험담하는 사람이 고상한 성격으로 받아들여지지 않기 때문이고, 셋째는 알고 있는 정보가 틀린 것일 가능성이 있기 때문이다.

틀렸다는 사실이 밝혀지면 그런 소문을 처음 퍼뜨린 사람은 거짓말쟁이 혹은 허풍쟁이가 되어버린다. 둘 다 똑같이 안 좋다. 그리고 안 좋은 이미지를 갖게 되면 직업적 성공을 거두는 데 큰 장애가 된다.

어느 회사의 간부가 소문을 퍼뜨리는 장본인이라는 낙인이 찍히면 그것은 커리어의 적이다. 또 사리 분별이 부족하다는 말은 비밀을 지키지 못할 거라는 의심을 받아 고위직으로의 승진에 장애가 된다. 솔로몬 왕도 "수다쟁이는 비밀을 퍼뜨리므로 말을 많이 하는 자는 가까이하지 말라"고 했다. 그 말은 아직까지도 변함이 없다.

회사에서 티타임을 가질 때 누군가 새로 오게 될 상사에 대한 소문을 말하거나 잘못된 방법으로 정보를 미리 캐내려고 하면 주의 깊게 듣고, 고개를 끄덕임으로써 외톨이나 분위기를 깨는 사람이 되지 않도록 행동한다. 그러나 입은 꾹 다물어야 한다. 심지어 본인도 그런 고급 정보를 캐내려고 헛된 노력을 기울이지 말아야 한다. 설령 특급 비밀을 알게 되었다 하더라도 절대 말하지 않아야 한다.

6월 9일
성공할 사람을 결정하는 것

성공할 사람은 애초에 정해져 있나, 아니면 스스로 만들어지는 건가? 다른 사람을 지휘하는 능력은 배워서 할 수 있는 일인가? 커리어를 높이 쌓아올리고 싶은 사람은 그런 질문을 자주 한다. 그 질문의 대답은 둘 다 옳다, 이다.

리더십의 질을 결정짓는 것은 성격이다. 가장 중요한 점은 좋은 시절이든 나쁜 시절이든, 용기 있는 모습을 보여주는 것이다. 그리고 좋은 지도자는 항상 남보다 앞서가고, 때론 다른 사람을 이끌어주며, 새로운 동기를 부여해준다. 그것이 두 번째로 필요한 성격이다. 세 번째로 필요한 성격은 열정이다. 자기 분야에 열정적으로 뛰어들지 않고 성공한 사람은 세상에 아무도 없다. 네 번째로 필요한 성격은 소신이다. 소신 있는 사람들은 여기저기 기웃거리지 않는다. 그들은 자신이 원하는 것을 정확히 알고 있고, '예'와 '아니요'로 확실하게 말한다. 그리고 일단 결심을 굳히면 절대 물러서지 않고, 끝까지 포기하지 않고 기어이 해낸다. 애완견 같은 습성은 성공한 사람에게 다섯 번째로 필요한 성격이다.

처음의 세 가지 성격인 용기, 패기, 열정은 태어날 때부터 갖고 있는 심성이다. 반면 나머지 두 가지는 배워서 익히는 것들이다. 소신과 추진력은 무엇보다 자신에 대한 신뢰와 경험에서 비롯된다. 당신이 힘든 과제를 자주 접하고, 목표를 반드시 이룰 거라고 확신할수록 행동에도 일관성이 있다. 그렇게 만들어진 결과가 당신을 다시 강화시킨다. 더 나아가 그런 방식으로 자의식이 강해져 소신을 굽히지 않고 끝내 목표를 이룬 사람은 시간이 지날수록 더 용감해지고, 더 열정적이 되어 전성기를 구가한다. 그런 열정에 사람들은 감동하여 접근을 시도하게 된다. 그러므로 누구나 처음의 세 가지 성격으로 살아갈 기회를 갖는다. 다만 그것을 얼마나 끝까지 인내하고 완성시키느냐 하는 문제가 남는다.

6월 10일
자신의 상품화가 승진에 도움을 준다

당신은 어떤 특기로 세상에 알려지고 싶은가? 어떤 고용주가 거기에 맞는 비용을 지불할 것인가? 이는 커리어를 쌓아가는 데 중요한 의미가 될 질문이다. 핵심은 자기 자신의 가치를 형성하고, 명성을 만들어나가는 것이다. 이를 통해 당신은 경쟁자보다 앞서나가고, 당신의 지위는 올라가고, 당신이 나아가고자 하는 방향의 인생 계획에 가속도가 붙는다.

자기만의 상표를 갖고 싶다면 여러 가지 방법이 있다. 그중에는 바람직하지 않은 것들도 있지만, 예부터 전해 내려오는 것은 다음의 세 가지다.

- **특별함을 갖추어라**: 당신이 어떤 이미지로 남고 싶어하든 마찬가지다. 무엇보다 당신에게 어울려야 하고, 당신의 특기에 맞아야 한다. 사람은 자기 스스로 슈퍼스타라고 생각하는 이상, 절대 슈퍼스타가 아니다. 당신을 수식하는 말을 엄선해서 찾아내고, 시장이 어떤 사람을 찾고 있는지 파악하고, 경쟁자가 적은 곳이 어디인지를 알아둔다. 요구하는 것은 일반 사항이지만 특별한 것을 갖고 있는 사람은 당연히 우대받는다.

- **더 많은 사람에게 당신을 알리려고 노력하라**: 그렇다고 앞으로 무슨 일을 할 것인지에 대한 계획을 아무나 붙잡고 다 말해주라는 말이 아니다. 그것은 곤란하다. 대신 당신의 자질을 완벽하게 펼칠 수 있는 과제를 찾아라. 예를 들어 인터넷과 같은 통로를 이용해 인간적인 교류를 시작하고, 사람들이 당신의 지식과 능력을 알 수 있게 하라. 스케일 크게 행동하되 낭비하지는 마라. 언제나 당신을 지지해주는 이들을 아끼고, 인내심을 가져야 한다. 거기엔 반드시 긍정적인 반응이 따른다.

- **당신의 이미지에 맞는 행동을 하라**: 다른 사람에 대해 어떻게 생각하고, 그 사람에게 호감을 느끼든 간에 누군가를 신뢰하기까지의 시간이 불과 몇 초 걸리지 않는 경우가 많다. 많은 연구 결과가, 그때의 첫인상은 확실하다고 한다. 심지어 오랫동안 알고 지내는 친구가 갖고 있는 이미지보다 정확할 때가 많다. 당신의 표정과 행동은 당신이 생각하는 것보다 더 깊은 인상을 남에게 심어준다.

6월 11일
예상치 않은 상황에 대비하는 법

고객 응대 프로젝트가 다음 주까지는 마무리되어야 한다. 안 그러면 계약상의 문제가 생긴다. 프로젝트에 투입될 수 있는 모든 사람들이 달려들어 일에 열중하고 있다. 그런데 독감이 유행하는 바람에 전산부의 핵심 직원 두 명이 고열로 결근했다. 부서장이 대체할 사람을 찾아 동분서주하는 것을 당신이 알게 되었다. 당신은 만약의 경우에 대비해 세 군데의 회사와 이미 접촉해둔 상태다. 세 곳 모두 실력 있는 대체 인물을 언제라도 보내줄 수 있다고 했다. 당신의 도움에 부서장은 안도의 한숨을 내쉬고, 프로젝트가 끝난 다음 당신은 예상치 않은 보너스까지 받게 된다.

프레젠테이션을 시작하기까지는 아직 세 시간 남았다. 프레젠테이션에서 만날 고객과 협상을 잘하면 회사는 내년에 안정된 매출을 올릴 수 있다. 그때 전화벨이 울린다. 주제 발표에 필요한 인쇄물을 찍어내야 할 인쇄소가 갑자기 납품을 못하겠다고 통보해온다. 도저히 여유가 생기지 않는다는 것이다. 하필이면 이제 와서 그 말을 하다니! 재앙에 가까운 비상이다.

부서장은 안절부절못하고 폭발 직전이다. 동료들도 어쩔 줄 몰라하며 공황 상태에 빠져든다. 그러나 당신만은 예외다. 당신은 책상으로 가서 한 시간 안에 필요한 인쇄물을 납품해줄 다른 인쇄소 연락처를 꺼내 든다. 물론 당신은 계약 조건과 다른 결정 사항에 대한 점검도 이미 끝마친 상태다.

독자는 위에 소개한 가상의 사례가 무엇을 말하고자 하는지 간파했을 것이다. 각 회사마다 계획을 세우고, 개요를 짜고, 기획안을 만든다. 하지만 세상에는 계획하지 않은 일도 많이 일어난다. 우연과 불행이 연결되면서 재앙이 닥칠 수 있다.

하지만 그에 대해 심각하게 고민하는 사람은 그리 많지 않다. 훌륭한 계획을 세우는 데에만 몰두한 부서장은 어차피 그런 생각을 할 여유가 없다. 그러나 위기는 성공의 발판이 될 엄청난 가능성을 숨기고 있다. 그 효과는 아무도 극단적인 상황을 대비하지 않았을 때 더 크게 나타난다.

이미 완벽하게 계획된 일에서 예상치 못한 상황이 발생했을 때의 대안을 남몰래 계획하는 게 시간 낭비로 보일 수도 있다. 그런 비상 계획이 쓸모없을 수도 있다. 그렇다면 운이 나쁜 것이다. 하지만 그런 운명의 시간이 도래할 수도 있다. 절실하게 필요한 순간, 혜성처럼 등장해 문제를 해결하는 것으로 커리어를 쌓은 사람들을 난 많이 알고 있다. 따라서 그것을 투자의 개념으로 이해하라. 반드시 보답이 있을 것이다.

6월 12일
명성의 중요성

완벽한 명성은 마술과 같다. 그것은 영혼에 마법을 불어넣거나 엷은 막으로 시야를 가려준다. 중국 촉나라의 신하였던 제갈량도 그러한 사실을 잘 알고 있는 터라, 필요한 경우에는 언제라도 소문을 이용했다.

어느 날 사마의가 15만 대군을 이끌고 쳐들어오고 있었다. 설상가상으로 제갈량의 병사들은 먼 곳에 출정 중이라 아주 적은 수의 병사만 공격에 대비할 수 있었다.

절대적으로 불리한 숫자였다. 소식을 접한 제갈량은 병사들에게 몸을 숨기고 깃발을 거둔 다음 성문을 열어놓으라고 명령했다. 그런 다음 갑옷 대신 도포를 걸치고 성벽 위 사람 눈에 잘 띄는 곳에 앉아 현을 타기 시작했다.

사마의가 성에 가까이 다가왔을 때도 제갈량은 한 치의 흔들림이 없었다. 성문은 적군 앞에 활짝 열려 있었다. 그곳을 침범하는 것은 쉬워도 너무 쉬운 일이었다. 그러나 성벽 높은 곳에는 술수의 귀재라 불리는 제갈량이 앉아 있었다. 사마의는 이유를 알 수 없는 공포에 질려 퇴각하고 말았다.

제갈량의 명성이 적의 공격을 막고, 심지어는 적에게 위협까지 가했다. 지금도 그때와 똑같다. 우리는 스스로 연출한 모습으로 자기소개하는 시대를 살아가고 있다.

입사 지원자, 동료, 사업가, 거래처 등등. 우리 모두는 자신에 대한 명성으로 남에게 평가받는다. 오스트리아와 독일에서 진행된 한 연구 조사를 보면, '입사 지원' '승진' 등에 관한 결정에서 직장이 위태롭거나 실직할 경우 명성이 약 40퍼센트의 영향을 미친다는 결과가 나왔다. 명성의 유일한 단점은 누군가 얻어내려고 할 때만 들을 수 있다는 점이다. 반면 나쁜 소문은 저절로 사람들 사이에 퍼져나간다. 오스트리아 빈의 명성 연구가인 수잔나 비제네더에 따르면, "사람들은 칭찬보다 흉보는 것을 더 좋아한다"고 한다.

그의 연구를 통해 명성이 만들어지거나 사라지는 세 가지 요인이 밝혀졌다.

- 예측 가능하고, 믿음직하다는 신뢰가 있는 경우.
- 자신의 역할을 잘 수행할 거라는 기대에 일치하는 경우.
- 독창적이고, 감탄을 불러일으키는 뭔가 특별한 것이 있는 경우.

이 세 가지 요인들은 소문을 통해 안 좋은 쪽으로도 조작될 수 있다. 그러므로 안 좋은 소문이 돌 때는 곧바로 대응하는 게 중요하다. 해명을 빨리 하고, 진실을 퍼뜨리는 일에 도움을 줄 수 있는 강력한 지원자를 찾고, 처음 소문을 만들어낸 사람을 찾아내, 그에게 직접 말해야 한다. 그와 대면하는 것만으로도 그의 명성과 그의 말에 대한 신뢰가 떨어질 수 있다. 한번 난 소문은 천천히 사라지고, 다시 살아나기도 한다. 그것이 한 사람에게 고정되려면 똑같은 일이 적어도 다섯 번 이상 반복되어야 한다.

6월 13일
MBA는 성공의 만능키가 아니다

성공한 사람들을 보면 인생이 다르게 풀렸을 수도 있겠다는 생각이 들곤 하지만 그들이 살아온 이력을 되짚어보면 그 길로 살아온 것이 당연해 보인다. 그런 자리에 오르기 위해 반드시 필요한 것처럼 보이는 학력이 생겨났고, 그런 학위를 위해 많은 비용을 지불하게 된다.

최고 경영자 과정인 MBA도 그렇게 해서 생긴 학위다. 대학원 과정의 그 학위는 오래전부터 국제 교육 기준이 되었고, 수많은 경영자들이 커리어를 쌓는 데 꼭 필요한 과정이 되어 미국에서 유럽과 아시아로 옮겨갔다. 이제는 MBA에 대한 매력이 네 가지 이유에서 줄어들고 있다.

첫째, 학위를 받은 사람들이 기하급수적으로 늘어났다. 때문에 MBA 학위를 받았다고 해서 무조건 우대받는 것은 아니다. 심지어 학위의 질이 의심스러운 곳도 있다. 물론 이름난 교육 기관도 있지만 모든 곳에서 경영학이 제대로 교육되고 있는지에 대한 논란은 계속되고 있다. 그런 까닭에 많은 경영대학에서는 가상 실험과 전략 세우기 교육을 주로 하고 있다. 하지만 그런 교육을 받으면 진정한 의미의 경영자가 아니라 고집불통의 사업가만 양산할 수 있다고 비평가들은 비난한다.

둘째는 MBA 과정에서 다양한 사업 분야에서 근무하는 사람들 간의 경험 교류가 제대로 이뤄지지 않고 있다. 원래 MBA는 다른 분야에 종사하면서 경영에 문외한인 사람들을 대상으로 경영 교육을 하기에 적합하도록 만들어진 것인데도 말이다.

셋째는 학위를 취득할 때까지의 비용이 너무 비싸다. 지난 수년간 MBA는 인기도에 따라 교육비가 턱없이 올라갔다.

마지막으로, 이제 MBA를 통해 커리어를 쌓을 수 있는 전망은 별로 높지 않다. 킨바움 컨설팅 회사에서 조사한 바에 따르면, 박사 학위 소지자가 MBA 소지자보다 돈을 더 많이 버는 것으로 밝혀졌다. 그러므로 MBA 학위를 놓고 고민하는 사람들은 아래 사항들을 철저히 점검하고 따져봐야 한다.

- MBA만 있으면 승진에 유리한가?

- 지금 일하고 있는 분야에서 MBA에 특별 대우를 해주고 있나?

- 2년간 일반 프로그램을 다니는 것과, 1년간 집중 프로그램을 다니는 것 그리고 일하면서 야간 과정을 다니는 것 가운데 어떤 방식을 선택해 다녀야 할까?

- 이 학교가 국제적으로 유명한가? 어떤 평가를 받는 학교인가? 누가 이곳 출신인가? 좋은 학생들이 찾아오는 곳인가? 그들이 만족스럽게 학업을 받았는지 알아볼 수 있는가?

- MBA 과정을 하는 동안 회사에서 단축 근무를 해도 될까? 학자금은 누가 지불하나? 학위를 받았을 때 봉급 인상 요인이 될까?

MBA가 높게 평가될 수도 있지만 모두 다 그런 것은 아니다. 그러므로 과정을 시작하기 전에 정보를 정확히 수집하고, 비교하고 나서 결정해야 한다. 어쩌면 주말에 몇 번 다니는 것만으로도 충분할 수 있다.

6월 14일
어떤 사람이 석사나 박사 학위를 받아야 하나?

연구 조사 결과를 보면 평균적으로 석·박사 학위 소지자가 학위를 소지하지 않은 경영자보다 30퍼센트 정도 돈을 더 번다. 특정 분야에서는 권위의 상징이 되기도 한다. 은행, 보험회사, 컨설팅, 자동차 분야에서 그것은 커리어를 촉진시킬 수 있다. 그런 점에서 보면 석·박사 학위를 받는 게 긍정적이다.

부정적인 측면은 학위를 받기까지 힘들게 공부해야 하는 데다, 비용이 많이 든다. 일반적으로 최고 학위를 받으려면 석사 2년, 박사 3년 정도의 공부를 더 해야 한다. 학위 소지자는 비즈니스 세계에 뛰어드는 시기가 그만큼 뒤처질 수밖에 없다. 대신 그 시간에 어려운 논문 준비를 하며 험난한 좌절의 시간을 보내야 한다. 그런 이유 때문에 석·박사 과정에 입문한 사람들 가운데 3분의 1이 중도에 포기한다.

그런가 하면 핸디캡을 극복하기 위해 석·박사 학위를 취득하는 경우도 있다. 최고 경영자가 고등학교 출신일 때 핸디캡으로 작용할 수도 있다. 석·박사 학위와 경쟁을 이룰 만한 것이 MBA인데, 실용적인 학위로 받아들여지고 있다.(6월 13일 참조)

가장 좋은 방법은 회사에 다니면서 학위 과정을 밟는 것이다. 그럴 경우 고용주가 학비를 지불하고, 석·박사 과정에 있는 사람에게는 근무 시간을 줄여주기도 한다.

그런데 논문 주제를 선정할 때 특히 신중해야 한다. 고용주 자신이 종사하고 있는 분야에 깊이 연관된 주제를 선정할 경우 나중에 직장을 바꿀 때 도움이 거의 안 된다. 그러므로 아래의 문제점을 스스로에게 물어봐야 한다.

근무하고 있는 분야에서 그 학위가 내게 어떤 도움을 줄까? 학자금은 어떻게 조달할 것인가? 무엇 때문에 학위를 받으려 하는가? 단지 권위 때문이라면 실패할 가능성이 90퍼센트는 된다.

6월 15일
추월당하는 것은 경고의 표시다

"나보다 회사에 늦게 들어온 동료들이 이제는 나를 앞서나갈 것 같아요."

"단지 그런 느낌만 든다면 잊어버려요. 가끔은 그런 낭패감이 드는 게 정상이니까요. 그러나 객관적인 증거가 있다면 그때는 문제가 크죠."

"아직은 그런 소문만 있어요……."

"……당신이 승진하지 않고 그 자리에 머물러 있는 동안 그들은 승진할 거라는 소문이 났단 말이죠? 그것만으로도 아주 안 좋아요. 어쩌면 상황이 더 심각할 수 있어요. 당신의 자리가 이미 잘라내려고 톱질하고 있는 자리인지도 모르지요. 부서장이 당신을 중요한 직원으로 생각하지 않을 수도 있고요. 더 젊고, 의욕적이고, 업무를 깔끔하게 처리할 거라고 믿는 사람을 선호하고 있을지도 몰라요. 당신에 대해서는 더 이상 신뢰하지 않는 거죠."

"하지만 그건 과장이 심한 말이에요. 난 내 업무를 확실하게 잘 해내고 있어요!"

"그러나 충분하다고 말할 만큼은 아닌 것 같은데요? 지금 당신에게 필요한 것은 초심으로 돌아가는 일이에요. 당신에게 열정과 에너지가 있고, 요구하는 것 이상을 해낼 능력이 있다는 걸 상사에게 보여주세요. 당신이 해야 할 일은 지금까지 해왔던 것보다 더 잘하는 거예요. 당신의 노력과 새로운 모습을 보고 동료와 상사가 깜짝 놀라게 해야 해요. 당신에게 사람들의 관심이 집중되도록 하고, 별로 인기는 없지만 중요한 일에 적극적으로 참여하세요. 그 모든 행동에는 당신에 대한 신뢰를 일깨우겠다는 목적이 숨어 있어야 해요."

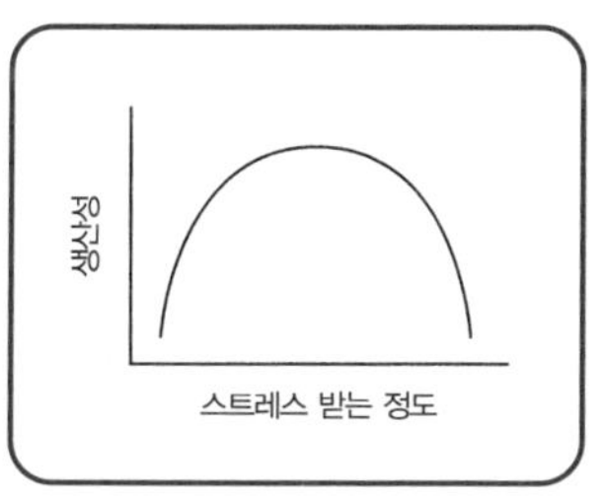

"그렇게 해도 변화가 없다면요?"

"해결책은 하나뿐이죠. 회사에서 당신을 버리기 전에 먼저 자리를 박차고 나오세요. 다른 곳에서 가선 당신이 뭐든 함께할 각오와 의욕으로 가득 찬 사람이라는 점을 확실하게 보여주시고요."

6월 16일
유턴, 능력 발휘에 해로운 것은 버려라

경영자가 하는 말의 비밀은 보여주는 것보다 감추는 게 더 많다는 점이다. 그들은 가끔 "위로 올라갈수록 힘들다"라든가 "능력이 곧 성공이다"라고 말한다. 하지만 꼭 그런 것은 아니다.

안타깝게도 대부분의 사람들이 일을 좀 더 많이, 좀 더 빨리 하면 더 큰 결과를 얻을 수 있을 거라고 믿는다. 그러나 실제로 그들이 얻는 것들은 더 큰 압박, 더 많은 스트레스, 줄어든 자유 시간이다. 어느 시점에서는 능력도 떨어진다.

심리학자인 로버트 여키스와 존 D. 도슨이 1908년에 생산성과 스트레스의 관계를 규명하면서 자신들의 이름을 붙여 알파벳 U가

엎어져 있는 듯한 '여키스-도슨 곡선'을 만들었다. 그것은 투입되는 것이 많고, 스트레스를 많이 받을 때 처음에는 생산성이 증가하지만 능력 발휘가 최적의 상태에 될 때까지만 증가한다는 것을 보여주었다.

그다음에는 일을 더 많이 해도 결과는 더 이상 좋아지지 않는다. 오히려 생산성이 점점 떨어지다가 마침내 기진맥진한 '번아웃(burnout)' 상태가 된다.

여키스와 도슨은 이 곡선을 통해 지혜롭게 일할 것을 호소했다. 그들에 의하면, 우리가 얼마나 많이 일하느냐에 따라 성공이 좌우되는 것이 아니라 언제 어떻게 일하느냐가 중요한 것이다. 마라톤 대회에서 1등은 1천만 원을 상금으로 받고, 2등은 5백만 원만 받는다. 1등이 2등보다 두 배나 빨라서 2등보다 두 배로 많은 상금을 받는 것이 아니다. 어쩌면 그는 겨우 한 뼘 차이로 결승선에 먼저 들어왔을 수도 있다.

아주 미세한 차이가 승리의 요인이 된 것이다. 본인에게 적합한 스트레스의 양을 아는 것이야말로 생산성을 높이기 위해 가장 먼저 해야 할 일이다.

두 번째는 자신의 능력을 최대한 발휘할 수 있도록 분위기를 조성하는 것이다. 그 곡선은 육체적인 다이어트 운동을 할 때와 같이 스트레스가 한꺼번에 강하게 쌓이면 정기적인 휴식을 취하거나 정신 훈련을 통해 변화시킬 수 있다.

6월 17일
외모의 가치

다른 사람에게 얼마만큼 기억되느냐가 성공의 관건이 된다. 면접에서 면접관이 심사할 때, 긍정적인 모습으로 각인되어 있거나 얼굴을 알고 있는 사람은 얼마 되지 않는다.

연구 결과, 사람은 자신의 경험을 통해 배우는 것보다 눈에 보이는 이미지를 믿으려는 경향이 있다. 뉴욕 대학의 과학자인 마우리시오 델가도가 재미있는 실험을 통해 그 같은 사실을 밝혀냈다.

그는 실험에 참가한 지원자들에게 1달러를 주며 그것을 간직하거나 가상의 인물에게 넘겨주라고 했다. 지원자들이 가상의 인물에게 내주었다면 돈을 받은 상대는 3달러를 추가로 받게 되고, 그 사람 역시 그 돈을 간직하거나 다른 사람에게 줄 수 있게 했다.

실험 참가자들은 결정을 내리기 전에 돈을 주게 될 상대의 살아온 내력이 기록된 글을 읽었다. 살아온 내력과 상대가 일치하지 않을 수도 있다는 사전 정보를 줬음에도 불구하고 참가자들은 평판 좋은 사람에게 돈을 주기로 결정했다. 평판에 따라 돈이 오가면서 많은 사람들이 1달러를 쉽게 받았다. 그런 과정을 여러 번 거치면서 실험 참가자들은 정신을 차리고 심각하게 고민했지만 그래도 신뢰가 더 간다고 생각하는 사람에게 계속 돈을 주었다. 이미지가 모든 것을 결정한 것이다.

자기 마케팅을 어떻게 할 것인가 하는 질문에 대한 답변들은 여러 갈래로 나뉜다. 헨리 포드가 "선행을 베풀고, 그것에 대해 말하라"고 했던 말을 현대식으로 바꾸면 이렇게 된다. "선행을 베풀고,

다른 사람들로 하여금 그것에 대해 말하게 하라." 자화자찬은 허풍처럼 들릴 위험이 있기 때문이다.

그러나 다른 방법으로도 직장 상사에게 당신의 이미지를 각인시킬 방법이 있다. 회의에 참석했을 때 뭔가 좋은 말, 선의의 말을 많이 한다. 중언부언은 신뢰를 떨어뜨린다. 그리고 다른 말을 하면서 지금까지 자신이 이룬 성공들을 지나가는 말처럼 종종 언급한다. 예를 들면 "지난번에 제가 성공적으로 마무리했던 프로젝트처럼……"이라고 말하는 것이다. 그리고 남들이 잘 기억하지 못하는 자잘한 것보다는 스케일이 큰 것을 성공시키려고 노력해야 한다.

또 규칙적으로 다른 사람들과 편안한 대화를 나누는 것도 좋다. 하지만 너무 잘난 체하면 곤란하다. 그런 대화들은 이성을 유혹하듯 해야 한다. 자신의 의도를 상대가 전혀 파악하지 못하게 해야 하는 것이다. 뿐만 아니라 상대가 비로소 자신의 이야기를 할 때까지 대화를 계속 이끌어나가야 한다는 것을 원칙으로 삼는 것도 바람직하다.

6월 18일
상상을 통해 이뤄지는 성공

키프로스에 살던 피그말리온은 외롭고, 상심에 가득 찬 조각가였다. 여자들이나 매춘부들이 그에게 나쁜 경험들을 많이 털어놓는 바람에 여자에 대한 감정이 안 좋았다. 그래서 결혼도 하지 않고 혼자 칩거하며 상아로 여인을 조각했다. 그리고 '갈라테이아'

라는 이름도 붙여주었다.

동상은 눈부시게 아름다웠다. 상상 속의 여인처럼 우아하고, 아름다운 곡선을 지닌 진짜 인간 같은 모습을 보며 피그말리온은 깊은 사랑에 빠졌다. 결국 상사병이 난 그는 사랑의 여신 아프로디테에게 갈라테이아의 몸에 생명을 불어넣어달라고 애원했다. 그러던 어느 날 그가 동상에 입을 맞추자, 동상이 실제 여인으로 살아났다. 갈라테이아도 그의 사랑에 화답했고, 두 사람은 결혼하기에 이르렀다.

여기까지가 오비디우스가 묘사한 피그말리온 신화다. 가슴 깊이 열망하던 것을 마침내 선물로 받는 축복받은 조각가의 고대 신화는 오늘날 '피그말리온 효과'로 많이 알려져 있지만, 이를 자기 업무에 적용하는 사람은 별로 없다.

1968년에 심리학자인 로버트 로젠탈과 레노어 제이콥슨은 한 학교에서 실험 조사를 했다. 그들은 교사들을 찾아가 그간 이뤄놓은 업적을 높이 평가해 내년에는 수재들만 모여 있는 학급의 담임을 맡기겠다고 통보했다. 그리고 1년이 지났을 때 그들이 맡은 학급은 다른 반보다 월등하게 좋은 결과를 나타냈다. 성적도 좋아지고, 심지어 IQ도 20퍼센트 정도 높아졌다. 심리학자들이 거짓말을 했는데 효과가 나타난 것이다.

그 학급의 학생들은 수재들만 모아놓은 것이 아니라 임의로 구성된 반이었다. 그러나 학생들도 스스로 최고의 반에 속해 있다 믿었고, 선생님들도 그들을 크게 신뢰해 학습 효과와 교육 효과가 두드러지게 나타났다. 전문 서적에서는 이를 피그말리온 효과 혹은 로젠탈 효과라 부른다.

이는 직업과 관련해 두 가지로 해석될 수 있다.

당신을 위한 해석: 성공하기 위해서는 당신이 스스로에 대해 잘 알고 있고, 자기 자신을 믿어야 한다는 것이다. 그것은 '당신이 확실하게 믿는다면 원하는 것은 뭐든 할 수 있다'는 명상을 위한 주문과는 의미가 다르다. 당신의 목표는 구체적이고 현실적이어야 한다. 당신이 자기 자신에 대해 얼마나 생각하고, 목표에 이르기까지의 길을 얼마나 구체적으로 생각했느냐에 따라 당신의 행동, 비전 그리고 그에 따른 성공에 영향을 미칠 수 있다.

올림픽 경기에서 여러 번 우승한 프랑스의 스키 선수 장클로드 킬리는 시합을 앞두고 부상을 당하는 바람에 훈련을 제대로 하지 못했다. 시합 전날 저녁에 그는 스키 코스를 최적의 상태로 내려오는 상상을 수도 없이 반복했다. 그리고 다음 날 경기에 나가 우승했다.

간부직 사원을 위한 해석: 피그말리온 효과의 해석 대부분은 학생들에게 집중되고, 그들에게 영향을 미친 교사는 종종 잊는다. 그러나 교사의 신뢰야말로 결과에 지대한 영향을 미쳤다. 이처럼 한 학급이나 팀의 성공은 지도자가 그들을 신뢰하는 정도에 따라 결정된다. 자질이 부족한 지도자와 함께 나아가고 있다는 생각을 한다면 아무도 큰 성공을 거둘 수 없다.

6월 19일
승진하는 사람을 위한 규칙들

시간이 좀 걸릴지는 모르지만 당신이 인사 이동의 대상이 될 수 있다. 축하할 일이다. 승진하거나 자리를 바꾸는 것은 당신의 태도에 달려 있다. 여기에 인사 이동을 통해 흔히 나타나는 다섯 가지의 유형별 상황을 묘사해본다.

내부 승진자: 동료가 갑자기 부서장이 된다. 이제까지는 편한 동료로 대해왔지만 말투부터 존칭으로 바꿔야 한다. 동료들은 다양한 반응을 보인다. 축하해주는 사람부터 질투와 의심하는 사람까지. 양가 감정이 많이 나타나는 가운데 한 가지 문제가 생긴다. 내부 승진자는 팀의 장단점을 꿰뚫고 있다. 그래서 공평한 처사를 위해 엄격하게 행동하거나, 권위를 내세우지 않음으로써 나약해질 수 있다. 당신이 해야 할 일은 과거의 친분 관계와 새로운 역할을 분명하게 깨닫는 것이다. 그래야 긴장을 푸는 데 도움이 된다. 짧은 시간 안에 분명한 원칙을 세워야 한다. 무엇은 과거와 똑같이 하고, 무엇은 다르게 할 것인지를 결정해야 하는 것이다.

외부 영입자: 사내에서 적당한 인물이 없을 때 외부에서 영입하는 사람이다. 경쟁자들은 자신들이 소외당한 것으로 생각하고, 동료들은 외부 전문가로부터 위협을 받는다고 생각한다. 직장 내에 팽팽한 긴장이 감돈다. 이때는 회사 내에서의 관계가 형성되어 있지 않으므로 일단 주어진 임무를 수행하면서 내부의 인맥을 갖춰나가야 한다. 너무 서두르지 말고, 내부의 규정을 알아보고, 친하게 지내야 할 사

람들을 파악해둔다.

후임자: 전임자가 부하 직원들에게 인기 있었다면 직원들은 후임자의 자질을 의심하고, 심지어 거부감까지 보인다. 만약 그 반대라면 후임자에게 모든 기대가 쏟아진다. 그러므로 항상 전임자에 대한 신뢰를 드러내며 다른 한편으로는 당신이 전혀 다른 새로운 사람이라는 점을 인식시켜야 한다. 분명한 목표를 정하고, 자기만의 방식으로 도달하는 방법을 빠른 시일 안에 찾는 것이 좋다.

초고속 승진자: 소문이 무성하다. 너무 빨리 승진한 사람은 좋은 인맥을 갖고 있거나 성격이 나쁠 가능성이 많다고 추측한다. 그들이 오면 직원들은 일단 거리를 두고, 신분이 수직 상승한 사람은 상사와 각별한 관계인 것처럼 보여 위화감이 조성된다. 그럴 경우 상황이 악화될 때까지 방치하면 안 된다. 유보적인 태도를 보이면서도 업무를 충실히 수행하고 당신 자신의 커리어가 아니라 팀이 중요하다는 점을 분명히 인식시킨다.

청산 책임자: 회사가 존폐 위기에 몰려 있을 때는 빠르고 극단적인 인적 청산을 피할 수 없다. 실직에 대한 저항, 불안, 두려움이 회사 분위기에 감지된다. 정치와 언론을 통한 압박도 가해진다. 이때 당신이 할 일은 전체적인 상황을 통찰하고, 일관성 있게 새로운 전략을 추진하는 것이다. 위기를 수습하는 사람은 전략을 짤 때 직원의 신분 변동이 생기는 계획에도 방관하지 말아야 한다. 그리고 모든 계획은 누구나 볼 수 있도록 투명하게 진행되어야 한다.

회사 고위직에서의 모임이 품격을 갖춘다

잡초는 절대 사라지지 않는다. 오래전부터 내려오는 자연 현상이 비즈니스 세계에도 그대로 적용된다. 그 세계에서 우리는 잘못된 결정을 자주 내리고, 자기 자신을 거짓으로 멋지게 꾸미고, 지적인 능력이 부족하면서도 성공의 발판을 밟고 올라가는 사람들을 만난다.

그들이 그렇게 하는 것은 잘못된 회사 문화와 고위직의 '끼리끼리' 문화에 따라 움직이기 때문이다. 대개 상위에 있는 A그룹 사람들은 A그룹 사람들과 어울리고, 그 아래의 B그룹 사람들은 C그룹 사람들과 어울리는 게 불문율이다.

일류 회사에서 최고위직에 오른 사람은 절대 외톨이가 되지 않는다. 그들은 자석처럼 다른 재능을 갖고 있는 사람들을 끌어당겨 함께 어울린다. 뿐만 아니라 서로에게 자극을 주고, 서로에게 영감을 주고, 서로에게서 이득을 취하는 것을 소중히 여긴다. 위를 향해 고정된 하나의 카르텔이다.

2등급 간부들, 즉 B그룹에 속한 사람들은 항상 뭔가 손해를 봐야 한다. 그들은 자기 자리가 언젠가는 자기보다 더 나은 사람으로 교체되지 않을까 하는 두려움에 떤다. 심한 경우 쫓겨나지 않을까 하는 상상도 종종 하게 된다. 그 결과 그들은 거만함이나 권력 남용으로 자신의 부족함을 은폐한다. 혹은 자기보다 아래 직급, 즉 C그룹에 속한 사람들과 어울리며 위험을 최소화한다. 윗사람의 비위를 잘 맞춘 사람들이 승진을 많이 하는 회사는 고위직에 훌륭한 사람들이 자리를 잡고 있다고 생각하기 어렵다.

다른 사람이 말안장에 올라탈 수 있도록 계속 어깨를 내주는 일에 만족하지 않는 사람은 회사에서 진정으로 좋은 사람들과 가까운 인맥을 형성하거나, 아니면 회사를 떠나야 한다.

6월 21일
자면서 거두는 성공

당신은 오늘 낮잠을 잤는가? 만약 아니라면 내일은 자는 게 좋다. 오늘이 세계적으로 낮잠을 자기로 정해놓은 날이어서 권하는 게 아니다. 잠깐 눈을 붙이고 졸면 어떤 상황에 반응하는 시간이 줄어들고, 주의력이 높아지며, 정신 능력이 평소보다 더 잘 발휘된다.

우리가 살고 있는 위도에서는 낮잠에 대해 좋은 평판이 없다. 많은 이들이 낮잠을 게으름의 상징으로 생각하는데, 그것은 옳지 않다. 잠깐 눈을 붙이고 쉬는 것이 기적을 만들어낸다. 특히 점심시간에 청하는 낮잠은 많은 사람들에게서 효과가 나타난다.

인간은 선천적으로 리듬 감각을 갖고 있어, 하루를 보내면서 다양하게 높고 낮은 변화를 겪는다. 대부분의 사람들은 점심시간이 지난 다음인 오후 1시부터 4시까지 집중을 잘 못한다.

우리는 이러한 자연의 흐름을 거스를 수 있지만 더 많은 실수를 하거나, 일 처리 속도가 늦어지거나, 사고를 더 자주 내는 것으로 언젠가는 그 대가를 치러야 한다. 주의력 부족으로 발생하는 교통사고가 오후에 훨씬 많다. 커피를 마시면 무기력한 몸이 잠시 생기를 되찾는다. 그러나 인위적인 자극이 사라지면 더 피곤해진다.

짧은 낮잠은 시간이 지난 후에야 효과를 발휘한다. 유명 인사들 가운데에는 그 습관을 꼭 지킨 사람들이 있다. 윈스턴 처칠과 미국의 존 F. 케네디 그리고 나폴레옹이 대표적인 예다.

알베르트 아인슈타인도 낮잠 애호가였는데 어느 날 열쇠 뭉치를 손에 쥐고 자다가 그것을 떨어뜨리는 바람에 깼다는 일화도 알려져 있다. 물론 낮잠이 침대에 누워 정식으로 자는 것을 대체할 순 없다. 그러나 문제의 해답을 구할 수 있게 도와줄 수는 있다.

잠 연구가인 얀 보른은 실험 참여자들에게 여러 개의 숫자들을 다양한 방법으로 계산하게 했다. 그는 질문 문항 가운데 후반부에 나오는 절반은 전반부의 질문과 똑같은 답을 적으면 된다는 사실을 미리 말해주지 않았다. 하지만 몇몇 사람들은 이내 알아차렸다. 나머지 사람들은 잠을 자러 갔다. 잠시 후 그 사실을 알아차린 사람의 비율이 처음의 23퍼센트에서 59퍼센트로 올라갔다.

지금 당신이 어떤 문제의 해답을 구하는 중이라면 잠깐이라도 낮잠을 청하는 게 좋다. 그러나 낮잠이 너무 길면 곤란하다. 깊은 숙면에 든 사람은 나중에 피곤해진다. 낮잠은 20분에서 30분이면 충분하다.

6월 22일
1년의 절반, 그동안 당신이 이 책을 통해 배운 것들

해냈다! 어제의 조언을 끝으로 반년간의 과정을 끝마쳤다. 이제는 그동안 무엇을 배웠는지 중간 점검을 할 시점이다.

- 복제 인간은 되지 말 것. 독창적인 모습을 보여라!
- 도전 의식을 갖고, 포용하고. 통찰력을 가져라!
- 모든 불행은 잘못된 승진에서 비롯된다.
- 옆으로 돌아가는 것도 위로 오르는 또 하나의 방법이다.
- 당신의 목표를 남에게 알려라!
- 한계를 정하라!
- 관점을 바꾸라!
- 요구되는 것보다 더 많은 것을 해내라!
- 당신이 되고 싶었던 사람으로 성장하라!
- 약속을 꼭 지켜라!
- 사고의 힘을 과소평가하지 마라!
- 당신에 대한 소문에 주의를 기울여라!
- 비평을 개인적인 공격으로 받아들이지 마라!
- 실수를 감수하라!

6월 23일
회사에서의 휴가는 해결책이 아니다

자녀를 키우는 사람은 회사에 나가 일하는 것을 좋아한다. 특히 월요일이나 휴가가 끝난 다음 날을 좋아한다. 몇 날 며칠 동안 여행의 추억을 되새기거나, 인디언처럼 분장하고 집 안을 정신없이 뛰어다니는 아이들을 보는 것보다 회사에 나오는 것을 불만스럽게 생각하는 사람은 별로 없다. 출근길의 지하철이 아무리 만원이라도, 이른 아침에 상사의 격앙된 표정을 모처럼 다시 대하더라도 기분은 좋을 것이다. 어쩌면 상사 역시 지난 주말에 그런 경험을 했을지도 모른다.

펜실베이니아 주립대학의 제프리 고드베이 교수는, 부부 사이에 자녀가 생기면 남편이 회사에 더 오래 머문다는 연구 결과를 발표했다. 물론 아버지로서 가족을 부양해야 한다는 책임을 느낀 나머지 더 열심히 일해 승진하려는 의도도 숨어 있을 거라는 점을 고드베이는 인정했다. 하지만 남편들은 집에 있는 것보다 회사에서 휴식을 즐기려는 생각도 갖고 있다고 그는 주장했다. 현실 도피는 해결책이 아니다!

경영인이자 두 아이의 아버지이고, 요트 애호가인 사람이 내게 이런 말을 해줬다. 요트를 타고 갈 때 폭풍이 불어오는데 파고(波高)가 높아 피할 수 없을 때 가장 좋은 방법은 바람과 파도를 향해 뱃머리를 돌리는 것이라고 한다. 비록 강한 저항을 받게 되지만 그렇게 함으로써 폭풍에서 빨리 벗어날 수 있다는 것이다.

그는 그런 경험을 직장이나 집에서도 사용할 거라고 했다. 분위기가 심상치 않을 땐 도망가지 않고 정면 돌파를 감행하는 것이다. 그는 "월요일을 남몰래 일요일처럼 보내려는 사람은 일에 집중하지 못하고, 기분도 별로 좋지 않다"고 했다.

승진 뒤에는 함정이 있다

석 달 후면 모든 일이 제대로 진행되었거나 실패한 것으로 판명 난다. 그 석 달은 새로운 직책을 맡은 사람에 대한 평가를 유예하는 기간이다. 특히 처음으로 간부급에 승진한 직원에게는 그렇게 해줘야 한다.

그 기간 동안 새로운 직책을 맡은 직원은 그 자리를 계속 맡을지 안 맡을지에 대한 결정만 내리는 게 아니라, 앞으로 커리어를 쌓아가는 데 자신의 취약점이 무엇인지도 파악해야 한다. 이에 대해 수년간 연구해온 경영학 이론가들은 동료에서 상사로 역할이 바뀐 사람들 가운데 3분의 1이 실패한다고 분석했다. 그들은 직책을 맡기 시작한 첫날부터 문제가 생겼을 때, 그로 인해 그동안의 훈련과 각오가 수포로 돌아갈 가능성이 있다고 봤다.

직책이 높을수록 특정 지식이나 전문 지식 대신 경영 능력과 통솔력이 중요해진다. 많은 사람들이 도약판을 밟고 뛰어오르면서 자기에게 적합한 목소리를 찾으려고 한다. 특히 젊은 나이에 부서장이 된 직원들은 자신들도 배우는 과정에 있음을 솔직하게 인정한다. 달리기를 할 때처럼 직장에서도 일단 몸을 덥혀준 다음 본 경기에 임해야 한다.

젊은 나이에 승진한 사람들이 예전의 직함을 계속 쓰려 하고, 예전처럼 일하려 하다가 곤경에 처하는 경우가 종종 있다. 그것은 잘못이다.

어떤 사람들은 불안감을 감추려고 지적인 후광을 드러내며 그 시점에 가장 해로운 일을 시작한다. 먼저 앞장서서 행동하려고 하는 것이다.

외부에서 영입된 직원이 흔히 겪는 문제가 거기에서 발생한다. 그간 부서 내에서 직원들이 어떻게 일해왔는지, 회사의 문화는 어떤지 알지 못하고, 인맥도 형성하지 않은 채 무턱대고 성공을 향해 나아가려고 서두르는 것이다. 성미 급한 그런 부서장들은 섣부른 개혁으로 부하 직원들의 신뢰를 파괴하고, 장기적으로 전체적인 불신을 심어준다.

어떤 직책에 지원했다가 떨어져 임시로 비어 있는 직책을 수행하는 사람의 경우에는 문제가 더 심각해진다. 그런 사람일수록 뭔가 요구하는 경우가 자주 있다.

그렇게 임시로 일을 맡은 사람을 방치한다면 나중에는 위험한 부메랑이 될 수 있다. 아무 말도 하지 않는 것만으로도 반감을 사기에 충분하다. 유일한 방법은 책임감을 갖고 일할 수 있는 임무를 맡기는 것이다. 이는 그 직원을 인정해준다는 의미가 되고, 그가 원했던 대우를 해주는 것이다.

무엇보다 먼저 인간관계를 형성하는 것이 커리어를 쌓아가는 데 중요한 역할을 한다. 관찰하고, 물어보고, 듣고, 본인과 동료가 앞으로 발전할 방향을 파악하는 데는 90일이면 충분하다. 중요한 것은 순서를 지키는 일이다.

6월 25일
패거리 문화의 패단

대개 사고는 처음에 아무것도 아닌 것처럼 일어난다. 어떤 사람이 직장을 바꾸거나, 근무 부서를 바꾸거나, 높은 자리로 올라갈 때 그런 변화를 자기 안에 내재된 힘을 보여줄 수 있는 절호의 기회라고 생각한다. 그러다가 최고의 자리에 올라가면 외로워져서 주변 사람들과 연대를 이루고 싶은 욕구를 느낀다.

그래서 고향 같은 분위기, 약간의 안정감을 갖기 위해 옛날 동료들을 만나게 된다. 오래전부터 알고 지내던 사람들이기 때문에 그는 그들을 믿고 따를 뿐 아니라, 그들이 여러 가지를 할 수 있는 능력을 지니고 있다고 생각한다. 그리고 자기 입장에서도 그들에게 뭔가 해줘야 한다는 생각을 한다.

하지만 그건 잘못된 생각이다. 어리석은 일이고, 안 좋게 끝날 수 있다. 일단 새로운 직장이 어떤 것이냐가 관건이다.

예를 들어 소방수로서의 역할을 해야 한다면 믿고 맡길 만한 팀이 있어야 한다. 그때는 시간이 구출 작전에 중요한 변수가 된다. 그럴 때는 자신을 백 퍼센트 신뢰하고 따르는 사람들을 최대한 주변에 모아두어야 한다. 그래야만 기대하는 성공을 제때에 거둘 수 있다.

하지만 그런 긴박한 상황은 잘 일어나지 않는다. 대개 비교적 안정된 부서의 책임을 맡게 되는 사람은 약간의 자극만 주어도 변화를 불러일으킬 수 있다. 떼로 몰려다니는 일은 굳이 필요하지 않다. 기존의 팀보다 더 많은 정보를 갖고 있고, 우월한 위치에 있는 것처럼 보이는 핵심 그룹을 만드는 것은 기존 직원들의 근무 의욕을 떨어뜨린다. 기존 직원들은 자신들을 2등급이라고 생각해 좌절한다. 그럴 경우 팀원들끼리 서로 맞서게 되고, 새로운 아이디어나 지식조차 나누지 않으려고 한다.

따라서 승진한 사람은 기존의 직원들을 적극적으로 받아들여야 한다. 그러나 그전에 자기 임무를 충분히 분석해야 한다. 뭔가 급히 바꾸려고 하면 저항이 생기므로 인간관계를 튼튼히 맺는 일부터 시작해야 한다.

기존의 인적 자원에서 최고 능력자들을 주변에 두고, 그들을 격려하고 칭찬하는 방법이 가장 무난하다. 그렇게 하면 선택받은 사람들은 의욕을 보이고, 다른 이들에게도 좋은 자극이 된다. 그 방법으로 기존 직원들의 불평불만을 잠재울 수 있다.

6월 26일
처음에는 좋지만 나중에 해로울 수도 있다

최대한 여섯 사람을 거치면 누구든 원하는 사람과 접촉할 수 있다고 사회심리학자 스탠리 밀그램은 주장했다. 1967년, 그는 사회적 인맥의 기능에 대해 연구했다.

그의 목표는 우연히 선택한 사람이 전혀 알지 못하는 사람을 단지 사회적 인맥만을 통해 접촉할 수 있는지를 알아보는 것이었다. 그 실험을 위해 실험 참가자들이 다른 사람을 통해 자신이 목표로 삼은 사람에게 편지를 전달해줄 것을 부탁하게 했다. 그 다른 사람에게 편지를 직접 전달하는 일이 어렵다면 그 다른 사람을 알고 있는 또 다른 사람을 통해 편지를 전달하게 했다. 그렇게 해서 편지를 전달받은 사람은 계속해서 첫 번째 발신인처럼 또 다른 사람을 찾아 전달을 부탁했다.

가장 빨리 도착한 편지는 발송한 지 나흘 만에 수신인에게 전달됐다. 며칠 후 다른 편지들도 발신인과 수신인 사이에 여섯 사람을 거치지 않은 채 배달되었다. 밀그램은 그 결과를 '작은 세상 현상'이라 불렀다.

수신인에게 전달되지 않은 편지들은 제외시켰으므로 밀그램의 이론이 과학적으로 증명되었다고 보기는 어렵다. 더구나 그의 실험은 북아메리카에 국한되어 진행되었다. 혹시 아프리카 오지에 살고 있는 사람에게 여섯 사람을 거쳐 모르는 사람에게 편지를 전달하라고 했다면 과연 그러한 결과가 나왔을지 궁금하다.

그러나 순수한 이론이지만 중국의 농부가 여섯 사람의 중간 단계를 거치면 마돈나와 연결될 수 있다는 상상을 하는 것만으로도 재미있다. 실제로 인맥은 엄청난 위력을 발휘한다. 16세에서 19세 사이의 유럽 근로자 가운데 약 3분의 1이 인맥을 통해 직장을 구했다. 이는 정확한 연구 결과로 나타난 수치다.

뭔가 좋다고 하면 처음에는 좋지만 나중에는 해로울 수도 있다. 스페인의 경제학자 세 명이 비타민 B가 커리어와 수입에 미치는 영향에 대해 조사했다.

약 2천 건의 사례를 조사한 결과, 인맥 좋은 사람들이 인맥이 좋지 않은 사람보다 실직한 경우 평균 한 달 정도 일찍 직장을 찾는 것으로 밝혀졌다. 그런데 그들은 평균 9퍼센트 정도 돈을 적게 벌었다. 그 이유를 들라면 지원자 자신이 직장을 잡게 도와준 사람과 함께 잠재된 가능성을 충분히 활용하지 않았고, 돈을 더 많이 받을 수 있는 직장 찾는 일을 포기했기 때문에 그렇게 되었다고 추측할 수 있다.

새로운 직장을 가장 빨리 잡으려면 평균 여섯 단계를 거쳐야 하고, 성공은 그보다 더 많은 단계를 필요로 한다는 점을 명심하라.

6월 27일
멋지게 실패하기

어느 날 고르디아스라는 가난한 농부가 소달구지를 타고 고대 그리스 프리지아로 왔다. 새로운 왕이 달구지를 타고 올 거라는 신탁의 예언을 들은 사람들은 그를 프리지아의 왕으로 추대했다. 그는 감사의 뜻으로 수레의 채에 멍에로 복잡한 매듭을 만들어 제우스에게 바쳤다.

그리고 그 매듭을 푸는 사람이 아시아를 정복할 거라고 예언했다. 많은 사람들이 매듭을 풀려고 도전했지만 번번이 실패했다. 그런데 기원전 333년, 알렉산드로스 대왕이 지나다가 그 매듭을 보고 칼로 싹둑 잘라버렸다. 사람들을 앞서간 것이다. 이처럼 최고의 해결책은 놀라울 정도로 간단할 때가 많다.

진실도 그렇다. 아무리 꾀를 쓴다고 해도 실패하지 않을 수는 없다. 사람이 많은 시간을 들여 노력할수록 문제는 점점 더 복잡해지기 일쑤다. 지금까지 당신은 고르디아스의 매듭을 잘라내는 방법을 배웠다. 그것은 절반의 진실이었으므로 이제는 그런 매듭에 휘 감기고, 직업적으로 위기에 처하게 만드는 요인들을 배워야 한다.

- **외면하기:** 당신이 승진했다면 함께 지원했다가 실망스러운 결과를 거머쥔 다른 지원자들은 외면하라. 누구나 카이사르의 살인자가 될 수 있다! 엄격한 태도와 불신이 혹시라도 생길 수 있는 불상사를 막을 수 있다.

- **능력이 당신보다 못하다고 생각하기:** 다른 사람들이 자기 자신에 대해 주장하는 것처럼 정말 그렇게 영특하다면 당신이 책임자가 되지 못하고 오히려 그 반대가 되었을 것이다. 그러므로 고삐를 바짝 죄어야 한다. 결정을 내리는 것은 당신의 고귀한 임무다. 실패했을 경우에는 책임 소재를 밝히는 것으로 충분하다.

- **여과하기:** 당신은 영리함을 증명해 보였기 때문에 여기저기 물어봐서 확인할 필요가 없다. 따라서 필요 이상으로 많은 것을 알고 있다고 거들먹거리는 사람들을 외면하라. 안 좋은 일이 생긴다면 그때 그들과 대면하면 된다.

- **방해하기:** 어제 무슨 말이 오갔는지 관심 가질 필요가 없다. 좋은 것의 적은 더 좋은 것이다. 일주일 동안 전략을 세 번 바꾼다 한들 그게 무슨 대수인가? 규칙은 당신이 정하는 것이다. 반대의 목소리는 영혼을 신선하게 하고, 생각을 유연하게 만든다. 그에 반해 비생산적인 순종이나 내면의 거부감은 공동 작업을 저해한다.

- **과대평가:** 당신에게 도움이 될 수 있는 유일한 것은 당신의 직감이다. 몇 가지 자료로 정신이 혼미해질 이유가 없다. 의심 가는 것은 가차 없이 잘라내라. 이때 의심을 품는 사람도 함께 제거하는

게 좋다. 그들은 어차피 당신에게 도움이 되지 않는다.

6월 28일
낀 세대, 중간 매니저의 문제

대개의 커리어는 햄버거와 같다. 위와 아래에 빵이 있고 그 사이에 이것저것 부산물들이 모여 있다. 중간 매니저의 입장이 바로 그와 같다. 위로 상사가 몇 명 있고, 밑으로도 부하 직원들이 많다. 위에서 어떤 지시를 내리든 간에 일의 성공에 대한 책임은 중간 매니저들의 어깨 위에 얹혀 있다. 슬프지만 맞는 말이다.

많은 매니저들이 좋은 개선책을 내놓고, 잘못된 결정에 대해 경고하고, 수익을 많이 낼 수 있는 전략을 짠다. 그러나 제일 꼭대기에 있는 사람들은 그 목소리를 듣지 못한다. 때문에 압박이 커지면 그들이 가장 먼저 비판받게 된다. 중간에 끼여서 일하는 것만큼 힘든 일도 없다.

그래도 간부를 꿈꾸는 사람은 결국 그 자리에 오르게 된다. 아무도 귀 기울이지 않는다면 어떻게 해야 하나? 새로 세운 전략이 많은 시간과 에너지와 비용을 필요로 하지만 얻는 것이 그리 많지 않은 것으로 확인되었다면 어떻게 해야 하나? 그럴 때는 이런 방법들을 쓸 수 있다.

1. 지금까지 해왔던 대로 계속한다. 어떤 격려나 비난에도 입을 꾹 다문다. 신중한 사람의 입장에서는 힘든 결정을 하지 않아도 되므

로 최고의 전략이라고 할 수 있다.

2. 침묵을 지키느라 위궤양에 시달리는 사람이라면 공손하고 겸손하게 밖으로 의견을 드러낸다. 주도적으로 하는 것과 반항의 차이는 아주 작다. 일이 잘되면 칭찬받지만 반항의 낙인은 못 자국처럼 남는다. 심지어 일이 잘못되면 제거되기도 한다.

3. 세 번째 대안은 새로운 직장을 찾는 것이다. 최고위층에 여러 명의 저격수들이 있으면 언제라도 해고나 내부 반발이 일어날 수 있다. 둘 다 명성에 치명타로 남는다. 그러므로 급브레이크를 밟는 게 낫다.

만약 당신이 2번의 경우에 해당되고, 좋은 생각과 자유로운 사고를 다른 사람에게 나누어주고 싶다면 당신의 적극적인 활동이 회사에 도움이 되고, 자기 자신의 이익을 위한 것이 아님을 증명해 보여야 한다.

확신에 찬 사례와 시장 분석을 근거로 삼는 것도 좋은 방법이다. 당신을 비난하는 사람들도 당신의 주도면밀함에 깊은 인상을 받을 것이다. 자신의 의견을 주장함으로써 생기는 위험을 감수하지 않으려는 사람은 발전할 수 없다. 회사 경영진은 당신이 아니라 진정한 싸움닭을 찾으려고 할 것이다.

6월 29일
적성 검사

    적성 검사는 대개 인터뷰로 이뤄진다. 지능이나 인성 검사, 역할 수행 검사, 실제 상황 모의 설정 등이 예외적으로 시행되기도 한다. 주목적은 직원 선발(누가 남고, 누가 가야 하나?) 혹은 잠재 능력 분석(직책이 적성에 맞는가?)이다.

    아래 질문에 대한 답변을 충실히 준비했는가?

- 하루를 어떻게 보내십니까?
- 문제가 생겼을 땐 어떻게 하나요?
- 왜 그렇게 하지요?
- 그간 성공했다고 자부하는 일이 있다면 어떤 건가요?
- 어떤 일을 할 때 실패했나요?

    일반적으로 이런 질문들이 나온다. 대답할 때는 추상적으로 하지 말고, 사례를 들어가며 구체적으로 해야 한다. 물론 나중에 잘못된 대답이었음이 밝혀지더라도 말이다. 대개 단답형이 아닌 질문들이 주어진다. 지원자들의 대화 능력과 자기주장 능력을 살펴보는 것이다.

    결과가 안 좋게 나왔어도 흥분할 이유는 없다. 회사가 당신의 장점과 단점을 공개한다면 보충 교육을 더 받을 수 있도록 투자할 것이다.

    또 검사 결과 부각되는 모든 측면들이 당신의 미래를 위해 중요한 의미가 된다. 게다가 당신의 적성이 다른 직업에 더 잘 어울린다는 사실을 아는 계기가 될 수도 있다. 그렇게 되면 그 길을 알아보는 기회로 삼으면 된다.

6월 30일
성공이 더 큰 성공으로 커나가는 것

엘리트들은 자기들끼리 모이는 것을 좋아한다. 사회학자들은 그런 현상을 오래전부터 관찰해오다가 '마태 효과'라는 명칭까지 부여했다. 그 이름은 원래 성경의 마태복음에서 따왔다. "무릇 있는 자는 받아 풍족하게 되고 없는 자는 그 있는 것까지 빼앗기리라."(마태복음 25 : 29)

이 구절은 교회를 비판하는 이들로부터 오해를 받기도 하지만 성공의 법칙에 관해 논하고 있다. 행운과 승리는 전염된다. 미국의 사회학자 로버트 K. 머턴은 1968년, '성공이 성공을 낳는다'는 긍정적인 의미로 그 말을 정의했다. 머턴은 자신의 주장을 당시 유명한 학자의 저서를 인용하는 빈도수를 통해 보여주었는데, 유명 작가의 작품이 유명세 때문에 아직 성공하지 못한 작가의 글보다 더 자주 인용되고 있었다.

인터넷의 블로그를 통해서도 똑같은 효과를 엿볼 수 있다. 대개 온라인으로 사적인 공간을 만들어 운영하는 사람들이 전 세계적으로 6천만 명 정도 된다. 블로그의 특징은 블로그에 올려놓은 글에 독자가 자신의 의견을 달고, 이를 통해 그 사람의 블로그와 연결되게 하면서 독자 수가 늘어나는 것이다.

미국에서 운영되고 있는 백 개의 블로그를 통해 인용되는 빈도 수와 링크되는 정도를 분석한 결과가 다음과 같이 나왔다. 상위 10퍼센트는 알파 블로그로 분류되는데, 그들은 거의 자기들끼리만 링크를 실행하며 방문한다. 그다음 30퍼센트는 베타 블로그로 서로 상대의 블로그를 방문하며 작은 그룹을 형성하지만 정기적으로 상위 10퍼센트의 블로그도 방문해 글을 인용한다. 나머지는 알파 블로그와 베타 블로그를 방문하고 글을 인용하기는 하지만 대개 자기들끼리 지낸다. 이렇듯 더 많이 갖고 있는 사람이 더 많은 관심을 받게 되는 것이다.

엘리트지만 알파 블로그 그룹에 속해 있지 않다면 이득을 볼 게 별로 없다. 블로거든, 연구원이든, 신입 사원이든 앞장서서 가는 선두 그룹에 속해 있지 않으면 자기 자신의 힘만으로는 최고위직까지 오를 수 없다. 그렇다고 계속 그 자리에 머문다는 것은 아니다. 다만 명성과 인맥이 그만큼 중요하다는 의미다. 둘 다 커리어에 직간접적인 영향을 미친다. 거기서 벗어나는 예외적인 사례는 좀처럼 찾기 어렵다.

JULY

7월

성공의 심리학

7월 1일
우리의 판단이 착각인 이유

사람들을 두 개의 실험군으로 나눈 뒤 수학 문제를 냈다. 첫 번째 그룹에는 $8 \times 7 \times 6 \times 5 \times 4 \times 3 \times 2 \times 1$을, 두 번째 그룹에는 $1 \times 2 \times 3 \times 4 \times 5 \times 6 \times 7 \times 8$을 암산해보라고 했다. 시간은 단 5초만 줬다. 과연 어떤 답이 나왔을까?

첫 번째 그룹의 답은 평균 2250이었고, 두 번째 그룹의 경우는 평균 512였다. 큰 숫자로 시작한 그룹에서는 더 큰 숫자를 답으로 말했고, 그 반대의 경우에는 작은 숫자를 말했다. 정답은 '4만 320'이었다.

대학교 교정에서 "오늘은 '조 아저씨의 가게'에서 점심을 먹어요!"라고 쓴 광고판을 30분간 들고 있어달라는 부탁을 한 다음, 그 부탁을 들어주는 사람이 전체 학생 중에서 얼마나 될 것 같으냐고 물었다. 결과를 보면, 전체 학생의 62퍼센트가 부탁을 들어줬을 거라고 대답한 반면, 전체 학생의 67퍼센트는 부탁을 거절했을 거라고 판단했다. 다시 말해 사람들은 무엇이든 자기 위주로 판단한다는 것이다.

심리학자인 엘렌 랑거는 한 회사의 직원들에게 복권을 팔았다. 첫 번째 그룹에는 복권을 직접 고르게 했고, 두 번째 그룹에는 정해진 것을 건네주었다. 복권은 당첨금이 둘 다 같았고, 겉모습도 똑같았다.

복권 당첨자를 가리기 전에 사람들에게 그것을 얼마에 다시 팔 생각이냐고 물었다. 직접 고른 사람은 평균 8달러 67센트를 주면 팔겠다 했고, 정해주는 대로 받은 사람들은 1달러 69센트에 팔겠다고 했다. 선택권을 갖고 있는 사람은 선택의 괴로움에 시달릴 뿐만 아니라 그것의 가치도 자신이 통제할 수 있다는 착각을 한다. 그리고 그들은 자신의 판단이 개입했을 때 가치가 더 높다고 생각한다.

세 가지 실험에 대한 결론: 인간은 누구나 조작된 결과를 만들어낼 수 있다. 현실 인식을 잘못하기 쉬울 뿐 아니라, 자기에게 더 유리한 쪽으로 생각하려는 경향이 있다. 즉, 우리의 판단 능력은 일관적이지 않다. 이를 안타깝게 생각할 수도 있지만, 반대로 이용할 수도 있다. 당신의 고객, 직장 상사나 경쟁자도 마찬가지 입장일 테니 말이다. 그러므로 마음 편하게 자신의 의지대로 살고, 자신이 인식한 것에 대해 연막을 쳐도 된다. 다른 사람들도 다 그렇게 할 테니까.

7월 2일
스트레스의 주범

스트레스가 없는 일을 오랫동안 반복해야 한다면 무척 지겨울 것이다. 바로 그게 문제다. 우리는 스트레스에 대해 안 좋은 선입견을 갖고 있다. 누구나 과중한 부담을 받고 있다는 느낌이 들면 좌절이나 분노 혹은 기절로 반응한다. 이 모든 것이 급성 스트레스의 특징이다. 하지만 그렇다고 심각한 병에 걸리지는 않는다. 실제로 "스트레스는 머리에서 시작된다"고 취리히 스위스 연방공과대학의 심리학자 만프레드 셰드로프스키 교수는 말했다. 때문에 스트레스를 덜기 위해서는 스트레스에 대한 착각을 해소하는 것도 도움이 된다.

첫 번째 착각, 스트레스는 나쁘다: 심적 부담은 자연스러울 뿐만 아니라 몸을 건강하게 해준다. 노력은 만족감을 주고, 스트레스는 능력을 발휘할 수 있게 도와준다. 단, 스트레스가 오랫동안 지속되면 그런 장점도 사라진다.(3월 4일 참조)

두 번째 착각, 누구나 스트레스에 똑같은 반응을 보인다: 스트레스 저항력은 일정 수준까지 선천적이다. 연구 결과, 유전자가 최대 30퍼센트까지 영향을 준다. 메릴랜드 대학의 실험이 이를 잘 보여주었다. 심리학자인 네이선 폭스 교수가 생후 이틀 된 신생아의 입에 가짜 젖꼭지를 물렸다가 빼앗자 아기들은 금방 울음을 터뜨렸다. 그러나 그중에는 금세 안정을 되찾은 아이들도 있었다. 폭스는 실험군에 속해 있던 아이들이 성장할 때까지 지켜보았는데, 신생아 시절에 변화에 민감하게 반응했던 아이는 성인이 되어서도 똑같이 반응하는 것으로 나타났다.

오랜 근무 시간, 과중한 압박감, 잦은 변동이 스트레스를 만드는 요인이다. 결정을 내릴 수 있는 운신의 폭이 좁고, 자신감 부족이 심리에 부담을 안겨준다. 또 다른 문제점은 자기도 모르게 은연중에 터득한 무력감이다. 어렸을 때 부모나 학교로부터 오랫동안 지나친 부담을 받기만 하고 성공을 경험하지 못한 사람은 나중에 압박이 가해지는 상황에서 능력을 발휘하려는 의지를 보이는 게 아니라 아예 체념한다.

세 번째 착각, 긴장을 풀면 스트레스가 줄어든다: 스트레스를 받으면 꼭 해야 할 일을 제대로 해낼 능력이 발휘되지 않는 경우가 많다. 스트레스를 줄이고 싶다면 몸을 움직여야 한다. 스트레스는 몸이 최고의 능력을 발휘하도록 도와주고, 도전 의식을 갖게 한다. 안락한 사무실 의자에 앉아 명상에 잠겨 있어도 그것은 쉽게 사라지지 않는다. 그럴 땐 차라리 육체 활동을 하는 게 더 좋다. 시간이 없을 때는 계단을 오르내리거나 건물 주변을 한 바퀴 돌아도 효과적이다. 저녁에 하는 가벼운 운동도 좋다. 20분간 활기차게 산책하는 것도 또 하나의 스트레스 해소법이다.

7월 3일
필체의 심리학

글씨를 조그맣게 다닥다닥 붙여 쓰는 사람들이 있다. 삐뚤게 쓰거나, 옆으로 기울게 쓰는 등 반듯하지 않은 글씨를 필체 전문가에게 보여주면 우울증 조짐이 있다거나 열등의식이 있다는 이야기 등을 들을 수 있다.

이처럼 글씨체는 사람의 성격, 그러니까 글씨를 쓴 사람의 심리 상태와 성격을 드러낸다고 필체 전문가들은 말한다. 그러나 그들의 방법론은 종종 논쟁 대상이 되곤 한다. 독일에서는 필체 전문가를 심령분석가 정도로 받아들인다.

프랑스와 이탈리아에서는 지원자 선발에 가산점을 주는 식으로 좋은 글씨를 우대한다. 물론 글씨체를 검정하려면 한 장을 빼곡히 쓰고, 서명까지 한 자료가 있어야 한다. 부족한 자료를 기준으로 분석하면 결론도 정확하지 않다. 전문가는 글씨를 쓴 사람의 나이와 성별, 그리고 오른손잡이인지 왼손잡이인지까지 알아야 한다. 글씨만 보아서는 좀처럼 알 수 없지만 글씨 분석을 하려면 꼭 필요하다. 단어에 들어간 글자 크기가 고른지의 여부, 단어에 들어간 글자가 서로 붙어 있는지 아니면 일부만 그렇게 되어 있는지, 왼쪽 혹은 오른쪽으로 기울어져 있는지, 단어 사이의 간격은 얼마나 벌어졌는지도 모두 점검 대상이다. 마지막으로, 서명도 글을 쓴 사람이 얼마만큼 자신감 있는지, 외부로 어떤 모습을 보이고 싶어하는지와 같은 공명심과 본성을 잘 드러내준다.

글씨를 얼마나 예쁘게 썼는지 따위는 분석에 특별한 의미가 없다. 자아도취가 있는 사람은 단어의 첫 글자를 지나치게 크게 쓰거나 왼쪽으로 꼬리를 길게 늘어뜨리는 경향이 있고, 조직 생활에 잘 적응하지 못하는 사람은 불규칙하게 글자를 쓸 뿐 아니라, 뾰족뾰족한 각이 생기게 쓰는 것으로 분석되기도 한다.

7월 4일
글씨 쓰는 방법, 필체가 갖는 의미

예쁜 글씨는 예쁜 옷과 같다. 그것은 많은 의미를 함축할 수도 있고, 거의 아무런 의미도 갖지 않을 수 있다. 그러나 읽기 어려운 악필은 글씨 쓴 사람의 성격을 그대로 드러내준다. 알파벳의 윗부분, 중간 부분, 아랫부분에 따라 주요 특징이 분석된다.

중간 부분은 m과 e처럼 작은 글자에 해당되고, 윗부분은 b, d, h, k, l, t와 같은 철자에 해당되고, 아랫부분은 g, j, p, q와 같은 철자에 해당된다. 윗부분을 강조한 글씨는 지적인 흥미와 설득 능력이 있는 것으로 분석된다. 윗부분을 구부러지게 그리는 사람은 정신의 나태함을 드러내 보였다고 받아들인다.

중간 부분도 글씨를 쓴 사람의 자존감을 나타낸다. 글씨가 편안해 보일수록 자아가 크다. 큼직하게 쓴 글씨는 자부심과 포용력이 큰 사람으로 받아들여지거나, 교만한 것으로 해석된다. 혹은 의욕이 강하고, 자유에 대한 갈망이 큰 것으로도 분석된다. 그런가 하면 필체 전문가는 아랫부분을 통해 실용적인 흥미의 정도를 파악한다. 길이가 평균보다 짧으면 추진력이 부족하고, 의욕을 상실한 것으로 해석된다.

또 다른 평가 기준은 기울기의 정도이다. 왼쪽으로 기울어지게 글씨를 쓰는 사람은 내성적이고 자기 통제가 강한 냉정한 성격으로 해석된다. 반대로 오른쪽으로 기울어지게 쓰는 사람은 마음이 따뜻하고 생각이 자유로우며, 사교적이다. 그들은 변덕이 심하고, 자아 단련이 부족한 것으로도 특징지을 수 있다. 또 수직으로 글씨를 반듯하게 쓰는 사람은 열정이 없고 고리타분한 사람으로 해석된다.

단어 사이의 간격 역시 글씨를 쓴 사람에 대해 많은 것을 알려준다. 단어 사이의 간격을 많이 벌리는 사람은 사고가 명쾌하고 통찰력이 좋으며, 사물과 인간 사이에 적당한 거리를 유지할 줄 아는 사람으로 평가받는다. 이에 비해 단어 사이의 간격이 좁은 사람은 감성이 풍부하고 때로 혼돈스러운 경향을 자주 보인다. 그들은 사물과 적당한 거리를 지키는 훈련이 부족하다.

첫머리와 끝을 강조한 글씨는 인정받고 싶은 욕구를 나타낸다. 첫 글자를 큰 글씨로 거창하게 장식하면서 문장을 쓰기 시작하는 사람은 자존심 강하고, 저돌적이고, 남의 일에 참견하기 좋아하며 외부적으로 인정받고 싶은 욕구가 강하다. 단어의 첫머리가 구부러진 것은 겸손, 억제, 불안 등을 나타낸다. 끝을 강조한 것은 반대 의사를 자주 표현하고, 의지가 강한 성격을 나타낸다. 그런 사람은 끝을 작고 흐리게 하는 사람과는 반대로 태도가 분명하다. 그들은 훌륭한 외교관 역할을 하고, 남의 말을 잘 듣는다. 이렇듯 모든 것에는 양면이 있다.

7월 5일
진실은 퍼즐 맞추기 게임이다

인터넷에는 생각을 하게 해주는 글들이 많다.

한 어머니가 어린 아들과 함께 지하철에 올라탄다. 아들은 소란스럽게 지하철 안을 뛰어다니며 다른 사람들을 괴롭히고, 천방지축이다. 사람들이 짜증 섞인 얼굴로 고개를 내두른다.

시간이 조금 지나자, 한 남자가 더 이상 못 참겠다는 듯 화난 표정으로 그 어머니에게 말한다.

"왜 자식이 저렇게 엉망으로 행동하는데도 그냥 보기만 하고 계시는 겁니까? 저애가 사람들을 괴롭히는 게 안 보이십니까?"

그러자 아이 어머니가 대답한다.

"죄송합니다. 하지만 저희는 지금 저애의 아버지인 제 남편이 사고로 죽은 병원에서 오는 길입니다. 저는 지금 무엇을 어떻게 해야 좋을지 아무것도 모르겠어요. 아들도 그런 것 같아요."

그 짧은 대답으로 전혀 다른 세계가 펼쳐진다. 조금 전까지만 해도 독자는 다른 사람에 대한 배려를 하지 않는 아이나, 잘못된 자식 교육에 대한 이야기가 이어질 거라고 생각했을지도 모른다. 하지만 아이 어머니의 변명으로 상황이 180도 다르게 바뀌었다. 이때 독자가 갖고 있던 생각은 자연스레 뒤로 밀리게 된다.

두 번째 이야기는 아들과 함께 시내로 간 어느 아버지의 이야기다. 아들이 길을 가다가 계속 발걸음을 멈추고 물건들을 쳐다본다. 아버지는 서둘러 처리해야 할 일이 있어 아들을 재촉하다가 더 이상 참지 못하고 화를 낸다.

"너 도대체 왜 그러는 거냐? 바빠, 어서 가야 한다구!"

아버지와 아들의 전형적인 장면이 아닌가? 그런데 아버지가 시내로 가기 전에 아이의 학교에서 걸려온 전화를 받았다고 상상해 보자.

"오늘 학교에서 지능 검사를 실시했습니다. 그런데 검사 결과, 댁의 자녀가 지능이 아주 높은 것으로 나왔습니다. 천재예요."

그랬다면 그날 오후에 어떤 일이 일어났을까? "어이, 몽상가, 시간이 우리에게 끝없이 주어져 있는 게 아냐!"라고 아버지는 다정하게 말하지 않았을까? 아니면 아들이 가다 말고 서기를 열 번이나 반복해도 아들에게 부드러운 목소리로 이렇게 물어보지 않았을까? "너 지금 무슨 생각을 그렇게 열심히 하고 있니? 뭐 때문에 그러지?"

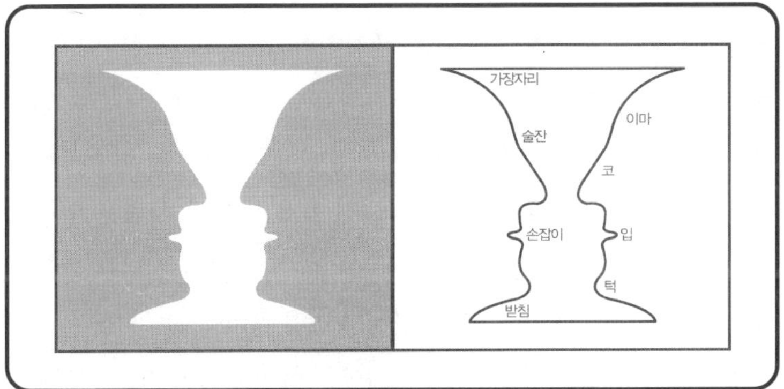

우리의 행동은 우리가 받아들인 생각의 결과다. 세상은 조각을 맞추는 퍼즐과도 같다. 어떻게 보느냐에 따라 술잔으로도 보이고, 두 개의 얼굴로도 보이는 것이다. 그러나 세상을 있는 그대로 보는 것은 도저히 불가능하다. 다만 우리는 사물의 의미를 어떻게 해석할지에 대한 결정은 내릴 수 있다.

만약 당신에게 문제가 생겼다면 당신이 그것을 문제로 생각했기 때문에 문제가 되었을 수도 있다. 하지만 그것이 오히려 좋은 기회가 될 수도 있다. 이런 경우에 할 수 있는 좋은 말이 있다. "삶이 그대에게 레몬을 선물하면, 그것으로 레몬주스를 만들어라."

7월 6일
관습이 커리어를 쌓는 데 도움을 주는 이유

관습은 힘든 결정을 내려야 하는 어려움으로부터 우리를 보호해준다. 우리는 반복되지 않는 지속적인 변화만이 우리의 의식에 신선한 바람을 불어오게 한다고 생각한다. 그리고 고정된 일만 하는 것을 어리석은 사람을 위한 마법의 주문 같은 것이라고 여긴다. 그것이 지루함을 안겨주고, 혁신을 방해하고, 상태를 고착화시킨다고 생각하는 것이다. 그래서 정해진 틀을 벗어난 사람은 영웅으로 인정받는다. 잘못됐다고는 말할 수 없지만, 그것은 너무 확연한 흑백 논리다. 따져보면 고정된 것에도 많은 장점이 숨어 있다.

우리는 항상 변화하는 복잡한 세상을 살아가고 있다. 그래서 계속 재교육을 받아야 하고, 우선순위를 새롭게 매겨야 하는 등 유연한 태도를 보여야 한다. 때문에 많은 사람들이 두려워한다. 그때 고정된 것이 많은 도움을 준다. 그것은 복잡한 일을 덜 복잡하게 해주고, 속도를 줄여주고, 좀 더 나은 통찰력을 갖게 하고, 안정감을 주고, 스트레스를 적게 받도록 도와준다.

모든 것이 움직이는 동안 정해져 있는 것은 중요한 고정 변수 역할을 한다. 그로 인해 사람은 행복을 느끼기도 한다. 누구나 어렸을 때 경험해보았을 것이다. 잠들기 전에 부모가 책을 읽어주거나, 해마다 크리스마스트리 아래에서 똑같은 노래를 불렀던 일보다 아름다운 추억은 없을 것이다.

수많은 심리 연구를 통해 관습이 상당히 의미 있는 영향력을 행사한다는 사실이 밝혀졌다. 그것은 질서를 만드는 데 도움을 주고, 관계를 풍요롭게 해주고, 자신에 대한 신뢰도 커지게 한다. 우리가 성공을 재생산할 수 있다는 사실을 알고 있다면 해마다 새로운 도전에 임할 수 있을 것이다. 누구나 그런 흐름에 자신을 맡기면서도 왠지 다른 이들보다 뒤처지고 있다는 느낌이 들면 고민하고, 흐름에 맞게 조정해야 한다. 관습이 너무 단단히 고착되면 갑갑한 코르

셋을 입은 것처럼 느껴지기도 한다.

관습이 당신의 커리어에 행동 습관, 언어 습관 등으로 도움을 줄 수 있어야 한다. 당신이 쟁취하고 싶은 목표를 정하고, 다른 사람들 앞에서 이를 자주 반복하는 것이 목표 달성을 위한 방법이다. 물론 정성을 다해 열심히 해야 한다.

처음에는 마음이 불편하고, 낭패스럽게 느껴질 수도 있지만 시간이 지나면서 절대 불변의 것으로 정해지게 된다. 머릿속으로 '사실, 사실, 사실'을 되뇌어라. 성공한 사람은 그런 절대 불변의 법칙을 마음속에 갖고 있는 사람들이다. 이왕이면 어떤 관습이 내게 도움이 되고, 어떤 것이 나에게 잘 어울리는지 파악해서 적당한 수준까지 잘 돌봐주어야 한다.

7월 7일
상호 호혜주의 원칙

사람들 중에는 선물을 주면 자기도 뭔가 해줘야 할 것 같고, 적어도 고맙다는 인사를 해야 할 것 같아 불편해하는 사람들이 있다. 그 이면에는 상호 호혜주의의 원칙이 숨어 있다. 수많은 사회학자들이 서로에 대한 의무는 매우 인간적인 것이고, 여러 사회 문화에 깊이 뿌리박혀 있음을 증명해 보였다. 그러한 원칙이 인간관계의 망을 연결시켜준다.

하지만 그 성격이 미묘한 까닭에 호혜주의는 조작되기 쉽다. 백화점에서 열리는 무료 시식회를 생각해보자. 판매자는 '조금만'

먹어보라고 권하면서 상대가 부담을 느껴 자기도 뭔가 해줘야 할 것 같은 마음이 들게 함으로써 기어코 소시지를 사가게 만든다.

슈퍼마켓 광고의 전설적인 인물이었던 밴스 패커드는 1957년, 몇 시간 동안 치즈 5백 킬로를 팔아치우는 괴력을 발휘했다. 비결은 손님들에게 치즈 덩어리를 마음대로 썰어보라고 권한 게 전부였다. 그런가 하면 미국의 재향군인회는 편지에 그림엽서와 같은 작은 선물을 넣어 보내면 기부해달라는 부탁에 응해주는 사람의 비율이 18퍼센트에서 35퍼센트로 증가한다는 사실을 밝혀냈다.

선물을 보냄으로써 유대감, 위와 같은 경우에는 채무감을 갖게 하는 것이다. 그런 감정이 받는 사람에게 부담을 주고, 뭔가 해소하고 싶다는 생각을 갖게 한다. 은혜를 입고도 모른 척하는 사람은 없기 때문이다.

협상에서의 승인도 비슷한 효과를 발휘한다. 또 회사의 결정권자에게 뭔가 보답하고 싶게 만드는 작전도 효과적이다. 먼저 자기 제안을 희생하면 그 대가가 지불되는 시점까지 희생이 영향을 미칠 수 있다. 예를 들어 당신이 상사에게 10퍼센트의 봉급 인상을 요구했다고 하자. "절대로 안 됩니다"라고 상사가 말하고, 이는 당신도 예상했던 바다. 그럼 몇 차례 실랑이를 벌이다가 당신이 7퍼센트에서 1퍼센트만 더 올려달라고 부탁한다. 그럼으로써 당신이 양보한 것처럼 보이게 하면 상사는 두 번 연속 당신의 부탁을 거절하기가 어려워진다. 그런 이유에서 협상할 때는 항상 원하는 것보다 더 높게 요구하고, 거기서 나중에 순순히 물러날 수 있다는 생각을 갖고 협상에 임해야 한다. 모든 것이 쇼라고 생각하는가? 아니다. 그것이 바로 상호 호혜주의라는 게임이다.

7월 8일
더 큰 카리스마를 갖는 방법

다른 사람의 관심을 끌어모으고, 마법의 후광이 비치게 하고, 동료들에게 신뢰를 심어주고, 뭇사람들이 소원하는 바를 이뤄주고, 믿음을 주는 것, 또 종교 창시자나 독재자, 경영인 혹은 배우가 공통적으로 갖고 있으며, 성공이 눈부시게 빛을 발하지 않을 땐 그것을 확실히 빛나게 해줌으로써 커리어를 촉진시키는 신비로운 것, 구체적으로 무엇인지 묘사할 수는 있지만 정의를 내리기는 어려운 것, 그것이 바로 카리스마다.

카리스마가 있는 사람은 현대의 주술사라고 할 수 있다. 막스 베버는 그들을 가리켜 마법의 시대가 지나간 뒤 과학을 통해 세상에 마법을 부리는 사람들이라고 했다. 오랫동안 사람들은 카리스마는 배울 수 있는 게 아니라 선천적으로 갖고 태어나거나 아예 갖고 있지 않은 것이라고 생각했다.

하지만 과학은 그 현상에 대한 집중적인 연구를 통해 카리스마를 내뿜는 네 가지 성격의 특징을 정의했다. 그 네 가지 성격은 동기를 부여하는 '영감', 마음이 끌리게 하는 '개성', 용기를 불어넣어주는 '지성', 자극을 주는 '이상'이다. 연구자들은 누구나 그 특징들을 조금씩 갖고 있으며, 훈련을 통해 강화시킬 수 있다고 했다.

당신이 그중에서 어떤 특징을 키우고 싶든 간에 무슨 일에든 자신감을 내비치며 당당해 보이도록 해야 한다. 그런 행동은 당신을 대중의 눈앞에 우뚝 솟게 만들고, 적대자조차 감탄의 대상이 되게 만들어준다. 그러므로 당신은 문틀에 서서 머뭇거리지 않고 씩씩하게 방 안으로 들어설 것 같은 태도를 취해야 한다.

또한 대화 상대를 평소보다 더 길게 바라보고, 행동할 때도 천천히 움직인다. 아울러 균형 잡힌 멋있는 행동을 보여준다. 본인의 등장을 극적인 것으로 만들어, 본인에 대한 인상을 강화시킨다. 그렇다고 상식을 벗어난 등장이 아니라 개성의 질을 높일 수 있는 행동을 보여주는 것이다. 다만 그런 행동을 할 때 주의할 점은, 무심한 듯해야 한다는 것이다. 자신의 행동이 다른 사람에게 어떤 영향을 미치는지를 생각하기 시작하면 독창성은 사라진다. 그 순간, 카리스마도 온데간데없어져 흔적조차 찾아보기 어렵다.

7월 9일
생각을 메모하는 사람

독서는 교양을 심어준다. 쓰기 역시 그렇다. 1920년대에 학습연구가인 캐서린 모리스 콕스는 천재들의 공부법에 대한 연구를 통해 역사적으로 유명한 천재들의 삶을 비교했다. 그가 대상으로 뽑은 사람들은 아이작 뉴턴, 블레즈 파스칼, 토머스 에디슨과 요한 제바스티안 바흐 등이었다. 연구 결과, 그들은 자신의 감정이나 생각을 일기나 수첩에 끊임없이 적었고, 친구나 가족에게 편지를 자주 보냈다.

또 다른 연구 결과를 보면, 전체 인구의 1퍼센트만 자신의 감정, 자기가 받은 인상과 경험을 글로 적어놓는다고 한다. 그런데 훌륭한 업적을 이룬 사람들은 거의 모두 그런 소수에 해당되었다.

뇌 전문가들은 지적인 능력이 유전적 요인뿐만 아니라 자기 자신 및 환경과의 상호 작용으로 신장된다고 말한다. 우리는 머리에 떠오르는 생각을 적으면서 신경망을 훈련시키고, 자극한다. 반대로 매번 좋은 생각들을 붙잡아두는 일을 잊어버리면 기억력은 점점 후퇴하고, 그에 따라 자신의 잠재력도 약화된다.

생각을 적어둠으로써 의식과 사고 그리고 사고의 전이 과정을 개선할 수 있다. 러시아의 심리치료사 블라디미르 라이코프는 사람들의 숨어 있는 천재성을 발견해주는 것으로 유명했다. 그는 자신을 찾아온 고객들에게 깊은 최면을 건 뒤 그들이 역사 속의 유명한 인물이라는 암시를 줬다. 그러자 실제로 그들은 천재적인 특성을 드러냈다. 라이코프 효과는 지킬 박사와 하이드의 경우처럼 인격 장애를 겪고 있는 환자에게서도 나타났다. 당신이 이 실험 결과를 비의(秘儀)적인 짓궂은 장난으로 외면하기 전에 이미 오래 전부터 많은 사람들이 라이코프 방법을 사용하고 있다. '우상을 통해 영감 받기'라고 하면 비의적인 분위기가 훨씬 옅어진다.

7월 10일
몸짓 언어, 제스처의 힘

많은 사람들이 말을 거창하게 하면 다른 이들이 자기를 똑똑하다고 생각할 줄 아는데, 어불성설이다. 언어로 꾸민 미사여구는 불안한 마음에 대한 투영일 뿐이다. 무언가를 진정으로 간파했다면 굳이 복잡한 말로 꾸밀 이유가 없다. 오히려 간단함이 파괴력을 지닌다.

신분을 격상시키는 태도 역시 그렇다. 사람들은 상대의 지위를 아는 데 우선적으로 옷을 고려하지는 않는다. 역할 놀이를 하면 그 현상이 뚜렷하게 나타난다. 네 사람이 1부터 4까지 숫자가 적혀 있는 카드를 엎어놓고 임의의 카드를 잡은 뒤 숫자에 맞는 행동으로 자기 신분을 드러내게 했다. 숫자는 사회적 서열을 의미했고, 1을 가장 높은 단계로 정했다. 어떤 카드를 빼냈는지 말하지 않고 다른 사람이 알아맞힐 수 있도록 행동으로 보여주게 한 것이다.

1과 4의 경우는 아주 쉬웠다. 1은 모든 면에서 우월한 태도를 보여주었고, 4는 모든 면에서 자기 비하의 태도를 보였다. 나머지 두 사람은 먼저 자신의 역할을 찾아야 했다. 흥미롭게도 그 역할을 어떻게 표현할지 고민을 하다가 행동으로 보여주었는데, 이내 서열이 드러났다. 그것은 네 사람이 어떤 옷을 입고 있는가와, 어떤 말을 선택하여 사용했느냐와는 전혀 상관없었다. 그들의 신분을 노출시킨 것은 바로 몸짓이었다.

느리고, 우아하고, 여유 있는 지적인 미소와 반듯하고 침착한 자세가 높은 사회적 신분을 드러내준다. 또한 앉을 때 등을 뒤에 약간 붙인 채 차분하게 앉고, 힘이 있지만 너무 작지 않은 소리로 말하고, 반듯한 태도를 보이고, 두 발을 바닥에 딱 붙이고, 양손은 앞에 놓고, 양팔은 의자 팔걸이에 올려놓는 것도 같은 효과를 발휘한다.

이와는 반대로 앉거나 서 있을 때 발을 안쪽으로 향해 돌리거나 억지로 바짝 붙이는 사람은 왠지 불안해 보이고, 사회적 지위도 낮아 보인다. 빠르고, 힘겹게 걷고, 의자에 앉아 있을 때 등을 구부리고, 말할 때 양손을 바지 주머니에 집어넣거나 소파에서도 굳이 중간에 앉으려 하는 사람도 신분이 별로 높지 않음을 나타낸다. 지도자로 활동하는 사람은 가능한 한 구석자리를 택하려고 한다.

또한 시선을 마주치는 것만으로도 서열이 결정된다. 이 경우에는 상대를 겁 없이 빤히 쳐다보는 사람이 아니라 시선이 마주친 다음 일단 다른 곳을 보는 사람이 더 우월한 위치를 차지한다. 그럼으로써 상대를 무시하는 듯한 인상을 줄 수 있다. 그럼 상대는 시선을 맞추기 위해 일부러 그에게 가까이 다가가야 한다. 그렇게 잠시 외면했다가 다시 고개를 돌려 정면으로 바라볼 때 그 행동은 효과를 더욱 발휘한다.

7월 11일
경청이 육체적인 자극을 주는 이유

사장, 동료, 친구, 파트너—상대가 누구든 간에 자신이 말하기보다는 더 많이 들어라!

대화 연구가들은 사람들이 대화를 나눌 때 상대보다 말을 적게 한 사람이 더 똑똑하고, 머리도 좋을 거라 생각한다고 말한다. 경청에는 다른 장점도 있다. 그것은 뇌의 영양식이다. 우리의 회색 세포들은 전기 신경 자극으로 충전되는 배터리처럼 활동한다.

빈 대학의 신경학자인 기젤러 구트만은 뇌파가 아주 작은 변동에서부터 최대 30마이크로볼트로 우리의 능력 발휘에 영향을 미친다는 사실을 밝혀냈다. 소음과 말소리가 그런 전기적 잠재력을 신체 활동과 균형 감각을 통제하는 소뇌에 전달한다. 경청은 우리 몸에 영향을 미치고, 자극하고, 흥분시킨다. 들은 내용과는 상관없이.

7월 12일
일과 삶의 균형이 존재할 수 없는 이유

일과 삶의 균형은 지구에 찾아온 기상 변화와 같다. 누구나 그것이 언젠가 닥치리라는 것을 예상하고, 그 때문에 가끔 양심의 가책을 받는다. 그러나 아무것도 바뀌지 않는다. 변할 수도 없다. 직업과 생활의 균형을 이룬다는 말은 그에 대해 수많은 전문가들이 도저히 이뤄질 수 없는 조언으로 엄청나게 많은 돈을 긁어모으려는 신화라고 할 수 있다.

물론 우선순위를 정하고, 계획을 세우고, 달력에 일정표를 적어두는 행동이 도움은 된다. 하지만 그렇다고 삶에서의 균형이 이뤄질까? 아마 그리 쉽지는 않을 것이다.

삶은 계획한다고 해서 그대로 흘러가지 않는다. 억지로라도 자기 마음대로 살아가려고 하는 사람은 항상 완벽하고, 계획적으로 살아가려 하기 때문에 스트레스를 많이 받는다. 그런 사람에게 즉흥적으로 대처할 일이 일어나면 절대 안 된다. 그러므로 일과 삶의 균형은 실패할 수밖에 없는 말이다. 용어 자체도 이미 그 안에 모순을 담고 있다. 일과 반대되는 개념으로 삶을 생각하는 자세가 밑바탕에 깔려 있는 것이다. 그런 생각은 위험하다.

한 연구 조사 결과를 보면, 일의 양이 아니라 일의 방법이 마음의 안정에 영향을 미친다. 성공한 사람은 만족을 더 크게 느끼고, 긴장을 풀고, 자기 신뢰를 쌓아가며, 마음의 평화를 자주 느낀다.

지그문트 프로이트는 인간이 애초부터 마음의 균형을 잡지 못한다는 사실을 잘 알고 있었다. 그것이 우리 존재의 본질이라고 그는 보았다. 의욕과 창의력도 마찬가지다. 수많은 경영인이나 위대한 업적을 달성한 사람들은 내면의 불안감을 떨치고, 스스로 항상 개선하려는 노력을 했기 때문에 성공을 거뒀다. 그런 사람들은 원래 믿을 수 없을 만큼 생산적이다. 하지만 그들의 삶은 일과 균형을 이루지 못했다.

솔직히 말해 균형은 극적인 순간에 주어진다. 마음의 균형은 삶에서 겪는 작은 에피소드에서 이뤄진다. 모든 상황은 개별적으로 이것 아니면 저것의 결론을 요구한다. 어떤 때는 직장이 힘들어 보이고, 어떤 때는 개인적인 일이나 가족 혹은 친구 때문에 힘들다. 하지만 그렇다고 스트레스를 받을 필요는 없다. 움직이면서 균형이 유지되는 한, 당신은 계속 살아 있는 것이다.

7월 13일
어리석은 사람이 포기한다

독일의 시인이며 신학자인 요한 페터 헤벨은 세상이 얼마나 어리석은지를 아들에게 보여주려 했던 아버지 이야기를 들려주었다.

아버지가 우리에서 노새를 끌고 나와 아들과 함께 마을을 지나갔다. 농부들이 그 부자(父子)를 보고 비웃으면서 소리쳤다.

"저런 어리석은 사람들이 있나! 노새가 멀쩡한데 아무도 태우지 않고 그냥 걸어가게 하다니!"

그 말을 들은 아버지가 마을을 벗어나자마자 노새 위에 올라타고, 아들은 노새를 몰며 두 번째 마을로 향했다. 다시 농부들이 비웃으며 말했다.

"저런 욕심쟁이 양반을 봤나! 나이 먹은 사람이 노새를 타고, 어린아이는 걸어가게 하다니!"

마을을 벗어나자마자 아버지와 아들은 역할을 바꿨다.

그러나 세 번째 마을에서도 농부들이 다시 비웃었다.

"어떻게 노인을 걸어가게 하지? 힘이라면 애가 더 좋을 텐데."

이번에는 두 사람이 함께 노새의 등에 올라탔다. 아버지가 앞에 앉고, 뒤에 아들을 태웠다. 그렇게 하고 네 번째 마을을 지나갔다. 그리고 그들이 어떤 대접을 받았는지는 잘 알려진 대로다. 그곳에서도 농부들이 혀를 끌끌 차며 말했다.

"에이, 매정한 사람들! 말 못하는 동물이라고 저렇게 고생을 시키다니! 어서 몽둥이를 가져와! 내쫓아야겠구먼."

어느덧 두 사람은 다섯 번째 마을 앞에 도착했다. 마을로 들어가기 전에 그들은 노새의 다리를 묶어 나무에 매단 뒤 어깨에 짊어지고 걸어갔다. 이번에도 그 모습을 본 마을 사람들이 달려나와 그들을 멀리 내쫓아버렸다.

모든 사람의 마음을 흡족하게 하려는 것은 마취제를 먹는 것과 같다. 처음에는 감각이 둔해지다가 나중에는 신경이 마비된다. 억지로 그렇게 하려고 하는 사람은 자신의 생각을 여러 갈래로 나눌 수밖에 없어 눈앞에서 목표를 놓치고, 소신을 잃고 어리석은 행동을 하게 된다. 개인적인 성공을 위한 조건으로, 직장에서의 적응력이 요구되고 유연성이 긍정적인 가치로 인정되기는 하지만 지나친 것은 좋지 않다. 외부의 저항에 번번이 뒤로 물러나는 것은 소신 있는 태도가 아닐뿐더러 추진력도 없는 사람처럼 보이게 한다. 따라서 그런 사람은 다른 사람을 절대 이끌 수 없다. 이미 다른 사람에게 휘둘림 당하기 때문이다.

투쟁하는 대신, 차라리 포기하고 싶은 유혹은 항상 크다. 그런데 대부분의 사람들은 기회주의자, 걸핏하면 태도를 바꾸는 사람을 경멸한다. 존경받는 것과, 남으로부터 인정을 받는 것은 갈등이 생겼을 때 얼마나 쉽게 자기주장을 바꾸느냐가 아니라 갈등을 어떻게 해결하느냐에 달려 있다. 역사서나 시사 잡지를 보면, 비록 착각이라 할지라도 자신의 생각을 초지일관 밀고 나간 사람에 대한 찬사가 줄을 잇는다. 영리한 사람이 포기한다는 말은 어불성설이다.

7월 14일
그들이 원하는 것, 겸손의 힘

그가 원한 것은 밤베르크에 주교구를 하나 세우는 일뿐이었다. 하인리히 2세는 어렸을 때부터 그 도시를 무척 좋아했다. 1002년, 왕좌에 오른 그는 자신을 위한 주교구를 하나 지을 계획을 세웠다. 그러나 반대의 목소리가 많았고, 교단에서도 반대했다. 특히,

뷔르츠부르크의 하인리히 주교는 자신의 신분이 위태롭지 않을까 하는 생각에 앞장서서 반대했다.

1007년 중요한 종교회의가 열리는 자리에서 하인리히 2세는 꾀를 냈다. 신하들이 모두 모여 있을 때 바닥에 엎드려 대주교가 어서 일어나 회의를 개최하라며 일으켜 세울 때까지 꼼짝 않고 있었던 것이다. 추진하려는 일에 반대 의견이 나오기만 하면 그는 반대론자들 앞에 엎드리면서도 자기주장을 굽히지 않았다. 그의 뜻에 반대하던 사람들은 시간이 지날수록 할 말을 잃었고, 그의 겸손한 태도는 많은 사람들의 입에 오르내렸다. 결국 그렇게 해서 주교구를 세울 수 있었다.

다른 사람을 이끌려면 가끔 자존심을 버리고 신하처럼 굴어야 한다. 겸손은 과소평가된 권력 도구다. 일부러 나약한 모습을 보이는 효과를 사람들은 잘 감지하지 못한다. 높은 사람이 공개적으로 보여주는 간청은 자신의 지위를 격상시키고, 권력을 키울 목적으로 사용된다.

앙겔라 메르켈은 총리직을 수락하기 직전에 이렇게 말했다.

"저는 독일을 위해 일하는 일꾼이 되겠습니다."

그는 온 국민을 위해 봉사할 수 있는 공복이 되었다는 것으로 자신의 권력을 과시했다. 바닥에 엎드린 사람을 발로 차는 사람은 이 세상에 아무도 없다. 복종의 효과를 알았던 예수도 산상 설교에서 앞날을 이렇게 예견했다.

"누가 오른쪽 뺨을 치거든 왼뺨마저 내밀어라. 그러면 너희가 받을 상이 클 것이며……."

이를 그대로 따르는 사람은 다른 사람을 이끌게 된다. 도덕적으로뿐만 아니라 모든 면에서.

오늘날은 바닥에 납작 엎드리는 대신 많은 경영인들이 앓는 소리를 한다. 그들은 엄청나게 많은 사람과의 약속이 잡혀 있다는 말을 하고, 며칠째 협상을 진행 중이라는 말을 하고, 몸져누울 지경이라며 고충을 토로한다. 다시 말하면 회사를 위해 헌신하는 사람도 지위에 따른 권력을 휘두르느라 고생하고 있음을 보여줌으로써 자신을 귀한 존재로 여기게 만들 뿐만 아니라 다른 사람을 자극하기도 한다.

실제로 이상적인 지도력의 개념에서 볼 때, 부지런하고 적극적인 상사가 독불장군처럼 혼자서만 나아가는 상사보다 일에 대한 의욕을 고취시키는 것으로 조사 결과가 나온다. 갖고 있는 권력이 얼마나 크든 간에 적절한 겸손은 권력을 더 확장시켜준다. 특히 커리어를 쌓는 초기에 그렇다. 주변을 살펴보면 얼마나 많은 사람들이 그런 전략을 쓰고 있는지 쉽게 볼 수 있다.

7월 15일
습관, 성공이 사람을 아름답게 한다

첫인상은 끝까지 남는다. 두 번째 기회는 주어지지 않는다. 뇌가 인식하기까지 15만분의 1초 안에 모든 게 결정되는 것이다. 바로 시각적인 자극을 받아들이는 데 뇌가 필요로 하는 시간이다. 그 순간이 지난 다음 첫인상은 고착화되어 누가 능력 있고, 믿음직스럽고, 추진력 있고, 누가 그렇지 않은지 정해진다. 그렇게 처음 받아들인 인상을 숨길 수 없기 때문에 첫인상이 커리어에 미치는 영향은 매우 크다.

복잡한 현대 세상에서 기준을 정하기 위해 우리는 고정된 이미지를 만든다. 머릿속에 있는 서랍을 열어 사람에 대한 인상을 집어넣는 것이다. 이때 놀랍게도 좋은 외모가 인상에 결정적인 역할을 한다. 많은 연구 결과, 외모와 성공이 서로 관계있는 것으로 밝혀졌다. 잘생긴 사람이 같은 직급의 일을 할 때 평균 임금보다 5퍼센트까지 더 받는다는 사실을 텍사스 대학의 대니얼 하머메시 교수는 확인했다.

그렇다면 사람들은 어떤 것을 보았을 때 아름답고, 잘생겼다고 생각하는가? 연구 조사 결과를 보면 대체적으로 매끈하고 깨끗한 피부, 날씬한 몸, 좌우 균형 잡힌 얼굴을 그렇게 받아들이고 있었다. 남성의 경우 허리둘레와 엉덩이 둘레 비율이 0.9에서 1.0 사이다. 그런 체격에서 남성 호르몬 수치도 높게 나왔고, 신체도 건강한 것으로 조사되었다. 여성의 경우에는 0.7로 그 수치의 여성이 임신 가능성이 가장 높은 것으로 나왔다. 교육 정도와 신체의 크기도 조사 결과, 관계가 있는 것으로 나왔다.

독일의 대학생들은 평균적으로 같은 나이 또래의 직업학교 졸업생보다 3센티미터 더 컸다. 182센티미터가 넘는 남자들은 나중에 같은 직급의 동료보다 평균 6퍼센트 정도 돈을 더 버는 것으로 길드할 대학에서 1만 1천 명을 대상으로 한 조사에서 밝혀졌다. 남성의 경우에는 턱이 다부지고, 어깨가 벌어지고, 눈썹이 무성하고, 이마가 각진 사람들이 직장에서 리더십을 발휘하고 있었다. 이는 만하임의 사회학자 앙케 폰 레넨캄프의 연구 조사에서도 확인되었다. 조사 결과, 여성스러움이 돋보이는 여자 지원자의 입사 성공률이 높게 나왔고, 턱이 뾰족하고 머리를 말총머리처럼 질끈 묶고 나타난 지원자는 입사 성공률이 낮게 나왔다.

7월 16일
눈 깜짝할 사이에 일어나는 일

3분의 1초. 인간이 눈꺼풀을 깜빡이는 데 걸리는 시간이 그 정도다. 20~30초마다 우리 눈은 눈물을 눈에 골고루 분산시키고, 오물을 내보내기 위해 깜빡거린다. 우리가 거의 눈치 채지 못하는 사이에 일어나는 일이다.

심리학자들이 수십 년째 몸짓, 표정과 태도에 대한 연구를 계속하고 있다. 그것들이 말보다 더 즉각적인 영향을 미친다는 사실은 이미 밝혀졌다. 눈으로 하는 말은 매우 짧지만 마음을 표현하고, 큰 효과를 발휘한다. 사람은 침묵할 때보다 말할 때 눈을 더 자주 깜빡거린다.

만약 그 반대의 현상이 나타난다면 이야기를 듣고 있는 사람이 무척 지루해하고 있다고 생각하면 된다. 자주 눈을 깜빡거리는 행동은 여자들이 남자에게 추파를 던질 때도 자주 사용한다. 반면, 깊고 진지한 시선은 강인함과 카리스마를 상징하기도 한다. 영국의 연극배우 마이클 케인은 소극장에서 공연할 때 눈을 거의 깜빡이지 않는 연습을 수년간 했다고 한다.

눈의 크기도 상대에 대한 관심을 나타낸다. 사람들이 흔히 말할 때 누군가를 '예쁜 눈으로 쳐다보았다'는 것은 관심 가는 사람에게 동공을 넓히고, 눈썹을 추켜올리며 바라보는 것이다. 눈을 그렇게 크게 뜨는 것을 '눈썹 플래시 반응'이라 부르는데 행동 연구가인 이레네우스 아이블-아이벨스펠트가 붙인 이름이다.

큰 눈은 보는 사람의 마음을 편안하게 해주고, 친구뿐만 아니라 이성에게도 좋은 느낌을 갖게 한다. 또 일부러 눈을 크게 뜨면 청중의 집중도를 높일 수 있고, 내용도 더 잘 전달할 수 있다. 때문에 텔레비전 프로그램 진행자는 늘 그렇게 한다. 어떤 사람은 눈을 더 크게 보이려고 일부러 눈썹을 붙이기도 한다.

마주 보고 앉은 사람을 똑바로 쳐다보는 행동은 상대를 위축시킨다. 뭔가 조사하는 듯한 눈빛은 상대를 불안하게 한다. 많은 경영인들이 모르는 사람을 처음 만날 때 눈으로 미카도 게임을 하는 것처럼 시선을 먼저 피하는 사람이 졌다고 생각한다. 대결이 끝나면 누구의 배짱이 약한지(혹은 감출 것이 있는지) 판가름 난다.

남의 시선을 오랫동안 마주할 수 있는 사람이 별로 많지 않다는 사실은 켄트 주립대학의 도널드 엘먼 교수가 1977년 실시한 조사에서 나타났다. 연구자는 신호등 앞에 서서 빨간 불일 때 자동차 운전자를 똑바로 쳐다보았다. 그런 행동에 대한 반응으로 당황한 운전자들이 신호가 녹색으로 바뀌면 남보다 빠르게 출발했다. 눈은 그렇게 하지만 미소 띠는 얼굴로 쳐다보자 도망치려는 반응이 조금은 약화되었다.

7월 17일
우리가 실수에서 많이 배우지 못하는 이유

렘베르크 부장은 능력이 가장 좋다고 생각하는 직원에게 전략적 결정을 내리는 데 필요한 업무를 지시했다. 그 바람에 케르너는 5일 동안 강점·약점·가능성·위험 요소에 대해 조목조목 시장 조사를 해야만 했다. 그리고 업무에 뛰어든 지 사흘 만에 끝마쳤다. 그러고 나서 그가 조사한 내용의 결과에 따라 프로젝트를 진행했는데 결과는 참담하게 나왔다. 물론 렘베르크 부장은 그런 결과를 미리 예측할 수 있었다고, 아니 반드시 예측했어야만 했다고 뒤늦게 생각했다. 그런데도 케르너에게 일을 맡겨 결국 일을 완전히 망친 것이다.

우리가 실수를 통해 생각만큼 배우지 못하는 현상을 가리켜 학자들은 '때늦은 지혜 편향(hindsight bias)'이라고 말한다. 나중에 결과를 본 다음에야 그런 결과가 나오리라는 것을 미리 예측했다고 생각하는 것이다. 오랫동안 학자들은 인간이 결정을 내릴 때 합리적으로 행동한다고 믿었다.

그러나 오늘날은 그게 아니라는 사실이 밝혀졌다. 앞으로 일하게 될 직장이나 행정부의 수반으로 일할 대통령을 선택할 때 대부분의 사람들은 오랫동안 마음속에 유지해온 무의식에 따라 결정한다. 그래서 수십 년 동안 같은 정당 출신 정치인을 선거에서 선택하고, 일정한 메이커의 자동차를 꾸준히 구입하고, 주말이면 정해진 메뉴를 반복해서 먹는다.

그런 고정된 행위가 좋은 목적을 달성하기도 한다. 합리적인 결정은 모든 정보가 개방되어 있고, 심의할 수 있는 시간이 충분할 때만 가능하다. 그러나 현실에서는 그런 일이 잘 일어나지 않는다. 시간은 부족하고, 정보를 대충 아는 경우가 더 많다. 그래서 우리는 익숙한 행동 양식에 따라 결정을 내리거나 행동한다. 그러므로 발전은 거의 이뤄지지 않는다. 합리적인 결정을 내리기 위해서는 우리가 이성에 의존하지 않으면서 사물을 오랫동안 직시하고, 의식적으로 노력해야만 가능하다.

7월 18일
눈에는 눈, 이에는 이─반사 요법으로 얻을 수 있는 것

만나는 사람마다 첫눈에 호감을 보이는 행운을 거머쥐고 살아가는 사람들이 있다. 그런 행운이 없는 사람들은 자기도 모르게 말과 몸짓을 흉내 내는 반사 기법으로 상대에게 우호적인 태도를 취한다. 여자가 손으로 머리를 뒤로 쓸어 넘기면 남자도 잠시 후 이마 위로 머리를 넘긴다. 남자가 '환상적이다'라는 말을 자주 사용하면 여자도 그 말을 자주 사용한다. 그 이면에는 서로 조화를 이룸으로써 균형을 잡고 싶은 욕구가 숨어 있다.

그런 반사 행동은 서로의 관계나 대화가 얼마나 잘 조화를 이루는지를 보여준다. 또한 그것은 상대와의 거리감이 어느 정도인가 하는 마음을 읽게 해준다. 당신이 고객이나 직장 상사와 만날 약속이 있다고 생각해보자. 상대가 당신에게 불만이 있다면 팔짱을 끼고 있을 수 있다. 그것은 내면의 긴장과 불협화음에 대한 분명한 표시다.

그런 사람에게는 지나치게 명랑한 모습을 보임으로써 화를 북돋우지 말아야 한다. 그건 전혀 효과가 없다. 대신 거리감을 두고, 그의 몸짓을 조심스럽게 주시하다가 당신 역시 팔짱을 끼고 미소 짓는 방법을 써도 괜찮다. 침착함을 유지하고, 목소리는 다정하게 한다. 그 사람이 다리를 벌리고 서 있다면 당신도 잠시 후 그렇게 한다. 시간이 지나면 상대는 무의식적으로 당신을 신뢰하게 된다. 당신은 몸짓을 통해 호감과 조화의 분위기를 상대에게 건네는 것이다.

그다음에는 당신이 나설 차례다. 경직된 자세를 천천히 풀고, 팔을 벌리고, 몸을 숙인다. 그가 당신의 동작을 따라 하는가? 만약 그렇다면 당신의 행동은 성공을 거둔 것이다. 그렇지 않다면 아직 긴장이 덜 풀린 상황이다. 따라서 긴장을 늦추지 말아야 한다. 아직은 그가 자세를 먼저 취하게 내버려두어야 한다. 그리고 나중에 당신이 먼저 할 수 있는 기회를 엿본다. 그런 것은 표정이나 언어에서도 비슷하게 움직인다. 말의 속도와 말투, 억양과 단어 선택을 닮게 하는 것이다. 다만, 똑같이 따라 하지는 말아야 한다. 모든 행동이 섬세하게 진행되어야 한다.

상사를 대상으로 하기 전에 친구들과 미리 연습해보는 것도 좋다. 정신분석의 아버지라 부르는 지그문트 프로이트는 바로 그런 이유 때문에 환자가 누워 있는 침대 머리맡에 앉아 진료했다고 한다. 그래야 환자가 그를 보지 못하고, 그의 표정 변화나 가치관에 어떤 영향도 받지 않은 채 하고 싶은 말을 하기 때문이었다.

7월 19일
흥미로운 거래, 협상에서 성공하는 법

얼마 전에, 외부로 모습을 드러내지 않는 남자를 알게 되었다. 그는 양측 주장이 팽팽한 협상의 전문가로, 일명 '고스트 협상가'다. 투명인간으로 남아 있어야 상황을 더 잘 통제하고, 상황에 영향을 미칠 수 있다고 믿는 그의 이름은 마티아스 슈라너다.

그는 자신의 그러한 경험을 어려운 강력 사건을 해결하던 경찰서에서 근무할 때 익혔다. 비밀스러운 지식을 갖고 있어서가 아니라 인간의 본성을 잘 응용하는 것이 그의 특기다. 위협은 아마추어나 정글에서 만난 고릴라에게만 통한다. 전문가라면 위협을 가하는 사람이 뭔가 공짜로 얻어내기 위해 그런 짓을 한다는 것을 한눈에 간파한다.

고릴라는 공격을 감행할 때 위험이 크다는 것을 알고 제 가슴을 마구 친다. 대개 싸움이 치열하고, 상처를 입기 때문이다. 때문에 그는 위협을 가함으로써 상대가 스스로 물러나게 하려고 한다. 일종의 조작이라고 할 수 있다. 다른 기법들도 그런 효과를 낸다.

주장하지 말 것: 주장을 펼치는 것은 진실을 찾기 위한 행동이고, 협상은 성공을 목표로 하는 행동이다. 여기서는 정의로운 사람이 이기는 게 아니라 영리한 사람이 이긴다. 물론 주장이 전혀 소용없는 것은 아니다. 지친 협상 파트너로 하여금 마음속에 간직하고 있는 카드를 꺼내 보이게 만드는 기회를 제공할 수도 있고, 협상을 길게 이어갈 수도 있다. 그리고 당신이 진실에 관심 있다는 것을 상대에게

인식시켜줄 수도 있다.

미쳐야 한다: 당신의 압박용 카드를 상대가 알고 있다는 생각이 들면 예측하기 어려운 모습을 보여주는 것도 하나의 방법이다. 그렇게 하면 의외로 상대를 유연하게 만들 수 있다. 구소련 대통령이었던 미하일 고르바초프가 1960년에 유엔 회의 석상에서 구두를 들어 연단에 마구 내리친 일이 있었다. 모두들 그가 미쳤다고 생각했지만 그것은 일부러 의도했던 분노 폭발의 모습이었고, 신고 있던 구두를 벗은 것이 아니라 일부러 그런 용도로 갖고 나온 것이었다.

먼저 제안하라: 상대의 제안에 반응하는 사람이 협상에서 진다. 협상 전문가는 질문에 역질문함으로써 대답을 대신하거나 상대가 어떤 제안을 하든 간에 협상을 주도한다. 혹은 침묵한다. 그렇게 하면 상대가 불안해하며 방어 자세를 보인다. 그때 주도권을 다시 거머쥐는 것이다.

자부심을 갖고 임하라: 자만심은 인간이 갖고 있는 가장 큰 약점이다. 그것은 남에게 인정받거나 남의 이목을 받고 싶은 마음의 표현이다. 협상 자리에서 상대에게 말을 많이 하게 함으로써 유리한 고지를 점령하는 사람이 종종 있다. 그런 사람에게는 그가 원하는 대로 해주자! 달콤한 말을 해줄수록 그는 협상의 목표를 잊고 당신을 과소평가하게 된다. 자신이 우월하다는 느낌으로 치열하게 협상에 임하지 않을 테고, 그의 그런 태도는 당신에게 도움이 될 것이다. 인간적으로 만족스러움을 느끼기 때문에 그는 협상 내용에 대해서도 화통한 태도를 보여줄 것이다.

줄에서 벗어나 홀로 춤추는 사람

영화 〈시민 케인〉이 1941년 어떻게 제작되었는지 아는가? 사실 그것은 거의 불가능한 일이었다. 오선 웰스는 초기에 투자자를 찾지 못했었다. 그가 갖고 있는 예산이라곤 겨우 배우를 섭외할 수 있을 정도의 금액이었다.

웰스는 그래도 포기하지 않았다. 그는 주위에 사정해가며 돈을 꿔왔다. 그리고 무대 장치를 해줄 사람들을 찾아가 실험적으로 녹화를 해달라고 부탁했다. 그렇게 해서 영화의 3분의 1이 완성되었다. 그런 다음 녹화된 테이프를 들고 다시 사람들을 찾아다녔다.

하지만 이제는 투자자들에게 볼거리를 제공할 수 있게 되었고, 투자한 후에는 어떤 이익이 발생할 거라는 상상도 하게 만들 수 있었다. 그런 식으로 사람들을 설득한 끝에 그는 결국 작품을 완성시킬 수 있는 투자금을 받았다. 그가 엄청난 성공을 거둔 이유는 다음과 같다.

- 절대 포기하지 않았다.
- 창의적이고, 즉흥적이었다.
- 목표를 시야에서 놓치지 않았다.
- 불가능한 것은 없다고 믿었다.

7월 21일
슬픔 공식, 불안의 본질

차가운 바람이 그들의 얼굴에 휘몰아친다. 길은 꽁꽁 얼어붙었고, 그 위에 쌓인 눈은 밟을 때마다 뽀드득거린다. 안마사 열 명이 산을 넘고 있었다. 그들은 집으로 돌아가는 중이었다. 모두 앞을 못 보는 시각 장애인이었고, 험난한 길을 아무 일 없이 갈 수 있도록 서로를 도와가며 걸었다. 그들의 다리는 두려움에 덜덜 떨렸고, 내딛는 발걸음은 미지의 세계를 향하고 있었다.

이미 알고 있는 길이기는 했지만 그 길에 숨겨진 위험과 낭떠러지가 있다는 것도 모르지 않았다. 길의 절반쯤 갔을 때, 맨 앞에 가던 사람이 발을 헛딛는 바람에 추락했다. 다른 사람들은 큰 충격을 받고 소리를 질렀다. 그런데 밑으로 떨어졌다고 생각한 사람의 목소리가 들렸다.

"모두들 너무 무서워하지 마세요. 나는 아무렇지도 않아요. 아니, 조금 전보다 더 좋아졌어요. 이제는 아무것도 무섭지 않아요. 이렇게 떨어지기 전까지는 걱정을 많이 했었어요. 그래서 무서움에 벌벌 떨었지요. 하지만 이제는 마음이 편안해요. 당신들도 떨고 싶지 않으면 여기로 떨어지세요!"

이 이야기는 18세기 일본의 고전 《하가쿠레(葉隱)》의 〈사무라이의 길〉에 나온 것이다. 이 책에는 한때 사무라이로 살다 승려가 된 야마모토 쓰네토모(山本常朝)가 모아놓은 1천3백 가지의 지혜와 당시의 일화가 실려 있다. 대부분의 일화가 두려움과 거부감을 극복하는 방법을 다루고 있다. 책에 소개된 일들이 실제로 있었는지는 확인하기 어렵지만, 그 내용은 불안의 실체에 대해 통찰력 있는 분석을 내놓고 있다. 사업가든, 평사원이든 결정을 내리는 것은 미지의 세계에 발을 내딛는 것과 같다. 우리를 두렵게 하는 것은 낭떠러지에서 추락할지도 모른다는 두려움과 실패의 위험이다. 그런 낭떠러지는 상상의 세계보다 현실에서 더 깊어 보인다. 실제로 떨어진 사람은 그동안 쓸데없이 많은 걱정을 했다는 사실을 뒤늦게 깨닫는다. 그러므로 한 번 넘어지는 것도 좋은 치유법이 된다.

7월 22일
변화에 대한 두려움

성공에 대한 두려움이 있다. 그것은 위험이나 실수에 대한 두려움이 아니라, 커리어를 쌓으면서 자연스럽게 받아들여야 하는 변화에 대한 두려움이다. 성공한 사람은 다른 사람들로부터 칭찬받고, 존경받고, 명예를 드높이며, 권력을 거머쥔다. 때문에 그런 일에 부담을 느끼는 사람들이 적지 않다.

성공을 거둘 때마다 외부에 대한 기대와 마찬가지로 자신에 대한 요구도 많아진다. 그런 일에 적응하는 데는 얼마나 많은 시간이 걸릴까? 이전까지 노하우로 알고 있던 것들이 이제는 아무 소용이 없게 된다. 오랫동안 몸에 밴 버릇들을 버리고, 다시 새로운 것을 익혀야 한다. 다른 것들은 성공이 정해준다. 역할에 따라 정해지는 것이다. 시간은 어떻게 될까? 사생활을 누릴 시간은 충분할까? 가족은? 여가 생활은?

성공은 유리그릇처럼 깨지기 쉽다. 또한 성공은 자기 자식을 잡아먹는 괴물이라고도 할 수 있다. 꼭대기에서 버티는 일은 그곳까지 올라간 것보다 더 힘들다. 두려움과 절망이 사람들로 하여금 그쪽을 향해 발도 내딛지 못하게 한다. 미래가 불확실해 보이고, 혼란스럽고, 그 후유증은 가늠하기조차 어려워 보인다. 그런 생각을 오래 할수록 성공이 모든 것을 망쳐놓을 괴물처럼 보인다. 심리학을 통해 보았을 때, 불안은 해소하지 않으면 점점 증폭된다. 그러다가 두뇌 회전이 완전히 멈출 수도 있다.

이를 극복하기 위한 가장 좋은 방법은 자신이 구체적으로 무엇을 두려워하는지 확실히 파악하는 것이다. 시나리오가 현실적으로 보이는지, 어떤 감정을 피하려고 하는지, 또 어떤 보장을 받을 수 있는지……. 그런 의문에 대한 답이 확실해질수록 막연한 걱정도 줄어든다.

물론 5분 동안의 분석으로 해결되지는 않는다. 적어도 하루, 그보다는 주말이나 더 오랜 시간을 할애해야 한다. 성공은 의지의 문제이고, 그것은 한 문장으로도 표현이 가능하다. '난 반드시 해낼 거야!'

7월 23일
질투의 힘

질투에는 고통이 따른다. 그것은 사업적으로나 개인적으로 발전을 저해한다. 그래도 즉각적인 '질투의 충동'은 인간적인 본질

중 하나라고 이마누엘 칸트는 분석했다. 미국의 심리학자이자 베스트셀러 작가인 벳시 코언은 질투를 "지극히 평범한 인간적 감정"이라고 보았다. 때문에 그것을 인정하지 않으면서부터 위험이 뒤따른다. 그렇게 되면 질투는 파괴적이 되고, 몸을 아프게 하고, 흉하게 만든다.

"우리는 우리가 이미 갖고 있는 것에 대한 생각은 하지 않고 우리에게 부족한 것에 대한 생각만 자주 한다"라고 아르투르 쇼펜하우어는 경고했다. 그런 인식이 독일인의 입을 통해 나왔다는 게 별로 놀랍지 않다. 독일에서는 질투가 넘쳐난다. 누구도 자신이 얼마나 버는지를 말하지 않는다. 회사 역시 그렇다. 만약 그렇게 했다가는 탐욕스러운 자본주의자, 약탈자, 핍박자라고 비난받는다. 일은 많이 하지 않으면서 돈은 많이 버는 것처럼 보이는 사람들에 대한 질투는 더 심하다.

서독인의 43퍼센트와 동독인의 59퍼센트가 그런 사람들을 보기만 해도 거부감을 느낀다고 알렌스바흐 연구소의 조사 결과 밝혀졌다. 사실 질투는 긍정적인 감정이다. 그것이 건강하게 기능할 땐 공명심을 높여준다. 더욱더 열심히 노력하게 되는 것이다. 질투는 혁신과 발전을 격려해주고, 커리어에 날개를 달아준다.

안타깝게도 예외는 있다. 대부분의 사람들이 자기가 받아야 마땅하다고 생각하는 것을 다른 사람이 대신 받았다는 생각에 화를 낸다. 그로 인해 다른 사람이 거둔 성공을 축소하려 하고, 심한 경우 파괴하려고까지 한다. 하지만 오히려 자기 자신을 망칠 뿐이다.

많은 사람들로 하여금 질투를 불러일으키게 만드는 이들의 유형을 살펴보면 모든 사람에게 주어진 기회를 잘 이용한 경우가 많다. 따라서 질투의 건강한 힘을 이용하려면 남을 인정하는 태도를 배워야 한다. 그리고 지나치게 경쟁하려는 욕심도 풀어야 한다. 이웃들의 생활 수준에 맞추기 위해 해마다 새로운 자동차를 사고, 휴대폰을 사고, 다른 전자 제품을 구입하는 것은 그 사람을 점점 파국으로 몰아간다. 이처럼 남들과 비교하려는 마음이 강할수록 쟁취할 수 있는 것은 더 멀어지고, 불행은 더 크게 느껴진다.

질투는 영혼을 갉아먹는다. 또한 균형 잡힌 공평함을 원하지 않는다. 질투는 건강하게 기능할 때에만 상대를 모범으로 삼는다. 돈을 더 많이 벌거나, 더 좋은 것으로 치장하거나, 능력이 더 많은 상대를 적으로 바라보기보다는 그들의 성공 전략을 분석해 따라 하고, 그들에게 자문을 구하는 편이 더 지혜로운 선택이다. 아무런 시기심 없이.

7월 24일
자아도취자는 똑똑해 보이지만 페스트 같은 존재다

비평가들은 테레사 아마빌을 좋아한다. 20년 전에 하버드 비즈니스스쿨의 교수들은 비평가들의 비평이 아첨꾼의 말보다 더 효과적이라는 점을 지적했다. 도서 서평 같은 경우가 그렇다. 비평할 때 긍정적인 내용으로 나누는 대화보다 객관적인 기준으로 책 내용을 난도질했을 때 비평가들이 더 위엄 있게 보인다. '노'가 듣는 사람에게 더 비중 있게 들리고, '예스'보다 더 진지하게 받아들여지는 것이다.

미네소타 대학의 마케팅 연구가인 케슬린 보스도 그 점을 확인했다. 부정적인 자극이 우리의 감정과 기억 및 행동에 긍정적인 것보다 더 큰 영향을 미치므로 우리가 '노'에 관심을 더 많이 갖는다는 사실을 확인해준 것이다. 그런 행동은 합리적이다. 부정적인 신호에 주의를 기울이지 않는다면 다음 순간 죽을 수도 있다. "사자가 온다, 어서 피해!"

부정적인 말을 많이 하는 사람이 조직의 우두머리가 되는 이유도 그런 까닭으로 받아들일 수 있다. 그들은 현재의 상황을 잘 관리하며, 어떤 위험도 감수하려 들지 않고, 실수도 적게 한다. 영국의 역사학자인 시릴 노스코트 파킨슨의 말을 되새길 필요가 있다.

"자주 '노'라고 하는 사람은 잃을 것이 별로 없다."

하지만 그렇게 부정적인 사람을 위해 일하는 것은 엄청난 좌절을 안겨줄 뿐 아니라, 비효율적인 경우가 많다. 아무리 열심히 일해도 결국에는 내팽개쳐질 거라고 예상하기 때문이다. 자아도취에 빠진 이는 모든 것을 나쁘게 보고, 수십 번 개선하게 만든다. 또 남을 무시하는 듯한 태도를 보임으로써 다른 이들이 자신의 입지를 공고히 하는 동안 그의 추종자들은 혹독한 비평을 피할 수 있는 방법에 몰두한다. 따라서 생산성이 영향을 받는 게 당연하다.

그렇다면 이를 개선할 방법은 없을까? 있다. 다만 그런 상대를 자신의 의지로 이겨내야겠다는 생각이 확실히 있어야만 가능하다. '예스'해달라고 애원하는 대신 차라리 두 번의 '노'를 받아 결국은 '예스'가 되게 만들면 된다. 그러기 위해서는 3단계를 거쳐야 한다. 처음에는 '노'라고 말하는 사람의 권위를 절대 손상시키지 말아야 한다. 그가 상사이니 그의 권위를 당연한 것으로 받아들여야 한다. 두 번째는 그를 불안하게 만드는 것이 무엇인지, 그가 무엇을 가장 두려워하는지 알아보는 것이다. 세 번째는 쉽다. 그에게 세 가지 선택권을 부여한다. 한 가지 선택권은 당신이 가장 좋아하는 것으로 하고, 나머지는 너무 안 좋아서 당신이 제안한 것을 선택할 수밖에 없게 만드는 것이다. 또 다른 성공 전략은 더 훌륭하지만, 당신에게 안 좋은 이미지를 만들어줄 수 있는 방법이다. 당신 스스로 '노'하는 사람이 되는 것이다.

7월 25일
유혹하는 방법도 배울 수 있다

마르키스 드 세비뉴는 좌절했다. 오래전부터 그는 아름다운 여인에게 간청하고, 주변을 어슬렁거렸지만 그녀의 마음을 차지할 수 없었다. 그는 아무런 희망도 없고, 절망적인 상태에서 도움을 청하기 위해 니농 드 랑클로를 찾아갔다. 그녀는 17세기 프랑스에서 엄청난 인기를 한 몸에 받고 있던 여인으로, 사랑에 관련된 온갖 기술을 섭렵하고 있었다. 그녀는 유혹을 전쟁으로 여겼다. 그리고 세비뉴가 사모하는 여인을 하나의 성(城), 즉 그러니까 세비뉴가 책략과 통찰력을 동원해 성을 포위하고, 공격을 감행해 정복해야 할 대상이라고 보았다.

일단 세비뉴는 랑클로의 조언에 따라 그녀를 유인하기 위해 거리를 유지하기로 작전을 바꾸었다. 그가 우정에만 관심이 있는지 혹은 그 이상을 원하는지 그녀로 하여금 궁금하게 만들기로 한 것이다. 그다음 단계는 그녀의 질투심을 불러일으키는 것이었다. 세비뉴는 파리의 축제 현장에 매우 아름다운 여인들을 동반하고 나타났다. 그리고 그녀의 시선이 느껴질 때마다 아름다운 여인들에 둘러싸여 재미있는 시간을 보내고 있는 것처럼 해 보였다. 그녀는 질투를 느끼고 세비뉴에게 관심을 보이기 시작했다. 그렇게 해서 그의 가치가 높아졌다.

그녀가 질투와 호기심을 드러내자, 세비뉴는 다음 작전에 들어갔다. 그녀를 혼란스럽게 만든 것이다. 이제는 적극적으로 행동에 나서야 할 단계였다. 그는 그녀가 자신의 출현을 예상하는 곳에는 그림자도 비치지 않다가 전혀 뜻밖의 공간에 나타났다. 세비뉴의 다음 행동을 예상치 못하면서 그녀는 그에게서 뭔가 비밀스러운 느낌을 받았다. 그렇게 해서 완벽하게 유혹할 수 있을 것처럼 보였는데, 그만 세비뉴가 큰 실수를 저지르고 말았다. 곧바로 그녀를 찾아가 사랑을 고백한 것이다. 여인은 빨개진 얼굴로 잠시 침묵하더니 공손히 사과하고 물러났다. 이후 그녀는 더 이상 관심을 보이지 않았다. 마법이 깨진 것이다.

이 이야기는 두 가지 의미를 지닌다. 직업과 마찬가지로, 사랑에도 암시는 중요한 의미를 갖는다. 당신이 남자나 여자, 동료, 고객에게 관심이 있다면 그들에게 접근하는 방법은 똑같다. 상대를 유인하고, 혼란에 빠뜨리고, 감동받게 하고, 호감과 관심을 끌기 위해 이야기를 나눈다. 그러나 당신이 접근하는 의도를 공개하면 절대 안 된다. 똑똑한 사람들도 일부러 뭔가 꾸민다는 것을 알면서 그런 고백에 고개를 돌릴 수 있다. 결국 그런 사람들하고는 두 번 다시 연결되지 않는다.

7월 26일
후계자는 부상할 수 없다

이스라엘에서 다윗 왕보다 더 유명한 장수는 없었다. 그의 경력은 양치기 소년 시절부터 시작되었다. 거인 골리앗을 물리치고 왕이 된 그는 수많은 전투에서 승리를 거뒀다. 그는 블레셋 사람들을 물리쳤을 뿐 아니라, 십계명이 새겨진 돌이 들어 있는 계약의 궤를 예루살렘으로 옮겼고, 모아브를 제압하고, 시리아와의 전쟁에서 승리했으며, 나라에 법과 권리를 도입했다. 업적이 워낙 뛰어난 탓에 아들 솔로몬이 왕위에 올랐을 때는 그의 업적을 계승하기가 쉽지 않았다.

전쟁터에서도 그는 선친과 유사한 업적을 만들지 못했다. 그래서 자신을 내세우기 위해 솔로몬은 다른 전략을 선택했다. 지혜로운 왕이 되기로 한 것이다. 그리고 평화와 정의의 왕이 됨으로써 역사의 인물로 남게 되었다. 성경은 그가 전무후무하게 지혜로운 인물이었다고 적고 있다.

알렉산드로스 대왕 역시 다른 길을 택했다. 그는 아버지인 필리포스 2세 마케도니아 왕을 무척 싫어했다. 그는 소심했고, 허풍을 즐겼으며, 술과 여자를 좋아했다. 그리스의 국토 대부분을 정복한 아버지의 그늘 아래서 벗어나고 싶었던 알렉산드로스는 오히려 아버지를 능가하고 싶어했다. 결국 오늘날까지 전설로 남아 있고, 아버지의 업적과 비교도 할 수 없을 만한 큰 업적을 남겼다.

알렉산드로스와 솔로몬 둘 다 본능적으로 옳은 전략을 선택했다. 그들은 처음부터 위대한 사람들을 뒤쫓지 않기로 결심했다. 복사판은 원본이 누렸던 존경을 절대 받을 수 없다. 앞서가는 사람을 뒤따라가면서 자신의 이름을 남기려면 두 배 이상 노력해야 한다.

큰 업적을 이룬 아버지들은 자부심이 대단하고, 나이 들수록 아들에게 많은 조언을 해주려는 경향이 있다. 그런 아버지의 자식들이나, 그런 상사 밑에 있는 후계자에게는 두 가지 선택의 여지가 남아 있다. 이미 이뤄놓은 성과를 조심스럽게 즐기며 조용히 살아가거나, 그도 아니라면 자신만의 왕국을 건설하는 것이다.

행복해지기 위해 폭도로 돌변하라는 말이 아니다. 모든 실수를 자신이 직접 해보려고 하는 마음은 어리석다. 반대로 '모든 성공은 반복이 가능하다'는 순진한 조언에 따라 자기 자신만의 길을 걷는 것도 위험하다. 상황이 똑같은 경우가 없기 때문에 똑같은 성공역시 이뤄지지 않는다.

7월 27일
아무것도 하지 않을 것에 대한 호소

예전에는 사람들이 나태함을 지능으로 보완해야 한다고 생각했다. 그런데 지금은 지능과 나태함이 성공으로 가기 위한 공생 관계라는 사실을 알게 되었다. 나태함이 지능과 합치면 엄청난 성과를 낸다. 바퀴를 예로 들 수 있다. 드디어 인간이 물건을 질질 끌고 가지 않아도 되는 방법이 생겨난 것이다. 전보, 기차, 전기, 리모컨의 발명도 그와 비슷한 경우다.

과묵하고 똑똑한 사람들은 종종 과소평가받는다. 하지만 그들은 가만히 앉아서 실수를 줄일 수 있다. 다른 사람이 일하는 모습을 관찰하며 그들이 어떤 실수를 하는지 연구하고 배우는 것이다. 그에 비해 공명심 많은 사람은 실수도 직접 하려고 한다. 게으른 사람은 이미 있는 것에 집중하고, 그것을 재활용한다. 그렇게 함으로써 자원과 시간이 절약된다.

그들은 뭔가 찾아 나서기에는 너무 게을러서 기존의 질서를 고수한다. 그 결과, 자신은 쓸데없는 일을 안 해도 된다는 생각을 하기 때문에 창의적이 된다. 그 과정이 그들을 매우 생산적으로 만들어준다.

뇌 연구 결과에 의하면 아무 생각도 하지 않고, 아무것도 보지 않고, 아무것도 듣지 않는 것은 정말로 아무것도 하지 않는 것이 아니라 인식적으로 측정 가능한 활동을 하는 것이라고 한다. 지루함을 느끼는 사람은 꾸준히 새로운 것을 찾는 좌뇌를 쉬게 하고, 의미와 창의력을 관할하는 나머지 절반인 우뇌를 사용한다. 때문에 게으름을 피울 때는 생각 세포가 자극을 받는다.

게으름뱅이들은 활동에 적극 참여하지 않지만 남의 일에 대한 참견도 적다. 때문에 그들은 편안한 사람들로 받아들여진다. 그들이 하는 말은 짧고 정돈되어 있으며, 분명하다.

게으름은 훌륭한 웅변이다. 훌륭한 사람들은 청중을 20분 안에 매료시키고, 몇백만 원을 받아간다. 일주일에 한 번 말을 조금 하고, 나머지 시간에는 안락한 삶을 영위하는 것이다. 그들 중에서 항상 같은 말을 하는 사람 가운데 최고의 자리를 차지하는 이들은 철학자들이다. 그래서 "오, 나태함! 이 끝없는 고통을 연민한다. 오, 나태함, 예술과 고귀한 덕망의 어머니. 인류의 고통에 명약이 되어라"라는 글을 카를 마르크스의 사위인 폴 라파르그가 남기기도 했다.

7월 28일
다정다감함, 측은지심의 어두운 그림자

대부분의 사람들이 사회적 장애인과 일하는 것보다 측은지심이 드는 바보와 일하기를 더 좋아한다. 하버드 비즈니스스쿨의 티지아나 카시아로와 듀크 대학의 미겔 소사 로보는 조직 구성에 대한 연구를 했는데, 1만 명의 근로자들을 대상으로 그들의 업무 관계를 분석했다. 직접 설문을 던졌을 때 사람들은 "능력이 중요하다, 능력 있는 사람이 성격까지 좋으면 그게 최고다"라고 말했다. 그런데 실제 업무를 살펴보니 친절한 사람에게 도움을 요청하는 경우가 많았고, 전문 분야 지식이 부족해도 그와 함께 문제를 해결하려는 태도를 보였다.

사회심리학자들은 그런 현상을 이미 오래전부터 알고 있었다. 누구나 선호하는 것이 비슷하고, 비슷한 배경을 갖고 있고, 성격도 비슷한 사람과 가까이 지내려는 경향이 있다. 사생활에서는 그것이 조화를 이루고, 직장에서는 생각이 비슷한 사람들을 하나로 모아준다. 서로 호감을 갖고 지내는 사람들로 이뤄진 팀은 안목이나 개혁에 제한적인 모습을 보여준다. 오히려 그런 팀보다는 가끔 소동을 일으켜도 다양한 사람들이 모여 있는 팀이 더 성공적인 결과를 낳는다.

물론 인기 많은 사람은 회사에서도 유리한 점이 있다. 그들은 회의 석상이나 회사 내에서 인간 사이의 다리 역할을 한다. 이는 직장 내 분위기와 업무 결과에 결정적인 의미가 된다. 간부들은 그런 직원을 파악해 특별히 돌봐줘야 한다. 당신은 일을 좀 더 쉽게 하려는 마음으로 호감 가는 사람들만 주위에 포진시키지 않았는지 자문해봐야 한다. 가끔 마찰이 생겨 삐걱거려도 장기적으로는 훌륭한 성과를 내는 팀에서 더 많은 이득을 취할 수 있다.

7월 29일
약간의 혼돈이 사람을 창의적으로 만들어준다

알렉산더 플레밍은 주변을 깔끔하게 정돈하고 사는 사람이 아니었다. 1928년 9월, 스코틀랜드의 박테리아 전문가인 그는 휴가를 끝내고 돌아왔다가 지저분한 실험실에서 박테리아균을 배양하던 두 개의 샬레(실험용 유리그릇)를 살펴봤다.

그런데 그중 하나에 곰팡이가 생겨 박테리아균을 망가뜨린 듯했다. 그는 화가 났다. 그런데 가만히 살펴보니 배양균이 곰팡이를 아주 교묘한 방법으로 피한 것처럼 보였다. 현미경으로 확인한 결과, 특정 박테리아를 죽이는 곰팡이가 발견되었다. 그렇게 해서 페니실린이 탄생했다.

무질서는 직장에서 안 좋고 혼란스러운 것으로 평가받는다. 그러나 무질서에서 창의적인 것이 나올 수 있다. 전문 청소업체가 집이나 회사를 찾아와 먼지를 탈탈 털어내고, 메모 쪽지와 수북이 쌓아둔 쪽지들을 치우는 것도 정신적 자극이 된다. 틀에 박힌 형식에서 벗어나 분위기를 바꾸거나, 자기 업무의 절반 정도만 신경 쓰고, 나머지 절반으로 다른 것을 생각하면 놀랍게도 신선한 아이디어가 나온다. 그때 비로소 창조적인 힘이 생겨난다. 곰팡이뿐만 아니라 수북한 쪽지도 그런 절호의 기회를 제공한다.

이와는 반대로 깔끔하게 정리된 책상에 앉아 일하는 사람은 지저분하게 해놓고 있는 사람보다 물건을 찾을 때 평균 36퍼센트 더 오랫동안 찾는다고 컬럼비아 대학 교수이자 《완벽한 혼돈》의 저자인 에릭 에이브러햄슨은 적고 있다. 정리된 책상은 상상하기에 좋은 환경이지만 지나치게 깔끔하면 오히려 생각이 차단된다.

천재와 어질러놓고 사는 사람들에게는 두 가지 공통점이 있다. 그들은 어지러움을 통제할 뿐 아니라, 융통성 있는 사고를 보여준다. 심리학자들의 조사에 의하면, 인간은 자신에게 맞는 어지러움의 정도가 갖춰졌을 때 일을 더 잘하는 것으로 밝혀졌다.

책장에 있는 잡동사니 상자나 책상에 지저분한 것을 모아두는 서랍 등은 외부에서 볼 땐 무질서해 보이지만 그 사람의 입장에서는 자연스러운 질서가 되는 것이다. 어떤 심리학자들은 일상생활을 하면서 시간적으로 제한해놓은 상태에서 일부러 혼란스러운 상황을 만들 것을 권하기도 한다. 그렇게 하면 정리 정돈에 대한 스트레스도 덜 받고, 자기 자신만의 질서가 자리 잡힌다. 조직은 질서와 혼돈의 혼합체다. 창세기를 한번 생각해보라. 하느님에게는 무질서가 영감이었다. 거기서 우주를 창조했다. 우리 역시 신의 창조 원천을 이용해보는 것도 좋지 않을까?

7월 30일
당신의 지위를 볼거리로 만들지 마라

지위의 상징에는 여러 가지가 있다. 관용차, 한구석에 있는 사무실, 출입구 가까운 곳에 지정된 주차장. 그런 특권이 권력 체계를 외부에 보여주는 모습이다. 특히 자동차가 그렇다. 경영진은 권위와 고급스러움을 느끼게 해주는 큰 차를 즐겨 탄다.

단독으로 쓰거나 구석에 위치한 사무실은 일종의 권력 영역을 상징하기 때문에 장점이 있다. 또 사무실에 빈 공간이 많을수록 그 방 주인의 권력이 커 보인다.

전용차, 전용 주차장, 전용 사무실, 이 모든 것들이 상대적이다. 성공을 상징하는 이런 효과는 그것으로 다른 사람에게 얼마나 고압적인 자세를 취할 수 있는지의 여부에 달려 있다. 하버드 대학 학생들을 상대로 원하는 연봉에 대한 설문 조사를 했는데, 연봉으로 자신은 5만 달러를 받고 다른 사람들은 그 연봉의 절반 정도만 받는 상황과 자신은 10만 달러를 받는데 다른 사람들은 그 연봉의 두 배를 받는 상황 중에 원하는 쪽을 선택해보라고 했다.

당연한 말이겠지만, 대부분의 학생들이 첫 번째 안을 선택했다. 주변 사람들보다 상대적으로 많은 돈을 벌 수 있다면 절대 액수가 적어도 그쪽을 선택하겠다는 것이었다. 그것이 바로 상대적인 우월감에 대한 인간의 갈망이다.

화려한 성공을 위해 온갖 노력을 기울여도 그 정도가 심하면 나중에는 질투의 대상이 된다. 심지어는 운이 좋아 갑자기 성공한 졸부 취급을 받기도 한다. 그런 말을 하는 저변에는 어떻게든 상대를 이기고 싶은 의지가 숨어 있다. 자신이 훌륭한 행동을 했다는 말을 많이 하고, 성공을 자축할수록 사람들로부터 시기와 질투를 받게 된다. 요란한 등장은 자기 자랑과 남에게 인정받고 싶은 마음에 대한 표현이 아닌가 하는 의심을 받게 된다. 반면 자신의 지위에 무관심한 태도를 보이는 행동은 그 사람을 더욱 돋보이게 하고, 나중까지 여운을 남긴다.

7월 31일
중립을 넘어 호감을 갖게 하는 예술

직업적 성공과 사회적 품위는 정치적 노련함 없이는 불가능하다. 간접적으로 호감을 느끼게 하고, 자신의 능력을 아무렇지도 않은 듯 우아한 방법으로 표현하는 것은 예술이다. 말하자면 어떤 영향을 미치는지 뚜렷해지기 전에 영향을 주는 것이다. 그렇게 하면 질투와 거부감도 피할 수 있다. 특히 이런 방법들이 있다.

도움의 손길을 뻗는다: 다른 사람이 부담을 느끼지 않을 정도로 도움의 손길을 뻗으면서 당신의 경험과 성공을 자연스레 공개할 수 있다. 다른 사람을 도와줌으로써 그 사람도 성공하게 해준다면 그들은 당신의 도움을 감사하는 마음으로 받아들일 것이고, 그와 동시에 당신에 대한 명성도 높아진다.

봐달라고 간청하지 마라: 부탁을 거절하는 것만큼 상사를 힘들게 하는 일도 없다. 그것은 상사로 하여금 죄책감이 들게 하고, 마음에 부담을 준다. 그러므로 특혜에 대한 부탁은 가능한 한 적게 하는 게 좋다. 그런 간청을 하느니 상사가 자유롭게 해줄 수 있는 특혜를 받으려고 노력하는 게 현명하다.

감정을 표출하라: 감성적인 반응을 보이는 사람이 더욱 매력적으로 보인다. 그렇다고 기쁜 일이 있을 때 춤추고, 화가 나면 분노를 마구 터뜨리라는 말이 아니다. 그러나 기쁨, 화, 동참, 관심 혹은 슬픔을 곧바로 드러내는 사람은 미국의 인류학자 폴 에크먼이 연구 결과를 통해 발표했듯이 사람들로 하여금 많은 호감을 갖게 한다.

적응하라: 상대의 사회적 지위와 상관없는 대화를 나누기는 어렵다. 부하 직원은 자신을 깔보는 것으로 받아들일 수 있고, 상사는 건방지다고 생각할 것이다. 상사를 친구처럼 대하는 것도 좋지 않다. 상사는 부하 직원이 친구가 되기를 원하지 않는다. 그보다는 상사의 스타일에 본인의 것을 맞추는 게 좋다. 같은 어휘를 사용하고, 몸짓이나 말하는 속도도 보조를 맞춰주는 것이다. 그렇게 하면 상사는 그것들을 알아보고, 둘 사이의 궁합이 좋다는 생각을 한다.

나쁜 소식은 절대 전달하지 마라: 누구나 불쾌하고, 보기 싫은 것을 피하려는 마음이 있다. 대신 기분 좋게 하고, 즐겁게 하는 것을 가까이하려 한다. 그러므로 다른 사람과 관련된 안 좋은 소식을 전달하는 일은 될 수 있는 한 하지 말아야 한다. 나쁜 소식을 남에게 전달하지 않으면 당신의 이미지도 자연스럽게 좋은 쪽으로 유지될 수 있다.

AUGUST

직장에서의 위기 극복하기

8월

직장에서의 위기 극복하기

성공은 사고를 잘 활용한 것

1903년 사고가 생겼다. 프랑스의 화학자 에두아르 베네딕투스가 실험실에서 실수로 선반을 밀어 플라스크를 떨어뜨렸다. 그런데 유리가 바닥에 부딪치는 소리는 났지만 산산조각 깨지지는 않았다. 자세히 살펴보니 유리 조각들이 서로 붙어 있었다. 그 모습을 보고 그는 일종의 액체형 플라스틱인 니트로셀룰로이드를 병에 담아두었다는 사실을 기억해냈다.

액체는 이미 오래전에 날아갔지만 플라스크 유리면에 필름 같은 막이 말라붙어 있었는데, 그것이 유리 조각들을 붙잡아준 것이다. 그 사고를 계기로 안전유리가 발명되었고, 나아가 유리에 붙이는 필름을 여러 장 겹쳐 방탄유리까지 만들 수 있게 되었다.

그리고 1940년대 초에 스위스의 엔지니어인 조르주 드 메스트랄은 개를 데리고 산책을 나갔다가 집으로 돌아가던 길에 자신의 바지와 개의 털에 우엉 열매 같은 가시 껍질이 다닥다닥 붙어 있는 것을 발견했다. 그것들은 흡착력이 강해서 떼어내기가 여간 성가신 게 아니었다. 그렇게 떼어낸 것을 버리지 않고 집으로 가져갔다. 현미경으로 관찰하니 작은 갈고리 모양을 하고 있는 것이 아무리 잡아당겨도 찢어지지 않았다. 그 일을 계기로 메스트랄은 8년간을 연구한 끝에 일명 '찍찍이'라 부르는 벨크로를 발명해 1951년 특허를 신청했다.

해리 커버는 처음에 산업용 섬유 대체품을 만들 생각이었다. 그런데 그의 발명품인 시아노아크릴레이트는 도구에 닿기만 하면

쩍쩍 달라붙었다. 크게 실망했던 그는 자신이 처음 계획했던 것보다 더 훌륭한 발명품을 만들어냈다는 사실을 뒤늦게 깨달았다. 결국 그는 강력 순간접착제를 발명해 1958년에 특허를 따냈다. 시아노아크릴레이트는 과다 출혈을 막는 데도 효과를 발휘했다. 의사들이 상처에 사용하면서, 베트남 전쟁에서 많은 군인들의 목숨을 구했다.

위의 제품들은 발명된 지 이미 오래되었지만 그것을 처음 발명할 때 발명가들이 몹시 실망했다는 이야기는 아직도 전해 내려오고 있다. 어쨌든 그런 성공 신화는 모두 우연이나 사고를 통해 이뤄졌다. 우리에게도 그런 순간이 언제든 닥칠 수 있다. 승자와 패자의 차이는 아주 작다. 쓰레기 더미에서도 꽃을 찾아내는 사람이 결국 승자가 된다. 우연찮게 일어난 사고가 커다란 가능성을 품은 발명품의 계기가 되는 것이다.

8월 2일
계속 전진, 지혜로운 말들

우리가 노력한 것에 대한 최대의 보상은 그 대가로 받는 것이 아니라 그것을 통해 우리가 무엇인가가 되는 것이다.

－존 러스킨, 사회비평가

실망도 근원적이고 결정적이면 한 발자국 앞으로 나아갔다고 할 수 있다.

－막스 플랑크, 노벨상 수상자

영웅다운 행위는 전투에서의 승리가 아니라 실패를 받아들이는 것
이다.
-데이비드 로이드 조지, 영국의 정치가

세상에는 실패하는 사람보다 미리 항복하는 사람이 더 많다.
-헨리 포드, 포드의 창업주

인내는 언젠가 반드시 보상을 받는다. 다만 뒤늦게 받을 뿐이다.
-빌헬름 부슈, 독일의 시인

8월 3일
실패의 예술

삶에서 가장 좋은 것은 해피엔드 뒤에도 계속 이야기가 이어진
다는 점이다. 한바탕 혼란스러운 난리법석이 지나간 다음에도 마
찬가지다. 인생을 살다 보면 산도 넘고, 계곡도 지나야 한다. 승리
든 실패든, 그것들은 메달의 양면이다. 성공을 위해 적극적으로
뛰는 사람은 실패할 가능성도 염두에 두어야 한다. 하지만 그보다
더 중요한 것은 그 실패를 뛰어넘는 것이다. 아무것도 하지 않는
사람은 실패하지 않지만, 그는 이미 패자다.

실패는 성공하지 못한 것 이상이다. 실패를 마지막 결론으로 받
아들이는 행동은 현명하지 못하다. 그것은 미리 죽음을 받아들이
는 것과 같다. 사람들은 실패를 고백하는 것을 더 힘들어한다. 그
래서 많은 사람들이 자신의 추락에 반사적인 반응을 보인다. 목표

를 잘못 잡는 바람에 거의 가능할 것 같아 보이던 성공을 놓쳤고, 안 좋은 전략으로 불행한 결과를 맞았다고 생각하는 것이다.

그것은 어리석은 생각이다! 실패는 암과 같다. 미리 발견하면 치료할 수 있다. 솔직한 고백도 상황을 잘 분석하면 자기 발전에 도움이 된다. 똑같은 실수를 두 번씩 할 이유가 없지 않은가? 성공한 사람도 때론 실수한다는 것을 고백하지 않을 이유가 없다. 진정한 의미의 시작은 낡은 것과 작별하고, 앞을 향해 시선을 고정해야 가능하다. 그것은 죽음을 받아들이는 과정과 같다. 처음에는 슬픔에 잠겨 있다가 시간이 지나면 유품을 정리하고, 다시 일상으로 돌아가게 된다. "많은 사람들이 기억 속에 실패한 기억만 갖고 있을지도 모른다"고 프랑스의 지식인 앙리 트로야가 말한 것처럼 실패는 불멸의 성질을 갖고 있다.

8월 4일
반격을 가볍게 극복하는 방법

인간은 살아가면서 몇 가지 충격을 경험한다. 운명적인 사고, 심한 위기와 질병, 고문, 악습, 실직과 같은 개인적인 재앙, 혹은 더 심한 상실로 사랑하는 사람과의 결별……. 누구나 이런 충격을 극복하기 힘들어한다. 하지만 극복을 잘해야 인내심 있고, 반격할 능력을 갖춘 사람이 된다. 심리학에서는 그런 이들을 가리켜 삶의 위기를 심한 타격 없이 뛰어넘고, 짧은 시간 안에 다시 원상태로 돌아올 수 있는 사람들이라고 말한다.

재앙에 대한 연구를 살펴보면, 그런 사람들은 불행한 사건이 일어났을 때 분홍빛 안경을 통해 문제를 바라보고, 억지로 밀어내려 하지 않는다. 그보다는 슬픔을 억누르고 고통을 참아내며 문제에 건설적으로 접근한다. 그들은 수렁에 빠져 있는 자기 자신을 스스로 구해낸다. 점점 더 복잡해지는 현대 사회에서 그 의미는 더욱 중요해진다.

그렇게 하려면 낙천적인 '좌우명'을 갖고 있어야 한다. 현실은 참담하지만 다시 새로운 아침을 맞이할 수 있다는 믿음을 갖고 있어야 한다. 반격 능력이 있는 사람은 현실을 있는 그대로 받아들이고, 일부러 예쁘게 꾸미려 하지 않지만 시선은 먼 미래를 내다본다. 그럼으로써 눈앞에 닥친 문제를 치명적인 타격을 주는 사건이 아니라 시간적으로 제한되어 있는 하나의 사건으로 보게 된다.

많은 사람들이 충격을 받았을 때 마치 희생자가 된 것처럼 행동한다. 그들은 자기 자신에게서 잘못을 찾으며 괴로워하고, 우울해하며 수동적이 된다. 그에 반해 반격 능력을 가진 사람은 능동적이다. 결국 그들은 탈출구를 찾고, 자신의 삶을 통제할 수 있게 된다. 그들은 위기의 원인을 분석하고 여러 각도에서 문제를 보려고 한다. 무슨 일이 일어났는가? 왜 그 일이 일어났는가? 바꿀 만한 여지는 남아 있는가? 과거의 경험을 되새겨 정신을 더 튼튼하게 만들어줄 수는 없을까? 이와 비슷한 상황이 전에도 있었나? 그때는 어떻게 했었지? 그땐 뭐가 도움이 됐었지?

좋은 친구는 위기 극복에 도움을 줄 수 있다. 약간의 유머 감각도 마찬가지다. 웃음은 여유를 갖게 하고, 여유 있게 앞을 바라보게 해준다. 유머 감각이란 어떤 상황에서도 웃을 수 있는 능력이다.

8월 5일
스트레스를 이겨내는 간단한 방법

처음에는 사소한 일로 시작된 불행이 나중에는 심각한 일로 번지는 날이 있다. 아침 식사 때 빵에 바르던 딸기잼이 튀어 흰 셔츠에 묻는다. 출근길에 과속 단속 카메라에 찍힌다. 상사가 보려고 하던 중요한 서류 위에 커피를 쏟는다. 이런 경우 아무리 냉정한 성격이라도 약간 흥분하게 마련이다. 다른 사람들은 얼굴이 붉으락푸르락 변한다. 그들은 어쩔 줄 몰라하며, 입에 거품을 물고, 불같이 화를 낸다. 여기서 말하는 '다른 사람들'이 사실은 대부분의 사람들이다. 그들은 스트레스를 자주 받는다.

전문 서적이나 논문들을 살펴보면 정신적인 부담이 수년 전부터 증가하고 있다. 1997년과 2004년 사이만 보더라도 70퍼센트나 증가했다. 독일인 가운데 다섯 명 가운데 한 사람이 스트레스와 그 후유증에 시달리고 있다. 고혈압, 두통, 불면, 심근경색이나 심장마비의 위험 증가, 우울증 등을 앓고 있다. 바로 장기간의 스트레스가 원인이다. 오랫동안 긴장을 풀지 않았기 때문이다.

많은 경우, 스트레스는 자기 스스로 만든다. 복잡한 현대 생활에서 뭔가 중요한 것을 놓치지 않았을까 하는 두려움에 우리는 스스로에게 더 많은 임무를 부여한다. 신문을 읽고, 뉴스를 보고, 이메일을 읽고, 커피를 마시고, 그 모든 것을 동시에 한다.

한꺼번에 여러 가지 일을 하는 것에 대해 뇌 전문가들은 그런 일이 점점 더 많아지는 현대의 삶에서 어느 순간 뇌가 자극에 더 이상 반응하지 못할 거라는 경고를 한다. 런던의 킹스 칼리지는 일하면서 수시로 이메일을 열어 보고 답장해주는 사람들은 약 10퍼센트의 지능이 감소한 것처럼 일한다는 연구 결과를 발표했다. 환각제를 피울 경우에는 지능이 4퍼센트 줄어든다고 한다.

그렇게 되지 않으려면 스트레스가 풀릴 정도로 쉬는 시간을 가져야 한다. 그 외 많은 조언들 가운데 하나는 마음을 완전히 비우는 것이다. 간단하지만 효과 만점인 이 방법은 스트레스가 쌓인다는 느낌이 들 때 짧은 휴식 시간을 가지면 된다.

그때는 몸의 중심부에 정신을 집중하라! 그리고 숨을 깊이, 길게 들이마시고 내쉰다. 또 머리가 맑아지도록 노력하면서 아름다운 경험을 머리에 떠올린다. 그렇게 하면 당장 눈앞에 일어난 일 때문에 흥분을 잊을 수 있다. 그러고 나선 기분 전환할 것을 찾아 생각을 집중한다. 당신에게 더 안 좋은 일이 생길 게 뭐 있겠는가? 당연히 없다.

이 방법은 호흡법과 태극권의 혼합처럼 보이지만, 사실은 롤린 매크라티가 개발해서 유명해진 '프리즈-프레임 방법'이다. 스탠퍼드 대학 연구진이 우리의 사고가 신체의 반응을 변화시킨다는 것을 밝혀낸 것이다.

처음에는 올바른 호흡법으로 경계경보를 무너뜨리고, 긍정적인 사고를 통해 몸과 영혼에 가해지는 압박을 줄여줌으로써, 결국에는 모든 일이 심각하지 않은 듯 여기게 만드는 것이다. 그런 식으로 하면 사소하게 시작된 문제가 더 이상 심각해지기 전에 해결될 수 있다.

8월 6일
이렇게 하면 당신도 임기응변에 능한 사람

상사나 동료가 "그런 것 말고 좀 더 멋있는 넥타이가 없어요?"와 같이 무례한 질문으로 당신을 무시하며 자극할 때가 있다. 그럴 때 대부분의 사람은 얼굴이 붉으락푸르락해지며 아무 말도 하지 못한다. 적절히 응대해줘야 할 말은 세 시간쯤 지나서야 겨우 생각난다. 하지만 그때는 이미 너무 늦다.

사무실 안에서는 일반적인 논쟁과는 다른 규칙이 적용된다. 무례함은 누구에게나 상처뿐인 영광을 안겨준다. 말로 상처 입히려고 하는 사람은 상대에게 복수의 의지를 자극한다. 사무실에서 쓰는 용어는 전쟁터에서 쓰는 말과 다르다. 따라서 자신의 목소리를 분명하게 내고, 마음에 들지 않는 말을 그 자리에서 취소하게 만드는 게 좋다. 그런 방법 중에는 이런 것들이 있다.

● 성공적인 반응을 보이려면 유머 감각이 필요하다. 유머를 보여주면 돌아오는 말도 듣기 좋은 말로 돌아온다. 약간 멋을 부리고, 아이러니를 가미하면 심한 말의 독기도 뺄 수 있다. 프랑스의 프랑수아 미테랑 대통령은 대화 도중 한 비평가로부터 지속적으로 "그만 하시오!"라는 말로 제지받았다. 그러자 그는 이렇게 말했다. "우리 두 사람이 만족스러워할 만한 짓을 나도 하고 싶습니다. 그러나 이런 상황에서 우리 생각만 해서는 안 되지요."

● "갈등을 피하고, 자기중심적이고, 단체 생활에 잘 맞지 않고……." 이런 식의 비난을 들었을 때는 이른바 통역관 기법으로 우아하게

대처하라! 통역관 기법은 비난받은 내용을 인정하되 긍정적인 말로 바꾸는 것이다. "제가 혼자만의 생각을 하고, 그것을 구체화시키려고 노력한 점을 염두에 두고 하신 말씀이라면, 네, 그 말이 맞아요, 저는 단체 생활에 맞지 않아요." 그런 말은 상대를 비난하지 않으면서 시간을 버는 장점이 있다. 상대도 자기가 한 말에 대한 해명을 해야 하기 때문이다.

● 때로 당신의 능력을 의심받는 공격을 받기도 한다. "왜 이걸 아직 못 끝냈죠?" "아직 배울 게 많으시군요." 그런 말을 들었을 때 당신이 할 수 있는 일은 두 가지다. 첫 번째 방법은 동의하는 것이다. "그래서 제가 여기 왔잖아요, 배우려고요." 당신이 그렇게 반응했을 때 상대가 거만한 '잘난척쟁이'라면 당신에게 필요한 것을 구체적으로 가르쳐줘야 하고, 그것으로 자신의 돌발 발언은 무효화된다. 두 번째 방법은 과장된 반응을 보이는 것으로, 비난한 사람에게 화를 내며 따지듯 말하는 것이다. "네, 아직 못 끝냈어요. 그냥 대충대충 해서 넘겨드릴까요?"

● 또 다른 전략은 꼬치꼬치 따지며 반박하는 것이다. "그렇게 생각하실 수도 있죠. 하지만 실제로는……" 하고 말문을 열면 강력한 반박은 아니지만 이를 계기로 서로 대화할 수 있게 된다.

● 곧바로 내놓을 답변이 생각나지 않으면 되묻는 것도 또 하나의 방법이다. 예를 들어 "당신은 아무것도 몰라요!"라고 비난하는 소리를 들었다면 "어차피 아무것도 모르는 사람한테 무슨 소리를 듣고 싶으셨어요?"라고 대꾸한다. 그렇게 하면 처음에 받은 충격을 극복할 수 있다. 하지만 이 방법에는 두 가지 단점이 있다. 다른 사람이 말한 비난을 반복함으로써 그것을 강화시킬 수 있다.

둘째는 당신을 자극한 사람이 더 나은 제안을 했을 경우 당신의 입지가 더욱 좁아질 수 있다. 그러므로 이 방법은 상대가 당신의 적수가 못 된다는 것이 확실할 때만 사용해야 한다.

8월 7일
하기 싫은 것을 하는 용기

휴가나 휴식 또는 가족을 스트레스로 여기는 사람들이 있다. 갑작스러운 긴장 해소, 시골집에서의 고요, 자유의지에 따른 업무 시간에 대한 의무 포기, 온갖 시간에 얽매이지 않는 자유로움은 과중한 업무에 익숙한 몸이 견디기 힘들어하고, 무얼 하며 시간을 보내야 할지 몰라 쩔쩔매게 만든다. 그래서 휴가를 가면서도 휴대폰과 인터넷을 챙겨가 언제라도 연락이 가능하게 한다. 그렇게 사무실과 연결되어 있는 데 대해 사람들은 '돌아가서 받을 충격'을 줄이기 위해서라고 변명한다. 자신이 휴가지에서도 열정적으로 일하는 모습을 보면 회사 쪽에서 좋아할 거라 생각하는 것이다.

그러나 회사 입장에서 보면 손해다. 의사들은 직장 일을 집이나 휴가지까지 짊어지고 가는 것에 대해 경고한다. 과도한 활동이 신체나 정신의 회복을 막는다. 그렇게 하는 사람들은 한 가지 스트레스가 사라지면 또 다른 일로 스트레스를 받는다.

150퍼센트의 상태에서 일하다가 휴가 가서는 아무것도 안 하는 상태로 자신을 끌어내리거나, 짧은 시간 동안 지친 몸을 다시 추스르는 일이 중요한 게 아니다. 그것은 시내 중심에서 주차장을 찾아 헤매는 것처럼 헛고생이다. 쉬는 시간까지 자기 몸에 남아 있던 에너지를 모두 쏟고, 축 늘어져 햇빛 아래 장시간 누워 있는 것은 생명에 지장을 초래할 수 있다. 대부분의 심장마비는 일요일 밤에 일어나고, 대개의 질병은 주말이나 휴가 때 생긴다. 몸과 정신의 열기를 식히려면 며칠을 할당하는 게 현명하다.

산업의학 전문가들은 한 번에 2주 내지 3주의 휴가를 이상적으로 본다. 첫 주는 신체가 차분히 쉬는 데 필요한 시간이다. 둘째 주는 그 여유에 익숙해지고, 셋째 주에는 긴장이 풀어진다. 대부분의 사람들이 쉬는 것에 익숙지 않으므로 일상생활에서도 피로를 회복할 수 있는 시간을 종종 가져야 한다. 정기적으로 휴식을 취하거나, 아침의 명상 혹은 가벼운 운동이 좋다.

중요한 점은 계속 똑같은 행동을 하지 말고 자주 바꿔주어야 한다. 휴가 때도 최소한의 두뇌 훈련은 이뤄져야 한다. 뇌 전문가들에 따르면, 14일 안에 뇌의 활동이 20퍼센트 줄어든다고 한다.

8월 8일
당신이 실패할 수밖에 없는 이유

목표 없는 삶을 옷으로 표현하면 하얀 테니스 양말과 같다. 하얀 스포츠 양말이 여성스러움을 불식시키듯, 그것은 상사가 내리는 판단에 영향을 주는 커리어의 적이다. 물론 그게 전부는 아니다. 컨설턴트와 간부직 사원들을 상대로 승진을 가로막는 성격과 행동에 대한 설문 조사를 실시했는데, 그들은 조직 생활 부적응,

발전의 정체, 내부 규칙에 대한 존중 부족 등을 주된 이유로 꼽았다. 특히 안 좋다고 생각하는 것에는 이런 것들이 있었다.

지나친 공명심: 건강과 관련된 대부분이 그렇듯, 노력도 마찬가지다. 너무 지나치면 해롭고, 너무 심하면 공명심이 빛을 잃는다. 또, 좌절과 사회적 격리는 악순환을 거듭한다. 시간이 흐르면 상사도 그런 병적인 행동이 회사 전체 분위기를 해친다는 것을 알게 된다. 그런 사람에게 승진 기회는 좀처럼 주어지지 않는다.

자아 과대평가: 직장에 첫발을 내딛는 사람은 처음부터 자신의 거창한 포부를 보여주려고 한다. 기존의 체계는 배려하지 않고 모든 것을 자기가 나서서 하려 하는 것이다. 그렇게 하면 다른 사람들로부터 차츰 멀어지게 된다.

지속적인 좌절: 회사의 짐을 자기 혼자 짊어진 듯 고개를 푹 숙인 채 회사 안을 돌아다니는 사람은 머지않아 추락한다. 흥을 깨는 사람은 어느 누구도 좋아하지 않는다. 위기의 시절에는 비관적인 사람보다 낙천적인 사람이 인기가 많다.

험담하기: 상사에 대해 동료와 험담을 늘어놓는 일은 재미있다. 그러나 거기에 커리어를 해치는 함정이 숨어 있다. 비밀은 언제라도 새어나갈 위험을 안고 있다. 특히 이메일을 통한 잡담은 절대 안 된다. 글로 주고받는 것은 법적 증거가 될 수 있다. 침묵은 금이고, 웅변은 은이다.

8월 9일
우상을 삼을 것인가, 반면교사를 삼을 것인가?

고대 중국에 용과 관련된 것이라면 뭐든 좋아하는 사람이 있었다. 그의 옷과 의복, 창문과 문에는 어디든 용이 그려져 있었다. 급기야는 그 소문이 용왕의 귀에까지 들어갔다. 어느 날, 그의 집 창문 밖에 진짜 용이 나타났다. 남자는 무서워서 벌벌 떨다가 결국 숨을 거뒀다. **—18세기의 중국 이야기 중에서**

말을 거창하게 하는 사람들이 있다. 그들은 권력, 행복, 성공을 연출해 보이며 자기 자신을 꾸민다. 그러나 막상 그 힘을 발휘해야 할 순간이 되면 몸을 사린다. 그들의 능력은 착각에 불과하다. 용의 그림으로 남에게 깊은 인상을 심어주려 하고, 그런 것을 우상으로 삼는 사람은 어리석다.

8월 10일
과중한 부담을 거부하는 방법

구조적인 변경은 과도기, 일시적인 변화와 분위기 전환에 큰 효과를 보여준다. 그러나 장기적으로 그런 시기가 지속되면 별로 좋지 않다. 조직 체계에서 주인 없는 땅이나, 책임자가 공석이라고 잘못 판단할 경우에 사람들은 자기 영역을 확보하기 위해 상대에 맞서 싸우려고 한다.

그 와중에 몇몇이 떨어져나가다 보니 일은 줄어들지 않고, 모든 사람에게 부담이 될 정도로 많아진다. 과중한 부담을 받는다는 느낌이 전체적으로 확산된다.

그렇게 되면 사람들은 자기 자신에 대해서만 생각을 집중하려 하고, 두려움 때문에 직장을 하찮은 것으로 여기려는 경향을 보여준다는 연구 결과가 나와 있다.

지속적인 업무 부담은 그대로 받아들여서도 안 되지만, 그 때문에 위축되어서도 안 된다. 지나친 부담을 안고 있다고 생각하는 사람은 상사를 만나 이야기하는 게 좋다. 이때는 근무 내용을 자세히 기록한 자료와 최근 무슨 일을 했는지에 대해 설명할 것들을 준비해가는 게 좋다. 단, 징징 짜는 소리는 안 된다. 상사에게 업무에 대해 말할 때는 신음 소리를 피하고, 현재의 상황에 대해 비난하지 말아야 한다. 그렇지 않으면 그가 즉각 방어 자세를 취하면서, 대화의 맥이 끊긴다. 다음 사항을 유의하는 게 중요하다.

- 면담에서 말할 내용을 미리 준비한다. 당신이 소속된 부서의 조직을 분석하고, 건설적인 개선책을 내놓는다. 일부러 얌전하게 소극적인 자세를 취하려 하지 말고, 심한 압박에 지친 모습도 보여주지 말고, 궁극적인 판단은 상관이 내리게 한다.
- 객관적인 자세로 주장을 펼쳐라! 한 가지 업무를 해결하기 위해 얼마나 많은 과정을 겪는지 잘 가늠하지 못하는 상사들이 많다. 업무가 어려움 없이 진행되기를 원하는 것은 상사의 관심사이기도 하다는 점을 기억하라.

명심할 것: 일을 잘했을 때보다 못했을 때 당신이 받는 상처가 더

크다. 따라서 상사가 당신을 부르기 전에 당신이 먼저 면담을 제안하는 게 좋다.

8월 11일
탈진을 미리 막는 방법

번아웃(burnout), 즉 탈진 상태. 지난 몇 년간 수많은 사람들이 이 주제를 다뤄왔다. 그 말의 어원은 영국의 작가 그레이엄 그린이 1961년에 쓴, 직장인들이 정신적으로 피폐해지는 내용을 그린 《어 번아웃 케이스》라는 소설에 있다고 많은 사람들이 추측한다. 의사, 심리학자, 스트레스 훈련가 등이 그것에 대한 두려움에 관심을 집중했다. 발가락에 통풍이 생겼다고 금방 몸이 무너지는 것은 아니다. 단지 그 발가락만 아플 뿐이다.

진정한 의미의 번아웃, 완전히 탈진한 상태를 규정하기는 힘들지만 배터리와 비교하는 게 가장 적합할 듯싶다. 배터리가 방전되듯이 그런 상태에 이른 사람은 몸에 여유가 없다. 그렇게 되기까지의 과정은 서서히 일어난다.

몸이 지속적으로 다량의 스트레스 호르몬을 분비하다 보니 설사, 두통, 불면, 심장의 혈액 순환 장애가 일어난다. 신경은 예민해지고, 쉬어도 좀처럼 피로가 회복되지 않고, 실수를 연발한다. 실수하지 않으려고 노력할수록 에너지는 더 빨리 소진된다. 시간이 지나면 머리가 폭발할 것 같다. 모든 것이 잘못된 것 같고, 자기 자신에 대한 불신으로, 다른 사람들과 자신을 격려하고, 지나친 부담에 시달린 나머지 어찌할 바를 모른다. 최악의 경우에는 우울증에 걸린다.

그렇게 된 원인은 애초에 도달할 수 없는 목표를 잡았거나 이뤄놓은 일에 대한 칭찬을 충분히 받지 못한 데서 찾을 수 있다. 그것은 사람을 더 위험하게 만든다. 그런 고통에 시달리는 이들은 게으른 사람이 아니라, 자신이 원하는 것을 이루기 위해 온갖 고난을 당하면서 의욕적으로 일했던 이들이다.

번아웃 전문가인 마티아스 부리슈는 그런 이들을 '자기 소진자'들이라 부른다. 통계학적으로 여자들이 남자들보다 위험에 더 많이 노출되어 있다. 그들은 누구에게나 잘 대해주려는 경향이 있고, 자존감을 외부에서 인정받는 것에 의존한다. 위에 열거한 증상을 자기 자신에게서 발견한 사람은 외부에 도움을 요청해야 한다. 이를 예방하는 방법으로는 아래와 같은 것들이 있다.

- **증상이 아니라 원인에 맞서 싸워라:** 피곤함을 이기는 것은 커피가 아니라 규칙적인 휴식, 숙면, 건강식과 가벼운 운동이다.
- **우선순위를 정하라:** 누구에게나 시간은 똑같이 주어진다. 그러므로 할 일을 올바르게 분배해야 한다. 지금 반드시 처리해야 할 일이 무엇인가? 또, 시간을 지나치게 쏟는 일은 무엇인가? 시간을 어떻게 분배하는 것이 가장 좋을까? 많은 것들이 조정 가능하다.
- **당신의 기대치를 점검하라:** 누구에게나 좋은 모습을 보일 수 없듯, 당신이 다른 사람을 바꾸는 일도 쉽지 않다. 자신에게 부담이 되는 욕심과 역할에서 스스로를 해방시켜라.
- **갈등에 대해선 공격적으로 대처하라:** 꾹 참으며 삼켜버린 무언가

는 당신으로 하여금 능력을 발휘하지 못하게 하거나 당신을 망쳐 놓는다. 당신의 태도 여하에 따라 당신은 문제의 일부가 되거나 해결책의 일부가 될 수 있다.

● **당신의 임무를 분명히 하라:** 과중한 업무 부담은 직업적인 능력과 성공의 기준이 명확하게 정의되어 있지 않을 때 발생한다. 확실하게 정의를 내림으로써 감성적인 지지대를 만들어야 한다.

8월 12일
더 많은 자존감을 얻기 위한 방법

빅터 플레밍은 클라크 게이블과 비비언 리가 출연한 영화 〈바람과 함께 사라지다〉로 세계적인 성공을 거둔 감독이다. 자동차 레이서의 경력도 있는 그는 제작진뿐만 아니라 예산으로도 제작사에 적잖은 고민을 안겨주었다.

어느 날 심장마비 증상에 시달리던 제작자 데이비드 O. 셀즈닉이 그를 불러 스칼렛과 그녀의 자매들에게 왜 값비싼 벨기에산 속치마를 입히느냐고 물었다. 영화 장면에는 속옷을 어떤 것을 입었는지 전혀 보이지 않는데 그렇게까지 하는 게 불만스러워서 한 말이었다. "하지만 배우들은 사정을 알고 있으니까요." 플레밍이 말했다. "자기들이 입고 있는 속옷이 엄청나게 비싸다는 것을 아니까 자기들의 역할도 부유하고, 풍족한 집안 출신이라고 생각하게 되지요."

자존감에 대한 설명을 그 대답 이상으로 설명하기는 어려울 것

같다. 어떤 이들은 이를 긍정적인 사고라 말하고, 어떤 이들은 내
재된 동기 부여라 부르고, 또는 자연적인 권위라고 부르는 사람도
있다. 명칭은 어떻게 부르든 상관없다.

당신이 계획했던 것을 반드시 이룰 거라고 자기 자신의 능력을
믿지 않는다면 당신이 할 수 있음에도 불구하고 이루지 못하는 것
이 많아진다. 성공은 반드시 밖으로 드러나는 것으로, 눈부신 빛이
안에서부터 퍼져나온다. 실제로 역사에서 훌륭한 업적을 남긴 사
람들은 한 가지 공통점을 갖고 있다. 그들은 스스로를 믿었다. 그
들은 앞에 놓인 걸림돌에도 전혀 구애받지 않았다. 당신도 그것을
배워야 한다. 그렇게 하기 위한 규칙으로 이런 것들이 있다.

- 다른 사람과 비교하는 것을 중단하라.
- 당신이 할 수 있는 것을 알아보라. 누구나 할 수 있는 게 있다.
- 칭찬을 기쁘게 받아들여라.
- 독서를 통해, 또는 당신보다 더 많은 것을 알고 있는 전문가의 도
  움을 받아 계속 발전하라.
- 당신에게 긍정적인 자세를 가르쳐준 사람과의 관계를 잘 다져나
  가라.
- 처음 나온 결과에 만족하지 마라.
- 당신이 좋아하는 것을 자주 하라.

8월 13일
신혼 서약이 합리적인 이유

오늘은 이혼에 대한 이야기다. 아마 이 책에서 이혼을 다루리라곤 생각하지 않았을 것이다. 별로 아름답지 못한 이야기이기 때문이다.

헤어짐은 누구에게나 마음 아픈 일이다. 심한 경우에는 인격적 파탄까지 겪는다. 독일에서는 두 부부 가운데 한 부부가 이혼한다. 부부 관계가 파탄된 가정에서는 자식과의 헤어짐, 새로운 생활에의 적응, 평생 부담해야 할 양육비와 관련된 힘겨운 싸움의 과정을 고통스럽게 겪어내야 한다.

전혀 낭만적이지 않게 들리지만 재산 분할에 대해서도 서로 약속해두지 않으면 나중에 복잡한 문제에 휘말릴 수 있으므로 미리 해두는 게 좋다. 그런 계약서를 언제 작성할 것인지에 대해서는 의견이 분분하다. 결혼 초에 작성하면 두 사람이 신혼의 단꿈에 젖어 있기 때문에 그런 불행한 일이 닥칠 수 있다는 생각을 진지하게 받아들이지 못할 수 있다.

"다 잘 돌아가고 있는데, 새삼 그런 것을 왜 만들지?"라는 질문을 받을 수도 있다. 그렇게 생각하면 적당한 시간이란 게 있을 수 없다. 그러나 신혼 초에 작성해두는 게 비용이 적게 먹힌다. 공증인이 다뤄야 할 재산에 따라 수임을 책정하기 때문이다. 개인 재산의 합병은 살면서 경험하는 가장 중요한 경제적 결정이다.

8월 14일
삶의 위기는 감정에 어떤 영향을 미치는가

해고에 대한 충격은 매우 깊다. 치유되기 어려운 모든 생각들이 그렇듯, 해고에 대한 생각들은 안타깝게도 현실 밖으로 자꾸 밀려난다. 직장과의 이별은 항상 힘들고, 매우 감성적이다. 한쪽에서 일방적으로 끊어버린 관계는 더욱더 참담하다. 슬픔과 비통함에서 시작한 감정이 분노와 우울증으로 이어진다.

특히 삶의 중심부에 직장을 올려놓았던 사람에게 해고는 트라우마가 된다. 그들은 자신이 서 있는 자리, 지위, 힘, 직장에 대한

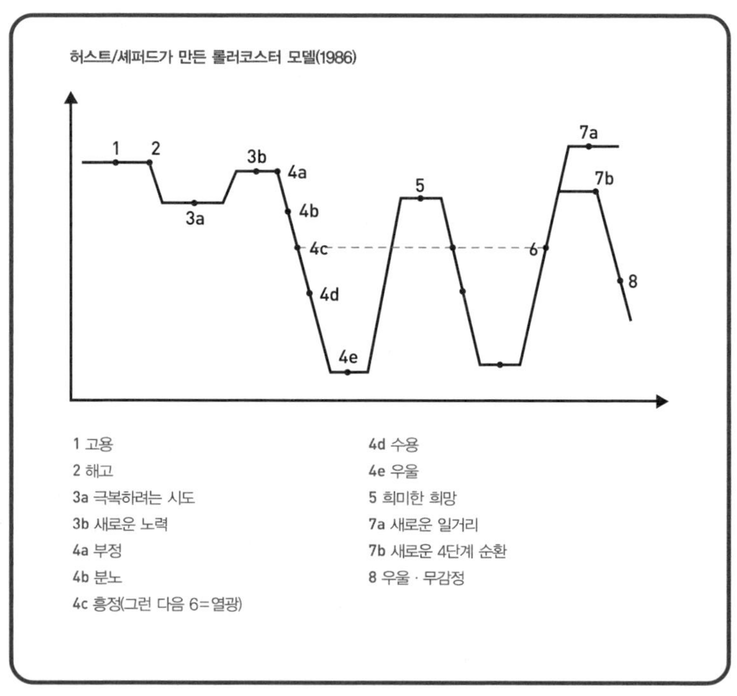

1 고용

2 해고

3a 극복하려는 시도

3b 새로운 노력

4a 부정

4b 분노

4c 흥정(그런 다음 6=열광)

4d 수용

4e 우울

5 희미한 희망

7a 새로운 일거리

7b 새로운 4단계 순환

8 우울 · 무감정

정의를 더 이상 내릴 수 없게 되어 세상이 무너진 것처럼 생각한다. 심리학자들은 해고된 사람들이 다양하게 체험하는 감정을 '롤러코스터를 탄 것 같은' 감정이라고 설명한다. 얼마만큼 노력했고, 실패를 맛보았느냐에 따라 그 정도가 달라진다.

그 과정은 트라우마를 겪는 단계와 비슷하다. 사랑에 대한 고민, 가까운 사람과의 결별, 직장에서의 해고. 그것을 피할 수 있는 현실적인 대안은 없다. 하지만 고통을 약화시킬 수는 있다. 자신이나 가까운 친구가 어떤 단계를 겪고 있는지 의식하는 사람은 최소한 터널 너머로 빛을 보고, 자기 자신에게나 친구에게 도움을 줄 수 있다.

8월 15일
누구나 넘어질 수 있지만 모두 일어서는 것은 아니다

재미있고, 성공 가능성 높은 일을 하는 것은 쉽다. 또 자신이 얻은 안락을 즐기고, 거기에 자연스럽게 편승하는 것은 쉽다. 그러나 넘어지고, 다시 일어서는 것은 훨씬 더 어렵다. 시간이 지나면 발걸음을 내디딜 때마다 넘어지는 둔탁한 소리가 날 때가 있다.

자기 발에 걸려 넘어질 수도 있고, 다른 사람 때문에 그렇게 될 수도 있는데 타격은 어떤 상황에서든 크다. 그럴 때 대부분의 사람들은 바닥에 벌렁 드러누워 산소도 없는 공간에서 살아남으려고 몸부림친다. 그런 상황에서 사람은 급히 서두르는 쪽과 꾸준히 가던 길을 계속 가려고 버둥대는 쪽으로 분류된다. 둘 다 같은 행동 양상을 보인다.

- **내가 아니라 저 사람 탓:** 당신이 처한 상황에 화를 내는 것은 누구나 이해할 수 있다. 그러나 경영인, 정치, 주변 여건에서만 실수를 찾으려 하는 것은 다른 사람들로 하여금 공동체 의식 결여와 거리감을 느끼게 한다. 그것은 앞이 아니라 자꾸 뒤를 돌아다보는 행동이다.
- **도와주세요:** 자신의 참담한 상황에 다른 사람이 책임 있다고 생각하는 이들은 스스로 뭔가를 하지 않고, 다른 사람의 도움에 절대적으로 의존하려 한다. 때문에 그런 이들은 자신에게 주어진 것을 받아들이기만 할 뿐, 자기가 할 수 있는 것은 함께하지 않으려 한다.

그런 행동을 취하는 배경에는 이기주의가 도사리고 있다. 자기에게 유리한 점만 찾으려 하고, 실수를 무마하고, 다른 사람이 자신의 정신적 안녕에 책임 있다고 생각하는 이들은 어쩔 수 없이 씁쓸한 일을 겪게 되며 직업적으로나 개인적으로 실패하게 된다. 한 번 실수한 사람은 성공이 아주 민첩한 성질을 갖고 있다는 사실을 안다.

성공을 거둔 사람의 손에 그것이 잡혀 있는 것처럼 보이지만 변덕도 아주 심하다. 때문에 성공에서 무언가를 배우려 하지 말고 차라리 실패를 통해 배우고 다시 일어나는 게 낫다. 그렇게 함으로써 더 큰 성공을 거둘 수 있다.

8월 16일
체념하는 사람이 아니라 시도하는 사람이 되어라!

17세기 파나마는 미국의 스페인령 식민지 중에서 가장 부유한 땅이었다. 파나마는 지하자원을 유럽으로 운반해줄 스페인의 황금 수송선을 위해 카르타헤나 옆에 운하를 만들었다. 값비싼 물건들이 그 안전한 통로를 통해 운반됐다. 스페인 총독 휘하의 병력은 공포의 대상인 대형 대포를 구비하고 있었다. 덕분에 사정거리 안에 들어오기 이전의 배를 격침시킬 수 있었다.

파나마는 수많은 해적들이 노략질을 일삼으며 카리브 해에 구축한 요새가 되었다. 당시 악명을 날리던 해적 중엔 헨리 모건이라는 사람이 있었다. 웨일스 출신의 평범한 남자였던 그는 용기와 공명심과 전략적 통찰력으로 최고의 명성을 떨쳤다. 30여 년 동안 그는 스페인의 식민지 국민들을 두려움과 공포에 떨게 했다.

1671년 그는 '미국 해적의 대장'이라는 호칭을 스스로에게 부여했다. 그의 해적선은 36척이나 되고, 총 2천여 명의 해적들이 휘하에 있었다. 그가 다음 약탈지로 삼은 곳이 파나마였다. 하지만 그것은 자살 공격 명령과도 같은 것이었다.

해적들은 배 위에서 생활하고, 돛을 다루는 전문가로, 배에서 총을 쏘거나 약탈을 일삼았다. 때문에 어느 누구도 그들이 육지에서 싸움을 벌일 거라고 예상하지 않았다. 육지에서 그들은 약탈해온 것들을 풀어놓은 채 술을 마시며 여자들과 방탕하게 즐기곤 했다. 모건은 바로 그런 점을 이용했다.

그는 해적선을 도시에서 꽤 떨어진 곳의 육지에 정박하고, 9일간 행군해서 파나마 지협을 지나 요새를 거의 구축하지 않은 육지 쪽 파나마로 접근했다.

안개 짙은 어느 날, 그는 새벽에 공격을 개시하여, 방어 태세를 전혀 갖추지 못한 스페인 병사들을 한 사람도 남김없이 처치하고 간단히 승리를 거뒀다. 1674년, 그는 그간의 혁혁한 공로로 영국의 찰스 2세로부터 기사 칭호를 받았다.

모건은 노련한 검객이었을 뿐만 아니라 영리한 전략가였다. 또한 포기하지 않고, 모험을 감행하는 사람이었다. 우리가 굳게 믿는 한, 불가능한 일은 아무것도 없다는 점을 그는 확실하게 보여주었다. 모든 사람이 예상하는 것의 정반대를 창의적인 사고로 감행함으로써 도저히 불가능해 보이는 일을 해냈다.

당신은 극복하기 어려운 장애라고 생각해 미리 겁먹고 포기한 적이 그간 얼마나 많았는가? 두 지점 간의 연결이 직선이라는 생각에 막무가내로 돌진한 경우는 또 얼마나 많았던가? 그러나 시간이 지난 뒤에 보면 대개의 사정은 그렇지 않았다.

19세기에 스코틀랜드의 물리학자 켈빈 경은 공기보다 무거운 기계는 절대 날 수 없다고 믿었지만 오토 릴리엔탈과 라이트 형제가 정반대의 것을 증명해 보였다. 그리고 백 년 정도 지난 후, 인간이 달나라에 발을 내디딜 수 있다는 것도 처음에는 아무도 믿지 못했었다.

세상에 불가능은 없다.

8월 17일
숫자, 유용한 통계적 사실들

숫자도 힘이 있다. 그것도 상당히 큰 힘이다. 당신이 강의를 하든 개선책을 내놓든, 혹은 책을 쓰든 간에 검증된 통계 수치는 숱한 주장에 근거를 제공한다. 숫자는 사실을 깔끔하게 정리하는 것도 가능하게 하고, 긴 강연 내용에서 유일하게 기억되는 것이기도 하다. 그래서 몇 개의 퍼센트 수치를 여기에 소개한다. 그것으로 당신의 주장을 멋지게 장식할 수 있다.

94퍼센트: 여자들 가운데 94퍼센트가 솔선수범을 승진에 가장 중요한 전략으로 생각했고, 남자들은 91퍼센트가 그렇게 생각했다. 그다음으로 전문 지식을 꼽은 여자들이 78퍼센트였고, 남자들은 81퍼센트라는 기대 이상의 수치를 내놓았다.   **–카탈리스트, 2002년 회의록**

84퍼센트: 숙면을 취하는 사람 가운데 84퍼센트가 6년 안에 적어도 한 번 승진하는 것으로 나타났다. 잠을 잘 자지 못하는 사람은 67.9년 만에 그런 경험을 했다.   **–욘손/스핀베버(1983)**

67퍼센트: 최고 경영자들은 근무 시간의 67퍼센트를 회의를 하며 보내는 것으로 나타났다.   **–전략 포럼 하노버**

62퍼센트: 62퍼센트의 사람들이 경영자의 진실함과 진솔함을 가장 중요한 지휘 능력으로 여겼다.   **–경제 지도자를 위한 아카데미(2003)**

60퍼센트 : 성인의 60퍼센트가 10분마다 최대 세 번 거짓말한다. 남자들은 앞으로 나아가기 위해, 여자들은 상대의 기분을 맞추기 위해 그렇게 하는 것으로 나타났다.　　　　　　　　　**–매사추세츠 대학**

50퍼센트 : 이메일을 받는 사람의 50퍼센트는 보낸 사람의 의도를 이해하지 못하거나, 오해한다.　　　　　　**–뉴욕 대학 최고 경영자 과정**

33퍼센트 : 독일 근로자의 33퍼센트가 사무실을 단독으로 사용하고, 27퍼센트는 다른 동료 한 사람과 나눠 쓰고, 나머지는 큰 사무실에서 여러 사람과 함께 일한다.

–노동력과 조직에 관한 프라운호퍼 연구소(2007)

28퍼센트 : 시각 자료를 갖고 진행하는 회의가 회의 시간을 28퍼센트 단축시킨다. 시각 자료 없이 진행된 회의에서 참석자들이 동의하는 비율이 58퍼센트인 데 비해 시각 자료가 있을 때는 79퍼센트로 상승했다.　　　　　**–3M의 위탁 교육을 맡은 워튼 비즈니스스쿨**

22퍼센트 : 직장인의 22퍼센트는 자기 자리를 지키기 위해 친구도 내보낼 수 있다고 대답했다.

–《비즈니스 위크》 2006년 8월, 1만 2천 명을 대상으로 실시한 설문 조사에서

20퍼센트 : 부부 가운데 20퍼센트는 회사에서 인연이 맺어졌다.

–엠니드(2004)

10퍼센트: 산업 국가에서 전체 근로자의 10퍼센트가 불안 공포에 시달리고 있다. 그런 질병의 환자가 지난 6년간 27퍼센트 증가했다.

－보쿰의 루어 대학

8월 18일
탐욕이라는 이름의 독

"욕심 많은 사람은 이성을 잠재우는 충동의 노예가 된다"고 지그문트 프로이트는 말했다. 하지만 그러한 경고도 결국 아무 소용이 없었다. 탐욕은 어디에서나 존재했다. 증권이나 복권, 또는 사무실 등에서. 사무실의 경비 계산을 조작하거나, 공공 기물을 슬쩍하면서 내 것과 네 것을 구분하지 못하는 사람은 그 즉시 해고된다. 한데 그렇게 목숨까지 걸 정도로 큰 액수가 해당되지 않는 경우가 대부분이다. 기껏해봐야 복사 용지나 필기구, 사물함 같은 것 등이다.

그 이면에는 뮌헨 대학의 사회심리학 교수인 디터 프라이가 이름을 붙인 '학습된 무신경'의 원칙이 숨어 있다. 처음에는 볼펜 몇 개 훔치고, 다음에는 복사기 카트리지를 훔치다가 급기야는 프린터기를 아예 들고 간다. 통제하는 사람이 없기 때문에 신뢰의 경계선을 넘을 때까지 회사 물건에 대해 무감각해지는 것이다.

어떤 사람은 동료나 고객의 풍요로움을 보고 자기도 별다른 생각 없이 하나 쓱 집어가기도 한다. 처음에는 딱 하나만 하던 것이 점점 많아진다. 프라이의 이론에 따르면, 그런 식의 욕구 해소는 네 단계를 거친다. 당신도 자가점검해보기 바란다. 혹시 하나라도 해당되는 게 있다면 직장에서의 자리가 위태로워질 수 있으므로 주의해야 한다.

다 그러는데, 뭐: 그럴듯해 보이지만 어리석은 변명에 불과하다. 누구나 그렇게 하지 않을 가능성이 더 크다. '너희 중에 죄 없는 자가 먼저 돌로 치라'는 말을 거론하는 것도 아무 소용 없다.

이 정도는 가져가도 돼: 2개월간 당신이 큰 프로젝트에 매달려 열심히 연구한 끝에 회사에서 엄청난 액수의 매출을 올리게 되었다고 가정해보자. 그런 마당에 복사기 카트리지쯤이야 무슨 대수냐고 생각한다면 상사에게 직접 말해보라! 어쩌면 상사가 당신한테 카트리지 두 개를 선물할지도 모른다.

내가 그동안 해준 게 얼마나 많은데: 그런 생각을 하는 사람은 전문 용어로 '인지적 불협화음'을 앓고 있다. 열심히 일해서 성과를 냈으니 그쯤은 괜찮다고 생각하는 것이다. 잠깐 휴식을 취하면서, 동료와 잡담을 나누는 일 정도는 허용된다. 그러나 그런 시간이 업무의 도피 성격을 띠고, 당신이 개인 업무를 보는 데 근무 시간을 사용한다면 문제가 발생한다.

충직한 사람이 바보지: 많은 사람들이 회사에 모든 것을 빼앗기고 있다고 생각한다. 그래서 그 대가로 조금 가져가는 일 정도는 괜찮다고 생각한다. 하지만 그것은 도적질의 교묘한 변명이다.

자기기만으로부터 당신을 어떻게 보호할 수 있을까? 비판적인 자기 점검을 통해 가능하다! 굳은 결심을 하고 그런 행동을 중단한 후 가까운 친구에게 그동안의 일을 고백하라. 그렇게 함으로써 무엇은 되고, 무엇은 안 되는지에 대한 의식이 분명해질 것이다.

8월 19일
반드시 좋은 코치여야만 하는 이유

살다 보면 책도 별로 도움 되지 않을 때가 많다. 저자가 어떤 관점에서 주장하든 간에 많은 문제들이 개별적인 해결책을 찾아야 할 정도로 매우 특별하다. 그럴 때는 코치, 즉 전문가를 만나 상담해봐야 한다.

전문가를 찾는 것은 부끄러운 일이 아니다. 많은 이들이 그렇게 하고 있다. 그들은 직원들 간의 관계 개선을 도와줄 뿐 아니라, 갈등 요인이나 스트레스, 동기 결여에 대한 해결책을 제시하고, 단체나 개별 면담을 실시한다. 비밀 유지는 그들에게 반드시 요구되는 조건이다.

고객은 목표와 한계 그리고 금기 다루는 것을 전문가들에게 배운다. 그런 지도를 얼마나 받아야 하는지는 문제가 어떤 것이냐에 달려 있다. 2주일이 걸릴 수 있고, 반년이 걸릴 수도 있다. 따라서 계획표에는 목표 시한이 정해져 있어야 한다.

당신이 자신의 장단점에 대해 더 알고 싶고, 그것을 더 깊이 다루고 싶다든지, 직업적으로 더 많은 정보를 확보하거나, 자신이 종사하고 있는 분야에 정통한 사람이 되고 싶다면 그에 맞는 전문가를 어느 주제로든 찾을 수 있다. 단, 제대로 된 전문가여야 한다.

좋은 상담 전문가는 당신에게 객관적인 평가를 해주는지 여부로 알아볼 수 있다. 그들은 당신의 말을 듣고, 동기를 캐묻고, 당신이 계속 사고할 수 있는 자극을 주고, 고리타분하고 전형적인 말이 아닌 조언을 해준다. 간단히 표현하자면 코치는 의지의 방향을 정해주고, 변화는 고객이 만든다. 그래도 그 시장에 약간의 문제는 있다.

'코치' '트레이너' 혹은 '상담가'는 누구나 될 수 있다. 물론 자질을 증명하는 단체가 있지만 그 진위를 확인할 수는 없다. 그래서 전혀 존재하지 않거나, 가치 없는 학위나 자격증을 갖고 있는 사람들이 많다. 때문에 체계적인 노력을 기울이지 않으면 잘못된 전문가를 만날 가능성도 많다.

누군가를 만나 상담에 임하기 전에 그의 경력을 점검하고, 필요하다면 그가 전에 일했던 곳에 전화를 걸어 어떤 식의 도움을 받았는지 확인해보는 것도 좋다. 좋은 코치는 앞으로 해줄 것에 대해 미리 구체적으로 말해준다. 자신이 무엇을 할 수 있고, 앞으로 어떻게 할 것인지를 말이다. 말이 거창하고, 화려한 약속부터 하는 사람은 일단 의심하고, 그가 어떤 분야에서 어떻게 일했는지에 관심을 더 기울여야 한다. 해당 분야에만 있는 문제점을 그가 알고 있는지도 알아봐야 한다. 그리고 개별 면담에 대한 보수를 서면으로 미리 정해놓아야 한다.

8월 20일
회사의 합병에서 살아남는 방법

요즘에는 경영인들이 로자문드 필처의 책에서 영감을 받는 게 아닌가 싶은 생각이 들기도 한다. 그의 책에서는 결혼 서약이 수도 없이 이뤄지고 있다. 경제 분야에서도 비슷한 일이 계속 벌어진다. A라는 회사와 B라는 회사가 우호적이든 악의적이든 합병되었다는 기사들이 한 주가 멀다 하고 신문 지면을 장식한다.

그러나 필처의 책에 나와 있는 것처럼 상큼하고 부드러운 결합은 거의 이뤄지지 않는다. 직원들은 합병으로 인해 불안한 시기를 보낸다. 회사가 사라지면 대량 실직의 공포가 살아난다. 경영자들은 시너지 효과를 높이기 위해 비용을 절감하려 한다. 그러나 결합을 통해 승진 기회도 생긴다.

이때 중요한 것은 자신의 능력을 입증할 자료와 자기 마케팅이다. "제가 판매 총책임자로 일할 당시 매출이 1년 동안 10퍼센트 늘었습니다." 그렇게 실적을 구체적으로 밝히고, 회사에서 자신의 가치를 어떻게 평가하는지에 대한 자료를 제시함으로써 자기 자리를 확보할 수 있다.

누가 남고, 누가 가느냐는 호감의 문제와도 관련이 있다. 그러므로 누가 실제적 권한을 갖고 있는지 미리 파악하는 게 좋다. 누가 합병 과정을 총괄하는가? 누가 영향력을 행사하는가? 그런 사람에게 가까이 다가가도록 노력해야 한다. 이때는 친절한 이메일이나 개별 면담이 많은 자료를 대신해줄 수도 있다.

회사에서는 직위에 가장 적합한 사람을 찾기 위해 두 사람을 한 자리에 발령할 수도 있다. 그것은 불편하고, 많은 사람들이 불만을 쏟아내는 일이다. 하지만 당신은 그렇게 하지 말아야 한다. 오히려 팀 적응 능력을 과시하고, 공정한 일 처리를 해야 한다. 부서장은 부하 직원들이 능동적으로 일하게 움직여야 한다. 도덕을 약화시키거나, 술책을 쓰려고 하면 안 된다. 조직을 먼저 생각하는 태도는 경영인에게 항상 좋은 인상을 준다. 두 사람이 그 원칙을 고수한다면 둘 다 계속 일할 수 있는 기회가 그만큼 더 많아진다. 그것은 결혼 생활과 같다. 일단 결혼했으면 서로에게 다정하고 친절하게 대해줘야 한다.

8월 21일
경력 사원이 남게 되는 이유

40대 중반으로 서로 다른 특징을 갖고 있는 사람이 둘 있다. 한 사람은 지극히 평범하지만 다양한 경험을 쌓았고, 위기도 여러 차례 넘겨본 적이 있다. 그는 조직에 잘 융화하고, 자기 자신에 대해 어느 정도 만족하며, 경쟁해야만 하는 상황은 가급적 피하려고 한다. 그는 좀체 흥분하지 않고 매사에 순응한다.

그에 반해 또 다른 사람은 적극적이다. 그는 아직도 배우려는 의욕으로 가득 차 있고, 새로운 것에 대한 도전을 좋아하고, 젊은 이들에게 행동과 말로써 모범을 보이고, 자기가 맡은 업무를 사랑하고, 스스로 동기 부여를 할 줄 안다. 당신이 만약 40대 중반에 새로운 직장을 찾아야 한다면 두 번째 인물이 되어야 한다.

경력 사원은 행동이 느리고, 젊은 사람들처럼 능력을 발휘하지 못하리라는 선입견은 첫 번째 인물이 어떻게든 회사에 남아 있으려고 하는 강한 인상을 인사 담당자에게 남겨주었기 때문이다. 마흔이 넘은 사람을 채용할 때 인사 담당자는 능력과 신체적 민첩성도 관심 있게 살펴본다. 조직 생활을 잘하고, 경험이 많은 것도 물론 점검 대상이다.

그 나이에 경력이 깨끗한 사람은 없다. 주요 고객 명단, 프로젝트 참여 경험, 필요한 지식 습득, 검증된 리더십이 지원자가 적합한지 그렇지 않은지를 결정하는 기준이 된다.

요즘은 많은 회사에서 팀 단위로 일을 한다. 그러므로 회사 문화에 적응할 수 있는 능력도 필요하다. 자기보다 어린 상사를 모시고 일하는 것도 가능해야 한다. 임금 역시 같은 원칙에서 이뤄진다. 나이가 많다고 무조건 많은 임금을 지불해야 하는 것은 아니다. 중요한 것은 능력이다.

동기 역시 물론 중요하다. 나이 많은 사람들은 입사 지원 시 앞으로 10년 혹은 20년 후의 계획에 대한 질문을 받을 것을 각오해야 한다.

당신의 평생 목표는 무엇인가요? 앞으로 달성하고 싶은 것은 무엇인가요? 개인적인 사정은 어떻게 되나요? 일하고 싶은 의욕은 얼마나 크고, 주거지 이전은 가능한가요? 아침 9시에 일을 시작해 저녁 6시면 칼처럼 퇴근하려는 사람을 기꺼이 채용할 회사는 없다. 혹시 커널 샌더스라는 사람을 아는가? 그는 65세에 켄터키 프라이드 치킨을 창업했다.

8월 22일
술책에 대응하는 방법

새로 임명될 부서장과의 관계는 새로 시작하는 인간관계와 같다. 처음에는 기대에 가득 차 설레는 감정으로 서로를 맞는다. 그러다가 그 효과가 차츰 줄어든다. 최악의 경우, 관계가 안 좋아지기도 한다. 어떤 때는 업무 처리가 미진하기 때문이지만, 대개는 요령이 부족하기 때문이다.

여러 후보가 한 자리를 두고 경합을 벌이거나, 부서 내에 몇 자리를 없애야 하는 경우 누가 남고 누가 가느냐의 문제로 한바탕 전쟁이 벌어진다. 그 와중에 이런저런 술책이 난무한다. 그렇다고 책략가가 되라는 말은 아니지만, 규칙은 누구나 알고 있어야 한다.

라이벌과의 싸움에서 가장 자주 쓰이는 수법이 소문 퍼뜨리기다. 자신에 대한 소문을 듣고, 그 소문의 진원지를 알아내지 못하는 사람은 적당히 대적하기 어렵다. 그래서 방어 자세를 취하고, 정당방위를 하는 데 에너지를 모으다 보면 생산성은 떨어진다. 그 과정을 버텨내기 위해 신경을 강력하게 무장하지 않으면 실수를 연발한다. 그것은 공격자에게 또 다른 빌미를 제공한다. 그때 도움이 될 만한 게 딱 한 가지 있다. 바로 공격 자세를 취하는 것이다.

소문을 퍼뜨린 사람을 만나 이야기를 나누는 것도 좋다. 그 때문에 자존심이 상할 수도 있지만 더 큰 피해를 줄일 수 있다. 자기 잘못을 발각당할 위험에 처해 있다고 생각하는 사람은 입을 다물게 된다. 그다음으로 할 수 있는 방법은 자신을 희생양으로 삼지 않는 것이다. 그런 소문에 개의치 않은 모습을 보여주고, 당당하게 임하며, 흥분하지 말아야 한다.

가장 큰 실수는 똑같은 무기로 되갚는 것이다. 당신을 괴롭힌 자의 소문을 직접 만들어 퍼뜨리는 일은 절대 하지 말아야 한다. 그것은 스스로를 파국으로 몰고 갈 뿐 아니라 다른 이들의 지지도 받지 못한다. 차라리 상대의 그런 술책이 당신의 진정한 능력을 확인시켜주었다고 생각하는 게 좋다. 질투를 받으려면 그만한 능력이 먼저 있어야 한다. 당신의 지식과 능력이 다른 사람에게 도움이 되도록 노력해야 한다. 그렇게 하면 당신에게 우호적인 사람을 만날 것이고, 그들은 당신에 대해 좋은 소문을 낼 것이다.

늘 자신의 명성을 생각하고 행동에 임하는 것은 언제나 효과 만점의 묘책을 쓰는 것과 같다. 사회학에서는 '더치 장군 패러다임'이라는 말로 그 효과를 설명한다. 네덜란드의 두 사관생도가 전쟁터로 나가기 전에 상대의 행동에 대해 좋은 것만 보고하기로 서로 약속했다는 데서 유래된 말이다. 그 두 사람은 네덜란드 역사상 가장 젊은 나이에 장군이 되었다. 뭔가 잘못한 사람에 대해 긍정적인 말을 했을 때 당신이 얼마나 큰 사람처럼 보이는지 그 효과를 한번 생각해보라.

8월 23일
기회를 기다리는 사람은 그것을 놓치게 된다

미국의 경영 컨설턴트이자 심리치료사인 스티븐 R. 코비는 1990년에 발표한 《성공하는 사람들의 7가지 습관》이 수백만 권씩

팔려나가면서 베스트셀러 작가가 되었다. 그는 첫 번째 가장 중요한 습관으로, 주도적이 되라고 했다. 상황이 당신을 종용하기 전에 먼저 자발적으로 나서라는 것이다.

머피의 법칙은 많은 사람들이 알고 있다. 미국의 엔지니어 에드워드 A. 머피가 1949년에 발표한 그 이론은 이제 하나의 전설이 되었다. 머피는 당시 미 공군의 로켓 발사 프로그램을 진행하는 캘리포니아 실험 기지에서 일했는데, 고비용이 드는 실험에 투입되는 사람에게 16개의 센서를 고정해야 했다. 그런데 누군가 그 센서들을 잘못 연결하는 바람에 실험은 완전히 실패하고 말았다. 그 일을 계기로 머피가 한 말이 머피의 법칙으로 전해지고 있다. "잘못될 수 있다고 생각하는 것은 결국 잘못된다."

커리어도 마찬가지다. 당신에게 뭔가 좋은 일이 생길 거라며 기다리기만 한다면 일이 어긋나게 된다. 상사가 명령하는 것만 하는 사람은 주도적인 사람이 아니다. 그는 규정에 따라 일하는 사람일 뿐이다. 자발적인 의견은 상사에게 할 말이 있느냐고 묻는 것보다 더 많은 의미를 지닌다.

외부로부터 부탁을 받거나 요구받지 않은 상태에서 자발적으로 일하는 것은 당신의 커리어에 속력을 붙여준다. 그야말로 문제가 일어나기 전에 미리 행동하는 것이다. 물론 그에 앞서 당신의 계획과 행동에 대해 심사숙고하는 게 필요하다. 자기 스스로 결정해 행동하는 직원은 회사에 큰 피해를 입힐 수 있고, 자신의 명성도 위태롭게 할 수 있다. 하지만 대개의 경우 자기 주도적인 사람은 성실한 직원으로 평가받아, 더 높은 기준의 임무를 맡게 된다. 이런 성공 원칙은 비즈니스 세계에만 국한되는 것이 아니라 모든 영역에 적용된다. 악취가 나는 쓰레기봉투를 부탁받기 전에 먼저 치워 주면 아내도 당신을 더 높이 평가할 것이다.

8월 24일
구조조정이 이뤄질 때 위험에 처하는 사람

회사에서는 단지 나이가 많다는 이유로 간부 직원을 자르지 않는다. 변화를 거부하거나, 팀을 잘 이끌지 못하거나, 모든 것을 체념하고 정년퇴직을 기다리는 사람이 회사와 결별하게 된다. 간단히 말해 금속이 오래되었다고 버리는 것이 아니라 녹이 슬면 버려지게 되는 것이다.

회사가 구조조정을 실시할 때 상황은 항상 비판적이다. 그럴 때 가장 신랄하게 문제 제기를 하는 사람은 설령 그 말이 옳다 하더라도 가장 안 좋은 카드를 쥘 가능성이 있다. 그런 시기에는 최고 경영진이 이미 결정한 일이므로 떠나는 기차에 얼른 올라타려고 노력해야 한다.

나이가 많든 적든 다양한 일에 투입될 수 있고, 어떤 일이든 맡을 수 있도록 평소에 준비해둬야 한다. 시장과 신기술은 하루가 다르게 바뀐다는 점을 꼭 염두에 두어야 한다. 고용 계약서에 신분 변화에 대한 계약을 미리 해두는 것도 좋다. 근무 부서가 없어지면 고용주는 다른 자리로 직원을 옮겨주어야 한다.

법적인 의미에서 직원을 채용 혹은 해고해야 할 임무의 전권을 갖고 있는 사람은 그런 경우 특히 위험에 처하게 된다. 그런 사람들의 근무 계약은 언제라도 해고할 수 있게 되어 있다. 그러므로 구조조정이 이뤄지기 전에 그런 권한을 위임받았다면 일단 의심부터 해야 한다. 승진이라고 생각할 수 있지만, 퇴출의 전 단계라고 볼 수도 있다. 반면 자기 마케팅을 통해 자신의 가치를 제시해 보이는 방법도 있다. 새로운 임무가 주어졌을 때 열정적으로 일할 자세가 되어 있음을 보여주는 것이다. 검붉게 녹슨 재료가 아니라 아직 얼마든지 사용 가능하다는 것을 보여줘야 한다.

8월 25일
해고 과정에서 생길 수 있는 실수

노동법 전문가에게 해고는 수익이 생기는 일일 뿐만 아니라, 일의 범위가 무척 큰 복잡한 일이다. 법률가들은 변수에 따라 해고를 열 가지로 분류한다. 그중 네 가지가 가장 자주 나타나는 형태다.

- 회사 사정으로 단행된 해고: 파산, 구조조정, 회사의 이전.
- 행동에 따른 해고: 능력 부족, 계약에 위반된 행동이나 바람직하지 않은 부업 활동.
- 개인 사정상 단행된 해고: 잦은 질병, 무능력, 술이나 약물 중독.
- 즉각 유효한 해고: 회사 내 근무 분위기를 해침, 다른 직원에게 모욕을 가함, 잦은 공격, 도벽, 산업 스파이.

고용주가 해고를 단행했을 때 당사자의 입장은 매우 씁쓸하다.

그런데 피고용인이 해고에 대해 이의를 제기하는 법적인 실수가 종종 생겨난다. 서면상의 해고 통지서를 받은 사람은 법률 기관에 반론을 제기할 수 있다.

소송에서 이긴 사람은 드물게 옛날 근무했던 곳으로 복직되지만 피고용인과 고용주의 관계는 다시 좋아지지 않는다. 그러나 적어도 실직으로 인한 경제적 손실은 줄일 수 있다. 따라서 자주 저지르는 실수를 점검할 필요가 있다.

해고는 직접적인 권한이 있는 사람, 즉 대기업에서는 인사 담당자, 작은 회사에서는 사장이 직접 서명해야 유효하다. 근무 부서의 부서장 서명만으로는 부족하다.

만약 이의가 제기되면 회사는 노동위원회를 소집하고, 해고 이유를 통보해줘야 한다. 그래도 동의하지 않고 소송을 제기하면 고용주는 법률 기관의 결정에 따라야 하는 의무를 지게 된다. 임금도 계속 지불해야 한다.

회사의 사정으로 단행된 해고가 정당한 것으로 판결되면 법률 기관은 제한적인 범위 내에서만 심의해야 한다. 예를 들면 일에 대한 수요가 줄어든 이유가 정당한지를 살펴봐야 하는 것이다. 시장 사정이 나쁘다는 이유만으로는 충분치 않다. 회사는 계약이 체결된 주문이 피고용인의 근무 시간에 구체적으로 어떤 영향을 미쳤고, 얼마나 많은 인력이 회사 전체에 남아도는지를 분명히 설명할 수 있어야 한다. 만약 남아도는 인력을 회사 내 다른 부서에서 활용할 수 있다면 해고는 부당한 것으로 판결된다.

8월 26일
해고의 고통을 극복하는 법

실직은 더 이상 부끄러운 일이 아니다. 세계의 글로벌화로 시장 수요에 적응하는 사이클이 점점 더 짧아졌고, 그 결과 노동 시장에 많은 변화의 바람이 생겨났다. 또한 일 자체도 변했다. 종신 고용의 시대는 지나갔고, 프로젝트에 따라 일정 기간 동안 경력을 쌓는 일이 많이 등장했다.

실직 기간이 길어질수록 다시 직장을 구하기가 어려워진다. 고용주는 지원자가 왜 그때까지 실직 상태였는지 궁금해한다. 혹시 성격에 문제가 있거나, 사회적 결함이 있는 건 아닌지…….

그러나 오랫동안 실직 상태였다고 처음부터 위축될 필요는 없다. 인사 담당자들도 힘든 시기가 있을 수도 있음을 짐작하면서 캐묻는 것뿐이다. 경우에 따라서는 그 시간을 어떻게 유용하게 썼는지 말할 것을 요구받기도 한다. 그때에 대비해 자기소개서에는 실직 상태라 쓰지 말고 구직 활동을 했다고 써야 한다. 구직 활동을 증명하는 자료가 있으면 더 좋다. 프리랜서로 활동한 자료라든가, 직업 교육을 받은 수료증 등이 그것이다. 무엇보다 중요한 것은 그 시간에 당신이 무턱대고 기다리기만 한 것이 아니라 미래를 위해 꾸준히 준비해왔음을 보여주는 것이다.

또한 해고를 개인적인 실패로 받아들이지 않는 것도 중요하다. 대개 사람들은 심리적으로 그와 관련된 말을 금기어로 생각한다. 그렇게 되면 해고 사실은 더 수치스러워지고, 자존감도 급격히 떨어진다. 지원자로서는 치명적인 결함이다. 인사 담당자는 그러한 점을 금방 알아채고, 지원자의 가치를 약화시킨다. 얼마나 여러 번 퇴출되었든 간에 자신의 장점을 끄집어냄으로써 그냥 집에서 쉬며 세상과 멀어지고, 정보에 어둡고, 경쟁력에 뒤처져 있었을 거라는 선입견을 약화시킴으로써 자의식을 유지하는 게 중요하다.

8월 27일
근무평가서에서 주의해야 할 점

근로자와 피교육자가 성적표나 근무평가서를 요구할 수 있다. 물론 자기 스스로 평가서를 작성하고, 상사가 사인만 하는 경우가 점점 늘어나고 있다. 그 이유는 두 가지로 해석된다. 요즘 추세가 평가서를 참조하는 비중이 적고, 가치가 그만큼 줄어들었기 때문이다. 그래도 가능한 한 좋은 평가서를 받는 게 좋다.

산업 현장의 규정은 평가서가 '사실에 입각한 진실'을 담을 것을 요구한다. 그 결과 약간의 비난이 미사여구 뒤에 숨어 있는 경우가 종종 보인다. '사교성이 매우 좋다'는 말은 일에 집중하기보다 동료들과 어울리기를 좋아했다는 의미일 수도 있다. '근무 환경을 개선하기 위해 분위기 조성에 앞장섰다'는 말은 근무 시간에 가끔 동료들과 술잔을 기울였다는 의미로도 해석될 수 있다.

그런 표현 때문에 종종 다툼이 생긴다. 다만 거짓말, 도벽과 같이 확실하게 잘못된 행동에 대해 증거가 있다면 반드시 언급해야 된다. 고용주가 그런 사실을 모른 채 고용했다가 손실이 발생했을 때 피해 보상을 요구할 수도 있기 때문이다.

근무평가서에는 근로자가 얼마나 오랫동안 어떤 일을 어떤 식으로 했는지에 대한 정확한 정보가 담겨 있어야 한다. 검증된 평가서는 근로자의 능력과 행동에 대한 평가까지 포함한다. 평가서에 시간 엄수나 성실성과 같이 당연해 보이는 것을 지나치게 강조한 경우도 의심스럽게 생각해야 한다.

특정 사실을 강조하는 이면에는 다른 것의 부족함에 대한 표현이 담겨 있을 수 있다. 또 평가서에 상사가 훌륭한 부하 직원을 잃게 된 데 대해 안타까운 마음을 표현한 글이 포함되는 경우도 많다. 그러므로 중간에 근무평가서를 받아두는 것도 좋은 방법이다. 하지만 그런 부탁을 할 때는 오해가 생기지 않도록 특별히 조심해야 한다.

8월 28일
퇴직 선물

해고는 평소에 차분하게 일하던 상사가 아무 생각 없이, 어떤 전략도 없이 큰 예산을 무심코 집행하는 식으로 결국 남에게 공개된다.

고용주가 해고의 이유를 뭐라고 하든 결함이 많고, 법적으로도 유효하지 않은 경우가 많다. 퇴직금은 협상이 가능하다. 그 외에 더 받을 수 있는 돈이 있는지를 제대로 점검해야 한다. 보너스, 우리 사주로 받은 주식, 노인 연금, 직업 교육을 받기 위해 지불해야 할 비용 등등.

고용주들은 가능하면 적게 주려고 온갖 수단을 동원한다. 그러나 모든 것은 협상하기 나름이다. 해고는 모든 것을 감수해야 할 정도로 부끄러운 일이 아니다. 가능하면 경험 많은 변호사를 찾아가 도움을 청하는 것도 좋은 방법이다.

8월 29일
육아 휴직이 커리어에 손상 가지 않게 하는 방법

자식은 커리어의 훼방꾼이다. 많은 여성들(안타깝게도 과반수 이상)의 사정이 그렇다. 육아 휴직 기간 동안 남자 동료나 자식이 없는 여자 동료에게 추월당한다. 특히 1년 이상 휴직하는 경우가 심하다. 3년 이상 휴직하면 다시 일하기는 더욱더 어려워진다. 그런 경우 여성들(남성들도)은 자신의 커리어를 새롭게 정의 내려야 한다. 특히 육아 휴직에 들어가기 전에 둘 다 잘될 수 있다. 이때 아래와 같은 점들을 유의해야 한다.

- 1년 안에 복직하자. 전문직일수록 복직 시기가 빨라야 한다. 간부직 사원이나 앞으로 그런 자리에 오를 사람은 그보다 더 오랜 기간 휴직하는 것을 고용주가 원하지 않는다.

- 오랜 휴직 후에 새로운 직업을 찾는다면 자신의 장단점을 잘 분석해야 한다. 찾으려는 직장은 당신의 장점에 꼭 맞는 것이어야 한다. 무턱대고 다른 직장을 찾는 것은 의미가 없다. 오랜 기간의 휴직이 걸림돌이 되는 경우가 많다. 하지만 그 자리에 백 퍼센트

적합한 능력을 지니고 있거나, 평균 이상의 의욕을 보여준다면 그 공백을 메울 수 있다.

- 자신감을 가져라! 육아 휴직은 가치 있고, 귀한 경험이다. 집에서 아이를 기르며 육아에만 전념하지 않고 틈틈이 복직을 준비했다면 그 시간을 일부러 감추거나 미화시킬 이유가 없다.

- 육아 휴직 기간 동안 전에 일했던 회사와 계속 연락을 취했고, 적어도 그 분야의 발전에 대해 정확한 정보를 갖고 관심 있게 지켜봤다는 것을 입증할 자료를 제시하라. 새로운 정보를 계속 취득하지 못한 것은 큰 결함이다. 그러므로 당신의 입사 지원서에는 이런 의지가 담겨 있어야 한다. '비록 휴직하기는 했지만 이 분야를 완전히 등지고 있었던 것은 아니다.'

- 인간관계를 지속적으로 맺고 유지하라! 인간관계의 연결고리는 사회 보장 제도처럼 기능한다. 비타민 B는 새로운 직장을 빨리 찾는 데 도움을 주고, 좋은 관계는 변화하는 시대의 새로운 경향을 접할 수 있게 도와준다.

8월 30일
일인자가 갖는 특혜

동료나 다른 지원자들과의 경쟁이 수년째 지속되면 누구나 언젠가는 일인자가 되겠다는 생각을 하게 된다. 최고 자리에 오른다는 것은 결국 승리를 거머쥐었다는 의미다. 또 정보를 제일 먼저 접하는 특권을 누릴 수 있다.

공명심이나 경쟁, 또 그와 연관된 혼란이 발전을 촉진한다. 조금 더 나아지고 싶다는 변화와 바람은 진화론적인 개념이다. 그것은 노력뿐만 아니라 실패도 포함하기 때문에 성공을 위한 전제 조건에 적응하는 능력과도 같다. "높은 곳에 오래 머무는 사람은 어떻게 하면 추락하는지 다른 사람들이 추락하는 모습을 보고 배워 잘 알고 있다"는 독일의 유명한 노래 가사도 있다.

착각은 잘못 진행된 개혁의 돌연변이를 만들어내는 진화의 중요한 요소다. 대개 그것은 새로운 것이 더 좋고, 낡은 것은 버려야 한다는 파괴적인 사고 과정에서 생겨난다. 경제학자 조지프 알로이스 슘페터는 지난 세기 초에 '창의적인 파괴자'라는 말로 사업가에 대한 정의를 내릴 때 그런 사고를 적용했다. 일인자가 된다는 것은 창의적인 활동이 될 수 있다. 동시에 그 직위에서 언제라도 추락할 가능성이 내포되어 있다. 때문에 마이크로소프트의 창업주 빌 게이츠는 이런 말을 남겼다. "지속적인 성공은 아주 안 좋은 스승이다. 자신은 영원히 실패하지 않을 거라는 믿음을 주기 때문이다."

일인자가 된다는 것, 항상 최고 자리에 머무르려 하는 것은 현명하지 못하다. 가끔은 기다릴 줄도 알고, 관찰하며 배우고, 주어진 기회를 곧바로 사용하지 않는 게 더 지혜롭다.

일찍 일어난 새는 벌레를 잡아먹는다.
그러나 일찍 일어난 벌레는 잡아먹힌다.
두 번째 나온 생쥐가 치즈를 먹는다.

과감하게 행동하는 사람이 삶의 기쁨을 맛볼 수 있다

모험을 감행하는 사람에 대한 최근의 연구 결과는 흥미롭다. 본 대학에 있는 노동의 미래에 관한 연구소와 베를린의 독일 경제연구소 연구원들이 전국에 분포된 2만 명 이상의 독일인들을 대상으로 조사한 결과, 키가 큰 사람이 작은 사람보다 위험한 일을 할 각오가 더 되어 있고, 여자들은 남자들보다 소심하고, 나이 들수록 위험 요인이 있는 일에 대한 추진력이 현저히 줄어드는 것으로 나타났다. 지식인 부모 아래 자란 자식들이 모험에 더 적극적이고, 모험을 좋아하는 사람이 삶에 대한 만족도 역시 높게 나왔다.

모험을 감행하는 것과 삶에 대한 만족감이 강한 상관관계를 이루는 것에 대해 연구자들의 의견이 분분했다. 그것은 닭이 먼저냐, 달걀이 먼저냐의 문제와 같다.

만족하며 사는 사람들이 더 낙천적인 성격이어서 모험에 대해서도 더 우호적인 생각을 하는 것이 아닐까? 아니면 모험을 좋아하는 사람들이 만족스러운 삶을 살아갈 수 있도록 자기 관리를 더 잘하는 것은 아닐까?

아마 둘 다 맞는 말일 것이다. 용기(모험)와 삶에 대한 만족이 근본적으로 서로 연결되어 있을 거라는 추측은 분명해 보인다. "세상의 그 어떤 일도 위험을 감수하지 않으면 일어나지 않고, 위험을 감수하지 않으려고 하면 아무 일도 발생하지 않는다"라고 독일 대통령 발터 셀은 말했었다.

위험을 감수하면서 뭔가에 도전하는 사람은 적어도 새로운 경

험을 얻고, 삶의 기쁨을 맛볼 기회도 얻는다. 그러므로 도전은 반
드시 해야 한다.

SEPTEMBER

변화처럼 지속적인 것은 없다

9월

변화처럼 지속적인 것은 없다

9월 1일
우리가 계단식으로 배우는 이유

일본의 합기도인 아이키도의 대가 조지 레너드는 1992년에 '계단식 발전 모델'이라는 것을 처음 발표했다. 모델에 따르면, 우리는 직선으로 꾸준히 상승하며 발전하는 게 아니라 계단식으로 발전한다. 새로운 소프트웨어를 다루는 법, 외국어의 어휘, 새로운 골프 동작을 배울 때 대부분의 사람들이 처음에는 빠르게 발전하는 것처럼 보인다. 그런데 기존의 행동 습관이 되살아나면서 새로 배운 것이 잠시 퇴보하고 발전은 뒤처지게 된다. 그때부터 새로 배운 것을 제대로 습득할 때까지 연습을 계속해야 한다. 반복을 통해 우리 몸에 익숙해지게 만들어야 하는 것이다. 그런 다음에야 우리는 한 계단 위로 올라간다.

계단식 발전 모델은 아주 간단하지만 어떤 사람은 대가가 되고, 어떤 사람은 아마추어로 남는 이유를 잘 설명해주고 있다. 아마추어로 남는 사람은 크게 세 종류로 나뉜다.

한 종류는 새로운 과제가 주어졌을 때 열정적으로 다가가는 사람들이다. 하지만 다음 순간 퇴보로 이어지고, 그와 함께 열정도 식는다. 이 종류에 속한 사람들은 쉽게 좌절하고, 중도에 포기한다.

두 번째 종류의 사람들은 단계를 하나 올라간 다음부터 도무지 움직이질 않는다. 그들은 더 이상 초보가 아니라는 생각에 절반의 지식을 버팀목 삼아 정체를 계속하는 사람들이다. 그들은 무엇 때문에 더 배워야 하는지 그 이유를 납득하지 못한다. 그런 종류에 속해 있는 사람들의 삶은 편하지만 자기 합리화의 함정에 빠질 수

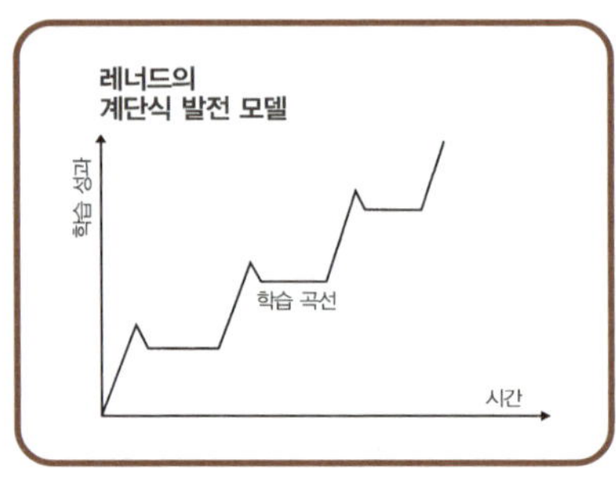

있다.

세 번째 종류의 사람들은 훈련을 받아 익숙해진 것을 심화시키기 위해 계단의 방식을 이용하지 않는다. 그들은 계단을 하나 올라섰다는 생각이 들면 지체 없이 다음 단계로 올라간다. 그러다가 미끄러져 결국 밑으로 추락한다. 세상에는 시간을 필요로 하는 일들이 많이 있다.

하지만 대가들은 잠시 퇴보해도 전혀 위축되지 않는다. 그들은 항상 목표를 주시하고, 중간에 아무리 힘든 과정이 있더라도 끊임없이 노력한다. 그들은 자신이 하려고 하는 것을 섭렵하면 한계를 더 높이 끌어올리기 위해 고정된 틀에서 벗어난다. 마침내 그 분야의 대가가 될 때까지. 이미 아이키도의 검은 띠를 받았다 하더라도 그 위에 항상 더 높은 단계가 있음을 명심한다.

9월 2일
야망이 위험하게 될 때

사람들은 책임을 다루는 세 가지 방법 가운데 하나를 선택한다. 첫 번째 방법을 택한 사람은 가능하면 책임을 회피하려고 한다. 충분히 이해 가는 일이지만, 계속 그럴 경우 발전할 수 없다. 만약 계속 그런다면, 당신은 큰 기계 속에 들어 있는 톱니바퀴나 힘 있는 자의 장난감으로밖에 머물 수 없을 것이다. 당신의 목표가 그것이라면 지금 당장 이 책을 덮어도 좋다.

두 번째 방법을 택한 사람은 어떻게 해서든 책임지려고 하는 모습을 보여준다. 그들은 책임이 막중할수록 더 좋아한다. 그런 이들은 새로 나온 상품처럼 빠르게 성장하고, 대중에게 강한 힘을 내뿜는다. 그러나 안타깝게도 그 힘은 오래가지 못한다. 짧은 시간에 재능이 차갑게 식어버린다. 이유는 간단하다. 부서장들이 업무에 관한 한 알츠하이머병을 앓고 있기 때문이다.

부서장들은 기억력 결함을 갖고 있어서 자신이 부하 직원에게 어떤 임무를 맡겼고, 부하 직원이 어떤 일을 성공시키려고 노력했는지 금방 잊는다. 그들의 유일한 관심사는 모든 일이 순조롭게 진행되고, 부하 직원들이 그 일을 잘해내면 앞으로 더 많은 일을 할 수 있게 될 거라는 생각뿐이다.

부하 직원들은 노력하면 더 큰 보상을 받을 수 있다는 생각에 자신이 감당할 수 있는 것보다 더 많은 책임을 지려고 한다. 그러다 보니 실수가 생기고, 너무 많은 것을 약속하게 되고, 결국에는 중간 정도의 결과물이나 그보다 못한 결과물을 내놓게 된다. 부서장은 그 직원이 최고의 능력을 발휘했다 하더라도 그런 결과물을 받아들이려 하지 않는다. 업무의 알츠하이머병에 걸렸다는 것이 바로 그런 증상이다.

그런 운명에 순종하지 않으려는 사람은 세 번째 방법을 선택한다. 그것은 가능한 한 많은 책임을 떠맡으면서도, 필요한 경우에는 거절하는 방법이다. 세 번째 방법을 쓰는 사람은 일을 열심히 하다가 중간에 더 이상 할 수 없을 때가 아니라 처음 맡을 때부터

할 수 없다는 것을 솔직하게 말하는 전문가다운 모습을 보여준다.

가장 이상적인 방법은 거절하되 상대가 납득할 만한 이유를 대는 것이다. "이 일을 정말 맡고 싶지만 A프로젝트와 B프로젝트를 제대로 내놓을 수 없을 것 같아서 힘들겠네요. 꼭 해야 한다면 어떤 일을 뒤로 미룰까요?" 그렇게 말했을 때 현명한 상사라면 더 이상 요구하지 않을 테고, 당신은 최고의 결과물을 제출할 수 있을 것이다.

9월 3일
눈을 뜨고 직시할 것

람세스 2세는 이집트를 66년간 통치했다. 그의 최대 적은 그를 상대로 쿠데타를 일으켰던 히타이트의 무와탈리스 왕이었다. 기원전 1185년 봄, 람세스는 2만 명의 병사를 이끌고 카데슈를 향해 진군했다. 그곳은 오늘날 시리아와 레바논의 국경 근처였다. 히타이트 사람들은 수적으로 훨씬 우세했다.

무와탈리스의 병사는 3만 7천 명이나 되었고, 전쟁터에 끌고 나갈 수레도 2천5백 대나 되었다. 게다가 그때까지 전투 경험이 없던 람세스는 전략적 실수까지 저질렀다. 그는 양쪽에서 공격하는 전략을 택해 히타이트 병사를 전멸시킬 계획을 세웠다. 그런데 군대를 너무 넓게 펼친 채 전진시키는 바람에 양쪽 군대와의 거리가 말을 타고 하루를 꼬박 달려야 겨우 만날 수 있을 만큼 멀었다. 이 사실을 알게 된 무와탈리스는 람세스를 함정으로 유인했다.

무와탈리스의 병사들은 람세스의 양쪽 부대 중 하나를 짧은 시간에 공격해 초토화시켰다. 그런 다음 람세스를 향해 정면 공격으로 들어갔고, 이집트 병사들은 공황 상태에 빠져들었다. 람세스에게는 두 가지 선택의 방법이 남아 있었다. 뒤로 후퇴할 것인가, 아니면 앞으로 나아갈 것인가?

람세스는 후퇴하는 쪽을 택하고, 마차를 준비시킨 다음 계곡을 향해 달려갔다. 아무 희망이 없을 것처럼 보이는 상황이었지만 그는 적군을 향해 과감하게 활을 쏘아 무찌르기까지 했다. 전설에 따르면, 그는 여섯 번의 공격을 당했지만 차례로 맞서 싸워 이겼고, 이후 다른 병사들이 나타나 피범벅이 된 히타이트 병사들을 처치했다고 한다. 실제로 어땠는지는 알 수 없지만, 고대 이집트 역사서에 그런 기록이 남아 있다. 결국 양쪽 모두 엄청난 손실을 입어 부득이 평화 협정을 맺었다고 한다.

카데슈의 전투는 성공의 기본 원칙을 잘 설명해주고 있다. 용기 있는 자가 승리를 거둔다는 사실을 보여준 것이다. 용기는 여러 가지 반응을 불러일으킨다. 상황이 아무리 비관적일지라도 용감하게 일어서는 사람은 다른 이들로부터 존경과 경외감의 대상이 된다. 대부분의 사람들이 위험에 위축되고, 앞장서 나섬으로써 극복해야 하는 후유증을 두려워한다. 그래서 행동으로 옮기지 않고 머뭇대며 다른 방법이 없는지를 고민함으로써, 희망하는 것과 현실 사이의 괴리를 더 벌어지게 만들어놓는다.

반면 과감한 결단은 그 사이에 다리를 놓아주고, 장애물을 치워준다. 그리고 선택의 여지를 줄임으로써 전체적으로 더 많은 것을 볼 수 있게 해준다. 전에는 여러 문제가 잠복되어 있던 곳에 이제는 한 가지 목표만 남아 있게 된다. 사람들은 속으로 과감하게 용기를 낸 사람들에게 감탄하고, 그들이 거만하게 굴지만 않으면 추종하려고 한다.

과감한 용기는 선천적인 특성이 아니라 후천적으로 배울 수 있다. 갈등을 무서워하는 사람은 용기를 내지 못하고, 자기 자신에 대해 정당한 가치를 받지 못할 뿐만 아니라 자기에게 온 기회를 망치기도 한다. 허리를 반듯하게 세우고 용기를 내자. 어떤 위험도 감수하지 않고 이기는 것은 불명예스러운 승리일 뿐이다.

9월 4일
애플사의 사장 스티브 잡스에게서 배우는 교훈

몇 년 전 애플사의 창업주 스티브 잡스가 스탠퍼드 대학 졸업식장에서 했던 강연이 전 세계로 퍼져나가 이제는 인터넷으로도 쉽게 찾아볼 수 있게 되었다. 강연은 그가 살아오면서 겪은 경험을 통해 졸업생들에게 엄청난 자극을 주는 내용이었다. 구체적으로는 세 가지 이야기를 담고 있었다.

첫 번째 이야기는 모든 것이 서로 연결되어 있다는 것이다. 잡스는 입양아였다. 그의 친어머니는 아들을 입양시킬 때 대학에 보내줄 수 있는 양부모를 찾았다. 그리고 그는 17년이 지난 후 대학에 들어갔다. 하지만 앞으로 무엇을 해야 할지 막연하고, 학비를 조달할 방법도 여의치 않아 학업을 중단했다.

"당시 그것은 내 인생에 가장 두려운 결정이었지만 지나고 나서 돌아보니 가장 현명한 결정이었습니다. 지금껏 살아오면서 내가 경험했던 많은 것들이 돈으로도 살 수 없는 귀한 것이 되더군요"라고 그는 말했다. 학교에서 받는 정규 교육을 중단한 그는 예술에 관심을 갖기 시작했다. 당시에는 그것이 전혀 쓸모없는 일처럼 보였다. 그러나 10년 후 처음으로 매킨토시 컴퓨터 작업을 하면서 그때 배웠던 것들이 생각났고, 그는 세계 최초로 아름다우면서도 비율이 정확한 서체를 갖춘 컴퓨터를 생산하는 데 성공했다.

배울 때는 그렇게 쓸모 있는 일이 되리라고 예상치 못했다며 그는 이렇게 말했다. "직감이든, 삶이든, 뭐든 당신의 마음이 향하는 것을 신뢰하십시오."

두 번째는 사랑과 상실에 대한 이야기였다. 스물한 살에 그는 동업자와 함께 자기 집 주차장에 애플사를 차렸다. 10년 후에 애플사는 연매출 20억 달러에 직원만 4천여 명을 거느린 대기업이 되었다. 그러나 잡스는 서른살이 되던 해에 해고당했다. 회사를 전문 경영인에게 맡겼는데 그와 갈등이 생겼고, 이사진이 새로 들어온 사장 편을 들면서 잡스는 패배자라는 낙인이 찍힌 채 거리로 쫓겨났다.

그러나 그는 처음부터 다시 시작했다. 회사 두 개를 설립한 것이다. 바로 넥스트(NeXT)와 픽사(Pixar)였다. 픽사는 컴퓨터 애니메이션으로 제작해 전 세계에 상영된 영화 〈토이 스토리〉를 만든 회사다. 넥스트는 나중에 애플사에 팔렸고, 넥스트의 기술은 애플이 부활하는 데 기초가 되었다. 그리고 잡스는 다시 영웅이 되어 애플사로 돌아갔다.

그는 "살다 보면 가끔 머리 위로 벽돌이 떨어지기도 합니다"라고

말하면서, 그렇다고 자신감을 잃어서는 안 된다고 역설했다. "충만
감을 느끼는 유일한 방법은 당신이 진정으로 사랑하는 일을 찾아서
하는 겁니다. 아직 그 일을 찾지 못했다면 계속 찾아보세요."

세 번째는 죽음에 관한 이야기였다. 몇 년 전 잡스는 불치병에
걸렸다는 진단을 받았다. 나중에 오진으로 밝혀졌지만 잡스는 그
일을 계기로 죽음이 삶에 있어서 최고의 발명이라는 것을 자각하
게 되었다.

"당신에게 주어진 시간은 제한적입니다. 그러니 다른 사람의
인생을 살아가면서 자신의 인생을 허비하지 마십시오. 교조주의의
포로가 되지 말아야 합니다. 다른 사람의 의견을 대신 말하는 소리
가 너무 커서 당신 내면의 소리를 듣지 못하는 일은 하지 마십시
오"라고 그는 말했다. 아울러 자기 마음속에서 들려오는 소리에
귀 기울일 것을 충고했다. 그러다 보면 자신이 진정으로 되고 싶은
게 무엇인지 누구나 들을 수 있다고 했다. 그 밖에 다른 것들은 다
이차적인 것이라고 그는 말했다.

9월 5일
모두 한 양동이에 집어넣어라

한 교수가 시간 관리에 관한 강의를 시작했다. 그의 앞에는 빈
양동이가 하나 준비되어 있었다. 그가 자갈을 양동이에 가득 채워
넣었다. 그런 다음 학생들에게 양동이가 꽉 찼느냐고 물었다. 학생
들이 고개를 끄덕였다. 그는 콧등을 손으로 훔치고는 고개를 저었

다. 그리고 작은 돌멩이가 들어 있는 자루를 꺼내 다시 양동이 위에 거꾸로 들고 흔들어 양동이 안에 다 들어가게 했다.

"양동이가 이제는 꽉 찼나요?"

그가 학생들에게 다시 물었다. 학생들이 이번에는 약간 당황하면서도 그렇다고 했다. 그는 다시 머리를 가로젓고 양동이에 모래를 쏟아 부었다. 그러고는 아까처럼 양동이를 이리저리 흔들어주자 모래도 양동이 안에 다 들어갔다. "이제는 양동이가 꽉 찼겠지요?"라고 그가 학생들에게 다시 물었다. 학생들이 이제는 당연하다는 듯 그렇다고 했다. 천만에! 교수가 이번에는 맥주 두 병을 꺼내 주둥이를 양동이에 갖다 댔다. 맥주가 양동이 안으로 흘러들어갔다. "자, 이제는 양동이가 가득 찼습니다!"라고 교수가 말했다. 그는 잠시 침묵했다가 학생들에게 물었다.

"오늘 여러분은 이 강의를 통해 무엇을 배웠습니까?"

아무도 대답하지 않자, 교수가 빙그레 웃으며 양동이를 옆으로 밀쳐놓은 다음 말하기 시작했다.

"오늘 여러분은 여러분의 인생에 대해 배웠습니다. 자갈은 여러분이 인생에서 만나는 크고 중요한 것들, 예를 들면 가족, 친구, 건강 같은 것을 의미합니다. 그것들이 여러분의 삶에서 대부분의 비중을 차지하지요. 작은 돌멩이들은 교육과 직업을 의미합니다. 그것들은 여러분의 삶을 충만하게 해줍니다. 그러나 그것만으로는 여러분의 삶을 만족스럽게 채울 수 없습니다. 그러기에는 취미, 소망 그리고 당신이 정한 목표를 의미하는 모래가 부족하기 때문입니다."

학생들이 진지한 얼굴로 교수의 말을 귀담아들었다. 그때 한 학생이 일어나 물었다.

"그렇다면 맥주는 무엇인가요?"

교수가 빙그레 웃으며 말했다.

"이다음에 친구나 직장 동료가 학생에게 언제 한번 만날 시간 있냐고 물어보면 너무 바빠서 도저히 시간이 안 된다는 말은 하지 말라는 겁니다. 맥주 두 병 나눠 마실 시간은 누구에게나 있다는 거죠."

이 에피소드가 처음에는 어떤 의도로 만들어졌는지 모르지만 아주 중요한 의미를 담고 있다. 세상 어느 누구도 친구나 동료를 만나지 못할 만큼 바쁜 사람은 없다. 맥주 한두 잔은 인간관계를 유지시켜줄 뿐만 아니라 커리어에도 도움을 준다. 그것은 스코틀랜드 스털링 대학의 교수들이 연구한 결과에도 나타났다.

데이비드 벨 교수가 1만 7천 명을 대상으로 커리어와 음주 습관에 대한 상관관계를 조사한 결과, 많이 마시는 것은 아니지만 정기적으로 동료를 만나 술 마시는 사람이 그렇지 않은 사람보다 평균 17퍼센트 정도 돈을 더 버는 것으로 나타났다. 함께 술을 나눠 마시는 여유가 동료애를 돈독히 해주고, 신뢰를 두텁게 해주기 때문에 결국 승진에 도움이 된다. 건배!

9월 6일
시간 관리는 우선순위의 문제

어제의 양동이 이야기와 관련해 두 번째로 말해주고 싶은 것은 성공을 위해 해야 할 일의 올바른 서열을 매기는 게 중요하다는 점이다. 교수가 만약 모래와 작은 돌멩이를 먼저 양동이에 채워 넣었다면 양동이를 아무리 세게 흔들어도 자갈이 들어갈 자리는 남아 있지 않았을 것이다. 인생에서 중요한 것들이 자리를 차지하지 못한 삶은 소모적인 작은 것들로 채워지고, 결국 사상누각을 만든 꼴이 되고 만다.

따라서 반석 위에 틀을 세우고, 올바른 순서에 따라 채워 넣어야 한다. 그것은 사생활이나 직장 생활 모두에 해당되는 말이다. 순서가 중요하다. 먼저 혼돈을 정리하고, 큰 자갈이라고 할 수 있는 마음 불편하게 하는 일들을 해결한 뒤, 더 작은 일들을 해결해야 한다. 모래는 그 사이사이 언제라도 집어넣을 수 있다. 물론 맥주로 멋지게 마무리짓는 일도 가능하다.

9월 7일
환경을 바꾸고 싶은 사람이 선택할 수 있는 세 가지 여지

직장 생활은 늦은 저녁 시간에 나누는 정치 이야기 같다. 한참 하다 보면 슬그머니 지겹다는 생각이 든다는 점에서 그렇다. 상사의 잔소리도 듣기 싫어지고, 동료는 성가시게 보이고, 앞으로 적어도 10년간 같은 직장을 다닐 생각을 하면 골치부터 아파온다. 누구에게나 그런 시기가 있다. 그런 불만이 변이를 일으키면 그때부터 문제는 심각해진다.

하지만 그래도 선택의 여지가 세 가지는 남아 있다. **사랑할 것**

인가, 떠날 것인가, 변화시킬 것인가. 다시 말해 당신이 하고 있는 일을 '사랑하는 법을 배우든가' '새로운 직장을 찾아 떠나든가' 혹은 '뭔가 스스로 변화해야' 한다. 뭔가 새로운 것을 찾아 떠나겠다는 결심은 대부분 하지 않는다. 아무래도 가족이나 집이 자유로운 이동을 막거나 여유롭지 않은 노동 시장의 환경 때문인 것 같다. 그런데도 직장을 그만두고 싶은 사람은 아래 다섯 가지 사항을 반드시 유의해야 한다.

- 자신에 대한 철저한 분석 없이 바꾸는 것: 난 무엇을 할 수 있나? 무엇은 잘하지 못하나?
- 선택할 수 있는 모든 것을 철저히 분석하지 않고 덥석 바꾸는 것.
- 단순히 돈 때문에 바꾸는 것.
- 다른 사람이 거두는 성공을 보고 질투심에 바꾸는 것.
- 외부의 압박 때문에 바꾸는 것. 다른 사람의 삶을 살지 말고, 본인 자신의 삶을 살아야 한다.

좌절감으로 직장을 바꾸려는 행동은 결코 좋지 않다. 도망자는 쫓기게 된다. 차라리 자기가 할 수 있는 것을 사랑하고, 좌절감을 안겨주는 것을 바꿀 방법이 있는지 알아보는 게 더 현명하다. 일단 그런 결심만 하면 사람들이 생각하는 것보다 더 쉽게 다음 일을 할 수 있다.

1. 당신이 추진하고 싶은 일이 회사에 더 큰 이익을 안겨줄 수 있다는 것을 보여주기 위한 정보와 근거를 모은다. 그렇게 해야만 당

신이 다른 부서에서 더 생산적으로 일할 수 있다는 확신을 갖게
할 수 있다.

2. 만약 곧바로 시작하는 게 여의치 않다면 당신의 목표에 다가갈
수 있는 다른 작은 프로젝트를 찾아보는 것도 좋은 방법이다. 그
일을 하면서 소중한 경험을 하고, 더 큰 일을 맡겨도 괜찮겠다는
확신을 회사에 심어준다.

3. 좌절감을 안고 물러나면 안 된다. 새로운 도전을 필요로 한다는
것을 분명히 보여주어야 한다. 그것은 당신이 현재 하고 있는 일
을 백 퍼센트 보여줄 때만 가능하다. 새로운 자리는 수동적인 사
람이나 기존의 일에 지친 사람을 위한 자리가 아니라 상사의 레
이더망에 걸려들 만큼 열의에 가득 찬 사람을 원한다는 점을 명
심해야 한다.

9월 8일
헤드헌터와 올바른 관계를 맺는 방법

헤드헌터와의 관계는 멀리할 수도 없고, 드러내고 가까이할 수
도 없는 관계다. 인맥을 통해 연결된다는 점에서 헤드헌터는 모델
에이전시처럼 움직인다. 그리고 많은 사람들이 자기 스스로 관련
업체에 지원 의사를 밝히기를 무척 힘들어한다. 그래서 항상 같은
일로 실수를 반복한다.

늘 하는 실수 가운데 하나가 준비 부족이다. 많은 경력 사원들
이 새로운 직장을 찾아 나설 때가 되어서야 헤드헌터를 찾는다.

그런 다음 서둘러 이력서를 작성하고, 전문가를 찾아가 사정하며 도움을 요청한다. 그러다가 일단 목적을 달성하고 난 다음에는 그 자리에 갈 수 있도록 도와준 사람들을 잊어버린다. 어려운 시기에 도움을 줬는데, 그렇게 하는 것은 배은망덕한 행동이다. 그런 행동은 결국 성격이 계산적이라는 것을 외부에 드러내는 셈이다.

이중 플레이 역시 자격을 잃게 만든다. 헤드헌터의 제안에 자신의 몸값을 알아보겠다는 생각에 거짓으로 응하는 태도를 취하는 것은 인사 담당자만 곤란한 처지로 만들 뿐 아니라 본인도 그런 기회를 다시 제공받을 기회를 놓치게 된다.

면담 시간을 준비하지 않은 경우에도 문제가 된다. 잠재적인 고용주와 지원자가 그 자리에서 서로를 처음 대면하게 된다. 헤드헌터는 사전에 그 분야에 대한 공부도 하고, 지원자가 선호하는 쪽으로 지원해주고, 사전 교육도 시킨다. 이제는 그가 대신 해줄 수 없는 상황에서 지원자가 지원하려는 회사에 대해 잘 알지 못하는 것은 심각한 결함이다. 하지만 그런 일이 종종 벌어진다.

자신감 부족이나 무능력 혹은 그 두 가지 다 원인이 될 수 있다. 그런 행동 방식은 헤드헌터에게 나쁜 인상을 심어줄 뿐만 아니라 같은 업종에 종사하는 사람들 사이에 나쁜 소문으로 번져나갈 가능성이 크다. 자신의 장래조차 설렁설렁 대하는 사람을 누가 다시 불러주겠는가?

9월 9일
헤드헌터의 관심을 끄는 법

올리버는 자유롭게 이야기를 나누는 화기애애한 분위기를 깨는 데 명수다. 무모하고 자신감이 넘쳐서 그가 나타나기만 하면 사람들이 이야기를 하다가도 말을 뚝 끊는다. 그는 또 주변 세상을 미니어처로 만드는 데도 일가견이 있다. 그가 있는 곳에서는 누구나 난쟁이가 된 것 같은 느낌을 받는다.

그는 몇 년째 같은 회사에 근무하면서도 주기적으로 헤드헌터의 전화를 받고 있다고 공개적으로 떠벌린다. 그의 말을 믿기도 어렵거니와, 그런 이들은 자아가 너무 강하고, '왜 나한테는 전화가 안 올까?' 하고 스스로에게 물어보는 사람들이다.

그런데 왜 정말 그런 사람에게 전화가 안 갈까? 그것은 아마도 주변의 관심을 자기에게로 쏠리게 하지 못했기 때문일 것이다. 그렇다고 모두 헤드헌터들에게 전화를 걸어 새로운 일자리를 찾아보라는 말은 아니다. 그런 행동은 어려운 부탁이나 하려고 쩔쩔매는 사람처럼 보이게 한다. 그러느니 차라리 사교 모임에 나가 다른 회사의 인사 담당자를 사귀는 편이 훨씬 낫다.

아직 새로운 직장이 필요하지 않더라도 헤드헌터에게 종종 다정한 편지를 보내는 것도 좋다. 그리고 동료로부터 추천받는 사람이 되려고 노력해야 한다. 또한 다른 사람에게 먼저 관심을 보이는 습관도 길러야 한다. 그럼으로써 당신이 다양한 인맥을 맺고 있는 사람처럼 보이게 할 수 있다.

또한 아무에게나 정보를 부탁하지 말고, 신중히 선별한 인사 담당자에게만 이력서를 건네는 것도 효과적인 방법이다. 자기의 개인 정보를 쓰레기 취급하는 사람은 손해 보기 쉽다. 너무 헤픈 사람으로 소문이 날 수 있다. 당신이 근무하는 회사의 인사 담당자 귀에 당신이 새로운 직장을 찾고 있다는 소문이 들어갈 수도 있다.

헤드헌터로부터 새로운 자리가 나왔다는 연락이 왔을 때는 조용히 남의 이목에서 벗어난 곳으로 가거나, 퇴근 후에 연락해줄 것을 부탁해야 한다. 상대가 어떻게 해서 연락처를 알게 되었느냐는 질문은 하지 않는 것이 좋다. 당신이 유능한 후보이기 때문에 연락해왔을 테니까! 그보다는 상대가 제안한 자리에 대해 물어보고, 그곳에서 해야 할 일과 해당 부서나 분야에 대해 자세히 물어본다. 해당 회사를 물어볼 수도 있지만 헤드헌터는 자세한 정보를 주지 않는다. 그러나 당신은 두 가지 핵심 질문에 대한 대답을 해줄 수 있어야 한다.

1. 다른 사람과 구별되는 능력으로 내게 어떤 것이 있나?
2. 난 무엇을 목표로 하고 있나?

여러 가지 요구 사항이 많은 경영인 자리에 앉힐 사람이 필요한 경우 헤드헌터는 적응 능력이 뛰어난 사람이 아니라 자기 통제를 잘할 줄 아는 사람을 원할 것이다. 확실한 기대와 능력을 보여주는 사람만이 헤드헌터로부터 다시 연락을 받게 된다.

9월 10일
더 많은 임금을 받기 위한 조언

경기가 안 좋으면 구매력도 떨어진다. 모두 절약하고, 저축한다. 구매하는 사람이 없으므로 회사 경영진은 허리띠를 바짝 졸라매야 한다고 말한다. 겸손과 절약이 새로운 경영 원칙으로 떠오른다. 회사는 먼저 업무에 드는 비용을 줄이고, 그다음엔 직원을 줄인다. 그런 상황에서 임금을 더 받는 게 가능한 일일까? 아니면 가미카제 공격처럼 자살행위를 하는 걸까?

이때는 다른 직원보다 일을 많이 하거나 더 어려운 일을 하고 있다는 전제가 성립되어야 가능하다. 임금은 노동에 대한 대가일 뿐만 아니라 보상과 격려의 의미도 지니고 있다. 그래도 경제적으로 힘든 시기에 임금 협상을 할 때는 특별한 규칙을 지켜야 한다.

첫 번째로 사전 준비를 철저히 해둬야 한다. 어떤 회사는 임금 협상 기간을 미리 정해두지만, 어떤 회사는 불경기엔 임금 협상을 사내 규정으로 원천 봉쇄한다. 그런 정보를 미리 입수하고, 자기 주장을 해야 한다. 그리고 요구 사항도 너무 많지 않아야 한다. 경제적으로 안 좋은 시기에 두 자릿수 이상의 임금 인상을 요구한다면 냉소적인 반응을 얻을 것이다. 회사가 경비를 줄이려고 한다는 점을 꼭 기억해야 한다.

당신도 그 점을 충분히 감안해서 요구해야 한다. 당신은 혼자가 아니라 조직의 구성원이다. 당신이 어떤 분야에서 더 많은 성과를 냈고, 더구나 그것이 다른 사람에게 쉽게 넘길 수 있는 분야가 아니라는 점을 자세히 설명한다면 상사를 설득시킬 수 있다.

대안에 대해 개방적인 태도를 취하는 것도 좋은 전략이다. 상여금의 경우 돈은 더 받지만 예산 집행에 즉각적인 영향을 미치지는 않는다. 그러므로 임금 인상률이 단계적으로 정해져 있을 때도 상여금을 통해 그 이상을 받을 수 있다. 무엇보다 임금 인상의 혜택을 입었을 땐 분별력 있게 행동하는 것이 중요하다. 특히 불경기에 임금이 인상되었다면, 비밀로 간직해야 한다. 그렇지 않으면 동료들의 질투를 유발하여 회사 내 분위기를 흐리게 만들 수도 있다.

그런 정보를 입수한 직원들은 상사에 대해서만 불만을 갖는 것이 아니라 해당 직원에 대해서도 신뢰하지 않게 된다. 그런 사람에게는 동료 직원들이 어떤 정보도 주지 않으려고 할 것이다.

9월 11일
중년에 갖게 되는 기회

살면서 꿈꿔왔던 것을 마흔까지 이루지 못한 사람은 평생 이루기 어렵다고 한다. 나이가 커리어의 한계를 정해놓은 것처럼 말이다. 과학적으로 중년의 위기를 증명해 보일 수는 없지만, 나이 마흔이 된 많은 사람들이 신경증적 증세를 나타낸다. 대부분의 사람들이 인생의 전반부가 끝났고, 이제부터는 내리막길이라고 생각한다. 그것은 인생 후반부를 어떻게 보내야 할지, 이미 달성한 것을 어떻게 지켜야 할지에 대한 고민으로 압박을 안겨준다. 미래에 대한 슬픈 전망이다. 하지만 그 나이를 뭔가 새로운 것을 시작할 수 있는 나이라고 생각하는 사람들의 무리에 당신도 포함되어 있기를 바란다.

"중년은 직업적 변화를 꾀하기에 아주 좋은 시점이다"라고 심리학자 우르술라 슈타우딩거는 단언했다. 인생의 목표에 어느 정도 도달했고, 능력도 최고 수준으로 발휘할 수 있는 나이라고 본 것이다.

대부분의 사람들에게 그 나이는 만족스러운 임금 수준에 이르고, 사회적으로 두터운 인맥을 맺고, 정서적으로 안정되고, 확고한 자신감을 가질 수 있기에 충분한 경험을 한 나이다. 의학적으로도 매우 좋다고 본다. 새로운 것을 배우고, 분석하고, 평가하는 것이 40대가 되면 젊은 시절보다는 조금 느리지만 별 무리 없이 할 수 있는 나이라고 한다. 그때까지 쌓아올린 경험이 새로운 것을 배우고, 경영상의 전략을 더 신속하고, 현실적으로 받아들일 수 있게 도와준다.

전문가들은 40대를 '크리스털 라인 지능'이라 부르기도 한다. 변화에 걸림돌이 되는 유일한 것은 그때까지 안정되게 살아온 틀을 무너뜨리는 데 대한 두려움이다. 또 사람들은 경제적 불안감 때문에 뒤로 물러서기도 한다. 충분히 그럴 수 있다. 혹은 물러날 때 좋은 모습을 보이고 싶은 심리 메커니즘이 작용해서 그렇게 할 수도 있다.

용기는 나이의 문제가 아니다. 지능이나 창의력, 행복과도 아무 상관이 없다. 특히 행복은 당신이 당신 자신의 삶을 얼마나 통제할 수 있고 영향을 미칠 수 있느냐에 달려 있다. 어쩌면 환경을 완전히 바꾸지 않아도 괜찮을 수 있다. 다른 부서나 다른 지점으로 옮기기만 해도 새로운 에너지가 생긴다. 살면서 여러 가지 변화를 겪거나 이런저런 것과의 관계를 단절하는 것이 앞으로는 어차피 평범한 일이 될 것이다. 차라리 그것이 아무 열정 없이 한 가지 일에 평생 종사하는 것보다 더 나을지도 모른다.

9월 12일
당신에게 우호적인 사람이 몇 명인가?

몇 년 전에 영국 켄싱턴 출신의 어느 부유한 부인이 시골 별장에서 음식을 진수성찬으로 차려놓고 손님들을 맞았다. 그날 초대받은 손님들 중에는 신분이 높은 사람들이 많았다. 부인은 귀빈이 많이 참석하게 함으로써 자신의 명성을 드높이려 했다. 그런데 연회장을 둘러보니, 시중드는 하인이 몸을 비틀거리면서 금방이라도 그릇을 깨뜨릴 것처럼 위태롭게 움직이는 것이었다. 부인은 참을 수 없을 만큼 화가 났지만 꾹 눌러 참고 '당신은 지금 취해 있으니 얼른 방에서 나가요'라는 쪽지를 얼른 써서 하인에게 건네주었다.

이 이야기는 영국인이 냉정함을 얼마나 잘 유지하는지에 대한 유명한 사례다. 부인이 화낸 기색을 겉으로 드러내 보이지는 않았지만 누군가 그 모습을 목격하고 당시의 상황을 전한 것 같다. 그렇지 않다면 그 이야기를 나도 듣지 못하고, 지금 이렇게 전달하지도 못했을 것이다. 이를 보면 사람들이 남들 이야기 하는 것을 무척 좋아한다는 사실을 알 수 있다.

물론 우리도 그런 이야기를 좋아하고, 또 그런 이야기 하는 것을 좋아한다. 더구나 이야기 속 주인공이 난처한 입장에 처해 있을 때 하고 싶은 말이 많아진다. 경영학에서 보면 한 회사가 긍정적인 이미지를 가지려면 전체 고객 가운데 75퍼센트가 만족해야 한다고 한다. 고객들은 한 회사에 만족한 경험을 평균 세 사람에게 소문을 퍼뜨린다. 그러나 안타깝게도 불만 있는 고객도 그렇게 한다. 그리고 그들은 무려 아홉 명에게 하소연한다.

또 다른 연구에 의하면, 33번이나 안 좋은 경험을 소문으로 퍼뜨린다고 한다. 그 때문에 많은 회사들이 고민하고 있다. 앞서 예로 든 영국의 귀부인이나 이 책을 읽는 독자의 경우도 마찬가지다.

당신은 하나의 회사라 할 수 있다. 따라서 당신의 명성에 스스로 책임을 져야 한다. 그러나 당신의 '고객' 가운데 과연 얼마나 많은 사람들이 당신에게 만족하고 있는지 아는가? 당신에 대해 좋은 소문을 내도록 만들고, 이를 증폭시키는 사람들을 알고 있는가? 회사에서 모든 사람과 다 잘 지낼 수는 없다. 신경을 날카롭게 하는 이들은 그냥 무시해도 좋다. 하지만 그런 사람들이 전체에서 25퍼센트는 넘지 말아야 한다.

9월 13일
휴지기의 중요성에 대해

사막 여행은 효과가 있다. 모세는 이스라엘 민족을 이끌고 40년간 황폐한 모래사막을 떠돌았다. 그러다가 혼자 시나이 산에 올라가 십계명을 갖고 돌아왔다. 그로부터 수백 년이 지난 후, 예수도 사막에서 시간을 보냈다. 예수는 혼자 40일 동안 사막을 돌아다 녔지만 많은 것을 얻었다.

그런 휴지기의 비밀은 그 시간에 자기 자신에게 집중할 수 있다는 것이다. 살아 있을 때 엄청난 성공을 거둔 많은 사람들이 정기적으로 속세를 벗어나 며칠간 혼자서 지냈다. 그들은 사회 부적응자가 아니라 커다란 책임을 짊어지고 살아간 훌륭한 사람들이었다.

일부러 먼 곳을 찾아간 그들은 일시적으로 혼자만의 공간에 들어갔다. 사막으로 간 사람은 속세와의 관계를 단절하고, 내면의 평화를 찾아야만 알 수 있는 아이디어를 얻어 돌아왔다. 대개 그것은 사고의 혁신적인 전환을 불러일으켰다. 플라톤은 《국가(國家)》 제7권의 도입부에 이렇게 적었다.

"어떤 사람들은 태어날 때부터 어두운 동굴 안의 의자에 묶여 있다. 그들이 볼 수 있는 유일한 것은 맞은편 동굴의 벽뿐이다.

벽은 약간 벌어진 틈으로 새어들어오는 불빛으로 환하다. 불빛은 밖에 피워놓은 모닥불이 비친 건데, 그 앞에서 다른 사람들이 인형극 놀이를 하는 것처럼 물건을 갖고 움직이는 모습이 동굴 안으로 투영된다. 의자에 몸이 묶인 사람들은 그림자에 투영된 모습만 볼 수 있기 때문에 그것을 현실로 받아들인다."

당신이 하루하루 복잡하게 살아가는 일상이 어쩌면 그들 눈에 비친 그림자 연극이었을지도 모른다. 당신도 현실에서 보여주는 당신의 모습을 뚜렷하게 만들기 위해 며칠만이라도 동굴에서 빠져나오는 게 좋다. 아니면 당신 스스로 전혀 새로운 당신의 모습을 만들어보는 것이다. 피닉스는 그렇게 했는데, 그것도 여러 번 했다. 그 화려한 새는 스스로 몸을 태워 남은 재로 새롭고, 힘차고, 멋있는 불사조로 다시 태어나기 위해 자기 몸을 수시로 불에 태웠다.

나는 자기 몸을 스스로 불태우거나 40일간 사막에서의 방황을 권할 생각은 없다. 그러나 하루에 40분은 어떨까? 그것도 너무 긴 시간일까? 그렇다면 1년에 두 번 주말만이라도 자기 자신을 위해 시간을 내보자. 그렇게 한다고 당신이 전혀 다른 사람이 되지는 않 겠지만, 당신 스스로 전혀 새로운 세상을 발견할 수 있을 것이다.

9월 14일
안식기를 보내는 방법

헬무트 랭은 90년대의 패션 스타일을 만드는 데 일조했던 디자 이너였는데 갑작스러운 은퇴로 더 유명해진 사람이다. 그야말로 어느 날 갑자기 사라진 것이다.

그는 롱아일랜드에서 인생을 즐기며 모종의 프로젝트를 진행하 고 있다. 대부분의 사람들은 직업과 사생활의 간극이 벌어질수록 힘들어한다. 그래서 양쪽 영역 중 하나에 당분간 신경을 끄는 방 식으로 문제를 해결한다. 힘든 일을 끝낸 다음 짧은 휴식기를 갖 고 약간 뒤로 물러나서 지친 몸을 추스르는 것도 그런 식의 문제 해결 방법이다.

또 다른 방법은 진정한 의미에서의 안식을 취하는 것이다. 안식 일이라는 말은 원래 성경과 히브리어에서 처음 생겨났다. "조물주 에 대한 숭배의 의미로 일곱째 날에는 땅이 완벽한 안식을 취하게 해야 한다"라는 말은 원래 농사를 한 해 쉬고 휴경해야 한다는 의미였다. 요즘은 그 의미가 산업 현장으로 옮겨갔다.

많은 회사들이 직원들에게 안식년을 보내도록 하고 있다. 그래서 사람들은 1년에 한 달간의 안식 휴가를 갖기도 하고, 어떤 사람들은 추가 근무 시간을 저축해두었다가 돼지 저금통을 자르듯 그 시간을 한꺼번에 안식년으로 사용하고 있다. 어떤 식으로 안식을 취하든 쉬는 시간은 그 사람의 삶과 맞아야 한다.

당신은 안식을 통해 무엇을 얻고 싶은가? 재활의 기회로 삼을 것인가? 공부를 할 것인가? 가족 간의 관계를 일시적이나마 더 돈독히 하는 데 사용할 것인가?

통계를 보면 독일에서는 과반수의 근로자들이 공부를 더 하기 위해 반년 내지 1년의 안식기를 갖는다고 나왔다. 그러나 사실은 '업무로 인한 부담에서 벗어나기 위해 안식년을 쓴다'고 이유를 대면 자신의 이미지가 망가질 것 같아 그렇게 말하는 것뿐이다. 회사에 이익을 안겨주기 위한 것으로 명분을 대야 하기 때문이다.

안식년을 보내기로 했다면 좋은 계획을 세우는 것이 중요하다. 당신과 당신 고용주에게 휴직 기간을 준비할 시간을 충분히 줘야 한다. 사전 준비 기간을 잘 활용하면 휴직으로 인한 갈등의 위험을 줄일 수 있다.

안식년을 끝낸 뒤의 복직에 대해서도 계약서에 명시해두어야 한다. 고용주는 근무자가 근무했던 부서로 복귀하는 것을 약속해야 한다. 안식년 기간의 비용을 어떻게 충당할 것인지는 회사마다 다르다. 대개는 초과 근무 시간을 많이 저축해두어 그것으로 안식기를 갖든가, 일정 기간 월급을 포기한다. 그렇게 하면 휴직 기간에도 의료 보험이나 사회 보험이 유지될 수 있다.

9월 15일
창업, 독립하기

흔히 사업가는 태어날 때부터 정해진다는 말을 하는데, 내 생각은 그렇지 않다. 물론 사업적 성공을 거두는 성격을 지닌 사람들이 있다. 예를 들면 용기 같은 것, 혹은 조직력이나 자기 단련 같은 것. 심리학자인 에바 슈미트 로더문트 교수는 위의 조건에 추가로 '사회적인 배짱'을 포함시켰다. 강인함이 없다면 창업을 하고도 나중에 경쟁 업체나 공급이 늦는 협력 업체에 강력하게 항의하지 못한다는 이유에서다.

어떤 사람은 독립하고, 어떤 사람은 그렇게 하지 못하는 이유는 성격에 원인이 있기보다는 동기와 관련이 많다. 그것이 엄청난 차이를 유발한다. 어떤 사람은 전형적인 자율적 창업주(어떻게 해서든 대장이 되고 싶음)가 되고, 어떤 사람은 자신의 약점을 보완하고 싶어(윗사람으로부터 잔소리를 듣고 싶지 않아) 독립을 한다.

또 어떤 사람은 경제적으로 입지전적인 인물(접시닦이에서 백만장자)이 되고 싶어 회사를 차린다. 그들 모두 호기심이 충만하다. 대부분의 창업주들이 앞으로 어떤 일이 닥칠지 모르면서 회사를 세운다. 스위스의 사회학자 페터 살베르거는 창업 이유에 대해 오랫동안 연구한 끝에, 대부분의 창업자들이 세상에 뭔가 메시지를 던지기 위해 회사를 차렸다는 결론을 내렸다. 그들은 야망을 갖고 있고, 그것을 향해 움직였다. 그 과정에 돈은 결정적인 자극이 되지 못했다. 오직 돈 때문에 회사를 차린 사람은 자주 실패했다.

다양한 동기에도 불구하고 각 형태마다 취약점이 있다. 자율적 창업주는 지나치다 싶을 정도로 일 욕심이 많다. 평사원으로 그렇게까지 할 수 없다는 생각에 그는 스스로 총책임자가 되었다. 하지만 그는 사람 다루는 일에는 약하다. 자신의 완벽주의를 직원들에게 전가하여 직원들이 매우 불편해하고, 심하게 반발한다. 그 결과 퇴직률이 높게 나오고, 결과도 어중간하게 나오기 일쑤다. 그런 상황에서 더 안 좋은 것은 자기만족에 빠져 있는 창업주다. 그런 사람은 잠재적으로 독재자가 될 가능성이 많다. 그들은 주변의 관심을 독차지하려 하고, 걸핏하면 자기 자랑을 한다.

세상의 팔방미인은 많지 않으므로, 창업할 때는 개별적인 일에 특정한 능력을 갖고 있는 사람을 모아 하나의 팀을 이루는 게 좋다. 만약 당신이 독립하고 싶다면 혼자 하려 하지 말고, 장점과 단점을 서로 보완할 수 있는 사람들을 모아 팀을 꾸리는 게 좋다. 통계적으로 봐도 그렇게 했을 때 경쟁력이 훨씬 좋아진다. 일당백이 아닌, 백이 모여 하나가 되는 게 더 낫다.

9월 16일
사업 계획서를 쓰는 방법

글을 쓰는 사람이 최후까지 남는다. 창업자에게도 그런 습관은 중요하다. 날마다 수많은 사람들이 독립을 꿈꾸지만 몇 사람만 자기 아이디어를 좇는다. 사업 계획서를 써야 한다는 데 지레 겁먹고 포기하는 사람도 있다. 하지만 그것은 누구도 피할 수 없는 일이고, 창업을 위한 출발점이다. 특히 투자자와 동업자를 설득하려면 매우 중요한 일이다.

그런 계획의 핵심에는 '창업의 개요'가 들어 있어야 한다. 창업 아이디어, 예상 매출액, 예상되는 이익, 창업자의 간단한 약력, 시장과 제품에 대한 설명, 재정 운용 계획 등이 두세 장의 종이에 주요 자료로 소개되어야 한다. 그런 요약은 항상 사업 계획서의 첫 장에 놓여 있어야 한다. 투자자는 그것부터 읽고, 미덥지 않으면 더 이상 읽지 않는다. 때문에 중요한 자료는 반드시 앞부분에 담아놓아야 한다.

그런 다음 자신의 계획과 포부를 최대 40장 이내로 기술한 계획서를 첨부한다. 중요한 것은 내용의 구성이다. 앞에 요약해놓은 것들을 자세히 쓰고, 사업 아이디어의 중요한 점을 부각시키고, 직원 구성(어떤 권한을 어떤 직원에게 주고, 어떻게 보완시킬 것인지에 대한 계획)과 경쟁력(사업 아이디어의 독창성)을 설명해야 한다.

재정 계획서의 내용 구성도 마찬가지다. 그것은 추후에 발생할 이익 분배나 신용 분담에 대한 계획을 최소 3년에서 5년까지 미리 계산해서 작성해야 한다. 예측이 보수적이고, 자세할수록 상대를 설득하기가 쉽다. 이때 복사와 붙여넣기의 함정을 주의하라! 다른 글에서 사용되었던 자료들을 옮겨 적을 때는 해당 자료를 잘 검토하고, 정돈해야 한다.

그런 모든 일이 시간을 필요로 하고, 많은 일을 해야 가능하다. 전문가들은 평균 3주 내지 4주의 시간을 할당한다. 친구나 지인들이 돌아가면서 읽어보느라 몇 달씩 걸리기도 한다. 하지만 그럴 만한 가치가 있는 일이다. 그냥 쓰기만 하는 사람이 아니라 자세히 계획을 세우는 사람이 살아남는다.

9월 17일
창업자가 돈을 접하는 방법

창업자와 투자자의 관계는 부부 사이 같다. 처음에는 서로 호감을 느끼고, 상대를 신뢰한다. 그러나 두 사람 모두 장기적으로는 그런 관계를 유지하기 어렵다는 것을 안다. 은행을 예로 들자면 창업 자금에 대한 대출을 상담할 때 은행의 관심은 소극적이다. 그와 관련해서 해야 할 일은 많지만, 별로 생기는 것 없이 위험 부담은 크기 때문이다. 그래서 대개의 은행들은 초기 자본의 15퍼센트에 해당하는 돈을 저금해둘 것과 다양한 유가증권이나 생명 보험, 부동산 소유권, 보증서, 깨끗한 신용도 등을 요구한다. 신용 평가 기관에 신용불량자로 낙인찍힌 사람은 공연히 고생할 필요 없다. 어차피 대출은 불가능할 테니까.

창업을 꿈꾸는 사람의 입장에서는 이른바 벤처 투자라고 하는 개인 투자자의 자금이 매력적으로 보일 수 있다. 하지만 그들을 설득하고 확신을 주는 일도 말처럼 쉽지 않다. 그렇다고 불가능하다고 볼 수도 없다. 이렇게 하면 가능해질 수 있다.

인맥을 만들 것: 투자를 받고 싶다면 먼저 인맥을 만들어야 한다. 벤처 투자자들은 인맥이 두텁고, 서로 아는 사람이 많다. 누가 누구의 자금을 지원받았다는 소문이 파다하게 난다. 게다가 위험 부담을 안고 창업 자금을 투자하는 사람은 이제는 후원자가 된 예전의 창업자들과도 많은 이야기를 나눈다. 그들 가운데 누군가 추천서를 써준다면 효과가 크다. 그러므로 투자 설명회에 적극 참석하고, 온라인

연결망에서 열심히 활동해 자신을 알리는 게 좋다.

사업 계획서를 쓸 것: 어떻게 써야 하는지는 앞서 이미 설명했다. 위험 부담을 안고 투자에 나서겠다는 결정을 내리는 데 중요한 것은 완벽한 창업 자금 준비 계획서다. 회사와 관련된 모든 수치는 정확해야 한다. 예상 매출과 이익에 대한 예상 수치뿐만 아니라 이자 계산과 비용 및 긴급 상황 발생 시 대처할 방법에 대한 계획도 세워놓아야 한다.

승부수 두는 법을 익힐 것: 일반 은행원들과 달리 창업 자금을 대는 투자자들은 불과 몇 분 만에 거래에 대한 평가를 내리는 경우가 많다. 그런 결정은 대개 1, 2분 안에 난다. 따라서 성공을 확신하는 열정적인 호소문을 준비하는 일은 필수다. 메시지가 강하게 전달되는 주장을 프레젠테이션 초반부에 도입해야 한다. 그것으로 투자자를 설득시킬 수 있어야만 이후의 세밀한 부분으로 넘어갈 수 있다.

좋은 팀을 구성할 것: 초기 창업 구성원은 가장 중요하다. 창업자 혼자라면 회사를 제대로 이끌어갈 수 있을까 하는 의심을 받는다. 세상에 모든 것을 다 잘하는 사람은 아무도 없다. 중급 정도의 사업체는 개선할 여지를 많이 안고 있다. 부부 관계처럼 처음부터 서로 화합이 잘되는 사람을 만나 관계를 키워나가야 한다.

9월 18일
프랜차이즈 점포를 연다면

돈만 있다고 성공하지는 않는다. 적지 않은 사업가들이 시장 진입의 의미와 대중성을 과소평가하는 바람에 실패한다. 기술적으로 아무리 훌륭한 제품도 궁극적으로는 고객이 구매해야 진가가 발휘된다. 이를 위해 광고, 홍보, 입소문 등이 동원된다. 그 세 가지 모두 확실한 메시지가 있어야 제대로 전달된다. 창업자는 아래 질문에 대답할 수 있어야 한다.

- 이 제품이 왜 쓸모 있나?
- 다른 경쟁 제품과 어떤 차별성을 갖고 있나?
- 주 소비층은 누구인가?
- 값은 얼마로 할 것인가?
- 고객을 만나기 위해 전화를 통한 설문 조사, 전시장 참여, 인터넷 블로그를 통한 접촉이 가능한가?

시장 조사 결과가 좋지 않게 나왔다면 프랜차이즈를 해보는 것도 좋은 방법이다. 프랜차이즈의 장점은 사업 형태가 이미 틀을 갖추고 있다는 것이다. 대신 본사에 일정 금액을 사용료로 지불해야 한다. 사용료는 매출 대비 일정 퍼센트나 서비스 제공 대가로 받은 금액의 15퍼센트 등 다양하다. 본사는 마케팅, 회계, 제품 공급 등을 맡아서 해준다.

프랜차이즈의 단점은 안 좋은 회사에 걸릴 수도 있다는 것이다. 그런 회사는 계약서의 눈에 잘 띄지 않는 곳에 불리한 조항을 적어 본사의 지원을 절대적으로 부족하게 해주고, 좋지 않은 곳을 입지 선정한다. 그야말로 프랜차이즈 시스템의 맹점을 악용하는 경우다. 체인점이 시장에서 공격적으로 성장할 때 프랜차이즈 지점 업주들끼리 서로 경쟁해야 하는 상황이 일어나게 만들거나, 손님이 별로 오지 않는 후미진 곳에 가게를 차리게 하는 것이다. 그런 일이 생기지 않게 하려면 사전에 철저한 조사를 하고 초기 투자 자본을 반드시 회수할 수 있도록 계약서를 장기간으로 작성해야 한다. 그렇지 않으면 애써 자리 잡은 점포를 다른 사람에게 넘겨줘야 하는 낭패를 경험할 수도 있다. 대개 프랜차이즈 계약은 기간을 10년으로 하는데, 5년 후에 연장 여부를 선택하는 경우가 많다.

시스템이 프랜차이즈 점포의 경쟁력을 유리하게 보호해주는 형태인지도 확인해야 한다. 가게의 디자인, 서비스, 제품들은 한번 들른 고객을 다시 오게 만들어야 하고, 새로운 손님들을 끌어들일 수 있는지를 점검해야 한다.

마케팅, 보수 교육, 점검에 대한 성과가 비용에 합당한지 여부도 확인해야 한다. 그리고 서로 도와줄 수 있는 네트워크도 형성되어 있어야 한다. 확실한 품질이 보장된다면 만족스러운 파트너를 더 많이 확보할 수 있다.

9월 19일
창업주를 위한 전형적인 위험 요소

사랑은 눈을 멀게 한다. 그리고 흥미롭게도, 자신이 만들 제품에 푹 빠진 창업자들도 비슷한 과정을 겪는다. 그들은 회사 운영이 잘 안 될 경우 눈을 감고, 늘 해왔던 대로 꿈을 꾸며 다시 잘되기만을 빈다. 하지만 그런 일은 결코 일어나지 않는다. 창업자들

가운데 절반이 3년 안에 실패한다. 이러한 실패를 피할 수 있는 요인들이 있다.

경직성: 경험이 가르쳐준다. 대부분의 사업 계획서는 몇 주일 지나면 실상이 드러난다. 고객 수가 예상보다 적게 잡히고, 생각지 못한 곳에서 새로운 경쟁자가 나타나고, 팀 구성원이 빠진다. 그럴 경우에 대비한 계획을 갖고 있는 사람은 그나마 형편이 괜찮다. 그렇지 않다면 현실에 적응해야 한다. 회사를 경영한다는 것은 끊임없이 움직이는 것과 시장에 반응해야 한다는 것을 의미한다. 그것은 항상 그렇게 되어야 한다. 그러한 점을 미리 간파한 창업자가 살아남는다.

타이밍: 세상에 나쁜 아이디어는 없지만, 시기적으로 잘못 나온 아이디어는 있다. 제품과 사업 형태를 시대에 앞서 시작한 사람은 이미지에 타격받을 위험을 감수해야 한다. 한번 무너진 이미지는 복구해서 수익을 내기가 매우 힘들다. 반면 너무 늦게 시작한 사람은 시장 점유율에서 뒤처질 수밖에 없다. 틀이 갖춰진 시장에서 바닥을 다지는 일은 비용이 많이 들고, 시간도 오래 걸린다.

수익: 모든 것이 잘되면 사업이 성장하면서 상품 판매, 제품 개발 및 점검 등이 함께 이뤄진다. 하지만 그러려면 자금이 필요하다. 이때 납품 대금 지급을 미루는 거래처나 고객이 있다면 상황이 안 좋아진다. 더구나 창업자가 회사의 재정 상태에 대한 통찰력을 잃어버리면 상황은 더 안 좋아진다. 따라서 처음부터 자금 운용 계획을 잘 세워야 하고, 절약해야 하고, 올바른 점검이 이루어질 수 있도록 신중하게 투자해야 한다.

무시: 당신은 당신의 고객에 대해 얼마나 많은 것을 알고 있는가?

당신은 혁신적인 아이디어로 새로운 서비스를 제공하고 있다고 확신한다. 그러나 당신의 고객도 그것을 원한다고 볼 수 있을까? 고객의 욕구는 구매 과정에서 변한다. 그러므로 당신이 판매하는 제품을 지속적으로 개선하고, 보완해야 한다. 만족도 조사를 실시하는 것도 부족한 점이나 희망 사항을 파악하는 데 도움이 된다.

복사: 다른 사람들이 잘되었으니 당신도 잘될 거라고 생각하는 것은 큰 착각이다. 성공을 거둔 대부분의 사업체는 여러 차례의 시행착오를 치르면서 발전해온 결과다. 이를 다른 분야에 도입했을 때 똑같은 결과가 나오지는 않는다. 하지만 초창기의 주춧돌을 빌려다 쓰는 일은 가능하다. 그리고 다른 사람의 경험을 통해 더 많은 것을 배울 수도 있다. 복사는 때로 복사한 것을 능가할 수 있다.

9월 20일
임금에 대한 올바른 인식

어느 순간 자신의 진정한 가치에 대해 생각하는 날이 있다. 누구나 자기가 하는 일이 지금 받는 돈보다 더 많은 돈을 받고 해야 할 일이라고 생각한다. 입버릇처럼 무심코 말하는 불평이 아니더라도 그런 생각에는 논리적인 결함이 숨어 있다.

수입은 일에 대한 보상이 아니라 쟁취하는 것이다. 그 뒤에는 간단한 경제 원칙이 깔려 있다. 물건을 구매하는 사람은 그것이 자기에게 모종의 이익을 안겨주기를 바란다. 그리고 이익이 클수록 주관적인 가치도 상승한다.

자동차를 예로 들어보자. 자동차는 주인을 A라는 곳에서 B라는 곳으로 옮겨줌으로써 이로움을 주고, 차주에게 사회적 신분을 부여하는 것으로 큰 이익을 안겨준다. 고용주 역시 당신의 고객이다. 그들은 당신의 능력을 사면서 당신이 얼마나 많은 부가 가치를 양산할 수 있는지에 대해 자문한다. 그런 이유로 대부분의 회사가 월말에 월급을 준다. 임금으로 받아갈 돈을 피고용인이 미리 벌어야 하는 것이다.

많은 사람들이 자기에게 돈을 더 많이 주면 일을 더 잘해줄 거라고 생각한다. 하지만 그것은 자기기만이다. 간의 수치를 높이려고 더 많은 독주를 마시는 것과 같다고 볼 수 있다. 시급으로 20만 원을 받는 사람이 맡은 일을 잘 못한다면 백만 원을 줘도 마찬가지다. 그러므로 먼저 부가 가치를 제공하고, 더 많은 임금을 요구해야 한다. 돈을 받는 만큼만 임무를 수행하는 사람은 평균적인 능력을 발휘한다. 그리고 임금은 그가 한 일의 적정 수준이다. 그 이상의 일을 하는 사람만 더 높은 임금을 요구할 수 있다.

9월 21일
월급 생활자의 다섯 가지 금기 사항

임금 협상을 할 때는 양측이 서로 다른 가치 기준을 갖고 협상에 임하게 된다. 상사에게 임금 인상을 요구할 때는 아래에 소개하는 전형적인 실수들을 피해야 한다.

1. **요구하지 말 것:** 정당한 부탁과 요구 사이에는 미묘한 차이가 있다. 후자는 절대 하지 말아야 한다. 임금으로 받는 것보다 더 많은 성과를 내고 있는지 없는지는 오로지 상사의 결정 사항일 뿐이다.

2. **간청하지 말 것:** 임금을 더 받으려고 가슴 아픈 사연을 이용하지는 말아야 한다. 자녀를 병원에 데려가야 한다든지, 노모를 양로원에 보내야 한다든지 하는 말은 안 된다. 당신의 고용주는 사회복지사가 아니다. 그리고 상사는 부하 직원 때문에 양심의 가책을 받는 경우를 무척 싫어한다.

3. **폭발하지 말 것:** 당신은 지난 몇 개월간 회사를 위해 꽤 많은 일을 했다. 주말에도 일했고, 큰 계약도 성사시켰는데 그 모든 수고에 대해 적절한 보상을 받지 못했을 수도 있다. 하지만 그렇다고 상사에게 불만을 터뜨릴 이유는 없다. 감정 노출은 협상에서 비전문적이고, 감성을 불안하게 만드는 요인이다.

4. **비교하지 말 것:** "마이어는 더 많이 받아요"라고 말하는 것은 정당한 주장이 아니다. 그가 당신보다 일을 더 많이, 효과적으로 해서 더 큰 성공을 거두었을 수도 있기 때문이다. 서로 다른 임금은 의욕을 꺾지만, 그렇다고 임금 협상의 포커판에 내놓아도 좋을 조커는 아니다. 당신의 주된 주장은 당신이 하는 일이 더 많은 부가 가치를 생산하고 있음을 확신시키는 것이어야 한다.

5. **협박하지 말 것:** 원하는 것을 얻지 못했다 하더라도 협박은 안 된다. 협박은 어떤 경우에도 해선 안 되는 것이고, 더구나 그만두겠다는 말은 절대 안 된다. 첫 번째는 강요가 되기 때문이고, 두 번째는 그 어떤 상사도 당신의 협박에 응하지 않을 것이고, 세 번

째는 당신이 회사가 아닌 당신 자신만 생각하는 사람처럼 보일 수 있기 때문이다. 임금 인상이 회사에도 이익이 된다는 것을 설득할 수 있는 사람이 더 많은 돈을 받는다.

9월 22일
호적수는 좋은 것이다

마이크로소프트사를 만든 빌 게이츠와 당시 인텔 사장이었던 앤디 그로브의 관계는 별로 원만하지 않았다. "두 사람은 노부부처럼 종종 의견 충돌을 일으켰다"고 미국의 경제 전문지 《포천》은 두 사람의 관계에 대해 적었다.

빌 게이츠를 특별히 좋아하지 않았던 IBM의 전 사장 루이스 거스트너도 직원들에게 넘어서야 할 대상 제1표적으로 빌 게이츠를 정해 사무실 벽에 그의 사진을 걸어두었다고 한다. 빌 게이츠에게는 그 어떤 해도 가해지지 않는 일이었다. 적이 많다는 것은 오히려 그만큼 많은 사람들로부터 존경의 대상이 되고 있다는 의미로 해석될 수 있다.

적대적 관계도 잘 다루기만 하면 '우리는 서로 좋아하는 사이'라는 틀에 박힌 관계보다 더 큰 성공을 거둘 수 있다. 적대감이 사람에게 자극을 주기 때문이다. 캐나다의 브록 대학이 아마추어 하키 선수들을 대상으로 조사한 결과도 그렇게 나왔다.

그들은 호적수를 만났을 때 스트레스를 주는 호르몬으로, 능력을 배가시키는 테스토스테론과 코르티솔을 더 많이 분비했다. 연구진은 선수들이 자기 영역을 지켜야 하는 동물들처럼 긴장한 상태였기 때문이라고 추측했다. 적과의 대면은 의욕을 불태우고, 하나로 묶어준다.

적대감은 개인적인 만남에서도 적용된다. 사실 적은 흥미로운 대상이다. 그들은 우리를 가장 많이 자극한다. 진정한 적은 우리에 대해 많은 것을 알고 있다. 그리고 우리와 맞서 싸우는 데 그것을 사용하지만, 이를 긍정적으로 볼 수도 있다. 적은 우리에게 거울을 비춰주는 셈이다. 그들은 우리가 저지른 치명적인 잘못을 지적하고, 개선할 기회를 준다. "너희들에게 화를 내거나 비난하는 사람은 너희들을 다치게 하지 않는다는 점을 명심하라. 그들이 너희를 해칠 거라는 것은 단지 너희들의 생각일 뿐이다"라고 그리스의 스토아학파 철학자 에픽테토스는 제자들에게 말했다.

적을 어떻게 생각해야 할지에 대해 많은 사람들이 고민한다. 대개는 분노를 잠재우는 이성에 호소한 이마누엘 칸트의 책에서 해답을 찾는다. 적에 대해서라면 경제를 전쟁터로 여기고, 시장에서 군림하는 자를 증오의 대상으로 삼는 아시아인의 철학에 일관성이 더 있다. 우리는 경쟁이 생기는 것을 보며 사업이 번창한다고 좋아하면서 다른 한편으로는 모두 사이좋게 지내자고 말하는 우를 범하고 있다.

우리가 어쩔 수 없이 적을 대면하는 상황을 살펴보면 흥미롭다. 신경의학자 제임스 B. 브루어는, 마음에 흡족한 짓을 할 때마다 대뇌가 우리에게 승리 같은 것으로 보상해준다는 사실을 확인했다. 적대적 관계를 잘 다루려면 긴장을 풀고 경쟁 상대를 대할 수 있어야 한다. 그렇지 않으면 통제할 수 없는 보복의 악순환이 이어지고, 내면의 독립을 잃어버린다. 당신이 원하는 게 누군가에게 의존하는 게 아니라 강해지는 것 아니던가?

9월 23일
습관의 함정

카를 프리드리히 벤츠가 엔진으로 가동되는 삼륜차를 처음 내놓았을 때 언론은 비상한 관심을 보였지만 소비자들은 외면했다. 소음과 냄새가 심하고, 믿음직하지 않은 외양 때문이었다. 1988년 8월 5일, 그의 아내 베르타 벤츠는 아침 일찍 공장으로 가서 두 자녀와 함께 만하임에서부터 포르츠하임까지 포장도 되어 있지 않은 106킬로미터의 길을 달렸다. 그 시끄러운 삼륜차에 자식을 태운 채 몰고 갔던 것이다.

차가 비슬로흐를 지날 무렵 휘발유가 떨어졌다. 베르타는 약국에서 소독용 알코올 3리터를 구입했다. 브루살에 도착하기 직전에는 동력을 전달하는 사슬이 끊어졌다. 베르타는 철공소를 찾아가 고치고, 브레이크도 손을 보았다. 그동안 아이들은 수시로 기름과 물을 엔진에 채워 넣었고, 베르타는 연료 구멍을 바늘로 계속 뚫어 주었다. 결국 그들은 저녁 무렵 포르츠하임에 도착했다.

베르타는 곧바로 남편에게 전보를 보냈다. '최초의 장거리 운전에 성공했음.' 그날 이후 카를 벤츠는 자신이 만든 차의 성능을 사람들에게 확인시키느라 고생하지 않아도 되었다. 즉흥적인 아이디어를 낸 아내 덕분이었다.

전형적인 사고와 고정된 틀은 우리를 안전하게 해준다. 그러나 또 한편으론 우리의 시야를 좁게 만든다. 영혼과 정신은 부족한 신체 활동에 육체가 반응하는 것처럼 습관에 느리게 반응한다. 우리가 고정된 관습에만 매달리는 일은 채 마르지 않은 시멘트 위를 걷는 것과 같다. 그러다가 언젠가는 발이 묶여 꼼짝도 하지 못할 수 있다. 따라서 지나치게 소심해지지 않도록 항상 조심하고, 베르타의 경우를 떠올리며 이런 일을 해보는 것도 괜찮다.

- 가끔은 퇴근할 때 다른 길을 이용한다.
- 모르는 동료와 식사한다.
- 모르는 사람이 앉아 있는 자리에 합석하여, 이야기를 나눠본다.
- 평소와 다른 음악이나 방송을 듣는다.
- 즉흥적인 아이디어로 움직인다.

심리학의 한 연구 결과를 보면 그렇게 기존 사고의 틀에서 약간 벗어나는 데 따른 영향이 하루 종일 나타난다고 한다. 우리는 그런 시도를 통해 자기 자신이나 다른 사람에 대해 새로운 면을 발견하거나, 세상을 좀 더 크게 볼 수 있을 것이다.

9월 24일
스치듯 만나는 인연이 커리어에는 더 낫다

'인맥' 하면 아직도 많은 사람들이 가족 경영을 생각하고, 비밀스러운 이면 계약을 떠올린다. 물론 그런 일도 있다. 그러나 올바른 정보를 제때에, 선의의 전문가를 적합한 곳에 배치하는 것이 성공의 중요 열쇠다. 인간관계는 특히 그것을 전혀 맺지 않고 있는 사람에게 손해를 입힌다.

1968년에 미국의 사회학자 로버트 K. 머턴은 노벨상을 받은 55명의 미국인들이 한때 노벨상을 받은 사람이 재직 중인 학교에서 공부했거나, 그 밑에서 일했다는 사실을 밝혀냈다. 제대로 기능하는 네트워크가 없다면 오늘날은 직업적으로 큰 성공을 거둔다는 것 자체가 거의 불가능하다. 경영진은 커리어를 쌓아가는 데 도약하도록 서로 도와준다. 미국의 사회학자 마크 그래노베터도 과반수의 지원자들이 개인적인 인맥을 통해 새로운 직장을 찾았다는 조사 결과를 발표했다.

과학자들은 인간관계의 효율에 대한 조사도 했는데, 파트너나 가까운 친구들 사이의 강한 유대 관계는 커리어에 거의 효과를 내지 못했다. 오히려 직장이나 협회에서 우연히 관계를 맺은 약한 인맥이 커리어를 쌓는 데 큰 역할을 했다. 특히 친구의 친구의 친구의 친구인 네 번째 단계부터 효과가 있는 것으로 나타났다. 그러므로 굳이 친한 사람들과의 인맥에만 의지하는 것은 옳지 않다.

9월 25일
네트워크를 효율적으로 이용하는 법

사회적 네트워크, 특히 똑같은 사항에 관심을 갖고 있는 사람들의 모임에 대해 많은 학자들이 전망을 매우 좋게 본다. 점점 더 유연한 적응력을 요구하는 근무 환경으로 인해 노심초사하는 개개인들의 불안을 잠재워줄 수 있기 때문이다. 그런 자각을 바탕으로 가상의 비즈니스 클럽도 만들어지고 있다.

사회적 네트워크의 관계에서는 당신이 어느 자리에 위치해 있느냐가 중요하다. 중심에 가까워질수록 네트워크에서 당신의 존재 의미는 중요해지고, 거기서 얻는 이익도 더불어 커진다. 네트워크는 가지런히 반듯하게 정돈되어 있지 않고, 매듭이 많은 거미줄로 설명할 수 있다. 말단부에 당신이 아는 사람을 끌어오고, 그들도 그들의 친구를 끌어올수록 당신은 좀 더 중심부로 이동하고, 당신의 입지도 유리해진다.

반면 이미 결성되어 있는 모임에 가입한 사람은 그 모임의 막내로 기존 회원의 관심과 사랑을 받게 된다. 비공식적인 네트워크가 인맥으로 바뀌는 것이다. 많은 사회적 네트워크의 관계가 정보 교환을 기본 원칙으로 삼는다. 이때 순서는 반드시 지켜야 한다.

9월 26일
불만을 터뜨리는 사람은 피하는 게 상책

사람들이 직장에서 하는 일에 대해 잠재적 불만을 갖는 것과 그 불만을 밖으로 드러내는 것 가운데 어떤 것을 더 많이 하고 있는지 말하기는 어렵다. 분명한 것은 후자가 더 큰 영향력을 행사한다는 점이다. 아무 이유 없이 싫을 때도 사람들은 상사나 부서에 대해 함께 홍보는 것으로 심리적 보상을 받으려고 한다. 다만 경영진에 대해서는 그런 무차별적인 공격이 공개적으로 이뤄지지 않는다. 자신의 커리어에 안 좋은 영향을 미치리라는 것을 알기 때문이다.

공개적으로 불만을 드러내지 않더라도 직원들의 마음속에는 절망감, 잦은 질병, 사표를 내야겠다는 결심과 같은 바람직하지 않은 반응들이 이어질 수 있다. 회사에 대한 불만이 바이러스처럼 돌아다니면 작업 분위기가 흐트러지고, 생산성이 떨어지고, 귀한 에너지가 묶인다. 회사가 혼자 힘으론 앉아 있을 수조차 없는 환자처럼 되어버리는 것이다. 거기서 벗어나는 방법은 두 가지다.

개인적으로는 모든 것을 나쁘게 말하고, 만족하지 못하고, 일에 아무런 흥미도 느끼지 못한다고 말하는 사람을 외면하라. 그들은 그런 파괴적인 행동을 언젠가 당신에게 전가할 사람들이다. 사사건건 시비를 거는 바이러스는 전염력이 매우 강하다. 또 바이러스에 전염된 사람을 매력적으로 보이지 않게 하고, 직업에 대한 충만감도 느끼지 못하게 만든다.

일반적으로는 그런 간부나 동료 사원에 대해 맞서야 한다. 불평불만을 일삼는 사람에게 한계를 정해주거나 그들과 결별하는 쪽을 택해야 한다. 결정은 빠르면 빠를수록 좋다. 그리고 한편으로는 부서장과 부하 직원들 사이의 의사소통이 좀 더 원활하게 이뤄지도록 노력하고, 부서장으로서 부하 직원들에게 책임과 신뢰를 더 많이 나눠주어야 한다.

9월 27일
나이 든다는 것은 겁쟁이가 되어도 좋다는 말이 아니다

나이 50이 되면 커리어를 쌓는 일은 이미 끝났다고 많은 사람들이 말한다. 그때까지 경영자의 위치에 오르지 못한 사람은 앞으로도 되지 못할 거라고 생각하는 것이다. 심지어는 40대 중반부터 융통성 없는 중늙은이 취급을 받기도 한다. 하지만 그것은 잘못된 선입견이다.

인구 통계만 보더라도 연장자에게 유리한 현상이 보인다. 전체 인구의 평균 나이가 올라가고, 앞으로 20년간 50세를 넘긴 사람의 비율도 상승할 거라는 예측이 나와 있다. 인구 통계를 염두에 두고 회사를 운영해야 한다는 점이 많은 인사 담당자들의 판단 우선순위에 자리 잡고 있다. 유럽 27개 국가에서 1355명의 최고 경영인들을 대상으로 조사한 결과, 그중 65퍼센트가 직원들이 시대에 맞는 지식을 습득할 수 있도록 엄청난 돈을 투자하는 것으로 나와 있다.

나이 들면 융통성 없고, 고지식한 퇴물이라는 고정관념에 맞서 싸워야 한다. 세상에는 이제 한창때가 지났으니 적당히 순응하며 살아야 된다고 생각하는 사람들이 있다. 그것은 자기 직업을 가지고 룰렛 게임을 하는 것과 같다.

나이 들수록 우리는 좀 더 편한 것에 의존하려는 마음을 떨쳐내고 눈에 보이는 장벽에 맞서 싸우는 모습을 보여주어야 한다. 그러기 위해서는 건강을 유지하고, 직장에서도 활동적인 모습을 보여주고, 최신의 전문 지식을 익히고, 직장이나 직위를 바꾸는 일도 해보아야 한다. 직장 동료와 상사를 찾아가 업무에 대한 의욕이 충만하다는 것을 보여주고, 학구열이 식지 않았다는 것과 창의력이 살아 있다는 것을 보여주며 부지런히 몸을 움직여야 한다.

메이 웨스트는 "나이 들었다고 겁쟁이가 되어서는 안 된다"라고 말했다. 성공은 당신에게 우연히 주어진 일 10퍼센트와 당신이 노력해서 쟁취한 90퍼센트로 만들어진다.

9월 28일
엄한 상사를 찾으라

극단적인 성격의 부서장은 두 종류가 있다. 인간적인 면뿐만 아니라 리더십에서도 그렇다. 어떤 상사는 폭군 같다. 냉정하고, 배려심 없고, 권위적이다. 그들은 노예 다루듯 부하 직원들을 혹독하게 다룬다. 그런 상사 아래서 일할 때는 순종하고, 무조건 존경하는 자세를 취해야 한다. 반발은 무의미하다. 그들은 군림하기 좋아하고, 쉽게 만족하지 않으며, 뒤에서 남을 조종하기를 좋아한다. 그들은 상대에게 비판을 가하지 않는 것이 곧 칭찬이라고 생각한다. 그런 사람을 위해 일하는 것은 무척 힘들다. 그런 기생충 같은 이기주의자는 가능한 한 피하는 게 좋다.

또 다른 상사는 우유부단한 성격의 소유자다. 그는 모든 일을 이해하는 것처럼 행동한다. 세상에 완벽한 사람은 없고, 사람은 누구나 실수한다고 생각하기 때문에 업무에 일관성이 없다. 그런 상사는 개인별로 엄하게 통제하기보다는 팀 전체가 시달려도 그대로 방치한다. 간단히 말해 그런 상사는 부하 직원을 제대로 이끌지 못한다. 그런 상사도 피해야 한다.

누구하고나 친구처럼 지내려는 상사를 좋아할 사람은 아무도 없다. 이는 내가 하는 말이 아니라, DDI(Development Dimensions International)가 온라인 사이트 'Badbossology.com'과 함께 2006년에 설문 조사를 실시한 결과다.

완벽한 부서장은 팀을 이끌어갈 능력이 있고, 부하 직원들로부터 신뢰를 받으며 자신이 내린 결정을 끝까지 밀고 나갈 수 있는 소신을 갖춘 사람이다.

바로 그런 사람이 진정한 리더다. 물론 그런 사람과 함께 일하는 것이 어렸을 때 캠프장에 간 것처럼 즐겁지만은 않다. 그들은 분명한 목표를 세우고, 일관성 있게 그것을 좇으며, 목표를 달성한 사람에게 상을 준다. 반대로 계속 실패하는 사람에게는 공개적으로 냉혹한 비판을 가한다. 좌절하도록 방치하는 것보다 투명하게 공개하는 것이 동기 부여에 효과가 있다고 생각하기 때문이다. 일을 적게 하고 싶어하는 사람보다 열성적으로 일하는 사람이 그런 상사를 만났을 때 더 큰 성공을 거둘 수 있다. 당신은 어떤 종류의 사람인가?

9월 29일
용기는 반드시 자기 것으로 만들어야 하는 사치품이다

앙투안 드 생텍쥐페리는 "평탄한 길로만 가려고 하지 마. 아무도 가지 않은 길도 가서 먼지만 일으키지 말고 네 발자국도 남겨두어야 해"라고 말했다. 그런 좋은 말을 들었을 때 많은 사람들이 고개만 끄덕일 뿐, 실제 행동으로 옮기지는 않는다.

직업상 많은 정보를 얻어야 하는 경영인조차 입으로만 용기를 외치며 뿌연 먼지만 일으킬 뿐이다. 소매를 걷어붙이고, 힘찬 발걸음을 내디뎌야 할 것 같은 단호함은 부족하다. 어떻게든 움직이고, 자기 자신을 뛰어넘어 성장하고, 위로 올라가고 싶은 욕구가 있는 사람은 용감하게 행동해야 한다.

테오도어 폰타네는 "용기에 성공이 매달려 있다"고 말했다. 용기는 고결함, 정직함, 창의력과 신뢰를 가능하게 해준다. 용기가 없다면 세상에 자기 자신만의 의견도 없고, 관습에서 벗어난 결정도 없고, 고정된 것에서의 일탈도 없고, 선구자적인 정신도 없고, 성장도 없다.

용기는 모든 경제 활동의 모터 같은 것이다. 용감하다는 것은 뭔가를 일으켜 세우고, 필요한 경우에는 진실을 말하는 것이다. 설령 감내하기 불편하더라도 참고 받아들여야 한다. 용기는 동료 직원들에게 책임감을 갖게 하고, 자신의 실수를 고백하게 하고, 때가 되면 결론을 맺게 하고, 커리어에 대한 생각 없이 자신의 확신을 공개적으로 말할 수 있게 해준다.

복잡한 현대 세계에선 수많은 변수들이 있어, 치열한 경쟁에 시달려야 하는 미지의 세계로 향한 결정을 내리는 것이 용기를 의미하기도 한다. 용감한 사람은 그런 상황에도 불구하고 결정을 내린다. 그러나 눈을 감은 채 무턱대고 결정하는 게 아니라 결정을 내림으로써 생길 위험 부담을 '눈으로 보면서 극복하는 것'이라고 장파울은 말했다. 용기는 이성, 지식, 낙천주의가 하나로 뭉쳐 만들어낸다. 용감한 것은 위험 부담을 의식하고, 그에 대해 반응하고, 계산하고, 일관성 있게 행동하는 것이다.

안타깝게도 용기는 사치품 같다. 누구나 용감한 사람을 보며 감탄하지만 용기를 가지려고 쉽게 결단을 내리지는 않는다. 결단을 내림으로써 함께 감당해야 할 위험 부담 때문이다. 그러나 용감한 사람들은 거침이 없다. 따라서 그들은 의존적이지 않고, 새로운 것에 개방적이다. 일정 수준까지는 용기를 익힐 수 있다. 심리학은 용기를 근육과 비교한다. 단련시킬수록 강인해지는 것이다. 그 과정을 통해 용기는 쓸모가 많아지고, 쉽게 결단을 내릴 수 있게 한다. 결과적으로 용기는 의지의 문제다.

9월 30일
직장에서 저지른 치명적인 실수를 회복하는 방법

실수를 통해 사람은 영리해진다. 그러나 가끔은 그로 인해 실직하기도 한다. 그런 실수는 컴퓨터의 윈도에 생긴 치명적인 시스템 결함 같은 영향을 미친다. 일단 사고가 발생하면 더 이상 아무것도 할 수 없다. 피해가 얼마나 되는지는 그에 따른 반응에 달려 있다. 그래서 오늘은 흔히 저지를 수 있는 실수를 소개하고, 그에 대한 해결 방법을 적고자 한다.

돌발 사고: 동료 간에 심한 다툼을 벌일 때가 있다. 말싸움이 점점 과격해진다. 그래서 화를 내고, 소리 지르고, 차마 옮겨 적기 어려운

험한 말을 내뱉기도 한다. 그럼으로써 양쪽 다 자기 자신의 역할에서 벗어나 있다. 그때는 어떻게 해야 하나? 언성을 높여 싸운 것에 대해 그 자리에 있던 사람들 모두, 특히 당사자에게 얼른 사과하라. 당신이 한 짓을 변명하거나 상황 탓으로 돌리는 짓은 하지 말아야 한다. 당신은 어른답게 행동하지 못했고, 그 점에 대해 사죄하는 게 좋다. 그리고 앞으로 그런 실수를 반복하지 않도록 주의해야 한다.

준비 부족: 중요한 회의에 참석하면서 제대로 준비하지 못했다. 그래서 당신은 적절한 의견을 제시할 수도 없고, 질문에 대답도 하지 못했다. 그럴 때는 어떻게 해야 하나? 즉흥적으로 대답할 수밖에 없다. 그 자리에서 솔직하게 사과한다면 당신의 명성에 심각한 흠집을 만들어낸다. 당혹스러운 순간을 잘 넘긴 다음에 필요한 정보를 슬그머니 묻고, 중요한 정보도 나중에 보충한다.

말실수: 당신의 허가 통제를 벗어나 내뱉은 말이 상대의 귀에 들어가게 되었다. 성차별에 해당하는 말이나 음란한 말을 해버린 것이다. 주변이 한순간 조용해졌다. 그때는 어떻게 해야 하나? 당신은 적절치 않게 농담한 것에 대해 안타까워하고, 오해가 있었음을 공식적으로 해명한다. 원래 그런 뜻에서 한 말은 아니었다고 하는 것이다. 멀쩡한 정신으로 그런 실수를 저질렀다고 인정하는 짓은 절대 해선 안 된다. 그것만으로도 소송을 당할 수 있고, 그 대가를 호되게 치러야 한다. 그리고 앞으로는 입을 특별히 조심해야 한다.

험담: 당신이 상사나 고객에 대해 험담했는데, 그들이 듣고 말았다. 더 안 좋은 상황은 그런 험담을 이메일로 적었다가 모든 사람에게 보내는 실수를 저질렀다. 그때는 어떻게 해야 하나? 얼른 전화기를 들고 사과해야 한다. 당신이 진심으로 사과하는 모습을 보이고, 실수

를 인정해야 용서받을 수 있다. 이때는 상황에 책임을 전가하는 것도 괜찮다. 잠을 제대로 못 잤다든지, 두통이 있었다든지, 기분이 매우 안 좋았다는 변명이라도 하는 것이다.

시기를 놓쳤을 때: 회사 혹은 동료에게 약속 기한을 준수하는 것은 중요하다. 그런데 당신은 지키지 못했다. 그럴 때는 어떻게 해야 하나? 동료와 상사에게 즉시 사과하고, 당신이 제때에 일을 끝마치지 못함으로써 어떤 손해가 발생하는지 정확히 인식하고 있음을 말로 표현한다. 그렇다고 스스로를 깎아내릴 필요는 없다. 그보다는 손해를 복원시키거나, 더 이상의 손해를 막는 방법을 강구한다. 주말에 나가서 일하고, 야근이라도 할 각오가 되어 있음을 보여주어야 한다. 상대가 당신의 사죄를 믿게 만들려면 그 어떤 짓이라도 해야 한다.

어떤 실수를 저질렀든 간에 곧바로 솔직하게 반응해야 한다. 모든 책임을 당신이 감수하고, 진실한 후회와 사죄의 마음을 표현하라. 그렇게 하면 실수 이후의 일들은 대부분 짧고, 큰 아픔 없이 지나간다.

OCTOBER

10월

다른 사람을 이끄는 예술

10월 1일
사장이 직원들에게 심어주는 회사 문화

얼마 전, 신문에 난 기사다. 올해 스무 살의 카를이 정식 직원이 되어 회사에 출근한 지 몇 주일이 지난 어느 날, 검은 양복을 입은 노인이 찾아와 그의 사무실 문을 두드렸다.

"안녕하세요, 카를 씨? 난 길베르트 노벨이라는 사람이오. 혹시 잠깐 시간 좀 내줄 수 있나요?" 노인의 말에 카를은 어디선가 들어본 듯 익숙한 이름이었지만 얼굴이 낯설어, 그가 많은 사람들의 존경을 받고 있는 회사 창업자라는 것을 알아채지 못했다.

카를이 노인을 안으로 청해 자리를 권했다. "내가 이 회사에 대해 이야기 좀 해도 될까요?" 노인의 말에 카를이 얼른 고개를 끄덕였다. "당신이 근무하는 이 회사는 일류 회사입니다. 제품도 일류고, 고객도 일류고, 광고도 일류지요. 가끔 우리는 일류 고객을 만나기 위해 일등칸 비행기표를 끊어 출장을 가기도 합니다." 그런 다음 노인이 카를에게 손을 내밀어 악수를 청하며 말했다. "카를 씨, 우리 회사도 원칙적으로 일류 직원만 뽑지요. 환영합니다."

그때 카를이 어떤 기분이었을지, 그날의 만남이 그에게 얼마나 강한 애사심을 갖게 하고, 그의 능력 발휘에 얼마나 큰 영향을 미쳤을지 상상하기는 어렵지 않을 것이다. 간단히 말해 작은 투자로 큰 효과를 거둔 일이었다. 그것은 직원으로 하여금 열정을 갖고 일하게 만들고, 자기가 해야 할 임무를 깨치는 데 시간이 많이 걸리거나, 큰돈이 들어가는 일도 아니었다. 딱 2분이면 충분했다. 게다가 창업주에 대한 환상을 심어주기에 충분한 기회였다. 그런 사장이야말로 직원들의 존경을 받고, 경외의 대상이 되며, 수십 년 동안 사람들의 기억에 남게 된다.

생선은 머리부터 냄새를 풍긴다. 회사의 사장은 자기가 원하든 원치 않든 회사의 문화, 목소리, 가치를 인식시킨다. 시간이 그리 오래 걸리지 않아도 회사 직원들은 사무실에서, 제품에서, 창고에서, 판매 현장에서, 현장 점검에서 그의 사례를 따르게 된다. 사장이 항상 제시간에 나타나면 모두 그렇게 하는 것이다. 그가 개방적이고, 공평하고, 정의롭다면 직원들의 능력도 더 잘 발휘된다. 그가 무엇을 목표로 삼아 회사를 경영할 것이고, 어떻게 할 것인지 분명하게 표현했다면 직원들이 그를 따를 것이다. 그렇게 쉬운 일인데도, 실제로는 너무나 드물게 일어난다.

10월 2일
실질적인 퇴직

일하지 않는 직원보다 더 안 좋은 사람은 아예 일에서 손을 뗀 사람이다. 마음속으로 이미 회사를 그만둔 것이다. 그것은 스스로 의식하지 못하는 사이 조금씩 전개되다가 상사에게 공손한 태도를 보이지 않는 것으로 가장 뚜렷하게 모습을 드러낸다. 상황이 그렇게까지 된 것은 명령에 대한 순종만을 요구하는 상사의 리더십 때문이다. 그런 모습은 어느 회사나 거의 비슷하다.

● 일할 때 부서장이 지속적으로 개입함으로써 직원의 결정을 근본

적으로 불신하고 있음을 보여준다. 더 심각한 경우, 뭐든 다 점검하려 하거나 하나라도 실수한 게 없는지 낱낱이 조사하려고 한다.

- 경영진이 제일 말단에서 이뤄지는 일까지 직접 관리하려고 한다. 때문에 중간에 있는 간부들은 제대로 대접받지 못하고, 그런 고위직의 전천후 리더십에 팀원들 앞에서 자신들의 체면이 구겨졌다고 생각한다.
- 부서장이 어떤 일에 대해 자기가 책임질 것처럼 하다가 잠깐 실수한 것처럼 하면서 뒤로 물러선다. 하지만 누군가 일을 잘했을 때는 그 성과를 제대로 알아채지도 못한다.

그런 태도는 회사 분위기를 흐트러뜨리고, 부하 직원들로 하여금 창의적인 사고, 용기와 혁신적 사고를 갖지 못하게 한다. 그렇게 함으로써 다른 직원들로부터 호감을 얻지 못한 사람은 상황이 안 좋을 때 직원들의 사기와 충성을 기대할 수 없을뿐더러, 배신당하지 않을까 하는 두려움에 떨게 한다. 바로 거기에 위험이 도사리고 있다.

열정을 갖고 일하지 않고, 규정에 정해져 있는 일만 빠듯이 하고, 자신에게 주어진 일이 아니라면 건성으로 보는 직원에 대해 불만을 갖고 화를 내는 경영진이 많다. 그렇다고 민주적인 리더십이 유토피아를 만드는 것은 아니다. 그것은 책임을 분담하고, 직원들에게 자유를 허용하고, 신뢰와 권한을 주고, 인간이라면 누구나 실수할 수 있다는 사실을 인정해줌으로써 가능하다. 단, 똑같은 실수가 반복되는 것은 허용되지 않는다.

10월 3일
실패하는 프로젝트

"IT 프로젝트의 40퍼센트가 시장에 진입하는 데 실패한다고 하더군요."

"그게 다 위스키 때문이죠."

"컴퓨터를 다루는 사람들이 모두 술꾼이란 말인가요?"

"내 생각에, 그 사람들은 커피나 피자 같은 것하고 더 친하게 지낼걸요? 어쨌든 프로젝트는 위스키 신드롬 때문에 실패하는 경우가 많죠."

"불쌍한 술꾼을 말하는 거로군요……."

"……그건 'Why Isn't Sam Coding Yet(Whiscy)'에서 나온 약자예요. 사람들이 목표를 확실히 정해놓지도 않고, 조바심으로 정신없이 일에 매달리는 현상을 두고 하는 말이지요. 그대로 번역하자면, 왜 샘에게 프로그램을 짜게 하지 않고, 우리가 판단을 내리려고 고생하느냐는 거지요."

"프로젝트가 실패했다는 판단을 내리는 데 '72시간 원칙'을 사용하기도 한다더군요. 뭔가 하려고 마음먹은 사람은 72시간 안에 첫 시도를 해야지, 그렇지 않으면 그 일을 할 가능성이 1퍼센트로 낮아진다는 원칙 말이에요."

"맞아요. 하지만 성공을 거둔 프로젝트 매니저들은 두 가지 중요한 것을 갖고 있지요. 바로 심사숙고 끝에 결정한 목표와, 적절한 현실 감각 말예요. 그러나 경험을 통해 볼 때 과반수의 사람들이 불분명한 목표를 갖고 있으면서 조바심을 많이 내지요. 책임자

자리에 앉아 있는 사람이 너무 일찍 결과를 알려 하고, 프로젝트를 빨리 진행하라고 안달하는 거예요. 그러다가 일이 잘못되면 프로젝트 자체가 잘못되었다고 말하지요."

"그건 과장이 너무 심해요! 대부분의 사람들은 목표를 잘 세워놓고 일을 시작해요."

"예를 들어 '새로운 온라인 전략을 수립하자'고 말하는 게 목표는 아니지요. 그것은 희망 사항일 뿐이지요. 목표는 항상 구체적이어야 해요. 그것은 무엇을 할지, 언제까지 끝내야 하는지를 알려주고, 어떻게 해야 하는지, 누구의 도움을 받아야 하는지, 비용은 어떻게 조달하고, 왜 그렇게 해야 하는지 모두 정해놓아야 해요. 프로젝트란 목표, 시간, 경비, 사람과 그 밖의 다른 조건에 한계를 지어주는 것을 의미하지요."

10월 4일
심리 검사가 사내 분위기를 해친다

남을 비아냥거리기 좋아하는 사람들은 심리학이 심리학자의 영혼을 연구하는 학문이라고 말한다. 물론 심리학은 진지한 학문이다. 그러나 심리 상태에 대해 이런저런 다양한 이야기를 내놓는 심리학의 가치에 의혹의 눈길이 쏠리는 것은 사실이다.

많은 심리 검사들이 그런 평가를 받고 있다. 여러 종류의 심리 검사들이 온갖 형태로 경영자들에게 제공되고, 그 결과를 바탕으로 숱한 조언을 한다. 그중에는 실제로 쓸모가 많은 것들도 몇 가지 있다.

그러나 우후죽순처럼 생겨난 심리 검사 방식은 직원에 대한 불신을 불러일으킨다. '난 너에 대해 뭔가 알고 있고, 넌 내가 그걸 알고 있다는 사실을 모르고 있다'는 메시지가 바탕에 깔려 있는 것이다.

물론 사람에 대해 자세히 알고 있다는 건 유용한 점이 많다. 그런 내용을 다루는 책들도 아주 많다. 그러나 오직 그런 것에 기초한 행동은 돌이킬 수 없는 파국을 불러온다. 사람들이 불신과 조작의 문화에 길들여져 있어 함께 이야기를 나누는 게 아니라 다른 사람에 대해 이야기를 나누게 만드는 것이다.

메타심리학을 통해 개개인으로 내려가보면 간부와 부하 직원이 서로 눈높이를 맞추며 말을 나누지 않는 모습을 볼 수 있다. 분석된다는 것은 뭔가 항상 옳고 그름을 따진다는 것을 의미한다.

당신이 말단 사원이든 간부직 사원이든 자신에 대한 책임감과 자기 관리를 하며 살아가고 싶고, 충만감을 주지 못하는 것을 제거하고 싶고, 자신의 역량을 아이디어와 의욕으로 불태우고 싶다면 메타심리학의 차원에서 벗어나 동료를 자기와 같은 입장으로 바라보아야 한다. 그렇다고 수직적 권력 체계를 무시하라는 말은 아니다. 그러나 모든 사람이 똑같지는 않지만 저마다 장점을 갖고 있다는 점을 수용해야 한다. 다양함을 허용하고, 이를 지지하는 사람은 세미나에 참석해 심리 검사를 받는 사람보다 더 많은 것을 배우고, 다른 사람을 이끌 수 있다.

10월 5일
감성지수를 통한 리더십

네 살짜리 아이의 미래는 단것에 대해 어떤 태도를 보이느냐에 따라 알 수 있다. 60년대의 마시멜로 테스트가 이를 잘 보여주었다. 과학자들이 유치원 아이들을 마시멜로 봉지 앞에 세워놓고 지금 당장 하나를 꺼내 먹거나, 나중에 실험을 진행할 사람이 올 때까지 기다리면 두 개를 주겠다고 말했다. 그러자 몇몇 아이들은 마시멜로를 금방 꺼내 먹었고, 과반수의 아이들은 기다렸다가 두 개를 받아먹었다.

그것으로 실험이 끝난 게 아니었다. 약 14년이 지난 후, 당시 실험에 참여했던 이들을 대상으로 재조사를 실시했다. 참을성 있는 아이들은 자의식 강한 학생들이 되었고, 사회적으로 성숙한 면모를 보였는데, 잠깐 퇴보가 이뤄져도 문제없이 극복했고, 목적을 달성하기 위해 필요하다면 보상을 뒤로 미루는 여유를 보여주었다. 반면 마시멜로를 곧바로 먹었던 아이들은 불안하고, 우유부단하고, 질투가 심하고, 본인의 지능에 상관없이 학교에서 성적이 안 좋게 나왔다. 다시 말해 보상을 뒤로 미룰 수 있는 능력은 강한 성격을 말하고, 감성지수가 높다는 것을 의미한다.

이 실험을 바탕으로 하버드 대학의 교수를 역임한 대니얼 골먼은 90년대 중반 베스트셀러를 썼다. 그가 말하려는 요지는, 성공하기 위해서는 높은 지능지수 이상의 것이 필요하다는 것이었다. 지능지수는 성공과 삶의 기쁨에 20퍼센트 정도 영향을 미치는 것으로 분석되었다. 그러나 자신의 감성과 욕구를 다룰 줄 아는 사람은 천재적 재능을 가진 사람보다 더 성공적인 삶을 살아가는 것으로 나타났다. 이는 평범한 지능을 가진 사람이 나중에 성공하고, 천재들은 실패하는 것에 대한 설명이기도 하다.

감성지수는 지능지수의 반대 개념이 아니므로 감성 저능이라는 말은 있을 수 없다. 그보다는 이성과 직관의 균형을 얼마나 잘 맞출 수 있느냐가 관건이 된다. 그러므로 두려움, 분노, 슬픔, 기쁨을 직관으로 인식하고, 이성으로 잘 다룰 수 있는지를 보는 것이다. 이를 잘 다루지 못하는 사람은 본능에 시달린다는 생각을 하게 된다. 연구 결과, 강한 감성이 논리적 사고, 다른 사람의 감정을 인지하는 것과 본인의 언어 능력을 차단하는 것으로 밝혀졌다. 심하게 흥분하면 할 말을 잃는 경험을 누구나 한번쯤 해봤을 것이다.

감성지수는 자기 스스로 의욕을 북돋워주는 것처럼 감정을 생산적으로 이용할 수 있게 해준다. 혹은 몸짓이나 표정을 통해 다른 사람의 감정을 감지하도록 도와주기도 한다. 그래서 상대의 눈높이에 맞춰 이야기할 수 있고, 그들이 두려움을 느끼지 않게 해줄 수 있으며, 쉽게 설득할 수 있다.

감정 이입은 많은 것을 가능하게 하는 사회적 능력에 비중을 크게 두는 비즈니스 세계의 중요한 장점이다. 감정 이입이 뛰어난 사람들은 남들보다 인간관계가 더 많고, 깊다. 그리고 양보안을 도출하는 데 다른 이보다 더 빠르게 하고, 타인과도 쉽게 친해진다. 이는 그간 이뤄진 수많은 뇌에 관한 연구들이 확인해주었다. 그리고 감정 이입 능력이 얼마나 뛰어난지를 알려주는 근거는 언어다. 그것은 의식 세계를 표현해준다. 느낌을 잘 표현하는 사람은 그것을 다루는 방법도 잘 안다.

10월 6일
해결 가능한 세대 간 갈등

인생의 3분의 1에 해당하는 시간을 재활용품 처리기에 오른 상태에서, 이를 참고 사는 것은 인간의 본성이 아니다. 미국의 저명한 학자인 피터 드러커도 이 점을 확인해주었다. 미국의 경우, 일흔 살의 나이에 일하는 사람들이 1985년에 16퍼센트였는데 1998년에는 21퍼센트로 늘어났다. 다른 선진국에서도 비슷한 현상이 나타나고 있다.

두 번째 나타나고 있는 경향은 프로젝트 작업이 크게 늘어났다는 점이다. 새로운 프로젝트를 할 때마다 다양한 성격의 팀원들이 모여 일하는데 종종 세대 차가 많이 나는 경우도 있다. 이는 어쩔 수 없이 세대 간의 갈등을 초래한다. 특히 프로젝트의 총책임자가 팀원들보다 어린 경우에 더하다.

"오늘날 젊은이들은 자신들이 나타남으로써 비로소 세상이 시작되었다는 생각을 한다는 비난을 받는다. 그런가 하면 노년층은 자기들이 죽으면 세상이 망할 거라는 생각을 한다"라고 프리드리히 헤벨은 현시대를 비판했다. 노년층이 자주 빠지는 함정은 점점 높은 자리로 치고 올라오는 젊은 사람을 진지하게 받아들이지 않거나 심지어 비웃기까지 한다는 것이다.

언뜻 보면 새로 사온 빗자루가 잘 쓸리는 것 같지만 낡은 빗자루는 구석구석 청소할 줄 안다는 게 그들이 자주 인용하는 말이다. 설문 조사를 해보면 젊은 부서장들이 나이 많은 부하 직원들의 말을 잘 듣지 않는다고 불평한다. 반면 나이 많은 부서장들은 젊은 직원들이 기존의 질서나 체계를 무시한다는 평가를 자주 한다. 젊은 직원들이 의욕을 앞세워 모든 것을 잘하려고 하면서 많은 사람들로부터 저항을 받는 것이다.

프로젝트를 만들어 일한다는 것은 무슨 의미인가? 그것은 프로젝트가 바뀔 때마다 자기 신분이 위협받을 수 있음을 의미한다. 그룹 내에서의 서열이 계속 새롭게 정해지는 것이다. 때문에 팀장으로 일하는 사람은 젊든 늙든 자신의 기반을 확실히 다져두려고 한다. 그러다 보니 개방적인 대화는 유보된다.

"서로 허심탄회하게 대화를 나누면 모든 것이 다 잘될 겁니다"라며 점잖은 제안을 내놓기도 하지만 그보다 더 좋은 방법은 결정을 내릴 때 연장자를 끼워주거나 그의 조언을 구하는 게 좋다. 연장자는 자신이 쓸모 있는 사람으로 인정받기를 원한다. 그들이 중시하는 것은 남들로부터의 존경이다.

하지만 나이 많은 사람들도 젊은이들에게 배울 자세가 되어 있다는 것을 보여주어야 한다. 50세 이상 된 사람들은 재교육을 받을 기회가 있어도 사용할 시간이 얼마 되지 않을 거라는 생각에 주저한다. 그것은 착각이다. 일에 투입될 수 있는 능력이 줄어들면서 자신이 쓸모없는 사람이라는 느낌만 강해진다. 차라리 각 세대의 우수한 사람들과 실력을 겨루는 게 좋다. 그렇게 하면 재활용품 처리 기간은 저절로 사라진다.

10월 7일
위기관리자가 하는 일

훌륭한 어부는 악천후에 진가를 발휘한다고 사람들은 흔히 말한다. 폭풍우에 배가 휘청거릴 때 쓰러진 돛을 가지고 새로운 배를 만드는 것으로 노련한 목수와 서투른 목수의 차이는 확연히 드러난다. 경영에서도 그렇다. 나는 지난 수십 년 동안 많은 경영인들의 자서전을 읽어보았다. 어떤 때는 마음이 아주 여리고 조용한 사람의 이야기였고, 어떤 때는 세상을 깜짝 놀라게 할 혁신적인 생각을 들고 나온 사람의 이야기이고, 어떤 때는 모든 것을 한꺼번에 청산할 사람처럼 요란한 소리를 내는 사람의 이야기였다. 자서전들은 그들이 혁혁한 승리를 거두기라도 한 것처럼 요란스러웠다. 그리고 그런 자화상은 거의 언제나 회사가 위기에 처해 있을 때 성공적으로 회사의 경영을 이끈 지도자의 모습으로 소개되었다.

그들은 일단 직원들의 실직에 대한 두려움을 없애려고 노력했다. 회사가 어려운 시기에 실력 있는 사람들은 적절한 격려를 받지 못할 경우 자신의 가치가 제대로 대접받지 못한다는 생각에 회사를 떠나버린다. 그럼 위기관리자는 압박의 강도를 중간으로 높인다. 그렇게 하려면 예전에 GE의 사장이었던 잭 웰치가 늘 강조했던 것처럼, 분명하고 현실 가능한 목표를 세워야 한다. 경영진은 목표를 달성한 사람은 격려하고, 달성하지 못한 사람은 징벌한다. 위기는 진화의 과정이다. 프랑스의 역사학자 알렉시스 드 토크빌은 그 과정을 이렇게 진단했다. "위기의 상황에 평상시 수준으로 머물러 있는 사람은 거의 없다. 대개는 능력이 한 단계 더 높아지든가 낮아진다.”

안타깝게도 아직까지는 경제가 활황을 누릴 때 경영 능력을 발휘한 사람들이 더 많았다. 슬픈 현실이지만, 그것이 당신에게는 기회가 될 수 있다. “중국인들은 위기를 위험으로 생각하지만 또 하나의 기회라고도 생각한다”고 리처드 닉슨은 말했다. 시장이나 주변의 환경이 압박을 가할 때 당신은 엄청난 능력을 발휘할 수도 있다. 단, 당신이 마음속의 거친 호흡을 잘 가다듬을 줄 알아야만 가능한 일이다.

10월 8일
위기 경영

경기는 항상 위아래로 움직인다. 어느 기업이든 한번쯤 위기를 겪는다. 위기관리는 대단히 힘든 일이다. 그 시기에 많은 결정들이 이뤄진다. 비용 절감, 직원 해고, 반발 무마……. 이 모든 것들이 시간의 압박과 정보가 부족한 혼란스러운 상황에서 일어난다. 청산은 유희가 아니다. 그러한 작업에 실패하는 사람은 회사의 안녕을 위협할 뿐만 아니라 자기 자신까지 파국으로 몰고 간다. 다행히 힘든 고비를 넘기는 데 도움이 되는 규칙들이 몇 가지 있다.

분석하기: 당신에게도 책임이 따를 수 있는 현재의 위기 상황을 똑바로 인식해야 한다. 무엇이 잘못되어 있나? 최악의 상황까지는 얼마의 여유가 남아 있나? 지금 당장 해야 할 일은 무엇인가? 진실한

분석과 뚜렷한 조치만이 귀중한 시간을 낭비하는 사태를 막을 수 있고, 대내외적으로 신뢰를 구축할 수 있다. 직원이나 고객들은 회사의 상황이 좋지 않으면 금방 알아차린다. 그것은 사업하는 데 있어 독약과 같다. 따라서 검증된 자료는 떳떳이 공개해야 한다.

소신 지키기: 시간과 정보가 제한적일 때는 실수할 위험이 커진다. 하지만 위험 요소에 정신을 집중하지는 말아야 한다. 계속 그렇게 했다가는 실제로 실수를 저지르기 때문이다. 상황이 안 좋을 때는 비판이 거세지고, 의혹이 확산되고, 안 좋은 소문이 돌게 된다. 중요한 것은 목표다. 그러므로 성공을 굳게 믿어야 한다.

정리하기: 청산은 결심을 행동으로 옮기는 일이다. 그때는 양보안이라는 게 있을 수 없다. 자주 양보하는 사람은 국면을 전환할 수 없다. 상황에 따른 조치가 침몰하는 배에서 이뤄진다. 이때 양보하지 않는 것은 저항으로 볼 수 있다. 함께 가야 할 방향으로 합류하지 않는 사람은 떠나보내야 한다. 그들은 귀중한 에너지를 낭비하게 만들고, 선뜻 결정을 내리지 못하는 사람들을 교란시키고, 심지어 모반을 부추긴다. 어차피 정리 과정은 모두에게 일자리를 보장해줄 수 없으므로 비사회적이다.

연결하기: 혼자로는 잘 안 된다. 위기 상황에서 내리는 큰 결정에는 뜻을 같이하는 사람들과의 연대가 필요하다. 그러므로 당신이 무한히 신뢰할 수 있는 최고의 소수 정예들을 선발해두어야 한다. 그렇게 하면 프로젝트가 진척되고, 재능 있는 사람들의 의욕을 불러일으킬 수 있다. 그런 상황이 닥쳤을 때에는 신뢰할 만한 사람을 쉽게 찾을 수 없으므로 지금부터 시작하는 게 좋다. 위기 상황은 언제라도 닥칠 수 있기 때문이다.

10월 9일
합병의 규칙

합병된 기업의 절반이 실패한다. 회사가 서로 맞지 않거나, 주관사의 생각이 갑자기 바뀌어 그렇게 되는 게 아니다. 합병은 거의 언제나 직원들, 서로 다른 기업 문화 때문에 실패한다.

주 위험 요소는 그런 합병 계획이 알려졌을 때 경영진, 특히 흡수되는 회사에 불안을 유발한다. 회사가 팔릴 거라는 소문이 기사화되면 능력 있는 사람을 빼내는 일에 헤드헌터들은 유리한 입장에 놓인다. 인력 유출을 막는 일은 돈만으로 해결되는 것이 아니다. 앞으로 더 큰 책임을 짊어질 자리로 옮기게 될 거라는 전망과, 능력에 맞는 자리를 보장해주는 것도 필요하다. 또, 합병된 회사의 성공을 위해서는 제때에 인수인계가 이뤄지는 것도 중요하다. 사소한 일 같지만 회사의 시설은 어떠한가? 직원들에 대한 처우는 어떤가? 그런 세세한 정보야말로 성공적인 합병에 중요한 영향을 미친다.

그리고 합병된 이후에도 기반이 조성되기까지 몇 주일간 위태로운 분위기가 형성된다. 그런 분위기에 신속하게 적응하기 위해 회사 경영진은 3개월마다 직원들을 대상으로 같은 질문을 해봐야 한다. "합병이 무난히 잘 진행되고 있다고 생각합니까?" "회사에 대한 정보를 충분히 얻고 있습니까?" "어디에 문제가 있습니까?"

여러 부서에서 일하는 직원들을 정기적으로 만나 자연스러운 분위기에서 그 밖의 다른 사소한 문제들을 캐낼 필요가 있다. 그러나 서로 다른 두 개의 문화를 빠른 시일 안에 하나로 묶어야겠다는 생각은 하지 않는 게 좋다. 각자 그 변화에 적응해야 한다. 극단적인 경우, 확실하게 적응하지 못하는 사람은 떠나야 한다.

10월 10일
행동하는 사람은 뭔가 경험한다

대부분의 사람들이 좋은 소식만 멀리 퍼뜨린다. 나쁜 소식은 남을 즐겁게 해줄 수 없기 때문에 속으로 삼킨다. 소식은 그렇게 전하는 게 맞다. 그러나 중대한 결정을 내려야 할 때 뒤로 물러서는 사람은 간부의 자질을 의심받는다. 바로 그것이 그들이 해야 할 일이기 때문이다. 따라서 힘들고 불편하지만 결정을 내려야 한다.

대학에 다닐 때 방학을 맞아 등록금을 벌기 위해 어느 회사에서 아르바이트를 한 적이 있다. 내가 일하던 부서에는 매우 훌륭한 부서장과 한 부하 직원이 있었다. 부하 직원은 맡은바 임무를 충실히 수행했지만 아첨꾼이었다. 그는 거드름을 잘 피웠고, 아첨하기 위해 온갖 은밀한 방법들을 동원했다. 그 직원 때문에 사무실 분위기가 흐려졌다. 내가 일을 시작한 지 일주일 되었을 때 부서장이 그를 내쫓았다. 그런 일이 있기 전에 그에게 수차례의 경고가 있었다고 한다. 그때 부서장이 내세운 이유가 인상적이었다. "난 이 자리에서 공평함, 투명함, 협동심에 대해 누차 말하는데, 그 직원을 계속 두면 내가 하는 말이 다 공염불이 되기 때문에 그렇게 했다."

그는 훌륭한 간부였다. 좋은 간부는 부하 직원이 목적을 달성했는지, 또 업무 분위기를 해치지 않는지를 점검할 의무가 있다. 만약 그렇지 않으면 온갖 편법들이 동원될 수 있다. 많은 간부들이 저항이 가장 적게 일어나는 방법을 택한다. 그들은 사내 규정을 어긴 부하 직원을 조용히 물러나게 한다. 그러고는 집안 사정으로 부득이 회사를 그만두게 되었다고 둘러댄다. 그렇게 하면 아무 효과가 없다. 차라리 해고 이유를 공개한다면 후임으로 들어온 사람은 다르게 행동할 것이다. 사실을 밝히는 일이 처음에는 불편할 수 있지만 그렇게 함으로써 팀 전체가 긴장하여 노력하는 모습을 볼 수 있다. 몰리에르의 말을 옮기자면 "인간들은 말로는 다 비슷하지만 행동으로 구별된다".

10월 11일
위기 때 말하는 방법

독일 내에 있는 회사에서 하루에 약 3만 회 정도 경영진의 훈화가 이뤄지고 있다. 그러나 그중 몇 사람만 직원들의 근무 의욕을 고취시키는 기회로 활용하고 있다. 거의 대부분은 말을 빙빙 돌리거나, 자기 자랑을 늘어놓거나, 쓸데없는 말장난을 한다. 빙산의 한 귀퉁이에 올라앉아 자신이 지금 어디에 있는지 방향 감각을 잡지 못하는 형국이다. 그러나 힘든 시기에 말을 할 때 지켜야 할 규칙들은 그렇게 많지 않다.

힘든 결정에 대해 직원들이 반발하지 않게 말해야 한다. 말할 때는 구체적으로 한다. 불명확한 말은 오해를 불러일으키고, 설득력이 떨어진다. 위기 때 훈화를 하는 목적은 잃어버린 신뢰를 되찾기 위해서다. 그러므로 연단을 높게 한다든지 함으로써 서로 간의 거리를 더 넓히는 일은 반드시 피해야 한다. 예외적인 상황에서는 힘든 상황을 분명하게 알려주어야 한다. 역지사지의 심정으로 호소하는 방법이 가장 효과가 좋다. 많은 사람들이 위기에 대한 진단을 전해 듣고, 문제가 한 사람의 힘만으로 해결될 것이 아니라는 사실을 알게 해야 된다. 경영진은 팀의 힘을 믿어야 한다.

응급 상황에서 경영자는 훈화의 목적을 알고 있어야 한다. 훈화를 듣는 직원들은 해결책을 기대한다. 해결 방법이 있어야 현재의 위치를 확인하고, 내면의 안정감을 찾을 수 있다. 그러므로 공허한 약속은 하지 말아야 한다. 위기의 상황에서 사람들은 책임자가 하는 말을 그대로 믿는 습성이 있다.

10월 12일
근무 의욕의 진실

인간은 언제 근무 의욕이 커지는가를 밝히기 위해 경영학은 오래전부터 고민해왔다. 미국의 사회심리학자 더글러스 맥그리거는 50년대에 두 개의 모델을 개발했다. X이론과 Y이론으로, 인간의 두 가지 모습에 기초해 만들어졌다.

X이론은 부하 직원들이 게으르고, 미숙하고, 책임을 회피하고, 고정된 일을 좋아하기 때문에 외적인 조치(신분 상승, 임금 인상, 칭찬)를 취해야만 근무 의욕을 고취시킬 수 있다고 보는 이론이다. 그 이론을 따르는 경영자들은 권위주의적인 경영 방식을 선호하고,

채찍과 당근을 사용한다. 그에 반해 Y이론은 일 자체가 사람들에게 높은 가치를 지닌다고 본다. 직원들이 스스로 능력을 발휘하고 싶은 마음을 갖고 있으며, 공명심도 있으므로 일을 통해 이룬 성공이 내면 깊은 만족감을 준다고 보는 것이다. 그 이론을 추종하는 경영인들은 협동의 경영 원칙을 선호한다. 그들은 책임을 분담하고, 솔선수범하고, 자기 통제를 원한다.

맥그리거의 제자이자 행동이론가인 에이브러햄 매슬로는 그 이론의 취약점을 발견했다. 그는 Y이론이 현실적이기는 하지만, 스스로 성숙한 태도를 보이며 능력을 발휘하려고 하는 인간이 서열 체계를 갖춘 욕구 단계와 그에 따른 지시를 받기 원한다는 것을 발견하고, 이를 바탕으로 욕구의 피라미드를 개발했다.

욕구의 피라미드에 따르면, 인간은 각각 다른 서열에 따라 욕구를 해소하려고 한다. 제일 밑에는 먹는 것, 자는 것, 생식 등의 육체적인 욕구가 있다. 그 위로 안전에 대한 욕구가 있다. 개인적인 것으로는 집, 직업, 건강을 들 수 있고, 사회적인 관계로 친구, 파트너, 사랑과 같은 것에 대한 욕구를 나타낸다. 일단은 그 욕구들이 해결되어야 다음 단계로 넘어갈 수 있다.

다음 단계는 신분, 돈, 권력 등으로, 사회적 인정을 받는 것과 같은 성장의 욕구와 자아실현의 욕구가 뒤따른다. 그러나 그 욕구는 예술가가 창의력을 쏟아 붓기 위해 백 장의 그림을 그리지는 않듯이 결코 만족스럽게 해소되지 않는다.

결론은, 경영자가 권위주의적이든 협동적이든 근무 의욕에는 아주 적은 영향을 미친다는 점이다. 그러므로 경영진은 외적인 자극을 통해 직원들의 의욕을 고취시키려 할 필요가 없다. 압박을 가하는 일도 해선 안 된다. 반면 직원들을 인정해주고, 자아실현을 위한 여유 공간을 허용하는 게 좋다. 1959년부터 프레더릭 허즈버그는 돈, 신분 그리고 다른 요소들을 '위생적인 요소'라고 불렀다. 그것들은 장기적으로 근무 의욕을 고취시키지는 않는다. 진정한 자극은 업무의 내용, 권한, 책임의 한계 등으로 일과 직접적인 관련을 맺고 있어야 한다.

10월 13일
분위기 메이커

"돈으로는 어느 누구도 부자로 만들지 못했다고 세네카는 말했어요. 오늘날 알려져 있다시피, 돈이 동기를 크게 부여하진 않아요. 지속적으로 효과가 있는 것은 아니지요. 대신 직원들의 근무 의욕을 고취시킬 수 있는 다른 방법이 고안되어야 해요."

"그런 것이 있어요. 가장 강력한 힘을 발휘하는 것은 바로 직원들을 인정하는 거죠. 특별한 성과를 거둔 사람에게 상을 주는 행위는 엄청난 자극을 줘요. 특히 공개적으로 축하해주고 상을 준다면 효과가 더 크지요. 그것이 긍정적인 의미에서의 질투를 불러일으켜요. 그런 칭찬에는 진심이 배어 있고, 선정 방법도 투명해야만 해요. 그래야 그 효과를 제대로 발휘하지요."

"제게는 좀 유치해 보여요."

"종종 아주 단순한 것이 큰 효과를 발휘하기도 하지요. 목표를 구체적으로 밝힘으로써 또 다른 자극을 줄 수도 있어요. 힘들여 노력하는 사람은 자신이 무엇을 향해 가고 있는지 알고 싶어할 테니까요. 그래야 그 사람도 목표 달성을 위해 더욱더 노력할 거예요. 목표에 대한 신뢰가 생기면 또 다른 자극을 받게 되지요.”

“칭찬하고, 목표를 알려주는 것, 그게 전부예요?”

“아니요. 그다음에 좀 더 어려운 게 나오지요. 인간은 자기가 하는 일에 오랫동안 흥미를 유지하려면 성취감을 맛보아야 해요. 언젠가 최고 경영자 자리에 오를 거라는 희망을 가질 수 있다면 말단 사원이라도 강한 의욕을 보일 거예요. 그게 바로 진정한 의미에서의 채찍과 당근의 방법이지요. 중국 고대 속담에도 이런 말이 있어요. ‘돈은 효과가 크지만 지혜로운 말 한마디도 결코 만만치 않다’고요.”

10월 14일
게으름의 예술

“어리석은 사람들이 무리 지어 있을 때의 힘을 절대 과소평가해서는 안 된다.”

“당신이 여러모로 쓸모 있다는 사실만으로, 당신이 중요하다는 의미는 아니다.”

“다른 사람에게 경고가 되는 본보기를 보여주는 것도 삶의 의미가 될 수 있다.”

말도 안 되는 주장이라고 생각할 수도 있다. 그러나 아무 의욕도 없는 사람이 더 큰 성과를 거둘 수 있다면 굳이 사람들의 의욕을 고취시키려 할 이유가 뭐 있겠는가? 그 질문을 조직 의사소통 분야의 교수이자, 게으름의 예술을 만들어낸 엘 케르스텐이 던졌다. 그의 이론은 흥미롭다.

수많은 책의 저자들이 누구든 최고의 영업 사원이나 최고 경영자나 백만장자가 될 수 있다고 말한다. 하지만 케르스텐은 부하 직원들이 문제를 해결하는 것 못지않게 많은 문제도 만들어낸다고 봤다. 그가 지켜본 직원들은 게으르고, 개인적인 고민을 직장으로 가져오고, 회사의 목표나 변화에 배신이나 태만을 꿈꾸면서 돈은 더 많이 달라고 요구한다. 즉, 직원들이 해결책의 일부분일 뿐만 아니라 문제의 일부분이기도 하다는 게 그의 주장이다.

회사는 그런 직원에게 어떤 역할을 하는가? 별 쓸모도 없고, 보호막에 감싸인 사람들이 패러데이 상자(전기에 민감하게 반응하는 계기를 정전계의 영향으로부터 차단한 상자-옮긴이)에 있는 것처럼 편안히 있으면서, 실패하리라는 선입견을 시도해보게 만드는 역할을 해준다. 그래서 케르스텐은 극단적인 방법으로 오히려 의욕을 꺾을 것을 주장했다. 직원들을 칭찬이나 사랑을 필요로 하는 청소년처럼 다루지 말고, 근무 계약서에 서명한 어른으로 대하라는 것이다. 그렇게 해야 돈과 업무의 성과가 확실하게 교환된다. 분명한 업무 지시를 내리고 가능한 한 적은 액수의 임금을 주는 경영 방식을 택하는 것이다. 그런 방식은 비록 사람들의 의욕을 꺾지만 비용은 적게 들고, 의욕이 꺾인 사람들은 기대도 적게 하므로 만족감을 주기 쉽다는 게 그의 이론이다.

그렇게 하려면 먼저 상황을 잘 고려해야 한다. 하지만 좀 더 깊이 생각해본 사람이라면 많은 회사에서 직원을 '인적 자산'이라고 부르는 구태의연한 말보다 그것이 더 현실성 있는 말이라는 것을 알게 될 것이다. 혹은 케르스텐의 표현을 빌리자면, "우리 가운데 어느 누구도 우리들이 다 모여 있을 때처럼 어리석지 않다".

10월 15일
팀을 약화시키는 것

조직 생활에 문제없는 사람이라는 조건은 신규 직원을 뽑는 회사의 구인 광고에 빠짐없이 등장하는 항목이다. 그것은 사회생활을 하는 데 반드시 필요한 자질이다. 수레를 끄는 데는 소 한 마리의 힘으론 충분하지 않고, 몇 마리가 조직을 이뤄 움직여야 한다. 그런데 소들이 저마다 다른 쪽으로 갈 수 있으므로 멍에를 씌우고, 끈을 연결해 방향을 정해준다. 운동 경기에서도 조직은 중요한 의미를 띤다. 그런 조직의 의미가 비즈니스 세계에 전이되었다. 그러나 머리 좋은 사람들로만 팀을 이루는 것이 복잡한 문제를 해결하는 데 최선책일까? 경영 컨설턴트 라인하르트 슈프렝거는 그렇지 않다고 말하며 몇 가지 근거를 반대 의견으로 내놓았다.

● 팀은 합의안을 도출하려고 하기 때문에 아무 소용이 없다. 그들이 내놓는 것은 항상 최소 공통분모다. 화합을 위해 노력하는 조직은 서로 협동해야 하므로 천재 같은 사람들이 고개를 숙인다. 때문에 결과는 항상 중간 정도로 나온다.

● 팀은 공명심이 큰 사람들의 의욕을 꺾는다. 그들에게 요구되는 것

은 전체의 의견을 따르고, 혼자 튀려 하지 말라는 것이다. 그럴 경우 다른 팀원들이 당신을 견제할 것이므로 결국 그 피해는 당신에게 돌아간다.

- 팀은 사고의 게으름도 눈감아준다. 오직 임무를 나눠주기에만 급급하다 보니 팀원들은 무엇을 할 것인지를 놓고 토론을 벌여 마침내 아무도 책임을 느끼지 않게 될 때까지 의견을 모은다. 마치 학교 합창단에 들어가 노래 부르는 것과 같다. 결국 입만 움직이는 몇 사람만으로 합창단이 구성되는 것이다.

- 팀 전체가 승진하는 경우는 없고, 개개인에게만 승진 기회가 돌아간다.

그의 이론 가운데 많은 것들이 진실을 담고 있다. 그러므로 조직 생활을 할 능력이 있는지 여부를 물어보는 것도 쓸데없는 일이다. 그보다는 팀이 유연하고, 다양한 시각을 포용하는지를 묻는 게 더 합당하다. 자율적으로 생각하는 사람과 그들이 내놓는 아이디어를 받아들이는 것이 가능한지, 혹은 아픈 몸에 다른 사람의 신체 기관을 이식시켰을 때처럼 독립적인 사고가 충돌하지는 않는지를 물어보는 게 낫다. 팀이 생산적으로 되려면 그런 근무 분위기가 조성되어야 한다. 질투심은 방지하고, 공명심은 지원해야 한다. 즉, 팀이 회의를 할 때 다양한 사고를 가진 사람들이 아이디어를 내놓고, 실수를 저지르고, 커리어를 만들어나갈 수 있도록 충분한 브레인스토밍 시간을 가질 수 있게 해야 한다. 수레에 힘센 황소 한 마리만 매달아서는 수레가 힘차게 앞으로 나아가지 못한다.

세상에는 자신이 그 자리에 있는 것만으로도 상황이 개선된다고 생각하는 사람들이 있다. 그런 이들 중에는 경영자나 경찰이 많다. 그 두 가지 직업의 세계에서 그런 순진한 생각은 다른 사람의 안녕을 돌봐주는 게 더 힘든 일이라는 자각으로 바뀐다. 경찰의 경우에는 그런 예가 흔하지만, 경영자의 경우에는 경찰처럼 확실하지 않다.

당신이 일하는 부서의 부서장이 즉흥적이고, 솔직하고, 다정하게 당신의 업무를 평가해준 적이 언제였는가? 지난해 성탄절에? 동기 부여 세미나에 참석한 이후? 그도 아니면 회사 사정으로 해고한다는 통보를 할 때? 안타까운 일이다.

업무에 대한 긍정적인 평가는 회사 내의 분위기를 부드럽게 해준다. 그런 격려는 진심에서 우러나온 칭찬이라는 전제하에 직원의 사기를 드높여준다. 당신이 만일 간부직에 있고, 과거에 당신이 부하 직원으로 일할 때 상관이 당신의 업무에 대해 칭찬을 인색하게 하는 데 항상 분개했다면 오늘은 직원들을 위해 작은 행사라도 벌일 것을 권하고 싶다.

예를 들어 포도주 가게에 가서 보르도 와인을 구입해 평소에 성실히 일한 직원들에게 술 한잔 따라주는 것이다. 물론 포도주 외에 다른 물건을 이용해도 된다. 상대에게 적합한 선물이라면 자그마한 성의 표시만으로도 충분하다. 상대가 술을 전혀 하지 않는 사람이라면 그런 호의를 베푸는 게 효과도 없고, 어울리지도 않는 일이 될 것이다. 그리고 당신이 소속되어 있는 팀에서 이미 오래전에 팀원들의 눈 밖에 나 있거나, 잦은 다툼으로 사이가 안 좋아졌다면 그렇게 하는 것도 소용없다. 그런데도 그런 행동을 한다면 동료들은 뭔가 꿍꿍이가 있을 거라는 의심을 품는다. 그러므로 항상 신뢰를 잃지 말고, 과장되게 행동하지 말아야 한다. 그리고 그런 행동을 본인의 습관으로 삼으면 소문도 좋게 날 것이다.

10월 17일
깐깐한 잔소리꾼이 필요한 이유

역사 속의 위대한 인물들에게는 반드시 넘어서야 할 장애물이 있었다. 이카로스에게는 태양, 페르세우스에겐 메두사, 모세에겐 바다, 에이허브 선장에게는 모비딕이 바로 그런 장애물이었다. 경제에도 똑같은 일이 벌어진다. 회사가 비용을 절감하고, 새로운 프로젝트를 시작하거나 진행되고 있는 것을 연기하려 할 때 회사는 무엇보다도 사사건건 시비 거는 잔소리꾼을 필요로 한다.

걸핏하면 브레이크 거는 사람을 좋아할 사람은 아무도 없다. 그들은 이것저것 개의치 않고, 언제나 '난 그렇게 생각하지 않는다'는 말을 입에 달고 살아가며, 상대의 기분을 나쁘게 만들어 긴장감을 고조시킨다. 혹은 프리드리히 실러가 〈빌헬름 텔〉에서 묘사한 것처럼 된다. "이것저것 따지며 너무 많이 생각하는 사람은 아무것도 해낼 수 없다."

그런데 여기서 강조된 부분이 '너무 많이'라는 점을 사람들은 간과한다. 새로 시작하려는 프로젝트들을 보면 터무니없는 것들이 많다. 그러므로 이것저것 따지며 비판적으로 바라보는 사람이 그런 변환기에는 꼭 필요하다. '이제부터는 모든 것이 잘될 거라는 흥분'을 할 때는 그런 무조건적인 생각의 바이러스에 전염되지 않도록 하고, 냉정을 유지하며 궁금한 것을 꼬치꼬치 캐묻고, 회사가 안 좋고, 예산이 낭비되는 일에 잘못된 투자를 하지 않도록 막아주어야 한다.

의심 많은 사람을 일찌감치 제외시키는 것부터가 첫 번째 실수가 된다. 그 점에 관해서는 17세기 중반 르네 데카르트가 이미 정의를 내렸다. "나는 생각한다, 고로 존재한다"는 그의 유명한 말은 '의심이야말로 처음에 반드시 있어야 할 가장 중요한 것이다'라는 의미를 강조한 말이었다.

의심 많고 따지기 좋아하는 사람은 예지력을 갖추었다고 할 수 있는데, 사업 초기나 변환기에 꼭 필요하다. 그들은 다른 사람들보다 더 많은 관심과 권한을 갖기를 원하고, 노력도 더 많이 하며 속도도 일일이 통제한다. 그들은 전체적으로 보았을 때 결과가 더 좋게 나올 수 있도록 도와준다.

그러므로 사업을 성공적으로 이끌기 위해서는 그런 사람들의 말을 꼭 들어야 하고, 적어도 그들을 퇴출시키지는 말아야 한다. 단, 불평불만을 일삼는 사람은 예외다. 그런 사람이 있으면 전체적인 업무가 원활히 진행되지 않으므로 일찌감치 내쫓아야 한다. 정지 상태는 실패가 뻔한 '이카로스 명령'보다 더 치명적이다.

10월 18일
카리스마는 배울 수 있다

이상하게도 기분 좋게 지내려고 마음먹으면 꼭 안 좋은 일이 생긴다. 월요일 아침부터 큰 계약이 파기되거나, 목표에 훨씬 못 미치는 성과가 나오는 것이다. 그런 경우에 다시 힘을 모으고, 다른 사람을 북돋워주는 것이 흔한 재주는 아니지만 불가능한 것도 아니다. 경영학자들의 의견에 따르면, 그럴 때 카리스마 있는 사람이 필요하다. 특별한 재능의 소유자인 그들은 유전적으로 카리스마를 타고난 게 아니라 후천적으로 배워서 익힌 사람들이다. 아래에 소개하는 일곱 가지 특성을 통해 그것을 배울 수 있다.

1. 카리스마가 있는 사람은 긍정적이고, (현실적이라서) 믿음이 가는 비전을 제시한다. "올 연말까지 반드시 흑자를 내도록 합시다."

2. 그들은 상대에게 요구하는 점도 분명하게 밝힌다. "현 상황을 타개할 수 있는 대책을 내놓을 것이라고 여러분 모두에게 기대합니다." 그런 호소의 효과는 절대 미약하지 않다. 그래서 많은 학자들이 기대와 성과 사이의 긍정적인 관계에 대한 연구 결과를 발표했다. 긍정적인 믿음을 갖고 기대하면 결과가 더 좋게 나오고, 그 반대로 하면 결과도 그렇게 나온다.(피그말리온 효과)

3. 카리스마가 있는 사람은 아무런 구속 없이 관여한다. 그렇지 않으면 괴테의 희곡 〈토르쿠아토 타소〉에 나오는, "의도가 파악되면 빗나간다"는 대사처럼 효과가 반감된다.

4. 그들은 자신감과 희망을 나눠준다. "힘든 시기지만 우리는 반드

시 해낼 겁니다." 물론 그런 자신감이 터무니없어 보일 때도 있지만 그래도 사람을 좌절하게 만들지는 않는다.

5. 그들은 신분에 얽매여 경직되어 있지 않고, 부하 직원에게도 존경심을 드러낸다. 또한 잘 이해되지 않더라도 부하 직원의 감정에 대해 똑같은 태도를 취한다.

6. 그들은 가까운 직원들에게 개별적인 조치를 취한다. 더 큰 영향을 행사하고 싶어하는 사람에게는 권한을 더 부여하고, 창의적인 여유 공간을 필요로 하는 사람에게는 그렇게 해준다. 물론 통제도 하지 않는다. 요구 사항과 만족이 서로 균형을 이루게 하는 것이다.

7. 카리스마가 있는 경영인은 다른 그룹과 경쟁을 벌인다. 위기의 상황에서는 대개 회사 밖에 있는 그룹을 찾아 경쟁을 벌이고, 상황이 좋을 때는 회사 내부에서 경쟁거리를 찾는다. 경쟁함으로써 더 큰 도전 의식이 생기기 때문이다.

10월 19일
전략보다 더 중요한 것

미국의 베스트셀러 작가 짐 콜린스의 《최고를 향한 길》을 보면, 안타깝게도 종종 잊고 살지만 중요한 경영 원칙을 첫머리부터 다루고 있다. 먼저 좋은 팀을 만들고, 그다음에 좋은 전략을 꾸며라!

그러나 실제로는 대부분 반대로 이뤄진다. 몇 시간째 회의하면서 화려한 계획을 세우고, 계획을 확인하거나 실행하는 데 도움을 준 고문들을 일단 모셔놓는다. 그런 다음 힘들게 설득해야 되거나, 계획에 대한 반발을 무마할 팀을 조직한다. 그런 식으로 일하느라 많은 돈이 낭비된다. 처음부터 적합한 사람들을 만나 일한다면 분노, 스트레스, 괴로움을 크게 줄일 수 있다. 뜻을 같이하면서 회사를 위해 열심히 일할 의욕에 차 있는 사람들을 엄하게 다스릴 필요는 없다. 그들이 바로 성공을 가져올 사람들이기 때문이다.

웰스 파고의 사장이었던 리처드 P. 쿨리는 그 점을 잘 인식했다. 그가 사장으로 취임할 때 미국의 금융 분야에는 구조조정이 예고되어 있었다. 미래가 불확실하고, 혼란스러운 시기였다. 그럼에도 불구하고 쿨리는 위기 계획을 세우지 않고, 재능 있는 직원들을 선발하는 데 집중했고, 당시 최고의 경영진을 스카우트해왔다. 그러자 성공은 자동적으로 따라왔다. 쿨리는 경쟁 업체의 주가가 평균 59퍼센트 하락했는데도 불구하고 웰스 파고의 주가를 세 배나 끌어올렸다.

그렇다면 적합한 인재는 어떻게 알아볼 것인가? 대답은 아주 간단하다. 지원자가 살아온 이력을 살펴보면 된다. 그들이 거둔 성공, 그때까지 유지해왔던 태도와 그들이 지내온 환경이 업무에 유리한지를 살펴보는 것이다. 그들은 스스로 의욕을 보이고, 직접 책임지려 하고, 실수도 자기 책임으로 돌린다. 그들은 창의적이지만 하기 싫은 임무도 열심히 처리할 수 있도록 훈련이 되어 있다. 또한 동료들에게 좋은 본보기가 되고, 낙천적인 성격으로 전체 분위기를 띄워준다. 그런 재능은 그들에 대한 업무 평가를 할 때만 나타나는 게 아니다. 그들은 작은 업무도 열심히 처리하면서 언젠가 자신의 시대가 오리라는 것을 묵묵히 기다리기만 하지 않는다.

10월 20일
규정을 적게 만들수록 직원들이 더 큰 성과를 낸다

우리의 두뇌가 어떻게 움직이는지를 살펴보면 무척 흥미롭다. 예를 들어 당신이 새로운 프로젝트를 맡아 부족한 예산을 가지고도 잘 집행하여 성공을 거두는 상상을 했다. 그런데 그 순간 부서장이 나타나 여기저기 다른 식으로 고치라고 말하면서 모든 것을 과거의 위치로 되돌려놓는다. 그럴 때 우리 몸은 어떻게 되는가? 갑자기 의욕이 꺾이고, 흥미도 사라진다. 방금 전까지만 해도 창의적인 생각들이 날개를 단 듯 펼쳐졌는데, 우리가 맡으려 했던 프로젝트가 그 순간 지겨운 임무로 바뀌어버리는 것이다.

규칙은 의욕을 갉아먹는다. 이는 쾰른과 취리히 대학의 학자들이 여러 번 반복해 실시한 연구 결과를 통해 확인된 심리 현상이다. 많은 지원자들이 가상의 상사에게서 각자 지급받은 돈을 불리는 실험에 참가했다. 가상의 상사는 연구 참가자에게 자유를 허용하고, 가끔 최소한의 요구 사항만 말했다. 연구자는 그런 실험을 수차례 반복했지만 미리 지시받지 않은 직원들이 매번 더 큰 성공을 거뒀다. 상사가 부하 직원들을 괴롭히지 않을 때 근무 의욕과 성과가 더 커진 것이다. 성경에도 이미 그런 결과가 나와 있다는 사실을 알면 그리 놀라운 실험 결과도 아니다. 마태복음 25장 14절을 보면 주인이 시종들에게 돈을 나눠준다. 한 사람에게는 5달란트, 다른 사람에게는 2달란트, 세 번째 사람에게는 1달란트를 각각 나눠주고 어떤 요구 조건도 내걸지 않았다. 처음 두 사람은 그 돈을 두 배로 불렸다. 그러나 세 번째 사람은 돈을 그냥 땅에 묻어두었다. 세상에도 세 번째 사람 같은 사람들이 드물지만 있다.

이런 이야기들이 경영자들의 마음을 편하게 해줄 것이다. 그들은 최고의 성과를 내기 위해서는 직원들에게 온갖 금지 조치를 내려야 한다는 미신에서 벗어나야겠다고 생각한다. 그러나 실제로는 정반대의 현상이 일어난다. 현실에서는 경영자들이 항상 세세하고 구체적인 규범을 정해줌으로써 안 좋은 결과를 만들어낸다. 우리 두뇌가 우리의 행동에 얼마만큼 영향을 미칠 수 있는가를 생각하면 놀라지 않을 수 없다.

10월 21일
어디에 앉아야 하는지의 문제

독일에서는 9시 반이 되면 사장이 회사 안을 한 차례 돈다. 그럼 직원들이 어제까지 앉아 일하던 곳에 재빨리 자리를 잡고 앉는다. 이상하지 않은가? 오래전부터 학자, 특히 심리학자들은 사무실에서 일어나는 이런 고정된 행위에 대한 의미를 파악하려고 노력했다.

심리학자인 샤론 리빙스턴이 회의실 지정석의 일곱 가지 형태에 대한 분석을 내놓았는데, 고정관념처럼 보이지만 전형적인 모습이다. 다음 회의에 참석할 때 누가 어디에 앉고, 어떻게 행동하는지 주의 깊게 살펴보면 쉽게 알 수 있다.

● **의장:** 의장은 탁자의 머리에 앉는다. 그 자리는 대개 벽을 등지고

앉아 얼굴이 문 쪽을 향하게 되어 있다. 그래야 회의에 늦게 참석한 사람을 금방 알아챌 수 있다. 때문에 뒤늦게 몰래 들어가려는 사람은 곤란한 상황에 빠지게 된다.

- **의장의 오른쪽 자리**: 그 자리에는 평소 의장의 오른팔 역할을 하는 사람들이 앉는다. 열심히 고개를 끄덕이며 맞장구치는 사람들이다. 그곳에 자리를 배정받은 사람은 조직이나 회의의 주제보다는 어떻게 하면 의장 눈에 들 것인지에만 관심이 많다.

- **의장의 왼쪽 자리**: 의장 왼쪽에 앉는 사람의 종류는 크게 두 가지다. 동맹이나 연합을 이루는 사람들이나, 스스로 권한이 있다고 생각하는 사람들이다. 그곳에는 의장의 생각과 일치하는 생각을 갖고 있고, 다른 쪽 시야로 확보되는 부분에 대해 어느 정도 영향력을 행사하는 사람들이 앉는다. 대개 2인자의 자리다.

- **가운데 자리**: 테이블이 길 때 많은 회의 참석자들과 시선 접촉을 하기에 가장 좋은 좌석이다. 때문에 외향적인 성격의 사람들이 많이 앉는데, 그들은 양쪽 테이블의 의견을 전달하는 역할도 한다.

- **구석자리**: 탁자 양쪽 끝의 자리는 될수록 자신의 모습을 숨기고 싶은 사람이 앉는다. 그들은 등받이에 등을 붙이고 앉아 사람들을 관찰하며, 어떤 결정이 내려지는지를 지켜본다. 그들은 발언을 많이 하진 않지만 그래도 비중 있는 말을 한다. 대개 분석가들이 그 자리에 앉는다.

- **의장 자리 건너편**: 의장 건너편에는 주로 비평가들이 앉는다. 그들은 여느 참석자들과 달리 전체적인 통찰을 하고 있는 모습을 보여준다.

- **외부인**: 외부인은 회의 탁자 뒤나 옆에 앉는다. 그들은 회의장을

한눈에 볼 수 있으므로 전체적인 흐름을 파악할 수 있다. 또 그 자리에는 뒤늦게 온 사람이 앉을 수도 있다.

회의장의 좌석 배치를 아는 것이 당신에게 도움을 준다. 당신의 부하 직원들을 살펴보고 싶을 때는 의도적으로 그런 좌석을 찾아가 앉으면 된다.

10월 22일
위임하는 것이 성공의 열쇠

뒤셀도르프 근처에 네안데르 계곡이 있다. 그곳에서 네안데르탈인의 뼈가 나왔다. 과학자들이 연구한 바에 의하면, 당시 네안데르탈인과 호모 사피엔스가 있었지만 그중 한 종족만 살아남았다. 왜 호모 사피엔스가 살아남았는지에 대해서는 아직도 과학자들이 연구 중인데, 최근 미국의 경제학자인 제이슨 쇼그렌이 흥미로운 주장을 했다. 호모 사피엔스는 거래를 한 데 비해, 네안데르탈인은 그렇게 하지 못했기 때문이라는 것이다. 거래를 할 줄 알았던 원시 인류들이 결정적인 장점을 갖고 있었다는 것이다. 그들은 분업을 시도해 각자 잘하는 것을 찾아서 했다. 그래서 누구는 사냥을 하고, 누구는 도구나 의복을 만들었다. 그런 문화가 네안데르탈인을 능가했다.

수천 년이 지난 지금의 삶과 그들의 삶 사이에는 어떤 상관관계가 있을까? 따지고 보면 수없이 많다. 지나온 역사를 볼 때 분업은 비즈니스 세계에서 우월한 전략이었다. 자신이 잘하는 일을 하지 않는 사람은 망하게 되어 있다. 그리고 모든 것을 자기 스스로 하려고, 남에게 위임하지 않는 사람은 네안데르탈인과 닮은 점이 많다. 앞으로도 그럴 가능성이 있다.

10월 23일
위험한 짓은 하지 말 것!

불에 손을 덴 사람은 불의 원리를 알지 못한다. 오스카 와일드가 했던 말이라고 한다. 난 그가 개인적인 염문에 대해 말했다고 생각한다. 그가 비즈니스 세계를 염두에 두고 그런 말을 했다면 이해하기가 쉬웠을 것이다.

불을 갖고 장난치는 사람은 심한 화상을 입을 가능성이 많다. 특정한 행동 방식은 거의 매번 징계를 받거나 실직할 가능성이 높다. 그런 경우에는 노동자에게 호의적인 판사도 등을 돌리게 된다.

업무상 보너스로 받은 마일리지를 사적인 용도로 사용하는 행위가 발각되면 회사에서 즉각 해고한다는 말을 듣지 못한 건가? 개인적인 일에 무료로 비행기를 이용하는 것은 회사에서 정식으로 허용하고, 그 결정에 대한 규정이 확실히 있을 때만 가능하다. 업무가 아닌 일로 인터넷을 이용하는 것도 마찬가지다. 물론 그에 대해 특별한 규제가 없으면 묵인되는 게 현실이다. 특별히 정해져 있지 않은 경우, 사무실에서 인터넷을 이용하는 행위는 해고의 사유가 되지 않는다.

그에 반해 회사 경비 유용에 대해서는 법의 적용이 엄격하다. 때문에 별로 좋아하지 않는 동료를 밀어내고 싶을 때, 사람들은 그에 대한 뒷조사부터 시작한다. 회사 경비로 엉뚱한 사람에게 접대를 했다거나, 다른 곳에 있었던 증거가 뚜렷한데 야근했다고 기록하는 등의 모든 속임수가 여기에 해당된다. 그런 속임수가 발각된 사람은 즉시 해고될 수 있다.

선물에 대해서도 비슷하다. 회사 경비에 대한 인식 없이 그 돈으로 명절 선물을 구입하는 사람은 뇌물을 받는다는 의심을 사기 쉽다. 대개의 경우 회사의 경비 지출은 심의를 거쳐 사전에 결정된다. 경비가 지나치게 유용되었다면 즉각적인 해고도 가능하다. 따라서 당신이 지나치게 큰 비용을 지출했을 때는 사용처에 대해 고용주에게 보고해야 한다.

회사 경비로 개인적인 이득을 취할 경우, 후유증을 앓을 가능성이 크다. 예를 들어 회사의 업무용 차량을 실제 운행 거리보다 훨씬 더 많이 간 것으로 기록하는 행위다. 그것은 무단으로 빵을 집어 먹는 경우와 같다. 제과점 직원이 영업 시간이 끝난 후에 어차피 버리게 될 빵이라는 생각에 무단으로 빵을 먹는 것도 허용되지 않는다. 제과점 사장은 이를 신의를 지키지 못하는 행위로 간주하여 즉각 해고할 수 있다.

10월 24일
어차피 해고해야 할 거라면 올바르게

직원을 해고하면서 회사가 막대한 손해를 보는 실수가 종종 일어난다는 사실에 대해 놀라는 사람은 별로 없을 것이다. 반면, 회사에 가장 큰 손해를 입힌 사람이 그냥 남아 있는 경우도 있다. 또 해고할 때 엉뚱한 사람을 해고함으로써 많은 사람들이 그만두게 하는 경우도 있다. 전문 용어로는 '서바이벌 신드롬'이라고 한다. 그것은 해고의 비보를 통보해야 하는 경영진의 태도에 따라 나올 수 있는 현상이다.

당신이 간부직으로 위와 같은 경우에 처했다면 특히 두 가지 문제를 신중하게 고민해야 한다는 점을 잊지 말아야 한다. 언제? 어떻게 해고해야 하나? 그 조치는 반드시 짧은 시간 안에 이뤄져야 한다. 인원을 감축한다는 사실이 알려지면 곧바로 회의를 열어야 한다. 다른 모든 행동들은 당사자에 대한 압박을 가중시키고, 회사 분위기를 어둡게 한다. 금요일 저녁 시간의 해고 통보는 별로 안 좋다. 해고당한 사람은 대개 변호사나 전문가에게 전화를 걸어 상담을 요청하려고 한다. 그러나 주말이 다가오는 금요일 저녁은 그런 사람들의 도움을 받기가 어렵다. 그리고 해고 이후에 개별적인 면담을 갖기 어려울 때도 있다. 그러므로 주초나 주중에 그런 일을 단행해야 일을 깔끔하게 마무리지을 수 있다. 어떻게 해야 하나? 해고 통보서는 첫머리의 다섯 문장 안에 함축되어야 한다.

'○○씨 귀하, 올 연말을 기해 귀하의 고용 계약서를 해지함을 통보합니다. 본 조치는 사내 구조조정의 일환으로 이뤄지게 되었습니다. 본사에서는 귀하에게 도움이 될 수 있는 해결책을 찾고자 노력하겠습니다. 만약 그러한 노력이 실패한 경우, 본사는 귀하를 ……에 의거하여 해고하게 됨을 알려드립니다.'

해고 통보에 이어 금전적인 보상에 대한 합의도 이뤄져야 한다. 인원 감축의 회오리가 한바탕 지나간 후에는 남아 있는 사람들을 향해 분명한 목소리로 말해줘야 한다. "힘든 고비는 지나갔습니다. 이제부터는 전진만 하는 겁니다. 여러분들이 그 일을 해내야 합니다."

10월 25일
해고된 사람의 반응은 언제나 똑같다

문학책에는 작별의 순간이 항상 낭만적으로 묘사된다. 그러나 프리드리히 실러는 냉정하게 표현했다. "오랫동안 해왔던 중요한 일과의 작별은 기쁘기보다는 슬픈 일이다." 그것으로 그친다면 얼마나 좋을까? 비즈니스 세계에서 유일하게 이뤄지는 작별(해고)은 사람의 성격을 적나라하게 보여준다. 어떤 사람은 큰 충격을 받아 헤어나오지 못하고, 어떤 사람은 격분하고, 어떤 사람은 공격적이 되기도 한다. 어느 날 당신도 그런 상황에 맞닥뜨리면 실수를 저지르지 않도록 노력하라. 전문가들은 행동 양식에 따라 성격을 네 가지로 분석한다.

구걸하는 사람: 이 유형의 사람은 해고 통지를 받으면 당장이라도

죽을 것처럼 행동하면서 앞으로 살아갈 길이 막막하다는 두려움에 떤다. 대개 그런 사람들은 임금을 적게 받으면서 똑같은 업무를 해주겠다고 제안한다. 그리고 사회적 양심과 인간적 감정에 호소한다. 이때 주의해야 한다. 그런 태도에 말려들면 문제를 뒤로 미루는 꼴이 된다. 그런 경우에는 상대의 하소연을 묵묵히 들어주되, 판단에 영향을 미치게 해서는 안 된다. 한번 내린 결정은 그대로 고수하는 게 더 낫다.

과격한 사람: 이 유형의 사람은 욕하고, 공격하려 하고, 분노와 실망과 두려움을 터뜨린다. 그런 사람과 마주 앉아 이야기를 나누기가 거북하다는 이유로 면담을 미루면 문제는 더 커진다. 상사가 소극적이거나 방어 태세를 보여도 마찬가지다. 그런 사람에게는 반드시 침착하게 대해야 한다. 사무적인 태도를 취하고, 이해를 표명하며, 그의 잘못을 들추는 말은 절대 하지 말아야 한다. 왜냐하면 이런 유형의 사람은 성격이 너그럽지 않고, 기분만 더 나쁘게 반응하기 때문이다.

냉정한 사람: 이 유형의 사람은 감정을 드러내지 않고, 눈물을 흘리거나 큰 소리를 내지도 않는다. 대신 완벽한 자기 통제의 모습을 보여준다. 하지만 그런 태도는 잘못 해석될 수 있으므로 조심해야 한다. 실제로 그런 사람들의 마음속에는 시한폭탄이 작동 중이어서 나중에 크게 터질 수 있다. 또한 통보된 내용을 잘못 해석하고 있을지도 모른다. 그런 사람의 행동이나 표정을 예의 주시하고, 해고 통보를 확실하게 반복해서 말해준다.

협상가: 초월한 것처럼 보이는 태도, 신중하게 고른 언어, 핵심을 찌르는 주장 등은 완벽하게 준비하고 나온 사람의 성격을 잘 말해준

다. 그런 사람은 이런 시기가 오리라는 것을 미리 예측하고 있었으므로 통보 내용을 잘 듣고, 자세한 것에 대해 물어본다. 그런 사람을 만났을 때 당신이 면담을 주도하는 위치라는 사실을 자칫 잊어버릴 수 있다. 그러므로 완벽하게 준비하지 않으면 나중에 후회하는 결정을 내릴 가능성이 크다. 그럴 때는 기록을 남기고 양측의 서명을 받아두는 게 좋다.

10월 26일
해고할 수 없는 사람에 대한 해고

오늘 본문은 간부직 사원이나 경영자를 대상으로 쓴 내용이다. 그러나 평사원에게도 도움이 될 수 있는 말이다. 오늘은 해고될 일이 없을 거라고 굳게 믿어왔던 사람에 대한 해고 이야기다. 조금은 잔인한 이야기처럼 들릴 수도 있다. 그러나 경영자로서 심각한 문제에 봉착한 회사의 구조를 재정비하고, 회사를 구하기 위해 쓸 수 있는 유일한 방법이 해고밖에 없을 때가 있다. 그때 쓸 수 있는 다음의 세 가지 전략이 큰 문제가 불거지지 않도록 막아준다.

첫째: 고용주가 직원의 실수를 증명해 보일 수 있는 경우에는 조건부 해고를 단행할 수 있다. 그런 일은 자주 있다. 식품을 만드는 회사가 경쟁 회사를 흡수 합병하면서 그 회사의 직원을 인수한다. 그때 간부 직원 중에 나이가 57세이고, 근무 연수는 20년 되었고, 오래전부터 위생 관리에 대한 지적을 받은 사람이 있다는 게 밝혀진

다. 그런 경우 합병이 이뤄지기 전에 해고할 수 있다. 경비를 조작하거나 회사 기기를 개인적인 용도로 사용했거나 사적인 메일을 사용했거나, 인터넷 서핑을 많이 했을 경우 회사 규정에는 하지 말라는 말이 없지만 경고 대상이 될 수 있다.

둘째: 고용주가 조건부로 해고하는 것은 물론 피해 보상을 요구할 수도 있는데, 피고용인으로 치명적인 실수를 저질러 고용주에게 피해를 입힌 경우다. 어느 맥주회사가 합병 과정에서 영업 담당 이사를 상대로 그런 일이 있었다. 한 정당의 대변인이기도 했던 그는 텔레비전 인터뷰에서 새로 사장으로 영입하게 될 사람을 '허수아비 사장'이라고 칭하는 실수를 저질렀다. 새로운 사장은 자신의 이미지가 망가진 데 대한 손해 배상으로 엄청난 액수를 요구했다. 그는 결국 해고되었다. 그런 일은 다른 방식으로 여론을 호도하는 방법, 예를 들면 인터넷이라든가 블로그 혹은 이메일에도 적용된다. 명예훼손은 매우 큰 후유증을 동반한다. 회사 내부의 기밀을 누설하는 사람은 즉각적인 해고와 손해 배상 청구를 각오해야 한다. 소문이 누군가를 모욕했거나 사실이 아닌 경우, 대개 소송으로 이어진다. 그런 일은 법의 도움을 받더라도 언론의 자유로 보호되지는 않는다.

셋째: 회사 경영에 따른 조건부 해고는 직원이 일을 잘 못한다는 사실을 증명할 필요도 없다. 한 회사가 지점을 갖고 있는 다른 회사와 합병했는데, 새로운 고용주는 필요 이상으로 많아진 지점장을 대체 인력 없이 내보내야 한다. 그런 이유로 지점장들은 회사 경영에 관련해 어쩔 수 없이 직장을 잃게 된다.

10월 27일
누구나 개별적으로 대해줄 것을 요구할 권리가 있다

GE의 사장을 역임했던 잭 웰치의 전설적인 경영 방식에 관한 이야기 중 하나는, 그가 매일 자기에게 주어진 시간의 30퍼센트를 직원들을 위해 사용했다는 것이다. 30퍼센트라면 과장이라는 생각이 들지 않는가?

하지만 그렇지 않았다. 사실 직원들이야말로 회사에 꼭 필요한 존재들이다. 그들이 열심히 일함으로써 회사의 존립이 가능해진다. 경영자의 임무 가운데 하나는 결정을 내리고, 대표로 나서고, 핵심적인 의미가 담긴 연설을 하는 것뿐만 아니라 새로운 프로젝트를 개발하는 임무도 갖고 있다. 직원들이 열의를 다해 일할수록 성과가 좋게 나오고, 그에 따른 성과급도 커진다. 그러므로 자기 자신을 위해서도 직원들을 격려하는 것은 의미 있는 일이다. 이때는 경영자가 어떤 기대를 갖고 있느냐가 중요한 의미를 띤다. 직원들을 이끈다는 것은 그들이 능력을 발휘할 수 있도록 지지하고 북돋워주는 것이다. 경영 컨설턴트 중에는 리더십을 불안 요소로 보기도 한다. 시장이 지속적으로 변하고, 온갖 종류의 새로운 위험 요소에 노출되어 있을 때 경영자로서 회사가 그 고비를 무사히 넘길 수 있는 조치를 취해야 하기 때문이다. 예를 들어 오래전부터 근무하던 곳에서 직원을 타 부서로 옮기고, 조직을 새로 짜는 과정을 통해 관습에서 벗어나게 함으로써 자기 보호나 새로운 환경에적응할 수 있는 메커니즘을 만들도록 해주는 것이다.

일단은 먼저 듣고, 그다음에 행동으로 옮겨야 한다. "인간은 귀가 두 개고, 입이 하나다. 그러므로 듣는 것을 말보다 두 배로 더 많이 해야 한다"라고 그리스의 스토아학파 철학자인 에픽테토스는 말했다. 직원들은 자기만의 방식으로 관리받기를 원한다. 잭 웰치가 직원들을 위해 자기 시간의 30퍼센트를 할애했다고 해서 다른 사람들도 꼭 그래야 할 필요는 없다. 개개인이 무엇을 할 수 있고, 무엇을 필요로 하는지를 파악하는 게 무엇보다 중요하다. 일단 그것을 알면 그에 맞는 지도를 할 수 있다. 어떤 사람에게는 정확한 지시를 내려야 하고, 어떤 사람에게는 부드럽게 부탁해야 효과가 있다. 또 어떤 사람은 자유로운 공간을 필요로 하고, 어떤 사람은 엉덩이를 가끔 뻥 차줘야 움직인다. 직원들이 많을수록 문제는 점점 더 어려워진다. 때문에 잭 웰치나 다른 많은 경영자들이 경영은 절대 쉽지 않은 일이라고 입을 모은다.

10월 28일
독설에 조심하라

"죄송하지만 당신의 입 냄새가 너무 심해서, 뒤로 좀 기대앉고 싶은데 괜찮겠어요?" 래리 킹이 진행하는 토크쇼에 나온 억만장자 도널드 트럼프가 CNN 생방송 중에 한 말이다. 그 사건은 토크쇼가 유명세를 타는 데 한몫 단단히 했다. 커리어에 대해서도 마찬가지다. 누군가를 위로 올라갈 수 있게 하는 방법은 엄청나게 많고, 어떤 것은 파국으로 향하게 한다. 그런가 하면 우연찮게 찾아온 기회가 뜻밖의 행운이 될 수도 있다. 어떤 길을 택할 것인지는 성격

혹은 일에 대한 윤리와 관련되어 있다. 당신도 이렇게 하면 악당이 될 수 있다.

- 언제나 자기가 옳다고 확신한다. 자기 자신에 대한 애착은 나쁜 기분이 들지 않도록 자신을 보호해준다. 당신은 자신이 착하지 않은 성품을 갖고 있다는 데 대해 고마워한다. 누군가는 안 좋은 일을 해야 한다고 생각하기 때문이다. 다른 사람은 그렇게 할 힘이 없기 때문에 못하는 거라고 여긴다.

- 다른 사람의 것을 쟁탈하라! 하기 싫은 업무는 다른 사람에게 넘겨라. 당신은 하기 좋은 일만 골라서 한다. 누군가 어떤 프로젝트에서 성공을 거뒀다면 재빨리 당신이 한 것처럼 해 보인다.

- 다른 사람의 뒤통수를 친다. 그들이 멍청하다고 말하고, 외모에 대한 비판을 가하고, 말하는 도중에 끼어들고, 사무실 밖으로 내보내고, 언제라도 자를 거라고 협박한다. 그런 것들을 한꺼번에 섞어서 하면 더욱 효과적이다. 상대의 기분이나 반발에 대해서는 이내 익숙해질 테니 전혀 배려하지 않는다. 어쨌든 그것 때문에 위장 장애를 호소할 이유는 없다.

- 잠을 못 자게 하는 것이 효과 있다는 사실을 뇌 전문가들은 알고 있다. 저녁에 사람들을 모아놓고 급한 일이라며 일을 시킨다. 사람들이 불만스러워하면 호통을 친다. 그런 일은 전화로도 할 수 있다. 누군가 자기변호를 하려고 하면 얼른 전화를 끊어버린다.

- 동료를 불편하게 한다. 가령 여러 동료에게 똑같은 일을 나눠주고 나중에 이 사람 저 사람 찾아가 서로에 대해 안 좋은 말을 한다. 그렇게 해서 그들을 불안하게 만들고, 서로 험난한 경쟁을 벌이도

록 만든다.

● 자신이 선택한 사람에게만 다정하게 대한다. 그것도 마음 내킬 때
만 한다. 다른 때는 거칠게 대한다. 중요한 것은 언제라도 상대에
게 시비를 거는 것이다. 그렇게 하면 두려움이 확산되어, 아무도
당신을 비판할 엄두를 내지 못한다. 누구나 당신을 피하려 한다.
물론 조금 외롭기는 하다.

10월 29일
좋은 소식이 압박을 가하는 것보다 더 큰 성과를 낸다

프린스턴 대학의 심리학 교수인 피터 디토는 실험 대상자들에
게 의학적 검사를 받게 될 거라고 미리 통보해주면서 참가자들에
게 위험한 효소를 알아낼 수 있는 새로운 방법이 개발되었다고 말
해주었다. 그러고는 실험군에 속해 있는 사람들에게 실험 용지에
침을 뱉게 하고 실험 용지가 녹색으로 변하면 위험한 병이 있다고
말해주었다. 그리고 비교군에 속한 사람들에게는 정반대의 말을
해주었다. 녹색으로 나오면 건강에 아무 이상이 없는 거라고 말해
준 것이다. 여기에서 실험 용지는 색이 전혀 변하지 않는 일반 종
이였다. 실험 결과는 과연 어떻게 되었을까?

용지가 녹색으로 변하기를 바라는 비교군에 속한 사람들은 실
험군에 속해 있는 사람들보다 훨씬 더 오래 기다릴 각오가 되어 있
었다.

이 실험을 통해 우리 인간들은 긍정적인 소식이 나올 때까지 가

능한 한 오래 기다리려 한다는 사실을 알 수 있다. 의심이 있는 경우에는 나쁜 결과를 받아들이기 전에 좋은 결과를 받으려고 더 많은 노력을 기울인 것이다. 실험 참가자들 중에는 빨리 녹색으로 변하기를 바라는 마음에서 실험 용지를 여러 번 입으로 빤 사람도 있었을 것이다.

직장에서도 좋고 나쁜 소식을 전해야 할 경우가 있다. 그런데 안타깝게도 나쁜 소식이 좋은 소식보다 더 빠르게 전파된다. 사람도 성공을 통해 배우는 것보다 실수했을 때 더 많은 것을 배운다. 때문에 그렇게 하면 안 된다는 것과, 산에서 귀한 보석을 발견하듯 긍정적인 우상을 찾아야 한다는 내용이 여러 책에 기술되어 있다. 요즘도 좋은 소식은 그런 식으로 다루고 있다. 당신이 믿음직스럽게 보장하면 사람들은 마지막까지 긍정적인 결과를 기다리고, 그로써 당신은 여유로운 시간을 가질 수 있다. 다른 사람들은 그동안 간절한 마음으로 기꺼이 기다리게 된다. 단, 이때는 당신이 긍정적인 말을 신빙성 있게 하는 게 중요하다.

10월 30일
지식―지혜로운 말

지식은 유일하게 남과 나눌수록 커진다.

10월 31일
고소공포증, 무서운 지도자

경영자와 두려움? 조화가 잘 안 된다. 다른 이들을 이끄는 사람은 그 어떤 것도 두려워하지 않는다. 경영자는 싸움도 무서워하지 않고, 위험을 감수하는 것도 두려워하지 않는다. 모든 불확실한 것은 하나의 도전이고, 도전은 곧 기회다. 이론적인 원칙이 그렇다.

그러나 현실을 살펴보면 많은 회사에서 두려움을 쉽게 발견할 수 있다. 실직에 대한 두려움, 권력 상실에 대한 두려움, 비용이 많이 드는 실수를 저지르지 않을까 하는 두려움, 실패에 대한 두려움……. 직장에 매여 있는 사람들 중 40퍼센트 정도가 실직의 두려움에 떨고 있다는 실험 결과도 나와 있다.

현대 생활에서 두려움은 가능한 한 억압되어 있다. 그래서 점점 더 많은 사람들이 신경안정제를 복용하거나 술에 의존한다. 하지만 그보다 더 나은 방법은 스스로에게 솔직해지는 것이다. 내가 무엇을 두려워하고 있는가? 앞으로 내게 어떤 일이 닥칠 수 있나? 누가 내게 도움을 줄 수 있나? 이런 상황에서는 친구나 동료 가운데 마음 터놓고 말할 수 있는 이를 갖고 있는 사람이 유리하다. 두 번째로 할 수 있는 일은, 정신적인 고민에 거리를 두기 위해 규칙적으로 머리를 비우는 것이다. 두려움에 떠는 지도자는 그것을 숨기는 데는 능할지 몰라도 좋은 지도자가 될 수 없다. 당신이나 당신의 상관이 얼마나 강한지 아래에 소개하는 네 가지 불안 형태로 점검할 수 있다.

통제자: 신뢰보다는 통제가 더 좋다고 생각하는 사람이다. 깜짝 놀랄 일이 생기면 그는 공황 상태에 빠진다. 그래서 일이 자기 손에서 벗어나기 전에 모든 권한을 자기에게로 향하게 한다. 그는 다른 사람에게 일을 위임하지 않고, 대신 엄청나게 많은 일을 한다. 통제자들은 사교적인 접촉에 소극적이고, 항상 바른 태도를 취하려 하지만, 옹졸하고 강압적이다. 그것을 다른 방법으로 은폐한다.

욕심 많은 사람: 항상 서두르고, 신경질적인 반응을 보이며, 자신의 한계를 알면서도 받아들이려 하지 않는 사람이다. 그의 행동은 언제나 경쟁자를 염두에 둔 행동이고, 누군가 자기를 인정해주기를 바라고 있다. 모든 이들에게 당당하려고 하기 때문에 그가 내리는 결정은 독재적인 것처럼 보인다. 그것은 받아들이려는 마음을 억제하고, 두려움에 싸이게 한다.

소심한 사람: 일을 벌이면 결국 잃는다고 생각하는 것이 이들의 소신이다. 실험은 실패할 거라 생각하고, 위험 요소가 나타나면 도망부터 치려고 한다. 그런 사람은 자신을 숨기기 위해 다른 이들이나 상사 혹은 규정 뒤로 몸을 숨긴다. 마치 자전거를 타는 사람처럼 위는 잔뜩 구부리고, 밑에서는 페달을 밟는다.

위선자: 이런 유형의 사람에게 두려움은 나약함의 상징이다. 심근경색을 자랑스럽게 생각하고, 강인함과 냉정함을 이상적으로 여긴다. 그는 자신을 성공의 순교자로 생각한다. 다른 이들은 나약하고, 무능하다고 판단한다. 정년퇴직을 앞둔 직원들의 부족함에 대해 계속해서 불평불만을 털어놓는 그의 속마음은 그들이 어서 그만두기를 학수고대하고 있다.

NOVEMBER

권력의 전략

11월

권력의 전략

11월 1일
좋은 권력

어떤 문제에 맞닥뜨렸을 때 현기증으로 기절할 것만 같고, 전혀 아무것도 할 수 없을 것 같은 순간이야말로 인간이 느낄 수 있는 감정 가운데 가장 애처로운 순간이다. 그래서 많은 사람들이 본능적으로 자기감정을 통제하려 하고, 계획을 세우고, 전략을 짠다. 그 모든 것이 권력 쟁취를 위한 노력이라고 할 수 있다.

우리가 권력을 행사하기 위해 한 나라를 통치할 필요까지는 없다. 대개는 직장에서 주위 동료와 계획에 대해 약간의 통제를 하고, 신분을 끌어올리는 데 사용하는 것으로 충분하다.

권력에 대한 인간의 그런 노력은 귀족의 부하들도 잘 알고 있었다. 그들은 주인을 보필하면서 다른 한편으로는 자신의 개인적인 권력을 만들려고 했다. 그것은 아주 복잡하고 미묘한 게임이었다. 부하가 자신의 권력에 대해 너무 즐기는 모습을 보여주면 다른 부하들의 눈에 띄어 그들의 적이 될 수 있었다.

그들은 주인의 특혜를 받는 것도 감추기 위해 조심스럽게 행동해야 했다. 그와 동시에 서열 싸움을 벌이고 있는 다른 부하들로부터 자신을 보호해야 했다. 그 결과가 오늘날까지도 진행되고 있는 끊임없는 권력 싸움이다. 사무실이나 가족 혹은 교회에서 그 투쟁은 계속되고 있다.

그 싸움에서 한 발짝 옆으로 피하는 방법도 있지만, 그것이야말로 어리석은 짓이다.

"항상 좋은 것만 원하는 사람은 결국에는 어쩔 수 없이 좋지 않은 사람들이 많이 모여 있는 곳에 떨어져 파국을 맞을 것이다"라고 니콜로 마키아벨리는 경고했다. 그보다는 게임을 분석하고, 통제하려고 노력하는 것이 더 현명하다.

많은 사람들이 그런 생각을 비도덕적이라고 여긴다. 그러나 악의는 순진함의 반대 개념이 아니고, 현명한 대처는 비도덕적인 짓이 아니다. 사람의 좋은 점만 보려 하지 말고, 그가 어떤 동기로 그렇게 했는지를 생각해보고, 간사한 술책으로부터 자신을 보호하려는 자세가 되어 있어야 한다. 성경에도 '죄 없는 사람'은 이 지구상에 아무도 없다고 하지 않는가.

지난 3천 년 동안 인류사에 올바른 것으로 판단되어 이어져 내려온 권력 게임의 230가지 주요 기본 규칙들 중에서 가장 중요한 규칙이 자신의 감정을 통제하는 것이다.

권력 간의 다툼이나 공격에선 감정적으로 반응하는 사람이 늘 패배한다. 분노는 시야를 가로막는다. 처음에는 통제력을 잃고, 그 다음에는 권력을 잃게 한다. 룸펠슈틸첸이라면 그 모습을 지켜보며 노래를 불렀을 것이다. 게임을 이기는 승리 요인의 절반은, 뭔가를 하지 않는 것이다.

11월 2일
상사를 그늘 아래 서 있게 하지 마라

열여섯 살의 아스토레 만프레디 왕자는 이탈리아 도시국가 파엔차에서 가장 똑똑한 사람으로 명성을 날렸다. 보르지아 황제가

16세기에 그 도시를 침략했을 때 파엔차 사람들은 수개월간 저항했다. 그러나 1501년 4월 25일, 그들은 굶주림 때문에 결국 항복했다.

보르지아 황제는 그들을 칭찬하고, 왕자를 용서해주었다. 그런데 몇 주일이 지나자, 병사들이 만프레디 왕자를 로마의 감옥에 가두었다. 이후 아무도 소식을 듣지 못하다가, 1년 뒤 그의 시신이 티베르 강에서 목에 돌을 매단 채 발견되었다.

만프레디 왕자가 무슨 죄를 저질렀을까? 아무것도 없었다. 그의 존재, 분위기, 재치가 보르지아 황제의 활약을 퇴색하게 만든 게 죄라면 죄였다. 왕자가 그림자로 황제를 덮어버린 것이다.

권력이 문제될 때 상사를 응달에 서 있게 하는 것은 가장 안 좋은 짓이다. 일정한 서열 순위에 들어, 명성을 날리게 된 사람은 자신을 월등한 존재로 느끼고 싶은 심리가 있다. 그러나 아무리 자아가 큰 사람도 종종 불안에 시달린다. 현대를 살아가는 직장 상사는 더욱더 그렇다.

당신의 재주를 그의 것보다 더 돋보이게 하면 그로 하여금 어쩔 수 없는 질투와 오해를 품게 만든다. 그 결과는 안 좋은 쪽으로 나타난다. 상사의 아이디어를 자신의 제안으로 포장하는 데 사용한 사람이 어떻게 되는지 다음 회의 때 지켜보라. 당신이 직접 그런 짓을 하지는 말고, 관찰만 해보라! 반대로 상사가 당신을 칭찬했다고 해서 헛된 공상은 하지 말아야 한다. 그것은 대부분 술책이다. 다른 사람에게 자비를 베푸는 행동은 자신의 서열이 높다는 것을 스스로 인정하고 있다는 표시다. 네 직위를 존경해주었으므로 너를 내 곁에 두고 내 햇빛을 받게 하겠다는 생각이 있는 것이다. 그런 상징적인 의미를 깨닫지 못한 사람은 암암리에 모반을 도모하지 않을까 하는 의심을 받는다.

아첨은 상황을 부드럽게 하지만 한계가 있다. 수가 쉽게 읽힌다. 그 모습을 별로 달가워하지 않을 경쟁자의 눈에도 그것은 보인다. 진정한 고수들은 자연스러운 방법으로 상사가 자기보다 더 똑똑한 사람으로 느끼게 해준다. 이를테면 사소한 실수를 함으로써 상사로 하여금 너그럽게 용서해줄 수 있도록 만드는 것이다. 혹은 상사에게 조언을 구하는 방법을 취하기도 한다. 권력을 가진 사람은 그런 부탁을 들었을 때 매우 좋아한다. 자신의 우월함을 과시할 기회를 준 직원을 상사는 감싸주려 한다. 심지어는 당신이 내놓은 훌륭한 아이디어도 자기 생각이 반영된 거라고 생각한다.

또 다른 방법은 좀 더 많은 인내심을 필요로 한다. 상사의 실수를 남의 눈에 안 띄게 상쇄시키는 것이다. 오스트리아의 마리아 테레지아와 관련된 일화가 유명하다. 연회를 베푸는 중에 황제가 남들이 다 들을 정도로 크게 방귀를 뀌었다. 그러자 황제 옆에 있던 젊은 병사가 얼른 앞으로 나서며 황제 앞에 무릎 꿇고 용서를 빌었다. 그러자 황제는 온화한 미소를 지으며 말했다. "괜찮다, 병사."

11월 3일
침묵하는 사람이 앞서나간다

우리는 판단하고, 의견을 말하고, 생각하고, 믿고, 가정하고, 주장하고, 제안하고, 예상한다. 사람들과 어울려 지내면서 당신은 자기를 내세우고, 온갖 말들을 하면서 활발하게 대화를 나눈다. 그런데 입을 꾹 다물고 있는 사람이 더 큰 힘을 발휘한다. 그 방법을 앤디 워홀이 잘 이용했다.

그는 인터뷰를 하면서 질문에 대한 답을 애매하게 하거나 짧게 했는데, 기자들은 그가 내뱉은 아무 의미도 없는 말 뒤에 뭔가 심오한 뜻이 숨어 있을 거라는 생각에 열심히 옮겨 적었다. 그러나 사실, 그의 말은 아무 의미도 없거나 평범한 말이었다.

"인간의 혀를 잘 다루는 사람은 이 세상에 얼마 남지 않은 짐승과 같다. 그것은 수시로 우리에서 뛰쳐나갈 틈을 호시탐탐 노린다"고 레오나르도 다빈치는 말했다.

오늘날도 마찬가지다. 말 많은 사람들은 자기 위신을 떨어뜨릴 뿐만 아니라 뭔가 어리석은 것 같고, 위험한 말을 내뱉을 위기에 자주 노출된다. 말로 다른 사람을 감동시키려는 것은 어리석은 짓이다.

말을 많이 하는 사람일수록 평범해 보인다. 마주하고 있는 사람의 관심이 10초만 지나면 떨어진다는 연구 결과도 나와 있다. 60초가 지나면 대부분의 사람들은 상대의 말에 어떻게 답해줘야 할지를 고민한다. 그러다 2분이 지나면 상대가 하는 말을 더 이상 듣지 않게 된다. 말은 은이고, 침묵이 금이다. 의도적으로 말을 많이 하지 않는 사람은 한마디 할 때마다 말에 힘이 실리고, 다른 사람의 관심을 받고, 사람들로 하여금 말 사이에 숨은 의도를 파악하기 위해 심사숙고하게 만든다.

물론 침묵에도 나름대로의 전략이 있다. 경우에 따라 변화를 줘야 한다. 속이 훤히 드러나 보이는 전략으로 행동하는 사람은 그로 인해 다른 사람에게 자신에 대한 통제를 일정 부분 내주게 된다.

반면, 예측 불가능한 상태로 침묵하는 사람은 위력이 더 커진다. 상대방은 당신의 의도를 파악하기 위해 고심하고, 그에 대해 이야기하면서 자신의 의견을 내놓고, 생각하고, 믿고, 대화의 맥을 찾으려고 노력한다. 때문에 그런 전략이 압도적으로 우세해진다. 그렇게 말이 없는 사람은 카리스마가 더 돋보인다.

11월 4일
잡담이 유용한 이유

무대에만 올라가면 행동이 변하는 이들이 많다. 앙드레는 사람들이 모여 있는 사무실이나 아는 사람이 있는 곳에서는 꽤 사교적인 편이다. 그러나 더 많은 사람들이 모인 곳에서는 입에 거품을 물어가며 허풍을 떨고, 쓸데없는 말을 하고, 말이 무척 많아진다. 전문가들은 '뻥'이라고 부른다. 거창한 뻥을 치는 능력도 재주다. 뻥이 상황에 맞게 투입되면 자신의 능력을 드러내고, 통찰력을 가질 수 있게 된다.

뻥은 거짓말과는 다르다. 거짓말쟁이는 머릿속에 진실이 무엇인지 알고 있지만 그에 대한 존경은 없다고, 거짓말에 대해 날카로운 분석을 했던 해리 G. 프랭크퍼트는 말했다. 그에 반해 뻥을 치는 사람은 진실을 모르고 있을뿐더러, 굳이 그것을 알려고도 하지 않는다. 그러므로 그의 언어적 표현은 궁핍한 상황에서 나온 것일 뿐이다.

무지함에서 나온 어리석은 말은 전염병처럼 퍼져나갈 수 있다. 뻥이 없는 곳에서는 경영인, 정치인, 저명 인사들이 모두 쓰레기 같은 말만 늘어놓게 된다.

대부분의 사람들은 누군가가 내뱉은 거짓말에 속았을 때 마음의 상처를 받는다. 그러나 뻥에 속은 경우는 다르다. 그것은 용인된다. 아마도 뻥을 개인적인 공격으로 받아들이지 않기 때문인 듯싶다. 그런데 뻥에도 두 가지 종류가 있다.

하나는 아주 빈번하게 이루어지는데, 다른 사람으로부터 인정받고 싶어 뻥을 치는 경우다. 이때 사람들은 교묘한 말로 관심사, 교육, 사회적 신분을 드러낸다. 공허한 말로 뻥을 치면서 자신의 신분을 슬며시 드러내는 것이다.

두 번째 경우는 자신들의 잘못에 대해 연막을 치고, 시선을 차단하려고 뻥을 이용한다. 이때는 공격이 최선의 방어라는 원칙에 따라 자신들의 창의력과 건재함을 알리기 위해 절대적인 힘을 과시한다.

미국의 대통령 리처드 닉슨은 언젠가 이렇게 말했다. "대통령이 하는 짓은 그게 무엇이든 법에 위배되지 않는다." 그야말로 대단한 뻥이 아닌가?

약간의 뻥은 업무에 도움을 주기도 한다. 특히 광고회사 직원, 부동산업자, 중고차 판매원, 투자은행 직원 등에게 많은 도움이 된다.

어쩌다 뻥을 친 것이 들켰을 때는 "맙소사! 내가 이런 짓을 하다니! 대단하군!" 하고 말하면서 슬쩍 얼버무리면 된다. 남에게 들킨 멋쩍은 짓에 대해 더 큰 뻥을 침으로써 궁지에서 빠져나오는 것이다. 혹은 이렇게 말하는 것도 좋은 방법이다. "그냥 웃자고 한 말이었어요. 뻥이었다고요.”

11월 5일
진실한 의도는 숨겨두어야 한다

프랑크는 마치 펼쳐놓은 책 같다. 그는 생각나는 대로 말하고, 누구에게나 자기의 계획을 말해준다. 또 너무 솔직하다. 그리고 솔직하게 공개함으로써 다른 사람들이 자기를 귀한 존재로 생각하고, 그럼으로써 자신에 대한 명성도 함께 올라갈 거라 믿는다. 하지만 그런 일은 절대 일어나지 않는다! 사람들이 프랑크를 보며 속으로 생각하는 것은 ‘벌거숭이 임금님’이다.

권력은 남들로 하여금 존경심을 갖게 하는 사람에게서만 힘을 발휘한다. 그런가 하면 자신의 계획에 대해 비밀을 유지하는 사람들의 입장도 프랑크보다는 낫다. 그가 어떤 계획을 갖고 있는지 전혀 모르고 있기 때문에 다른 이들은 그것을 굳이 알려고 하지 않는다. 때문에 침묵하는 사람에겐 기본적으로 경외심을 갖게 된다. 물론 진정한 의도를 감추는 것이 마음을 닫는다는 의미는 아니다. 누구나 자신의 계획이나 아이디어를 말할 수 있어야 하고, 말해야만 한다. 다만 누구에게나, 언제나 진실한 계획을 다 말해줄 필요는 없다.

시간이 촉박할 때 잘못된 미끼를 신망이 두터운 사람에게만 던져야 된다고 생각하는 것은 잘못이다. 오히려 그 반대다. 이때는 편집증이 있고, 소심한 사람의 관심을 받는 게 더 쉽다. 일단 그들의 신뢰를 얻으면 친절한 사람이 뭔가 다른 꿍꿍이가 있다는 것을 그들은 거의 상상하지 않는다. 선물 역시 마찬가지다. 그것은 완벽한 변장이다. 자신이 상대를 얼마나 귀하게 생각하는지를 보여주는 선물을 거부할 사람은 거의 없다. 물질적인 선물이나, 혼자에게만 귓속말을 함으로써 은밀한 신뢰를 보여주면 누구나 자신의 비밀을 털어놓게 된다. 그러므로 선물에 대한 경계를 늦추지 말아야 한다. 특히 경쟁자에게서 온 것이라면 더욱 그렇다.

세 번째 전략은 허영심을 자극하는 것이다. 권력의 핵심에 들어갈수록 자기애에 푹 빠진 사람을 자주 만날 수 있다. 하지만 그런 사랑의 대상에 타인은 존재하지 않으므로 마음은 늘 부족함을 느끼고, 그것은 곧 당신에게 기회가 된다. 그를 주의 깊게 관찰해, 그가 선호하는 것을 알아내고, 일종의 메아리처럼 그런 모습을 한 자신을 보여주는 것이다.

오늘날 사람들은 사물을 타인의 눈으로 보고, 진심으로 이해하려는 노력을 거의 하지 않는다. 상대의 내면과 마주한 사람은 상대를 무장해제시키고, 제압할 수 있다.

11월 6일
진정한 권력

물건도 귀한 것은 값이 비싸지만, 넘쳐나면 값이 하락한다. 사람들 역시 그렇다. 어떤 사람이 하는 말을 자주 듣고, 보기를 자주 하면 그 사람에게 익숙해진다. 쉽게 접촉할 수 있는 사람은 그에게서 뿜어나오는 후광도 약해진다. 그러나 조직에서 확고한 위치를 차지하고 있는 사람은 자신의 부재를 통해 스스로의 가치를 올릴 수 있다.

또한 드물게 모습을 드러내는 사람은 다른 이들로부터 그리움과 경이로움의 대상이 된다. 많은 이들이 지속적으로 나타나 깊은 인상을 남기려는 욕심 때문에 마감 세일의 길로 내달린다. 사랑도 마찬가지다.

기원전 8세기 무렵 메디아 사람들은 새로운 통치자를 찾고 있었다. 몇 차례에 걸쳐 안 좋은 경험을 겪은 백성들은 왕정을 거부했다.

나라는 혼돈지경에 이르렀고, 부족장 데이오케스는 전투마다 나가 승리를 거둔 것으로 유명해졌다. 그는 주변 국가와의 전쟁을 모두 승리로 이끌어 나라에서 가장 높은 판관의 자리에 오르게 되었다. 그런데 데이오케스가 판관 자리에서 내려가자 나라는 다시 심한 혼란에 빠져들었다. 이번에는 그 고통이 너무 심해 메디아 사람들은 그를 왕으로 추대하는 왕정을 복원했다. 그렇게 해서 그는 50년간 통치했다.

그러한 원칙은 약 3천 년 후인 지금도 똑같이 작동되고 있다. 당신이 외부에 내보일 게 있다면 그것이 귀하다는 점을 염두에 두고 일부러 틈새를 찾아야 한다. 그렇게 되면 당신은 자주 노출되지 않으면서 당신의 가치를 올릴 수 있다. 그런 전략을 통해 권력만 키우는 것이 아니라, 잃어버린 존경도 되찾을 수 있다. 사회에서, 언론에서 지대한 관심을 보이면 더 큰 효과를 낼 수 있다.

자유의사에 따라 물러나는 사람은 다른 이들의 의견이나 언론에 의존하지 않을 수 있어 좋다. 그레타 가르보의 경우도 그랬다. 1941년에 은퇴할 때 그의 나이는 서른 중반이었고, 많은 이들이 너무 이른 은퇴라고 생각했다. 그러나 가르보는 팬들이 자기에게 싫증 내기 전에 떠나고 싶다고 했다. 박수 칠 때 떠나라!

11월 7일
위로 올라가고 싶은 사람은 튀어야 한다

홍등가에서 배회하는 여자를 붙잡고 직업이 뭐냐고 물어보면 십중팔구 댄서라고 말할 것이다. 거짓말이다. 그러나 당신도 진실을 알고, 그 여자도 알고 있다. 때문에 아무 문제 없는 거짓말이다.

근사하게 꾸민 포장은 수평 이동의 의미만 있을지라도 비즈니스 세계에서 필요하다. 모든 것이 외형으로 평가된다. 책도 인간과 똑같다. 위로 오르고 싶은 사람은 군중 속에서도 스스로를 돋보일 수 있어야 한다. 그렇게 해야만 사람들의 관심을 받아 기적을 이룰 수 있다. 대부분의 사람들이 일반인에게선 중간 정도의 결과만 기대한다.

다른 이들보다 눈에 더 잘 띄게 하는 것은 선천적인 게 아니다. 그것은 누구나 배울 수 있고, 배워야만 한다. 누구든 스스로 자신의 모습을 연출해 세상에 이름을 날릴 수 있다. 그것은 외적으로 보이는 모습을 성격이나 업무 방식을 나타내는 자신의 이미지와 맞춤으로써 가능하다. 중요한 점은 그것이 다른 사람들에게 깊은 인상을 심어주고, 사람들이 그에 대해 말하게 만드는 것이다. 솔직히 사람들은 연극을 보고 싶은 마음을 조금씩 갖고 있다.

인간은 누구나 매력과 멋과 환상을 사랑하고, 주변에 보이는 세상이 통속적이고 일률적이라서, 쉽게 설명하거나 소유할 수 없는 수수께끼나 사람, 사물 등을 그리워한다. 많은 이들이 비판을 아주 안 좋은 것으로 생각하지만 그렇지 않다. 그보다 더 나쁜 것은 무시해버리는 것이다. 그것은 말초적인 행동이다.

권력의 수직 체계에서는 하단에 있는 사람들이 최상층의 사람을 공격할 수도 있다. 새로 등장한 정치인들이 전통적으로 그 방법을 많이 사용한다.

"사자가 모기를 괴롭히는 것보다 모기가 사자를 괴롭히는 게 더 쉽다"라고 세네카는 말했다. 그렇다고 거드름 피우면서 주변의 이목을 끌라는 말은 아니다. 그랬다간 정작 일을 시작하기도 전에 끝나버릴 수도 있다.

11월 8일
품위 유지를 위한 비밀

난 이 책의 원고를 동료, 친구, 에이전트와 함께 고급 포도주를 마시면서 3개월 동안 썼다. 개인적으로 무척 즐거운 시간이었다. 믿기 어렵겠지만, 다른 말은 하지 않을 것이다. 책이 완성되어 나오기까지 실수도 많았고, 온갖 힘든 경험도 하고, 많은 방법들을 적용시켜보았다 하더라도 그 과정의 모든 일을 비밀로 유지하는 게 좋다.

힘들수록 더 쉽게 한 것처럼 보여야 한다. 우리는 지긋지긋할 정도로 힘든 것을 숭배하고, 아주 높은 고음까지 올라가는 성악가에게 감탄하고, 작품으로 우리에게 마법을 거는 예술가를 사랑한다. 그러나 우리는 그동안 얼마나 많은 시간 동안 땀을 흘리고, 힘들게 일했는지 외부로 알리지 않는다. 만약 그렇게 했다면 본능적으로 우리에 대한 존경이 무너질 것이다. 오랫동안 꾸준히 연습하면 누구나 우리처럼 해낼 수 있다는 생각을 사람들이 갖게 되는 것이다. 그건 너무 쉬운 상상이다.

최고위직에 오른 사람은 그 무대에 올라서기 전까지 세심한 준비를 마친 이들이다. 그렇지 않다는 주장도 있겠지만, 대개는 속임수다. 다른 이들이 준비 과정이나 전략, 그리고 노력에 찬사를 보내며 아무리 달콤한 유혹을 해와도 힘들게 고생했다는 말은 마음속 깊이 간직해두어야 한다.

시간이 너무 부족했고, 일을 무척 많이 했고, 큰 희생을 감수했다는 말을 하면 할수록 결과물에 대한 흥미가 떨어진다. 불쌍하게 고생만 한 사람으로 비치는 것이다.

혹은 능력이 없다고 생각할 수도 있다. 그러나 무언가를 만들어내기까지 자신이 쏟아 부은 교묘한 비법이나 내면의 사고 메커니즘에 대해 말하지 않는 사람은 일반인들이 만들어내는 것보다 더 큰 것을 만들어내는 경우가 많다. 발디사레 카스틸리오네가 1528년에 발간한 《궁정인》은 완벽한 신하의 품위를 갖춘 거동을 묘사하고 있다. 카스틸리오네는 그 신하가 행동할 때 멋스럽고, 천천히 한다고 소개했는데, 그래야 존경심이 배어나오기 때문이라는 것이었다.

이렇듯 예술적인 완성의 비밀을 유지하려면 늘 유유낙낙하는 모습이 있어야 한다. 지나치게 많은 노력을 기울였다면 별로 호감을 갖지 않을 수 있다. 그러므로 자기 자신의 품위를 지킬 수 있는 것은 항상 비밀로 간직해두는 게 좋다.

11월 9일
선택의 시간

지금부터 당신은 뭔가 다른 일을 할 수도 있고, 책을 계속 읽을 수도 있다. 당신에게 선택권을 주었다면 당신은 아마 책을 읽겠다고 대답했을 것이다. 나도 그렇게 생각했다. 내가 만약 "어서 책을 읽으세요"라고 했다면 별로 재미없는 상황이 벌어졌을지도 모른다. 선택의 여지가 있을 때 선택하는 사람은 선택에도 조작이 있을 수 있다는 생각을 거의 하지 못한다. 그런데 대개 그렇다.

《페페로니 전략》을 쓴 옌스 바이드너는 예전에 모셨던 직장 상사에 대해 흥미로운 이야기를 들려주었다. 바이드너는 당시 소년원에서 일했는데 서류 처리 업무를 몹시 싫어했다. 그래서 상사가 뭔가를 시킬 때면 항상 이렇게 말했다. "제가 두 가지 일을 한꺼번에 해야 하는데요, 그중 한 가지는 팀장님이 좀 맡아주세요." 그러면서 선택의 여지가 있는 것처럼 책상 위에 얼마 되지 않는 서류 더미를 손가락으로 톡톡 두드렸다.

덕분에 바이드너는 항상 서류가 아닌 다른 것을 선택할 수 있었다. 나중에 직장을 바꿀 때가 되어서야 그는 직장 상사에게 책상

위에 일부러 서류 더미를 듬성듬성 올려놓았었다는 사실을 그에게 털어놓았다.

그것은 매우 간단한 심리전이다. 옵션과 선택을 아우르면서 우리는 선택의 여지가 있는 것처럼 해 보이지만 실제로는 미리 정해진 것들 중 하나를 선택하게 되어 있다. 그 외의 것들은 처음부터 제시되지 않는다. 그래도 사람들은 자신이 선택할 수 있었다고 생각한다. 그야말로 아름다운 착각이다. 당신도 직접 실험해보고 싶다면 아래 전략을 주의해야 한다.

- 딜레마를 만들라. 판사들도 그렇게 한다. 그들은 증인에게 두 가지 방법 중 하나를 고르라고 강요한다. 그러나 둘 다 함정이다. 증인이 뭐라고 말하든 자기 생각을 노출하게 되어 있는 것이다.

- 저항하게 만들라. 원칙적으로 아니라고만 말하는 사람에게 적합한 기술이다. 당신도 별로 좋다고 생각하지 않는 해결책을 그에게 추천한다. 그럼 상대는 당신이 말해준 것과 정반대로 할 것이다. 어차피 당신이 바라는 바 아니었던가?

- 선택할 수 있는 것들이 많은 것처럼 해 보인다. 미국의 국무장관이었던 헨리 키신저는 그 분야에 독보적이었다. 그는 자신의 중립성을 증명해 보이기 위해 수많은 선택 조건들을 장황하게 소개하며, 그중에서 자신이 가장 선호하는 것을 누구보다 앞서 선택했다. 언어심리학으로 볼 때, 대부분의 사람들은 마지막에 소개되는 것을 선택하는 경향이 높다.

11월 10일
불운을 피하는 법

불운한 사람은 물에 빠진 사람과 같다. 당신이 그를 구해줄 수는 있지만 자칫 스스로도 위험에 빠질 수 있다는 점을 감수해야 한다. "불행은 또 다른 불행을 초래한다"는 말은 언뜻 냉정해 보이지만, 사실이다. 세상에는 남의 기분까지 영향을 미치는 성격을 가진 이들이 있다. 그들의 파괴적인 행동과 불안한 심사가 주변 사람들, 특히 그들에게 도움을 주려는 사람들에게 전파된다. 그런 사람을 피하지 않으면 당신도 어쩔 수 없이 나락으로 떨어지게 된다.

왜냐하면 대부분의 사람들이 남에게 적응하기 때문이다. 오랫동안 다른 사람과 같이 지내다 보면 말투, 감정, 사고방식까지 비슷해진다. 경영학에서는 이를 가리켜 '사내 문화'라고 부른다. 때문에 컨설턴트들은 "간단히 말해, 경영을 할 때 시너지 효과의 최적화를 통해 생산성 방해 요소를 엄청나게 줄일 수 있다"는 말을 자주 한다. 그런 이들에게 휘말리는 사람은 스스로 자충수를 두는 것이다.

감성적으로 불안정하고, 치명적인 불만이 있는 이들의 영향에서 벗어난 사람은 사내 문화에 민감하게 반응하지 않는다. 그런 이들은 억누르고 있는 것을 강화시키고, 관심을 가져주는 사람의 균형을 잃게 만든다. 그야말로 커리어에 암적인 존재들이다.

윌리엄 셰익스피어는 율리우스 카이사르를 통해 카시우스에 대해 이렇게 말했다. "난 굳이 사람을 피해가며 만나려고 하지 않지만 저 깡마른 카시우스만은 피하고 싶어……. 저런 사람들은 자기보다 더 위대한 사람을 동경할 때 마음의 평화를 갖지 못해. 일을 그르칠 위험 인자를 안고 있는 존재이지."

행복에 다가가고 싶은 사람은 긍정적인 성격으로 자신뿐만 아니라, 다른 이들에게도 영향을 주는 매력적인 사람들이 있는 모임을 찾아야 한다.

인색한 사람은 통 큰 사람과 가까이 지내는 게 좋다. 독불장군 쪽에 가까운 성격이라면 사교적인 사람과 친해지는 게 좋다. 그것은 부정적이거나 긍정적인 성격에 도움을 주는 삶의 규칙이다. 이 규칙을 가슴속에 새기고 사는 사람은 세상의 그 어떤 치료를 통해 얻을 수 있는 것보다 더 많은 것을 얻는다.

11월 11일
두 개의 불빛

오늘의 주제는 완벽해야만 한다고 생각하는 이들을 위한 것이다. 그렇게 해서 성공을 거뒀고, 주위 사람들에게 자신이 성공한 모습을 보여주고 싶은 이들이 읽으면 좋을 내용이다. 내가 말하고자 하는 것은 완벽해지려는 행동이 어리석은 짓이라는 것이다. 완벽함, 남들보다 더 나아지려는 사람은 어떤 약점도 가져선 안 된다는 생각을 함으로써 더 큰 위험에 빠질 수 있다.

월터 롤리 경의 운명이 좋은 예다. 그는 엘리자베스 1세의 궁정에서 매우 똑똑한 신하였다. 당시 가장 아름답다고 평가받는 시를 썼고, 유능한 과학자였고, 위대한 탐험가이자 용감한 사업가였으며, 리더십도 좋은 사람이었다. 게다가 멋도 있었다. 그런 재능 때문에 여왕의 총애를 받았다. 하지만 그것도 아무 소용이 없었다.

어느 날, 여왕의 눈 밖에 나 처형되고 만 것이다. 그런데 어느 누구도 그를 보호하려고 나서지 않았다. 자신의 완벽함으로 그간 너무 많은 적을 만들었기 때문이었다.

오늘날엔 그처럼 쉽게 처형되지는 않는다. 하지만 그런 재능을 가진 이들에게 질투를 느끼는 사람 때문에 삶이 지옥이 될 수는 있다. 아무리 악의가 없다 해도 상대의 완벽함 때문에 자신의 부족함을 자꾸 의식하게 된다면 열등감과 복수심이 생길 수밖에 없다. 성공은 상대적인 것이다. 위로 올라간 사람은 다른 이들을 뒤에 처지게 한다. 그러므로 나의 성공은 다른 이들에게 정체감을 주거나, 자신이 성공할 수 없다는 데 대해 분노하게 만든다.

두 가지 경우 모두 덴마크의 철학자 키르케고르가 '불행한 감탄'이라고 말했던 분노와 질투를 부추긴다. 그 후유증은 금방 나타나지 않을 수도 있다. 그러나 따돌림이나 멸시, 혹은 공개적인 적대감으로 어느 날 불쑥 나타난다.

그러므로 당신이 성공 가도를 달리고 있다면 조심해야 한다!

태어날 때부터 재능이 많은 사람은 쉽게 살아갈 운명을 타고난 것처럼 보인다. 그런 사람은 자신의 재능이 외부에 너무 자주 노출되지 않도록 최대한 조심해야 한다. 그렇지 않으면 고집이 아니라 훌륭한 재능 때문에 퇴출된다. 종종 실수하거나, 성공을 우연에 돌림으로써 남들의 시기에서 벗어나는 것이 현명하다. 부족함은 인간적인 것이다. 그에 비해 완벽함은 오직 신만이 할 수 있다.

11월 12일
간절히 소망하면 결국 갖게 된다

1830년 7월, 파리에서 혁명이 일어났다. 민중들이 거리로 몰려나왔고, 샤를 10세는 권좌에서 물러나야 했다. 그리고 후계자를 정할 위원회가 소집되었다. 위원들은 오를레앙의 루이 필리프 공작으로 결정했다. 그는 귀족의 특권을 보호해주었지만 왕정 시대에 남아 있던 허례허식을 경시했고, 의식 절차를 증오했으며, 낡은 상징들을 비웃었다.

그는 왕이면서 동시에 백성이 되고 싶어했다. 하지만 그야말로 엄청난 착각이었다. 국민은 그것을 원치 않았고, 얼마 되지 않아 그를 경멸하기 시작했다. 결국 루이 필리프는 영국으로 피신해 여생을 마쳐야 했다.

사람은 신분에 따라 변한다. 행동은 자신이 하는 일을 어떤 마음으로 하고 있는지를 보여준다. 머리와 어깨를 축 내려뜨린 사람은 나약함을 표현하고, 마음속에 있는 열정을 죽인다. 소심하게 말하고, 몸을 움츠리고, 아무것도 요구하지 않는 사람은 힘 있는 사람에게 조종당한다. 그러나 앞으로 더 큰 권력을 가질 수 있다는 믿음으로 정정당당하게 나서는 사람은 언젠가는 목표를 달성할 수 있을 것처럼 보인다.

자신의 몸값을 결정하는 사람은 결국 자기 자신이다. 직장 상사이면서 동시에 부하 직원처럼 행동하는 것은 불가능하다. 그런 어리석은 짓은 오히려 역겹다는 반응을 불러일으킨다. 미국의 대통령 프랭클린 D. 루스벨트는 그보다 더 나은 방법을 택했다. 속으로는 자신을 세습 귀족처럼 여기면서 겉으로는 국민들의 가치와 목표를 함께 나누겠다고 호언장담했다. 그런 몸짓은 국민들로 하여금 충성심, 경외심, 사랑과 같은 감정을 갖게 만들었다.

실제로 권력은 간절히 원해야 쟁취할 수 있다. 탐험가였던 콜럼버스도 항해술에 대한 지식은 일반 선원의 수준이었고, 지리도 잘 몰라 섬을 대륙으로 착각하기도 했다. 그러나 한 가지만큼은 천재적으로 잘했다. 위대한 업적을 달성하기를 원했고, 자기 자신을 적절히 내세울 줄도 알았다. 그렇지 않았다면 방직공의 아들이었던 그가 그토록 큰 성공을 거둘 수는 없었을 것이다.

11월 13일
골프는 잊고, 포도주로 승부하라

톰은 포도주 감별사다. 그래서 포도주를 마실 때 입에 대는 첫 모금을 요란하게 맛본다. 포도주 잔을 능숙하게 흔들고, 코를 잔 안에 깊이 박고, 완전히 몰입한 표정으로 향을 들이마시고, 한 모금 살짝 혀끝에 물어 입 안에서 이리저리 굴리다가 천천히 삼킨다. 그런 다음 온갖 미사여구로 미묘한 맛의 차이를 표현한다.

이제 골프는 그만 잊고, 와인으로 승부하라! 톰처럼 섬세한 감각과 안목을 갖고 있으면 남들로부터 경외의 대상이 된다. 더 나아가 포도의 종류, 주요 생산지, 생산 연도나 품종에 따라 좋은 와인을 구별해낼 수 있다면 소믈리에로 인정받으며 즐길 수 있다. 그것은 매우 고급스러운 이미지를 남긴다. 물론 때에 따라서는 최고급 포도주를 싸구려 술로 판단하는 실수를 저지를 수도 있다. 포도주를 고르는 일은 그만큼 높은 지적 능력을 요구한다.

하지만 아무리 포도주에 대해 많이 알고 있다 해도 그것을 잘 모르는 상사를 비문화인이라도 되는 것처럼 대하면 안 된다. 그런 경우 당신은 뒤로 물러나 동료나 고객들에게만 좋은 인상을 남겨 줘야 한다.

일반적으로 포도주에 대한 지식은 상류층에 속한다고 생각하는 사람들에게 불가피한 상식이다. 와인과 함께라면 이야기가 훨씬 부드러워진다. 와인을 잘 아는 사람과 즐기는 사람은 와인을 한 모금 마실 때마다 독특함, 자신감, 섬세한 미각, 멋, 맛, 영혼, 시대정신을 표현한다. 더구나 고급 와인을 주문해 고급스러움과 넉넉한 여유를 맛보게 하는 사람은 다른 이들에게 호감을 준다.

11월 14일
배은망덕은 커리어의 적

1973년 크리스마스 때 벤텔러 가족은 회사의 지분을 나누었다. 창업주인 헬무트는 아들 롤프 페터에게 빌레펠트에 있는 벤텔러 철강회사의 지분 80퍼센트를 넘겼다. 하지만 경영 일선에서 향후 5년간 물러나지 않기로 하면서 사장 직위는 보장해주기로 약속했다. 그러나 아들은 그 약속이 싫어 아버지를 상대로 사장 자리를 보장하는 계약 취소 소송을 냈고, 심지어는 아버지가 비밀리에 취득한 외국 부동산에 대한 세금 미납 행위를 고발했다.

그 결과 아버지 헬무트 빌레펠트는 1천5백만 유로의 세금을 추징당했다. 1990년 7월 2일, 그는 배은망덕한 행위를 이유로 아들에게서 회사 소유권을 되찾아갔다. 이는 법적으로도 다시 가져갈 수 있는 충분한 사유가 되었다.

배은망덕은 고비용을 지불해야 하고, 심한 경우 커리어를 위협한다. 그것은 단순히 동료가 커피를 건네거나, 문을 열고 기다려줬을 때 '고맙습니다'라는 인사를 하지 않았다는 수준의 것이 아니다. 고맙다는 인사를 하지 않은 배경에는 인식의 부족이 있다.

아무리 천재라도 인간은 누구나 타인의 도움에 의존해야 한다. 유용한 정보를 주거나, 제때에 경고해주거나, 적극적으로 보호하며 나서는 방법 등으로 도와주는 방법은 다양하다. 그런 후원자가 많을수록 좋다.

제대로 활용되는 인맥은 커리어를 위해 움직이는 엔진처럼 보인다. 그러나 인맥 관리를 소홀히 하면 더 해로울 수도 있다. 누구나 곧바로 보답하기를 바라지는 않는다. 그러나 은혜를 입었다는 사실을 까맣게 잊어버리는 행위는 자기 자신에게 테러를 가하는 것과 같다. 괴테도 배은망덕은 나약함의 표출이라고 표현했다. "은혜를 모르는 것은 기사도 정신에 위배될 뿐 아니라, 한 손이 다른 손을 닦아주는 신뢰의 거래를 위반하는 것이다."

11월 15일
전쟁의 기술을 통해 배울 것들

오늘은 전쟁 이야기다. 아니, 전쟁의 예술에 관한 글이다. 저자가 직접 고안한 것은 아니지만 중국의 손자가 기원전 5세기에 역사상 처음으로 온갖 병법을 모아 책으로 공개했다. 기독교의 윤리가 각인된 서양 문화에서는 흔히 볼 수 없는 것들이다. 집단 세뇌의 전형적인 예라고 볼 수 있다. 그런데 예수도 젊은이에게 이렇게 경고했다. "뱀처럼 교활하라!"

물론 그 말은 악의를 품으라는 게 아니라 나약한 마음으로 무른 사람이 되어 퇴보하지 말라는 경고가 담겨 있는 말이었다. 그렇지 않으면 그의 메시지가 이렇게 널리 퍼져나가지 못했을 것이다.

중국의 손자를 통해 경영자들은 싸우지 않고 이기는 법, 갈등을 해소하기 위해 자신의 힘을 현실적으로 투입하는 방법 등을 배울 수 있다. 《손자병법》에서 손자는 성공에 대해 이렇게 말했다. "네가 적을 알고, 너 자신에 대해 알고 있다면 백전백승하리라." 또 이런 말도 있다. "네가 능력이 있다면 무능한 것처럼 보여라. 가까운 곳을 공격할 계획이라면 먼 곳으로 출정하는 것처럼 상대를 교란하라. 적의 거만함을 자극하기 위해 굴종하는 것처럼 보여라."

예측 불가능한 것이야말로 강력한 전략이다. 그것은 다른 이들로 하여금 자신들의 계획이 부족하다는 생각을 갖게 하고 방어 자세를 취하게 한다. 계획은 리듬, 규칙, 영속성을 기반으로 하고 있다. 그런 계획에 맞서 싸우는 사람은 직장에서나 경쟁 사회에서 직접적인 대결을 두려워하지 말아야 한다.

또 다른 규칙은 적절한 순간에 에너지를 쏟으라는 것이다. "10 대 1로 대적하고 있다면 얼른 적을 포위하라. 5대 1로 우세하다면 적을 공격하라. 2대 1로 우세할 때는 적을 교란시켜라. 적과 1대 1로 만났다면 본인에게 유리한 상황에서 결투를 청하라. 수적으로 밀릴 때는 적과 거리를 두어야 한다. 그리고 적이 월등히 우세하다는 판단이 서면 줄행랑쳐라."

이 조언은 속물적으로 보이지만 이길 수 없는 상대를 만나 승리하는 사람이 세상에 얼마나 있는가? 대부분의 동료들이 자신들의 생각을 관철시키는 것과 달리 당신은 독선적인 상사를 상대로 본인의 주장을 펼쳐 설득하려고 한다. 경쟁에 대한 편집증은 어리석은 짓이고, 에너지를 많이 소모해야 하며, 자칫 잘못하면 상처를 입는 일이다. 커리어를 쌓는 것은 인내심이 있고, 승산이 있을 때 싸우는 사람들의 몫이다.

물론 《손자병법》에는 다른 많은 전술들이 소개되어 있지만 다음 세 가지가 가장 중요하다. 당신의 장점을 파악하고, 예측 불가능한 상태를 유지하고, 적재적소에 힘을 쏟는 것이다!

11월 16일
직원들을 위한 권력 도구

권력은 명령 체계에서 우두머리에 있든 말단에 있든 상관없이 자신이 결정을 내릴 가능성이 있다는 것을 의미한다. 회사의 지침을 따라야 하는 평사원이라도 마찬가지다. 책임을 져야 하는 자리에 있는 상사도 결과를 내놓아야 하고, 그러려면 부하 직원에게 의존해야 한다. 그것이 바로 권력의 속성이다.

지침에 따른 임무 수행은 직원들이 압박을 가할 수 있는 위력적인 도구다. 그것은 책임과 잘못의 소재가 누구에게 있는지를 분명하게 밝힌다. 아무리 상사라도 언제나 모든 것을 통찰할 수는 없다. 그러므로 누구나 상사의 지시 사항을 따를 때 스스로 결정해야 하는 여지를 갖고 있다. 이때 악의적인 술책은 스스로 현명한 판단을 내릴 수 있지만 굳이 그렇게 하지 않고, 수레가 벽을 향해 달려나가도 그대로 두는 것과 같다.

부하 직원은 상사가 시킨 대로 했다고 말함으로써 책임을 회피한다. 권력의 전략은 이처럼 교활하다. 교묘하게 권력을 행사하거나 위협을 가할 것처럼 보이기만 해도 큰 위력을 발휘한다. 그렇더라도 정도를 넘는 짓을 직접 하면 안 된다. 그랬다간 지침을 따르지 않을 뿐 아니라 결함 많은 사람으로 판명된다.

강력한 효과를 발휘하는 방법은 낭떠러지에 추락할 것처럼 하다가 마지막 순간에 수레의 방향을 틀어 회사와 상사의 체면이 손상되지 않도록 처음에 지시받은 대로 하는 것이다. 그렇게 하면 상사가 안도의 한숨을 내쉬면서 다음엔 당신의 주장에 더 많이 귀를 기울일 것이다.

두 번째 전략은 다른 사람, 특히 상사가 할 수 없는 일을 당신은 할 수 있다는 것, 혹은 회사에 유용한 특정 정보나 인맥을 당신만 갖고 있음을 보여주는 것이다. 극단적인 경우, 당신은 언제라도 상사를 능가할 수 있는 존재임을 보여준다. 그런 독보적인 위치는 회사 내에서 당신의 가치를 높여주고, 언젠가는 해고될 수 있는 위험을 최소화하는 최고의 전략이 될 수 있다.

당신에게 큰 효과를 주는 무기가 될 가능성이 있으므로 그것을 함부로 다뤄서는 안 된다. 꼭 필요할 때가 아니면 공연한 시기와 질투의 대상이 될 것이다. 당신은 얼마든지 기꺼이 일할 자세가 되어 있는 모습을 보여주어야 한다. 그것만으로도 권력의 상관관계에서 무시할 수 없는 위력을 발휘할 것이다.

세 번째 전략은 아주 간단하다. 친밀한 애정의 관계를 맺는 것이다. 이는 부하 직원과의 조화로운 관계를 원하는 상사가 외로움을 느끼는 것을 전제로 한다. 그런데 사실은 대부분의 상사들이 모두 그렇다. 그런 상사들의 예민한 부분에 측은지심, 능력의 인정 혹은 감탄의 감정을 표현하는 것이다. 그러나 이 전략에서도 주의할 점은, 그런 감정을 공개적으로 드러내지 않는 것이다. 당신이 업무적으로 내놓은 결과가 완벽하고, 당신의 충성심이 의심받지 않을 때 그 전략은 큰 효과를 발휘한다. 아주 작은 표현만으로도 충분한 효과가 난다. 민주주의 원칙이 무엇인가? 모든 권력은 백성에게서 나온다고 하지 않던가?

11월 17일
목소리의 힘

인간의 뇌는 입을 통해 내뱉은 말이 0.14초가 지나면 두뇌를 움직이면서 반응한다. 그런데 그 반응은 소리의 억양, 강세, 발음을 포함한 목소리에 38퍼센트, 표정과 몸짓에 55퍼센트의 영향을 받고, 7퍼센트만 내용에 영향을 받는다고 한다. 1967년, 미국의 심리학자 앨버트 메라비언이 밝혀낸 내용이다. 물론 그의 실험에 참가한 이들이 불과 20명뿐이라는 점은 감안해야 한다.

목소리가 전달하고자 하는 내용을 압도한다는 사실은 논란의 여지가 없는 것으로 받아들여지고 있다. 억양과 호흡만으로 호감과 비호감을 느낄 수 있다.

연설자가 연단에 서서 말을 더듬거나 호흡이 가쁠 때 듣는 사람도 그렇게 되는 것을 경험해본 적이 많을 것이다. 또는 연설자의 갈라진 목소리가 참기 어려울 땐 연설을 듣는 사람이 자꾸 재채기를 할 것 같은 기분을 느끼거나, 실제로 하기도 한다. 또한 누군가 우리에게 말하면서 긴장하게 만들면 그 사람에 대해서도 예민한 반응을 보이게 된다.

목소리의 엄청난 효과는 제네바 대학의 심리학자 클라우스 셰러의 연구 결과에도 나타났다. 그는 아무 내용도 없는 말을 각국 언어에서 따온 단어들로 결합해 배우들에게 여러 국가 출신들 앞에서 말하게 했다. 그 결과 영국, 스페인, 이탈리아, 프랑스, 독일에서 온 사람들이 아무 말도 이해하지 못하는 상태에서 배우가 기쁨, 분노, 슬픔, 불안을 이야기한다는 것을 알아챘다. 이처럼 목소리는 말하는 사람의 감정만 드러내는 게 아니라 그 형태도 국제적으로 같다.

대개 사람들은 저음을 편안하게 느끼면서, 그런 목소리의 주인공은 의지가 강하고, 능력이 뛰어나다고 생각한다. 하지만 그런 선입견은 조심해야 한다. '상대에게 확신을 주고 싶은 사람은 저음으로 웅얼대는 것처럼 말하라'는 말이 틀릴 수도 있기 때문이다.

아이들은 대부분 목소리가 높은데도 우리는 아이들에게 호감을 보인다. 중요한 것은 각 목소리의 개인적인 기본음이다. 자신에게 맞는 음을 꾸준히 연습하는 사람은 다른 사람들로 하여금 호감을 느끼게 할 수 있다.

목소리가 그 영역을 벗어나면 귀에 경고음이 들린다. 자신에게 맞는 기본음은 맛있는 음식을 생각하거나 기분 좋게 콧노래를 부름으로써 알아낼 수 있다. 자연스러운 목소리는 그 기본음을 중심으로 5도 정도까지 포함된다.

11월 18일
사소한 것은 버려라

언제나 구겨진 바바리코트를 입고 다니던 콜롬보 형사를 기억하는가? 텔레비전 드라마에서 형사로 나오던 콜롬보? 그는 항상 헝클어진 머리에 구겨진 옷차림으로 예쁘고 돈 많은 사람들을 찾아가선 어수룩한 행동으로 탐문 수사를 벌이곤 했다. 일부러 그런 모습으로 나타나 상대로 하여금 경계심을 풀게 했다. 그가 잡아야 하는 적들이 모두 영악하기 때문이었다.

그들은 지적 수준이 매우 높고, 직업적으로 성공했을 뿐 아니라, 사회적으로도 평판 좋은 사람들이었다. 그리고 대부분 빈틈없는 알리바이를 갖추고 있었다. 때문에 그들을 공략하는 것은 쉬운 일이 아니었다. 그런 이유로 그들은 자부심이 컸다. 경영인들에게서 흔히 볼 수 있는 자아도취에 빠진 사람들이었던 것이다.

하지만 자부심이야말로 그들의 가장 큰 약점이었다. 콜롬보는 일부러 그들이 자신의 능력을 과시하게 만들었다. 그는 칭찬을 아끼지 않았고, 감탄했으며, 조언을 구하기도 하고, 스스로 몸을 낮추며 맞서지 않았다. 그는 주머니에서 구겨진 수첩을 찾거나 뭔가 안 풀리는 문제를 고민하는 사람처럼 머리를 감싸 쥐며 어수룩한 사람처럼 굴었다.

그 모든 행동이 자신의 부족함을 드러냄으로써 상대를 안심하게 만들려는 몸짓이었다. '자, 이것 좀 보세요. 난 당신들의 적수가 되지 못해요. 그러니 두려워하지 마세요…….' 하지만 자신의 속생각은 거만한 사람들에게 보여주지 않았다. 자아도취에 빠져 있는 사람들처럼 다루기 쉬운 사람은 세상에 없다.

불같은 성격에 독재자로 군림하는 상사와 일하고 있다면 콜롬보의 수법을 이용하는 것도 좋은 방법이다. 그런 사람에게 공개적으로 비난하거나 맞서는 것은 무모한 짓이다.

곤란한 상황에 빠지면 그들은 자신의 권위부터 내세운다. 그런 사람에게 원하는 것을 주지 않을 이유가 뭐 있겠는가? 그런 상사를 상대로 결과가 뻔한 실험을 애써 할 필요가 없다. 그보다는 상사의 능력에 감탄하는 수제자가 되어보는 것이다.

협상이나 서열 싸움에서 상사로부터 과소평가받는 방법은 매우 많다. 자신을 낮추고, 수시로 묻고, 엄선한 정보를 넘겨주고, 상사가 당신에게 기대한 것의 정반대되는 것을 갖다주면 된다. 그러면 그는 자기 마음대로 부려먹을 부하가 있다는 생각에 콧노래를 부를 것이다.

그러나 가끔은 당신이 갖고 있는 능력을 보여줌으로써 동료들

은 당신이 일부러 어수룩한 사람처럼 군다는 것을 알게 해준다. 그
렇게 하려면 섬세한 감각이 필요하다. 당신의 상사가 혹시라도 당
신에 대해 착각한 것은 아닌지 의심을 품지 않게 해줘야 한다. 그
렇게만 해주면 아무 문제 없다.

11월 19일
기만의 예술

허름한 옷과 민첩한 행동으로 구두 수선공 빌헬름 포크트는 약
탈 원정에 나섰다. 그는 플뢰첸제 호수를 지키던 근위병 열 명에게
중대장이라고 신분을 밝힌 다음 쾨페닉의 시청으로 가서 시장을
체포하고, 시 금고를 털었다가 체포되었다. 이후 재판에 회부되었
다가 감형되고, 사방팔방 돌아다니다가 역사의 인물로 사라졌다.
그는 풍요롭게 살았다. 실제로 고등 사기꾼이었던 구두 수선공의
신분에 비하면 꽤 좋은 편이었다.

현대 사회에서는 뭔가 있을 것 같은 외모가 많은 이익을 안겨준
다. 거창한 말, 그럴듯한 거짓말이 쉽게 성공할 수 있게 해준다. 정
치가나 경영인, 그리고 취업 지원자들을 보면 겉모습을 중시하는
사람들이 많다. 그들은 다른 사람들이 지식이나 능력으로 자신을
드러내 보이려는 것처럼 겉모습으로 주변의 관심을 받으려고 한
다. 시장에서 좋은 평가를 받은 사람은 좋은 일자리를 얻기 쉽고,
나중에 커리어를 만들어나가기도 유리하기 때문이다.

네브래스카 대학의 경영학 교수인 프레드 루탄스는 '성실한 경

영인'이 회사에서 서류 업무와 의사소통으로 많은 시간을 보내는데 비해 '성공한 경영인'은 인맥 관리에 더 많은 시간을 할애한다는 사실을 밝혀냈다. 성공한 경영인들은 상대에게 좋은 인상을 남겨주고, 나중에 비즈니스 세계에서 승진의 발판으로 삼았다.

거짓과 과장은 동물들이 호모 사피엔스의 속임수를 간파하지 못했던 것처럼 일상에 일어나는 혁명이다. 재니등에와 투구풍뎅이는 말벌을 맛본 경험이 있는 새와 두꺼비를 놀라게 할 정도로 비슷해 보인다.

열대의 우림지대에 살면서 포효하는 원숭이는 소리가 무척 요란하지만 실제 몸무게는 9킬로그램 정도밖에 되지 않는다. 모두 다 허풍이고, 시끄럽기만 한 것이다. 전문 용어로는 '신호 조작'이라고 말한다.

나무 우듬지에 인공 새 둥지를 만들어주거나, 줄지어 선 나무들 옆의 화려한 건축물에 꾸며놓은 자연 공간에는 비용과 효과에 대한 계산이 먼저 깔려 있고, 생물에 대한 선택도 그곳에 적합한 종(種)으로 결정되었을 것이다.

제법 그럴싸하게 꾸민 허구는 어설프게 펼쳐 보이지 말아야 한다. 안 그러면 위선자처럼 보일 테니까. 반면, 허구라도 깔끔하게 조작한 사람은 그 솜씨 덕분에 다른 사람들로부터 존경을 받기도 한다. 착각은 실망과 다른 말이다. 그것이 바로 연극의 묘미다.

11월 20일
용서는 최고의 복수

복수는 인류사처럼 오래되었을 뿐 아니라, 사회적인 파멸과 셰익스피어의 비극에 등장하는 수많은 주제들을 제공해왔다. 아버지 죽음의 비밀을 파헤치려는 햄릿, 남편을 살해한 지크프리트에게 복수하기 위해 수년간 음모를 꾸민 〈니벨룽겐의 반지〉에 나오는 크림힐트, 복수를 일생일대의 목표로 삼은 알렉상드르 뒤마의 몽테크리스토 백작 등등. 그 외에도 복수는 기업이 겪은 숱한 비극의 비밀에 숨어 있고, 극적인 성공 이야기에도 담겨 있다. "복수는 나의 것이다"라고 성경에서 신은 말했다. 하지만 현실에서 그것은 나 혹은 너의 것이다.

2004년에 취리히 대학 행동경제학자 에른스트 페르는 사회 규범을 어겼을 때 뇌가 어떤 반응을 보이는지에 대한 연구를 했다. 두 그룹으로 나눈 실험 대상자들에게 사업상의 거래를 하게 했는데, 한쪽에서 이기적으로 거래했을 경우 상대는 그를 처벌할 수 있었다.

그 과정에서 양측 당사자의 뇌 활동을 조사했다. 특히 상대에게 죗값을 치르게 하려는 사람의 두뇌 활동을 조사한 결과, 처벌을 가할 때마다 뇌에 있는 보상 기능이 활성화되는 것이 밝혀졌다. 다시 말해 복수가 달콤한 반응을 보인 것이다.

그래도 복수는 위험하다. 복수는 논리적으로 부당한 것에 대한 반응일 뿐만 아니라 자아도취적 손상이고, 지나치게 팽창한 자아의 증거이기도 하다.

직접적인 복수는 소심하고 나약해 보인다. 그렇다고 영웅처럼 복수하는 것도 쉽지 않다. 마리오 푸조의 소설 《대부》에 나온 유명한 말, "복수는 식탁에 내놓을 때 차갑게 해야 제맛이 나는 요리"는 일면 설득력 있게 다가오지만 많은 사람들이 생각하는 것과는 다르다.

상처받은 자만심은 복수의 나쁜 조언자다. 그러므로 혼자 정의를 찾으려 하지 말아야 한다. 미리 연대할 이들을 구한 사람은 필요할 때 자신의 행동을 수정할 수 있을 뿐만 아니라 실제 활동에서도 남들의 조언을 통해 자신의 명성을 드높일 수 있다. 그보다 더 고귀한 것처럼 보이는 행동은 영국의 철학자이자 정치가인 프랜시스 베이컨의 말처럼 하는 것이다. "복수를 하는 사람은 적보다 낫다고 할 수 없다. 그러나 복수를 포기한 사람은 적을 능가한다."

용서야말로 최고의 복수다.

11월 21일
좋은 행동이 보상받는 이유

윤리철학자이며 현대 경제학의 창시자인 애덤 스미스는 '보이지 않는 손'의 개념을 처음으로 소개했다. 누구나 자기 자신의 이익을 위해 일하지만 결국에는 모든 사람에게 이익이 된다. 이는 오늘날까지 유효한 원칙이다.

경제 사회에서 윤리와 자기희생은 상대적인 보상을 받는다. 반면, 지나친 이기주의는 격리와 직업적인 퇴출로 이어진다. 그때는 보이지 않는 손도 도움이 되지 않는다. 타인에 대한 배려 없이 자기 자신만 생각하는 사람은 믿음직스러워 보이지도 않을뿐더러, 협동적이지도 않다. 그런데 그 두 가지 모두 장기적인 공동 작업에 필요한 전제 조건들이다.

냉정한 전략가로 이름을 떨친 피렌체의 니콜로 마키아벨리도 이렇게 말했다. "통치자는 부드럽고, 정의롭고, 솔직한 모습을 보여주어야 하고, 실제로 그래야만 한다."

좋은 행동이 보상을 받는다는 사실은 과학적으로도 입증되었다. 흔히 말하는 것처럼 '네가 내게 한 것처럼, 내가 네게 그대로' 해주는 것이다. 미국의 경제학자 버넌 스미스는 60년대에 게임 이론에 대한 문제를 해결해 2002년 노벨 경제학상을 수상했다.

그의 실험에 참가한 사람들은 공동 계좌에 돈을 모아 자금을 불릴 수 있었다. 그리고 이익은 똑같이 나눠 가지게 했다. 실험 참가자들은 돈을 내놓고 협동해서 일을 하든가, 돈을 내놓지 않고 자신의 이익을 키우는 두 가지 방법 가운데 하나를 선택할 수 있었다. 실험 결과, 참가자들 모두 그 실험에 참여했을 때 최고의 이익을 거두는 것으로 나왔다.

그런데 개인적으로 최고의 이익을 거둔 이는 남에게 빌붙어 경제 활동을 한 이기적인 사람이었다. 어떻게 해서 그렇게 되었을까?

처음에는 5분의 4 정도의 참가자들이 공동 계좌에 돈을 내놓았고, 나머지 참가자들은 자기 것으로 챙겼다. 정직한 사람들은 어리석은 사람이 되었고, 그들도 곧 자신만의 이익을 위해 행동하기 시작했다. 그 결과 이익은 점점 줄어들어, 나중에는 최저 수준까지 떨어졌다. 참가자의 사기도 떨어졌다. 그러나 공짜로 남에게 빌붙으려는 사람을 처벌하기 시작하자 결과가 개선되었다. 전체의 이익을 위한 조치가 이뤄진 것이다. 그 효과는 오늘날 온라인 경매 사이트인 이베이에서 실시하는 공급자의 피드백과 비교될 수 있다. 정직한 사람만이 명성을 얻고, 계속 좋은 거래를 이어간다.

위의 두 사람이 발견한 것은 시민 정의와 기회주의에 대한 분석이었다. 인간은 태생적으로 나쁘다. 기회만 있으면 남의 신세를 지려고 한다. 그것은 모두에게 피해를 준다. 하지만 적절한 규제가 따를 때는 선행을 베풀고, 예의 바르고, 심지어는 자기희생까지 하게 된다. 보이지 않는 손이 보이지 않게 뺨을 치는 것이다.

11월 22일
미사여구의 어두운 측면

인간은 누구나 조작한다. 그것도 지속적으로. 자기를 드러내 보이고, 말하는 톤이며 말하는 시기, 그 모든 것들이 자신이 원하는 것을 갖기 위한 목적을 갖고 있다. 뭔가 다른 주장을 하는 사람도 또 다른 조작을 하는 것이다.

조작은 더불어 살아가는 삶에 필요하다. 사회학자들은 이를 '사회 기술'이라고 말한다. 웅변과 적당한 주장으로 타인을 설득하려는 효과적인 말하기의 예술인 수사학은 2천5백 년 이상의 유구한 전통을 자랑하고, 논쟁의 비결을 말하는 정론술과도 연계되어 있다. 싸움의 예술은 거짓말, 위협, 무시, 회피, 주제 전환, 경시, 협박, 아첨, 비하, 정보 미전달과 같은 조작된 기술의 통칭이라고 할 수 있다. 그 도구들로 날카롭게 단련하고, 보호하고, 적을 궁지로 몰고 가야 하는 것이다.

고대 도시 카르타고가 그런 조작에 희생된 도시다. 로마 의원이었던 카토는 말을 끝낼 때마다 이렇게 말했다. "그리고 저는 카르타고는 파괴해야 한다고 생각합니다." 결국 그 말이 씨가 되어 현실로 나타났다. 사람들의 뇌리에 깊숙이 박아두면 언젠가 현실이 되는 것이다.

아르투르 쇼펜하우어는 토론할 때 유리한 위치를 선점하기 위한 38가지 방법을 개발했지만 발표하지는 않았다. 그 방법은 그가 죽은 후 1864년에 처음 공개되었다. 험담을 좋아하는 사람들은 그 방법도 쇼펜하우어가 자신의 명성을 조작하기 위한 방법이었을 거라고 말한다.

11월 23일
전략으로서의 스트레스

식당 구석에 앉아 양쪽 눈썹을 가운데로 모으면서 약간 추켜올리고, 평소보다 눈을 조금 더 크게 뜬 사람이 있다면…… 그는 전형적으로 스트레스를 즐기는 사람이다.

스트레스를 즐기는 사람은 동정심을 유발한다. 그들은 모든 스트레스 증상들을 얼굴에 표현한다. 때문에 사람들은 그들의 얼굴만 보고도 금방 안다. 또한 그들은 스트레스를 갖고 있고, 그것 없이는 아무것도 할 수 없으므로 스트레스를 중요하게 생각한다.

그는 사무실 자기 책상에 앉아 있지 않고, 식당에 나와 있으므로 모든 시스템이 망가졌을 거라 생각한다. 동료들이 자길 잡지 않으면 큰일 난다고 외치는 듯한 표정이 그의 얼굴에 고스란히 담겨 있다.

그런 모습이 익숙해 보이는가? 당연하다. 스트레스를 즐기는 이들은 새로 생겨난 사람들이 아니다. 그렇게 인상을 쓰고 있는 게 똑똑해 보이고, 업무에 열의가 많아 보여 어쩔 수 없는 부분이라고 많은 사람들이 받아들이고 있다.

또, 스트레스를 즐기는 사람은 특별히 남을 해롭게 하지 않는다. 그들은 그냥 그렇게 보일 뿐이다. 다른 사람들은 불평불만을 늘어놓고, 지나친 행동을 보이기까지 한다. 그러면서 남에게 손해를 끼친다. 그런 점에서 스트레스를 즐기는 사람은 긍정적이다. 따라서 그것은 자신의 신분을 격상시키기 위한 소심한 노력이라고 볼 수 있다.

11월 24일
스트레스가 없으면 권력의 수직 체계도 없다

스트레스는 수직적인 권력 전략이다. 그것은 문화병이라고 할 수 있지만 새로운 시대의 현상은 아니다. 우리 조상들은 사회적 존재로 살아갈 이유가 충분히 있었다. 여럿이 함께 나갔을 때 사냥을 하는 것도, 적에 맞서 싸우는 것도 더 잘할 수 있었다. 단체로 활동하면서 생기는 장점에 대한 대가가 바로 스트레스였다. 또 시간이 흐르면서 식품, 주거지, 이성에 대한 경쟁이 생겨났다. 그 결과, 집단 스트레스가 생겼다. 그것은 따지고 보면 권력, 신분, 권위에 대한 싸움이었다. 오늘날 작은 우주라고 할 수 있는 회사에서 일어나는 일과 크게 다를 바 없었다.

스트레스가 있는 것처럼 보이는 사람들이 실제로 스트레스를 받고 있는 것은 아니다. 대부분 조작되는 경우가 많다. 스트레스는 부담, 기절할 것 같은 감정, 자아도취에 대한 상처의 표현만 하는 게 아니다. 그것은 교묘하게 권력을 쟁취하기 위한 전략으로, 복종의 몸짓이다.

스트레스를 통해 서열이 낮은 사람은 서열이 높은 상사를 인정하고 있다는 신호를 보낸다. 상사가 내게 스트레스를 줘도 된다고 인정하는 것이다. 그러므로 그는 스트레스를 계속 참고 있을 뿐 아니라, 어떤 면에서는 지지하고 격려한다. 그 과정에서 상대에 대한 기대가 이리저리 밀리고, 남의 탓으로 돌리는 일이 생기고, 양심의 가책을 받기도 한다. 사회학자들은 그런 행동 양식 없이는 모임이 제 기능을 다 하지 못한다고 한다.

그러므로 전 세계 회사에서 스트레스 지수가 상승하는 현상은 당연한 일이다. 업무는 점점 더 불안하고 불확실한 관계를 형성하는 가운데, 프로젝트 방식으로 이뤄지고 있다. 지속적으로 새로운 팀이 구성되고, 그 안에서 일하는 직원들은 계속 새로운 역할과 서열을 찾아야만 한다. 집단 스트레스가 생기는 게 당연하다.

그 과정에서 약간 스트레스 받는 모습을 보여주는 것은 아무런 의심도 받지 않는다. 그리고 다른 사람으로부터 측은지심을 느끼게 하거나 알파형 인간이 아닐까 하는 의심을 가라앉힐 수 있다. 반대로, 당신이 권력의 서열 체계에서 위로 올라갈수록 스트레스를 적게 받는 모습을 보여주어야 한다. 다른 이들을 이끄는 사람은 두려움이 없는 것처럼 행동해야 한다. 압박받는 모습조차 보이지 말아야 한다.

11월 25일
갈채의 힘

칭찬은 영혼을 위한 청량음료다. 그것은 또한 다른 사람의 행동을 변화시키는 가장 강력한 도구다. 칭찬은 인간으로 하여금 자신감을 갖게 하고, 심장을 따뜻하게 데워주고, 닫힌 영혼을 열게 해준다. 순수한 마음에서 하는 칭찬은 상사뿐만 아니라 동료도 변화시킬 수 있다. 그것은 다른 사람이 듣고 싶은 말을 전달해주기 때문에 아첨이라고 볼 수 없다.

칭찬은 자신의 목표를 말해주고, 원하는 협조를 더욱더 강화시킬 수 있다. "아첨은 아무리 지혜로운 사람도 파국으로 치닫게 한다"고 프랑스의 극작가 몰리에르는 말했다. 3백 년쯤 후에 심리학자 지그문트 프로이트가 인간은 공격에 대해서는 방어 자세를 취할 수 있지만 칭찬에는 아무 힘도 발휘하지 못하는 무기력 상태가 된다는 사실을 밝혀냈다. 칭찬은 박수갈채처럼 모든 것을 할 수 있게 해주지만 잘 다루지 않고 있다.

가치 평가의 긍정적인 효과에 대해서는 스탠퍼드 대학의 심리학 교수인 앨버트 반두라가 증명해 보였다. 칭찬받은 사람은 의욕을 더 보이고, 더 높은 목표를 세우고, 의무감을 더 확실하게 느끼며, 더 높은 능력을 보이는 사람에게 굴종하는 모습까지 보여줌으로써 결국 자신의 능력을 끌어올린다. "칭찬을 평범하게밖에 하지 못하는 것이 평범하다는 표시다"라고 미국의 대통령 벤저민 프랭클린은 말했다. 그는 자신에 대한 비판을 칭찬으로 듣고 싶어 그렇게 말했던 것 같다.

칭찬으로 다른 사람의 마음을 움직이려면 두 가지 조건이 충족되어야 한다.

1. 솔직해야 한다. 무엇 때문에 하는 칭찬인지 확실해야 한다. 칭찬 받을 일도 아닌데 받는 칭찬은 위장된 비웃음처럼 느껴질 수 있다. 중요한 것은 사실에 근거하여 과장하지도, 과소평가하지도 말아야 한다. 구체적으로 잘 설명된 칭찬일수록 인정받는다는 느낌을 더 많이 받게 된다. 그렇게 해야 칭찬이 도움이 될 수 있다.

2. 감성적이어야 한다. 감정이 주장보다 효과가 크다. 진심에서 우러나오는 칭찬이라는 게 느껴져야 한다. 그러므로 아주 작은 제한이라도 두지 않는 게 좋다. 약간의 속임수라도 있다면 칭찬의 빛은 이내 가려진다.

칭찬은 최상의 의도로 행하는 부드러운 조작이다. 손으로 등을 두드려주는 행위는 등에 약간의 진동을 주는 것뿐이지만 그 효과는 엄청나다.

11월 26일
대화의 규칙

협상이나 대화를 시작할 때 당신이 어떻게 이끌어가느냐에 따라 협상의 결과가 정해진다. 따라서 성공적인 대화 기법은 반드시 익혀둬야 할 기술이다.

첫째, 철저한 준비가 필요하다: 어떤 목표를 달성할 것인가? 어떻게 이야기를 꺼낼 것인가? 어떤 양보안을 내놓을 수 있나? 철저한 조사와 전략이 이뤄지면 반은 준비된 것이다. 그렇게 해야만 원만하게 대화를 이끌어나갈 수 있다.

둘째, 잘 들어야 한다: 준비 과정을 통해 당신은 무엇을 해야 하는지 알고 있다. 이제는 상대가 원하는 것을 알아내는 게 중요하다. 전문가들은 이를 적극적인 듣기라고 말한다. 상대가 한 말을 당신의 말로 반복하며 그 말에 대한 존경과 이해를 드러낸다.

셋째, 요약하고, 질문하라: 질문을 잘하면 상대는 설명하느라 급급해진다. 이때 당신은 대화의 주제를 정하고, 질문으로 화제를 바꿀 수도 있고, 중요한 자료를 모을 수도 있다. 나중에 당신의 주장을 펼칠 때 근거 자료로 삼으면 된다. 반대로, 당신은 말을 적게 할수록 공격받을 여지를 적게 남겨둔다는 점을 명심해야 한다.

넷째, 항상 깍듯한 예의를 갖춘다: 말하는 동안 자꾸 방해를 받아도 "제가 좀 더 말씀드려도 될까요?"라고 예의 바른 자세를 취한다. 상대가 막무가내로 자기주장만 펼치려 할 때도 다루는 방법이 있다. 그럴 때는 눈썹을 추켜올리고, 의아해하는 표정을 짓는다. 그때 상대가 멈칫하면 빈틈이 생긴다. 그런 표정은 미리 연습해두는 게 좋다.

여기 소개한 규칙들은 기초적인 것들로 그 이상도, 이하도 아니다. 훌륭한 협상가가 되려면 말하는 연습을 많이 하고, 경험을 모아야 한다. 책은 그렇게 해줄 수 없다. 그 일은 당신이 직접 해야 한다.

11월 27일
하버드 전략

윈윈 정책은 널리 알려진 전략으로, 장기적인 관계에서 양쪽 모두 만족하는 것을 말한다. 둘 다 승자가 되는 것으로, 거의 모든 물건들이 그런 방식으로 거래된다. 그 기본적인 개념은 '하버드 전략'으로, 80년대 초에 하버드 대학에서 개발되었다. 많은 사람들이 그 방법을 무의식적으로 사용하고 있다. 그것은 네 개의 기본 개념으로 이뤄져 있다.

1. 인간과 문제는 분리해서 해결한다.
2. 자신의 입장만 고수하지 말고, 얻고자 하는 것을 협상하라.
3. 양쪽에 이익을 안겨주는 방법을 고안하라(윈윈 정책)
4. 결과는 객관적인 기준에 맞춰야 한다.

마지막으로는, 양쪽이 나중에 결정 사항을 공평하고 중립적인 것으로 받아들일 수 있게 해야 한다. 좋은 사례를 소개하자면 두 아이가 케이크를 나누려 할 때 한 아이가 그것을 둘로 나누게 하고, 다른 아이가 먼저 한 조각을 고르게 하면 된다. 하버드 전략의 핵심은 처음에 언급한 두 가지다. 그것들은 모든 협상이 객관적으로 진행될 수 있도록 도와준다. 하지만 협상 초보자는 그런 일에 서툴러, 협상을 개인적인 것으로 받아들인다.

예를 들어 한 직원이 월급을 백만 원 더 받고 싶은데 상사는 20만 원만 올려주겠다고 한다. 결국 둘 다 조금씩 양보해 합의안을 만들어낸다. 그 과정에서 자신의 처음 입장에 대한 이유를 밝히고 변호하며, 상대를 공격함으로써 상대의 주장을 약화시켜야 한다. 그렇게 하지 않을 경우, 시간과 에너지를 잃고, 협상안을 도출할 때 체면을 잃게 된다.

합의안이 처음부터 충분히 가능한 선에서 만들어졌을 때도 마찬가지다. 머릿속으로 자신의 요구 조건만 생각하고 협상에 임하지는 말아야 한다. 성공적으로 협상하는 사람은 상대 주장의 근거를 파악하고, 그것을 대화의 주제로 삼는다. 이는 심리적으로 상대를 진지하게 받아들이고 있다는 신호가 될 수 있다. 전략적으로 상대의 문제를 먼저 해결하면 자신의 요구 사항을 관철시킬 수 있기 때문이다.

하지만 하버드 전략에도 한계가 있다. 그것은 양측이 똑같은 정보를 갖고 있고, 서로에게 우호적이라는 매우 드문 경우를 전제로 한다. 하지만 실제로는 '비대칭적인 정보'가 있을 뿐이다. 말하자면 한쪽에서만 상대를 파악하고, 이를 이용하는 것이다. 그 결과는 윈윈이 아니라 한쪽에서는 얻고, 다른 쪽에서는 잃는 것이다.

당신이 하버드 전략을 숙지하고, 정보에서 앞서나간다면 최상의
결과를 얻을 수 있다.

11월 28일
윈윈은 신화일 뿐이다

광고나 전략 홍보지에서 좋은 말처럼 말하지만 윈윈은 사실 속
임수다. 협상 결과가 양측에 이익을 안겨주고, 행복을 두 배로 만
들어준다는 것은 이론일 뿐이다. 그런 착각은 중고차를 매매할 때
적나라하게 드러난다.

A라는 사람이 낡은 아우디를 5천만 원에 팔려고 한다. B라는
사람이 그 광고를 본다. 그는 바로 그 가격에 차를 사려고 마음먹
었던 사람이다. 두 사람이 만나 즉시 5천만 원에 합의해 아우디의
주인이 바뀐다.

A와 B가 서로 원하는 것을 정확히 갖게 되었으니 윈윈이라고
볼 수 있다. 그러나 A는 집에 가서 "거래가 너무 쉽게 끝났어. 돈
을 더 받을 수 있었을 텐데" 하며 후회할 수도 있다. B 역시 집에
가서 거래 내용을 말해주면 그의 아내는 이렇게 물을 것이다. "그
사람은 얼마를 달라고 했는데요?" B가 얼굴에 미소를 지으며 "5
천 유로! 그 사람이 달라는 대로 다 준 거요"라고 말했을 때 과연
그의 아내는 뭐라고 말했겠는가?

윈윈은 착각이다. 만약 B가 4천9백만 원에 아우디를 살 수 있었
다면 자기만 이득을 보았다는 생각에 기분이 좋았을 것이다. 그리

고 A 입장에서는 5천만 원을 받되 이제는 필요 없게 된 스노타이어를 끼워주는 조건으로 팔았다면 두 사람 모두 만족한 거래를 했을 것이다. A는 5천만 원을 손에 쥐게 되었고, B는 스노타이어까지 덤으로 받아왔기 때문에 아내에게 칭찬을 들었을 것이다.

거래의 술책은 둘 다 동시에 뭔가 받을 수 있을 때 승인하는 것이다. '받기 전까지는 절대 내주지 마라!'는 게 거래 전문가의 철칙이다. 그래야만 자기가 제공한 물건 값을 제대로 받을 수 있다. 셈을 제대로 하지 못한 사람은 나중에 내줄 것이 없게 된다. 그렇게 되면 상대가 승리했다고 생각하게 된다.

그것이 직업과 무슨 상관이 있을까? 아주 많다. 고객이나 거래처 혹은 임금 인상을 놓고 어떻게 협상에 임했는지를 생각해보라. 또 동료로부터 믿을 만한 정보를 얻어야 할 때도 협상이 필요하다. 이때는 협상을 어떻게 할 것이냐와, 최종적으로 누가 원원의 승자가 될 것이냐가 관건이 된다.

11월 29일
세계화 시대의 위험한 몸짓

협상이 난관에 부닥쳤다. 미국의 빌 리처드슨 의원이 1995년 구금 중에 있는 두 명의 미군 석방을 논의하기 위해 이라크로 갔다. 그런데 리처드슨이 자리에 앉을 때 사담 후세인이 그의 신발 바닥을 볼 수 있게 다리를 꼬고 앉았다. 이라크 대통령은 즉시 회담장을 박차고 나갔고, 협상은 중단되었다. 당연한 귀결이었다.

신발 바닥은 아랍권과 아시아권에서 인간의 가장 더러운 부분이었다. 이를 다른 사람에게 보여준다는 것은 엄청난 모욕이었다.

의사소통하지 않는 것은 이 세상에 없다고 철학자 파울 바츨라비크는 말했다. 우리가 침묵하더라도 몸이 말을 한다. 문제는 몸의 언어가 세계 공통어는 아니라는 점이다.

몸짓은 나라와 문화에 따라 완전히 다른 의미로 해석된다. 독일에서 '목이 잘린다'(파면)는 의미에서 한 말이 폴란드, 러시아, 우크라이나에서는 술에 잔뜩 취했다는 말이 되기도 한다. 또 엄지와 검지로 원을 만드는 행동은 미국과 북유럽에서는 '오케이' 사인이지만 벨기에와 튀니지에서는 '0'이란 뜻이고, 일본에서는 '돈'이고, 남미에서는 '완벽하다'는 뜻이고, 프랑스에서는 '최고로 맛있다'는 의미고, 다른 많은 나라에서는 '항문' 등 모욕의 의미로도 사용된다.

시선 처리도 주의해야 한다. 서양에서는 눈을 빤히 바라보는 것이 덕망, 강한 성격, 정직함을 나타내지만, 아시아에서는 무례함으로 받아들여진다. 아프리카에서는 상사에게 그렇게 하는 것이 건방진 짓으로 받아들여져 부하 직원이 시선 맞추는 것을 회피하기도 한다.

그런가 하면 아랍권에서는 남자가 여자와 시선을 거의 맞추지 않는다. 상대를 무시하거나 거드름을 피우는 것이 아니라, 모슬렘들 사이에서는 여자에 대한 존경을 그렇게 표현한다. 빤히 쳐다보는 행동은 그곳에서 예의가 아니다.

비슷한 오해는 손가락 동작으로도 생긴다. 자기 자신을 의미할 때 독일에서는 손가락으로 자기 가슴을 가리킨다. 일본에서는 그럴 때 자기 코를 가리키기 때문에 그런 행동을 이해하지 못한다. 말을 하다가 중요한 대목을 강조하고 싶을 때 독일에서는 검지를 들어 올리거나, 상징적인 의미에서 마침표를 찍기 위해 손가락을 밑으로 '찌른다'. 하지만 인도에서는 그런 동작이 대단히 모욕적인 행위다.

또, 그곳에서는 긍정의 표현을 할 때도 서양에서처럼 고개를 끄덕이지 않는다. 인도, 파키스탄, 불가리아에서는 듣는 사람이 긍정할 때 머리를 좌우로 흔들어 서양 사람들에겐 부정하는 의미인 '노'로 받아들이게 한다.

일본에서는 부정할 때 손을 가볍게 흔들기도 한다. 아랍권에서는 눈썹만 추켜올려도 '노'를 의미한다. '엄지를 들어 올리는 것!'을 오스트레일리아와 나이지리아에선 하지 말아야 한다. 서양에선 그런 행동이 모든 것이 좋다는 의미로 해석하든가 차를 태워달라는 뜻으로 사용하지만 오스트레일리아에서는 아주 무례하게 '꺼져'라는 뜻이 된다. 중국에서는 그냥 숫자 5가 된다.

11월 30일
누구에게나 시간은 충분하다

프랑스의 과학자 미셸 시프르는 스물세 살의 나이로 1962년 약 두 달간 완전히 캄캄한 동굴에서 지냈다. 자의에 따라 스스로를 세상과 격리했던 그가 밖으로 다시 나왔을 때 당황스러운 일이 벌어졌다.

시계도 없고, 햇빛도 보지 못했던 그는 58일이 아니라 25일을 동굴에서 지냈다고 생각했다. 시간이 너무 빨리 지나가버린 것이다. 자기도 모르는 사이에 변경된 자신만의 시간 개념을 갖게 된 것이다. 실험을 지켜보았던 학자들에 따르면, 그는 먹는 것과 자는 것으로 하루를 24.5시간으로 보내고 있었다.

시간은 상대적인 것임을 알베르트 아인슈타인은 밝혀냈다. 그것은 우리의 의식 세계를 지속적으로 변화시킨다. 우리에게 끝없는 현실처럼 느껴지게 하던 시간이 뒤돌아서 보면 알아볼 수 없을 정도로 짧은 시간이다. 어떤 기억은 완전히 사라지기도 한다.

시간 연구자들은 그런 이유에서 시간은 우리가 다루는 정보의 양만 가르쳐준다고 보았다. 우리가 인식하고 기억하는 것이 많을수록 지난 시간이 더 길게 느껴진다. 그러므로 부정적인 경험도 우리는 잘 기억한다. 많은 것을 몸으로 겪어내기 때문이다.

하지만 시간은 엄격하다. 누구에게나 똑같은 시간이 하루에 24시간 주어진다. 그래도 시간이 없다고 하는 사람들이 있다. 그러나 변명일 뿐이다. 그 이면에는 쓸모없는 일을 했다는 불안이 잠재되어 있다.

할 일 없이 빈둥거린다는 의심을 받지 않고 자신 있게 '나 시간 많아!'라고 주장할 사람이 세상에 얼마나 있겠는가? 시간이 있다는 말은 삶과 자신의 목표와 그때까지 경험했던 것을 되새기며 보내는 것을 의미한다. 그런 시간을 많은 사람들이 불편해한다. 그래서 차라리 시간을 허비하는 쪽을 택한다. 귀한 시간을 그렇게 낭비해버리다니…….

스스로 만든 함정에 빠지지 말아야 한다. 쉬는 것은 매우 중요

하다. 전화도 하지 말고, 일도 하지 말고, 아무것도 하지 않는 것이
다. 대신 느긋하게 앉아 힘을 재충전하고, 생각의 날개를 자유롭
게 펼쳐라. 누구에게나 그럴 시간이 있다. 혹시 그런 날은 하루가
24.5시간이 될지 누가 알겠는가? 모든 것은 상대적이다.

DECEMBER

사회 생활의 기술

12월

사회 생활의 기술

12월 1일
직업은 성격을 어떻게 변화시키는가

"인간은 무엇을 하느냐로 자신이 어떤 존재인지를 말해준다"라고 게오르크 빌헬름 프리드리히 헤겔은 말했다. 그 말은 진실이다. 인간은 무엇을 하느냐에 따라 변한다. 직업, 회사의 사내 문화, 동료의 가치관, 상사의 태도⋯⋯. 이 모든 것들이 시간이 지남에 따라 성격에 영향을 미친다. 태도를 정해주고, 변화시킨다. 시간이 오래 걸리기는 하지만 분명한 변화다.

시간이 지나면서 명랑하고 외향적인 성격의 사람이 냉정하고 계산적인 성격이 된다. 평범한 직장인에서 커리어를 쌓기 위해 고군분투하는 사람이 되는 것이다.

사회학자들은 자신의 직업과 동질감을 강하게 느끼는 사람일수록 직무의 속성에 더 빨리 적응한다는 분석을 내놓았다. 동료와 상사로부터 존경받고, 칭찬을 받기 위해 많은 사람들이 전에는 절대 하지 않았을 거라고 생각했던 짓을 스스로 한다. 동료의 아이디어를 자기 것으로 팔아먹으면서 먼저 시장에 내놓지 않은 사람이 잘못이라고 생각한다. 고객에게 제품의 결함에 대해 알려주지 않고도 어차피 물어보지 않았으므로 괜찮다고 치부한다. 계약을 맺기 위해 뇌물을 찔러 넣으며 다들 그렇게 할 거라고 생각한다. 그리고 전에는 당연하다고 생각해왔던 것들이 이제는 더 이상 좋게 보이지 않는다. 대신 더 높이, 더 멀리, 더 빨리, 더, 더, 더! 하고 외치는 비교급의 언어만 난무한다.

대부분의 사람들은 자신이 변하고 있다는 것을 일찌감치 알고 있지만 그것을 되돌리려면 힘이 드니까 내버려둔다. 직업도 그렇다. 돈이 인성을 망친다는 말이 있지 않은가?

많은 사람들이 자신만만한 목소리로 자신만은 변하지 않을 거라고 말한다. 그러나 시간이 지나면서 기준이 조금씩 바뀌고, 생각이 무뎌지고, 가치관이 변화하는 일이 벌어진다. 그런 변화를 막을 특효약은 없다. 강인한 성격, 자기 단련 여부 그리고 당신을 정확하게 지켜보고, 캐묻고, 나쁜 쪽으로 변하려 할 때 적시에 경고해주는 친구가 있다면 도움이 될 것이다. 그런 일이 생겼을 때는 자기 자신을 점검하든가, 직장을 옮겨야 한다. 인간은 무엇을 하느냐로 자신이 어떤 존재인지를 말해준다는 헤겔의 말은 맞다.

12월 2일
명성을 좇는 것은 위험하다

과연 어떤 기분이 들까? 당신이 안으로 들어서자 모두들 하던 말을 멈추고 조용해진다. 그리고 놀란 표정으로 당신을 바라본다. 혹시 저 사람은……? 당신은 열렬한 환영을 받고, 당신이 하는 말을 사람들이 귀 기울여 듣고, 당신에게 아첨하고, 박수도 친다. 앤디 워홀의 예견대로 15분간 집중 조명도 받는다. 놀랍게도 유명해지기를 꿈꾸는 사람들이 많다. 그들은 인기, 관심, 박수갈채를 돈이나 권력보다 더 갈망하며 어떻게든 유명해지고 싶어한다.

왜 그런 생각을 하고, 어떤 사람들이 그런 성향을 보이는지에 대해서는 아직까지 집중 연구가 이뤄지지 않았다. 분명한 점은 사람들로부터 인정받고, 감탄의 대상이 되고 싶은 사람은 스스로 자신에 대한 커다란 회의에 시달리기 때문에 사회적인 안전과 존엄을 갈구한다는 것이다.

빛과 영광에 대한 욕망은 어디에든 있다. 성인의 30퍼센트 정도가 유명해지기를 꿈꾼다는 연구 결과도 있다. 그에 따르면, 40퍼센트는 아주 잠깐 인기를 얻게 되더라도 만족스럽겠다고 밝혔다.

10대들을 대상으로 한 조사에서는 그 수치가 더 높았다. 자신의 삶이 의미를 갖는 유일한 방법이 유명세라고 생각하는 사람들도 많다. 그들은 유명해진 사람을 보면서 자기들은 절대 할 수 없는 것을 그들이 해냈다는 생각에 몹시 부러워한다. 그들은 유명인사는 뭔가 특별하고, 흥미로운 사람이라고 생각한다. 그러나 대개는 그렇지 않다. 그들은 그냥 어쩌다 이름이 널리 알려졌을 뿐이다.

유명세가 사람을 행복하게 해주지는 않는다. 1996년, 로체스터 대학의 리처드 M. 라이언이 성인을 대상으로 가치 있다고 생각하는 것에 대한 조사를 했는데, 타인으로부터 인정받는 것에 연연해하는 사람들이 스스로에게 만족하거나 친구들에게 관심을 갖고 있는 사람보다 더 불행한 것으로 나타났다.

많은 후속 연구에서도 명성처럼 빨리 지나가버리는 것을 잠깐 맛보고, 그것으로 다른 사람의 평가에 의존하는 사람은 삶의 만족도가 떨어지고, 자유롭지도 못한 것으로 드러났다. 물론 특별한 인간에 대해 환상을 갖는 것이 인간의 본성이기는 하다. 하지만 명성을 좇는 것은 인지 능력을 떨어뜨리고, 성격을 거만하게 만드는 어리석은 생각이다.

언론 노출의 규칙

카메라가 돌아가는 가운데, 기자들이 모인 자리에서 특별히 관심을 끄는 주제에 대해 발언하는 것은 개인적으로 품위와 명성을 높여주는 일이다. 그런데 관심의 경제학은 이왕 무대에 선 사람이 말을 똑 부러지게 잘할 것을 요구한다. 중언부언하거나 얼버무리는 것처럼 어눌한 말솜씨는 후유증이 크다. 힘들게 쌓아올린 이미지를 비누 거품처럼 순간에 꺼뜨릴 수 있다.

라디오나 텔레비전처럼 언론인과 함께 생방송하는 것은 그런 이유로 높은 직위에 있는 사람들에게는 무척 힘겨운 도전이다. 그러나 높은 자리에 오르고, 전문가로 이름을 날릴수록 그런 접촉은 불가피하다. 짧은 시간 안에 카메라 조명을 받으며, 수많은 관객들이 지켜보고 있다는 것을 염두에 두고 뭔가 똑똑한 말을 해야 한다. 연습과 준비 없이는 할 수 없는 일이다.

그러므로 시간을 내야 한다. 방송사에서는 시간 압박 때문이라는 이유를 대면서 당장 인터뷰를 하겠다고 하지만, 위에 열거한 이유 때문에 인터뷰는 조금 늦게 하거나 내일 하자고 하는 게 좋다. 방송 관계자에게 직접 이유를 밝히지는 않겠지만, 가장 중요한 이유는 말을 어눌하게 해서 기회를 망치고 싶지 않기 때문이다.

인터뷰할 때는 어느 쪽 입장에서 의견을 내놓을지를 미리 결정하는 게 중요하다. 반대 의견을 제시해 대결 구도를 만들 것인가, 아니면 기존의 의견을 평가할 것인가? 잘못된 부분을 언급해야 하나? 자신이 근무하는 회사를 소개해도 되는 건가? 특히 녹화된 것중에 얼마나 많은 분량이 나중에 기사로 나오거나 방송될 것인가? 30분간의 인터뷰에서 10초만 내보내는 것과 2분간 내보내는 것 사이에는 큰 차이가 있다. "편안하게 다 말하라"고 하면서 당신을 부추겼다면 더 큰 실망을 할 수 있다.

인터뷰에서는 가능한 한 쉬운 말을 사용해야 한다. 많은 이들이 어려운 용어를 섞어서 말하면 자신이 더 유능해 보일 거라고 생각한다. 그러나 사실은 그 반대다. '이미 앞에서 말했다시피'와 같은 관용구도 쓰면 안 되고, 외래어나 전문 용어 사용도 좋지 않다. 중요한 용어를 반복하는 것은 괜찮다. 그렇게 함으로써 이해를 높일 수 있다. 그리고 카메라를 향해 말하지 말고, 당신에게 질문을 던진 사람을 보고 말하라. 카메라만 보고 말하는 것은 방송에 집착하는 것처럼 보이고, 무례하게도 보인다. 그리고 항상 예의를 갖춰야 한다. 설령 리포터가 어리석은 질문을 했거나, 당신을 자극해도 절대 거만하게 대하지 말아야 한다. 교장 선생님처럼 보이는 몸짓도 하지 말아야 하고, 구태의연한 상투어도 사용하지 말아야 한다. 그 반대로 하는 것이 부끄러운 일은 아니다.

대답할 말이 생각나지 않을 때는 "그 질문에 대해서는 대답하지 않겠습니다"라고 단호하게 잘라 말하지 말아야 한다. 그렇게 하면 뭔가 숨기는 게 있는 사람처럼 보인다. 차라리 그 질문에 대해 대답할 수 없는 이유를 솔직하게 털어놓는 게 좋다. "그건 사업상 비밀이라 말씀드리기가 곤란하네요……"라고 말하는 것이다. 함정이 있는 질문에 대해서는 질문자의 의도를 파악하고 있다는 모습을 보여준다. "혹시 꼭 듣고 싶은 대답이 있어서 지금 그렇게 질문하시는 건가요?" 그 말을 부드러운 음성으로 살짝 미소를 띠고 말하면 어느 누구도 불쾌하게 받아들이지 않는다. 그리고 언론인은 그간의 경험으로 인터뷰 기술이 능하므로 섣불리 대결 구도를 만들지 않는 게 좋다.

12월 4일
자기 홍보, 기자와의 만남

커리어를 다루는 거의 모든 전문 서적에 이 부분에 대한 언급이 빠져 있다. 커리어에 지대한 영향을 미치는데도 말이다. 바로 언론 홍보다. 제품이나 고용주에 대한 홍보를 말하는 게 아니다. 그것은 홍보실에서 할 일이다. 여기서는 당신에 대한 좋은 이미지, 실력 있는 전문가로서의 평판, 외부에 알려져 있는 정도를 홍보하는 것을 말한다.

실제로 당신의 이름이 어느 분야의 전문가로 인터넷이나 신문 혹은 라디오나 텔레비전에 나와 있다면 유리한 점이 많다. 그것은 대중의 관심을 받으면서, 자신의 업무 분야나 동료 혹은 헤드헌터 들에게도 알려지게 된다. 대중의 관심을 받은 사람에게는 위험도 따른다. 인터뷰에서 어리석은 말이나 옳지 않은 말, 혹은 업무에 손해를 끼치는 말을 했다가 회사에서 퇴출될 가능성이 많다. 그리고 외부의 관심을 너무 많이 받는 것도 동료나 상사의 질투를 유발한다. 따라서 언론과의 접촉은 신중해야 한다.

● 당신이 어떤 위치에서 말할 것인지를 먼저 심사숙고한다. 당신은

어느 분야의 전문가로 인식되고 있는가? 어느 분야에 대해 당신이 전문가적인 대답을 해줄 수 있는가? 그리고 당신의 말이 어떤 사람에게 관심거리가 될 수 있는가? 전혀 관심 없는 주제로 어려운 말만 늘어놓는다면 당신은 전문가 그룹이 아닌 요주의 인물로 분류되기 쉽다. 인터뷰를 진행할 사람이 누구인지 정확히 파악하여 사전에 어떤 것에 대해 말하고, 어떤 것에 대해 말하지 않을지를 조율해야 한다.

● 기자가 당신에게 전화를 걸어왔을 때도 무슨 말을 할지 조심스럽게 해야 한다. 당신이 사소하다고 생각해 외면하려는 사안에 대해 기자는 관심을 보일 수도 있다. 가능한 세 개의 핵심 주장에 집중하라! 그러나 실제로는 그중 하나도 제대로 말하지 못하는 경우가 대부분이다.

● 기자들은 사례를 좋아한다. 그렇다고 일부러 사례를 만들지 말고, 실생활에서 찾을 수 있는 사례를 준비해둔다. 그것을 항상 메모해두고, 숫자도 기록해두면 좋다.

● 전문가는 제작진의 동의 없이 무슨 말이든 할 수 있다. 그러나 초보자에게는 그렇지 않다. 그들이 한 말은 공개되기 전에 편집진의 검열을 받는다. 이는 인터뷰에 응한 사람이 동의하는 조건에서 가능하다. 당신이 한 말이 악의적으로 편집되어 전혀 다른 의도로 소개될 수도 있으므로 만약 그들이 고쳤다면 전체 문장을 전화로라도 읽게 만들어 직접 듣고 승인해야 한다. 신중한 기자라면 약간의 실수만 바로잡고, 인터뷰에 응한 사람과의 동의하에 기사를 내보낼 것이다.

12월 5일
스캔들에서 벗어나는 방법

2006년 12월은 하인리히 폰 피어러에게 악몽 같은 달이었다. 지멘스에서 임원으로 일했던 그는 당시 체포되어 언론의 집중 조명을 받았는데, 애매한 컨설팅 계약과 뇌물 수수 혐의로 회사의 이미지뿐만 아니라 지멘스 감사 기관의 이미지까지 위기에 빠뜨렸다. '지멘스는 피어러 때문에 망하게 될 것인가?'가 《빌트》지에 실린 기사 제목이었다. 이후 대대적인 감사가 이뤄졌고, 당시 예순여섯 살이었던 그는 2007년 4월 말에 현직에서 물러났다. 그것은 현명한 판단이었다.

소용돌이치는 스캔들에 따른 언론 기관의 집중 조명을 받는 일이 흔히 일어나는 것은 아니다. 다행스러운 일이다. 스캔들은 이전까지 쌓아올린 삶의 업적을 망가뜨릴 위험만 있는 것이 아니라 직업적인 미래와 개인 생활까지 위기에 처하게 만든다. 따라서 어떻게 반응해야 하는가?

경제 분야에는 그런 문제에 대한 연구가 거의 이뤄지지 않았다. 대신 정치 분야에는 많다. 1996년에 발표된 연구 결과는, 1949년부터 1993년까지 스캔들에 휘말린 정치인들에 대한 조사를 통해 나왔다. 그 결과를 살펴보면 스캔들이 났을 때 어떻게 대처했는지가 당사자의 인생 경로에 커다란 영향을 미쳤다.

전체 조사자 가운데 24퍼센트가 솔직하게 문제를 시인하는 방법으로 정면 돌파를 꾀했다. 하지만 그야말로 어리석은 짓이었다. 그중 3분의 1만 자신의 직위를 유지했다. 전체 조사자 가운데 28

퍼센트는 공식적으로 모든 혐의를 부인했다. 그들 가운데 44퍼센트가 현직을 유지했다. 그리고 나머지 과반수인 약 46퍼센트가 가장 성공적인 방법을 택했다. 그들은 특별한 상황이나 정보 부족으로 인한 실수였다고 변명하며 정당방위를 주장했다. 그들 가운데 3분의 2가량이 현직을 유지할 수 있었다.

연구 결과는 여러 가지로 해석될 수 있다. 첫째, 그런 상황에서 폭풍이 지나가기를 기다리며 아무 대응도 하지 않는 행동은 파국을 초래한다. 둘째, 믿을 만한 근거가 없는 전면적인 부인은 아무 효과도 발휘하지 못하거나 아주 미약한 힘만 발휘한다. 반면 심사숙고해서 준비한 변명이 가장 효과가 큰 것으로 나타났다. 그리고 무조건적인 솔직함은 어리석은 짓으로 판명되었다.

12월 6일
크리스마스 파티를 위한 규칙

12월은 정신없이 지나간다. 연말 결산을 앞둔 회사는 직원들을 독촉해 일을 마무리짓도록 독려하는 가운데, 연말이라는 축하 분위기에 휩싸이게 된다. 12월 첫 주부터 송년회가 이어지기 시작한다. 연말 행사는 회사마다 분위기가 다르다. 그러나 어디에서든 통용되는 원칙이 몇 가지 있다. 송년회가 끝나고 나서는 동료들을 대할 때 예의를 갖춰야 한다. 파티 석상의 분위기를 그대로 이어가거나, 그때의 행동을 분석하는 짓은 삼가야 한다. 잘 어울려 놀았든, 그렇지 않았든 상사에 대해 지나친 친밀함을 과시하는 건

좋지 않다. 상사가 술에 만취해 말을 놓았다 하더라도 다음 날 아침에는 그 기억을 다시 머리에 떠올리고 싶지 않을 수도 있다. 그러므로 회사에서는 상사에게 다시 경어를 쓰는 게 좋다.

호칭 외에 평소의 태도에서 벗어난 흐트러진 모습에도 똑같은 조언이 적용된다. 많은 상사들이 자신의 양심에 가책이 되는 부담을 그 자리에 있었던 사람에게 풀어버리려는 경향이 있다.

그런가 하면 파티를 지나치게 즐기려는 사람과 전혀 다른 문제로 분위기를 망치는 사람들이 있다. 그것은 큰 실수다. 그들은 조용히 구석에 웅크려 앉아 자꾸 시계만 들여다보고, 음식을 타박한다. 그런 이들을 좋아할 사람은 아무도 없다. 또 자기들끼리만 모여 쑥덕대는 이들도 마찬가지다. 상사 가운데 자기들끼리 모여 있기를 좋아하는 이들은 부하 직원과 가까이 지내고 싶은 마음이나 생각이 전혀 없음을 노골적으로 드러내는 것이다. 그런 이들이야 말로 사내 분위기를 흐리는 사람들이다.

12월 7일
말하고 쓰기

연말이 다가오면 사업상 거래처에 어떻게 인사해야 하는가 하는 문제가 대두된다. 대부분 이런 식으로 진행된다. 회사에서 물건을 주문하고, 담당 직원이 인사말을 적어 우편으로 보낸다. 그렇게 카드나 연하장을 보내면 비교적 조용히 연말을 맞이할 수 있다.

우편으로 보내는 인사는 발송인이 수신인에 대해 어떻게 생각하고 있는지를 말해준다. 그러므로 이메일이나 휴대폰 메시지는 가까운 친구들에게만 국한되어야 한다. 왜냐하면 너무 성의 없어 보이기 때문이고, 둘째는 스팸메일에 걸릴 수 있기 때문이다. 온갖 혼란스러운 광고 스팸 사이에서 성탄 축하 카드를 골라 읽으며 기뻐할 사람이 얼마나 되겠는가?

많은 사람에게 한 번에 보내는 집단 메일도 같은 이유에서 삼가야 한다. 이제까지의 경험으로 미루어, 그런 카드는 곧장 휴지통으로 사라진다. 그러므로 우편을 이용한 인사가 의미 있게 전달되도록 하기 위해서는 아래 사항에 유념해야 한다.

- 스스로 고민해서 개별적으로 작성한 인사말을 써서 보낸다.
- 성탄의 애초 의미를 되새길 만한 글을 적어 보낸다.(성경 구절)
- 종교적인 표현들을 사용해 신년 인사를 대신한다.

이 세 가지 사항을 지킴으로써 당신은 여느 사람들과 차별화된 인사를 할 수 있다. 이는 돈으로 치장하는 게 중요한 게 아니라, 상대에 대해 어떻게 생각하는지를 드러내준다.

가장 좋은 방법은 하나하나 직접 쓰는 것이다. 정성을 담아 한 줄 한 줄 써내려가는 인사말을 작성하되, 상궤에서 벗어나지 말아야 한다. 그보다 좀 더 친밀한 느낌을 전달하고 싶은 사람은 꾸미기를 하면 된다. 단체로 인쇄해 보내는 카드와 달리, 직접 보내는 것들은 별 모양이나 예쁜 리본을 붙일 수 있다. 그것은 받는 사람으로 하여금 매우 정성 들였다는 인상을 받게 한다.

또는 영국의 헨리 콜과 그의 특별한 인쇄물처럼 할 수도 있다.

1843년, 영국의 공무원이었던 그는 세계 최초로 성탄 카드를 만들었다. 그는 삽화가인 존 캘콧 호슬리에게 'Merry Christmas and a happy New Year'라는 문구를 새겨 넣어 그림을 그려달라고 부탁했다. 그 문구 아래에 가족들이 모여 성탄을 축하하는 모습이 그려진 카드가 인쇄되었다. 천 부를 인쇄한 카드에 직접 색칠한 것이 꽤 비싼 가격으로 팔려나갔다. 그 카드를 보존한 사람에게는 엄청난 횡재가 되었다. 그 당시 제작된 카드 한 장이 2005년 12월, 경매에서 9천 파운드(약 2천만 원)에 거래되었다.

12월 8일
적당한 선물의 조건

"기쁜 마음으로 주는 사람을 하느님은 사랑한다"는 말이 성경에 나온다. 선물을 받은 사람도 그럴 수 있다. 그런 이유로 해마다 홍보실에서는 최고의 고객과 거래처에 어떤 선물을 보낼지를 고민한다. 그것은 환상적으로 조작된 관습이다. 비용도 만만찮다. 학자들은 선물이 낭비라는 것을 자주 지적한다. 특히 워튼스쿨의 조엘 월드포겔 교수가 가장 대표적인 인물이다.

그는 몇 년 전 성탄 무렵의 낭비에 대해 《아메리칸 이코노믹 리뷰》지에 장문의 글을 실었는데, 수학적인 수치로 자신의 주장을 뒷받침했다. 그에 따르면, 적어도 10퍼센트의 선물들이 선물 받은 사람의 취향에서 벗어난다고 한다. 선물 가격이 선물을 받는 사람의 입장에서 보면 지나치게 높고, 실용성도 떨어진다는 것이다.

그의 주장은 과학적으로 논란거리가 되었다. 버몬트 대학의 사라 솔닉과 데이비드 헤멘웨이는 선물의 이상적인 유용함이 값을 능가한다고 주장했다. 하지만 그들도 월드포겔의 주장을 완전히 반박하지는 않았다. 아마도 그사이 카드를 받았거나, 회사 로고가 찍힌 스카프를 받았기 때문일지도 모른다. 결론적으로, 선물은 광고와 비슷하다. 지출의 절반은 낭비이지만 어떤 형태의 낭비인지 사람들이 알지 못하는 것이다.

어쨌든 선물은 받는 사람에게 유용한 것이어야 한다. 많은 회사에서는 특정한 값 이상의 선물을 받는 것을 특혜에 대한 우려로 금지하고 있다. 선물 받은 사람이 마음의 부담을 느끼지 않게 하기 위해 선물 값이 5만 원을 넘지 않게 하는 게 상례다. 특히 받는 사람의 입장에서 뭔가 갚아야 한다는 의무감을 느끼지 않게 해야 한다. 대개의 경우, 정성스럽게 마련한 카드가 큰 효과를 낸다. 그래서 대프니 듀 모리에는 이렇게 말했다. "다정한 인사는 돈도 안 들지만, 모든 선물 중에서 가장 아름다운 선물이다."

12월 9일
즉흥적인 연설에 대한 조언

연말연시를 맞아 간단한 인사말을 해야 할 경우가 많다. 불행히도 즉흥 연설을 어려워하는 사람들이 많이 있다. 그들은 그런 상황에서 이마에 땀을 흘리거나 목소리와 손을 바르르 떨고, 단어를 길게 늘어뜨려 의사 전달을 어렵게 만든다. 잔뜩 긴장한 몸으로 효과가 큰 인사말을 하려면 세 가지 유의 사항을 지키면 된다.

첫째, 남이 알아들을 수 있는 말을 하라! 쉬운 문장이나 단어를 사용하고, 외래어나 전문 용어는 가급적 쓰지 않는다. 간단히 말하면 짧고, 마음 편하고, 자기 자신만의 개성이 담겨 있는 말을 하라는 것이다. 듣는 사람이 지루해할 말을 하는 것은 공기를 오염시키는 짓에 불과하다.

둘째, 즉흥 연설을 해야 할 경우, 해야 할 말에만 신경을 집중하지 마라. 생동감 넘치는 표정이 말보다 더 큰 효과를 발휘할 수 있다. 듣는 사람의 동의를 구하거나, 그들의 생각을 묻는 말을 중간에 집어넣으며 함께 말을 이어가는 방법도 좋다. 그러면 연설하는 이와 듣는 이들 사이에 유대감이 생긴다. 또 청중과 자주 시선 접촉을 하는 것은 다정하고, 자신감 있어 보이고, 상대를 존중하는 것처럼 보인다.

그리고 마지막으로, 성공적인 연설은 청중을 상대로 하는 말이므로 짧게 하고, 함께 생각할 수 있는 여지를 남겨두어야 한다. 그 정도만 생각하면 충분하다.

12월 10일
지혜로운 말들

최고의 연설은 그 누구도 지킬 수 없는 말이고, 두 번째로 훌륭한 연설은 날카로운 말이고, 세 번째는 짧은 말이다.

−빌리 브란트, 독일 총리

지루함의 비밀은 전부 다 말하고 싶어하는 것이다.   **–볼테르, 작가**

필요 이상의 말은 목적에 걸림돌이 된다.

–아르투르 쇼펜하우어, 철학자

축사 연설자는 다른 사람의 잠 속에 나타나 말하는 사람이다.

–제리 루이스, 코미디언

12월 11일
연설자의 치명적인 잘못

연설자는 종종 청중에게 환영받지 못하는 존재가 된다. 청중의 관심을 다른 데로 돌리게 만드는 요인으로 아래와 같은 것들이 있다. 이를 개선하는 방법을 함께 소개한다.

- **원고 보며 읽기:** 강연자가 미리 써온 원고를 보며 읽는 것만큼 지루한 연설은 없다. 종이를 보고 말하는 게 아니라 사람을 보고 말해야 한다. 상대에게 확신을 주고 싶은 사람은 전체 시간의 90퍼센트를 청중과의 시선 교환에 쏟아야 한다는 사실을 많은 사람들이 알고 있다. 그런 직접적인 시선 교환이 불편할 때는 비법이 하나 있다. 청중의 약간 위를 쳐다보는 것이다. 그런 미묘한 차이를 알아채는 사람은 아무도 없다.
- **차렷 자세로 서 있기:** 강연할 때 가장 이상적인 자세는 다리를 약

간 벌리고, 반듯하게 서서 등은 곧게 펴고, 어깨를 반듯하게 하는 것이다. 그러나 군대가 아니므로 계속 그렇게 하고 있지는 말아야 한다. 연단 위를 걷거나 청중에게 다가가는 행동은 생동감 있고, 확신에 차 있다는 인상을 준다.

- **스크린만 보고 읽기:** 청중을 바보라 생각하는 사람은 강연 시간 내내 스크린에 나와 있는 글을 읽어도 되지만, 그렇게 하면 안 된다. 먼저 생각을 모으고, 그다음에 적는 것이 올바른 방법이다. 또, 스크린에 비치는 원고에 너무 많은 정보를 담아놓아도 안 된다.

- **길게 말하기:** 모든 것에 대해 다 말할 수 있지만 강연 시간은 20분을 넘지 않는 게 좋다. 그다음에는 청중의 집중력이 눈에 띄게 떨어진다. 강연 시간이 연사가 얼마나 중요한 사람인지를 보여주는 척도라고 믿는 것은 미신이다.

- **지루함:** 청중은 강연을 시작할 때와 강조되는 부분만 기억하는 경우가 많다. 때문에 그 둘 다 잘해야 한다. 확실하게 시작하고, 일화를 소개하고, 쉬는 시간을 갖도록 한다. 처음 등장할 때부터 시선을 끌지 못한 사람에게는 특별한 말을 들을 수 있다는 기대를 갖지 않게 된다. 그루초 막스가 연설을 시작할 때 쓰던 말도 괜찮은 방법 중 하나다. "오늘 이야기를 시작하기 전에 아주 중요한 것을 먼저 말하겠습니다……."

- **끝내기:** 결론은 개방하는 게 좋다. 그러기 위해서는 뭔가 영감에 가득 차 있고, 미래를 전망하되 요약은 하지 말아야 한다. 차라리 사고를 자극하는 질문을 던지는 게 자기가 한 말을 조목조목 요약하는 것보다 낫다. 나머지는 침묵을 지키는 게 좋다.

12월 12일
관습이 종종 더 나은 결정을 내리는 이유

완벽함을 추구하는 행동은 거의 불가능한 일이다. 자신의 생각이 제한적이라고 생각하는 사람조차 '완벽함에 가장 가까운 모습'을 보이며 무척 많은 것을 알고 있다고, 요한 볼프강 괴테는 말했다. 완벽한 진실을 안다고 생각하는 것은 우리가 바닥이 다 드러나는 지식에 매달리는 것처럼 유토피아적 인식이다. 적은 것이 오히려 더 많은 경우가 비일비재하다.

우리는 '절반쯤 알고 있는 아주 얇은 살얼음 같은 지식'으로 매일매일 뽐내려 하고, 그것이 전문 지식이나 전문가의 영역이라고 주장하지만 사실은 절반의 지식으로 남는 경우가 많다. 실제로는 부분적인 무지가 절대적인 인식보다 훨씬 더 많은 것을 알게 해준다. 이는 과학적으로 입증되었다.

교육 연구를 위한 막스 플랑크 연구소의 게르트 기거렌처 같은 학자들은 증권 초보자를 전문가와 대결시키고 그 결과를 분석했다. 양쪽 다 주식에 투자했는데 의지가 충만한 아마추어가 번번이 전문가를 따라잡았다. 아마추어는 자신의 선택을 올바른 것으로만 제한하는 내면의 도움을 받은 듯싶다. 그 결과, 분석하는 일은 전문가가 더 잘했지만 즉각적인 결정을 내리는 데는 문외한이 확증된 것에만 관심을 갖기 때문에 더 나은 모습을 보여주었다.

세부적인 것에 집중하다 보면 전체에 대한 조망을 잃기 쉽다. 러시아의 기억력 달인 솔로몬 베니아미노비치 셰레세프스키의 예를 들어봐도 알 수 있다. 책에 대한 기억력이 아주 뛰어난 것으로 유명한 그는 책을 한 페이지 읽으면 그대로 암송할 수 있었다. 책의 어느 부분을 펼쳐놓아도 가능했다. 그러나 책의 내용은 요약하지 못했다. 기억력이 출중한데도 중요하지 않은 것과 중요한 것을 구분하고, 배운 것을 제외하는 데 어려움을 겪었던 것이다. 때문에 그의 지식 정보량은 엄청나게 많았지만 정작 쓸모는 없었다. 절반의 지식이 사물을 '실제보다 간단히 만들고, 그것으로 자신의 의견을 만들 수 있으므로' 전체의 지식을 능가할 수 있다고 프리드리히 니체는 말했다. 다시 말해 미련한 게으름뱅이가 전문 지식으로 사고가 바보처럼 좁아진 사람을 능가할 수 있다는 것이다.

오늘날 점점 더 복잡해지는 지식을 수용하기 위해 우리의 뇌는 새로운 지식을 기존의 경험과 연계시키며 사물을 단순화한다. 그 방식은 규격을 인식할 수 있게 함으로써 복잡함을 덜어준다. 농부의 규칙과 민중의 지혜는 진정한 핵심을 감싸고 있는 농축된 아마추어적 지식이다. 그 과정에서 합리적으로 보이기 때문에 거의 눈치 채지 못할 만큼 부분적으로 어쩔 수 없는 균열이 생기지만 전혀 문제될 것이 없다.

우리의 관습에서 비롯된 결정들이 가끔은 잘못된 것 같아 보여도 대개는 그렇지 않다. 따라서 절반의 지식으로 거드름을 피우는 사람은 더 많이 아는 사람이라기보다는 집단적인 명민함을 한 단계 위로 올려주는 사람일 뿐이다. 물론 그렇게 주장하는 나도 완벽하지는 않다.

12월 13일
작별을 위한 최적의 시간

박수 칠 때 떠나라는 말이 있다. 말은 쉬워도 행동으로 옮기기에는 어려운 말이다. 사직이나 자리 이동에 가장 알맞은 때를 정하는 것은 주식을 최적기에 매매하는 것만큼이나 어렵다. 불행하게도, 그 시점이 좋았는지는 나중에야 알 수 있다. 물론 언제쯤이 떠나기에 좋은 시기인지 알려주는 신호는 있다.

- 일 때문에 몸이 아프다. 스트레스와 좌절감으로 예전에는 즐겁게 일하던 마음에 부담이 쌓여간다. 상사가 잔소리를 심하게 하면서 상사와의 관계도 삐걱대고, 동료는 신경을 날카롭게 만들고, 출근하면서부터 퇴근 시간을 기다리게 된다. 이럴 때는 떠나야 한다.

- 더 이상 의욕이 없다. 미래가 50퍼센트의 고정된 일과 50퍼센트의 지루함으로 이루어진 것처럼 보인다. 위험한 상황이다! 머리가 명쾌하지 않은 상황에선 예상치 않은 실수를 범하게 된다. 이제부턴 내려가는 일만 남아 있다.

- 더 좋은 조건으로 제안이 들어왔다. 물론 제안을 꼼꼼히 따져보아야 하겠지만 괜찮은 조건이라면 마다할 이유가 뭐 있겠는가?

- 회사가 망해가는 조짐이 보인다. 타이태닉처럼 침몰하는 배에서 일하고 있는 듯한 느낌이 든다면 최대한 빨리 구명보트를 구해야 한다. 그것은 신의를 저버리는 일처럼 보이지만 그 반대의 경우라도 그런 일이 벌어졌을 것이다.

- 생활 환경이 눈에 띄게 변했다. 부양해야 할 가족이 늘어났고, 가

치관이 변했고, 회사가 자신의 처지에 더 이상 맞지 않게 되었다. 그때부터는 커리어를 쌓아나가기 위한 결정이 이뤄져야 한다.

- 새로운 자리가 마음에 안 든다. 회사가 구조조정을 통해 당신을 좀 더 나은 자리로 옮겨줄 계획이 있다면 수용할 수 있다. 그러나 자리 이동이 단순히 틈을 메워주는 조치라면 좋지 않다. 능력 있는 사람에게는 결코 그런 일이 일어나지 않는다.

12월 14일
내가 먼저 떠나기

퇴장이라고? 절대 아니다. 많은 사람들이 퇴직을 크나큰 실패로 여긴다. 하지만 실상은 전혀 그렇지 않다. 그만뒀다는 사실이 아니라 어떻게 그만두었느냐에 따라 해석은 달라질 수 있다. 무엇보다 중요한 것은 당신이 언제라도 전문가로서의 품위를 유지해야 한다는 점이다. 당신의 고용주나 상사 혹은 동료가 아무리 사소하게 대하더라도 당신은 전문가처럼 행동하라! 그렇게 하려면 사표는 당신이 스스로 써서 직접 제출하고, 그동안 도와준 데 대해 감사의 인사를 해야 한다.

사표를 제출한 이후 얼마 동안 회사에 더 나갈지는 근무 계약에 정해져 있다. 그 시기에는 당신이 남기고 갈 이미지를 좋게 만들 일만 하면 된다. 끝맺지 못한 프로젝트는 깔끔하게 마무리하고, 그에 대한 보수도 받아야 한다.

상사가 당신에게 사직 이유를 물어보면 긍정적인 자세를 취한다. 대개 그런 경우 함정일 수 있기 때문이다. 그는 당신에게 관심 있어 물어보는 것이 아니라 회사에 대해 다른 곳에 가서 어떻게 말할 것인지에 관심이 더 많다. 당신이 할 수 있는 대답은 그곳에서 모든 것이 다 좋았는데 단지 다른 곳에서 맡게 될 업무에 의욕이 더 생겨서 옮기는 거라고 말해야 한다. 혹시 상사가 더 좋은 조건을 제시해도 받아들이지 말아야 한다. 첫째는 결심이 확고하지 않다는 인상을 주기 때문이고, 둘째는 당신이 언제라도 배반할 수 있음을 보여주기 때문이다.

직장을 그만두기 전에 사무실을 깨끗이 정리해야 한다. 개인적인 물건들은 제때에 집으로 옮겨놓아야 한다. 특히 당신에게 불리하게 작용할 수 있는 자료들을 옮겨놓는 게 좋다. 나중에 노동법 분쟁이 생겼을 때 협상 자료가 될 수 있는 이메일이나 다른 서류들을 하나로 모아놓는다. 거기에 들어갈 것으로는 협박, 모욕, 시달림이나 범행 모의 같은 것이 있을 수 있다.

반면 당신의 것이 아닌 회사 물건은 절대 가지고 가면 안 된다. 사소한 사무용품이라도 마찬가지다. 실수로 가져가는 것도 안 된다. 그것은 도둑질이고, 법적 분쟁이 생기면 돈과 명예를 잃을 수 있다. 당신이 기업의 비밀을 접할 만한 위치에 있을 때도 마찬가지다. 개인적인 관심이 있더라도 거리를 두어야 한다. 그렇게 해야 누구도 당신에게 혐의를 두지 않는다. 당신은 좋은 이미지를 남긴 채 떠나야 하고, 인수인계가 원활히 이뤄지도록 협조해야 한다. 정리된 자료, 거래처, 업무 진행에 필요한 정보들을 건네준다. 일하면서 터득한 노하우들도 동료들에게 넘겨주어야 한다. 흔히 하는 말로, 사람은 살면서 꼭 두 번은 만나게 된다.

12월 15일
작별 인사의 규칙

사람이 몸은 가지만 마음까지 완전히 가는 것은 아니다. 팀이나 부서 혹은 직장이 바뀌어도 동료들에게 당신의 이미지는 조금씩 남아 있다. 작별 인사를 하는 사람은 전에 함께 일했던 동료들에게 적합한 인사를 해야 한다.

가장 좋은 방법이 짧은 인사다. 작별 인사는 성적표를 받는 것과 같다. 과거에 함께 일했던 동료들은 그동안 일한 시간에 대한 정리를 기다리는 것처럼 보이지만 사실은 칭찬받기를 더 원한다.

함께 일하면서 가장 좋았던 시기가 언제였는지 잘 생각해보라. 일하면서 겪었던 일화를 끄집어내는 것도 좋다. 그렇게 함으로써 '우리'라는 느낌을 갖게 한다. 그런 다음 그들의 성공을 기원해준다. 당신이 없더라도 남은 동료들은 일을 잘할 것이다. 비록 만족스럽지 못했다 할지라도 그런 말을 해주는 게 좋다.

회사를 떠나는 이유에 대해서는 함구한다. 더 좋은 제안이 들어왔다거나, 해고되어 그만두더라도 둘 다 이유를 밝히지 말아야 한다. 첫 번째 이유라면 동료들이 질투를 느낄 것이고, 두 번째 이유는 당신의 명성을 해치기 때문이다.

말은 짧게 정리해서 하라. 퇴임사가 10분 이상 되면 곤란하다. 더구나 식이 끝난 후 회식 자리가 계획되어 있을 때 긴 연설은 바람직하지 않다.

12월 16일
작별할 때 저지를 수 있는 실수

가장 곤란한 실수는 작별할 때 일어날 수 있다. 함께 일했던 동료들과 헤어지는 사람은 좋은 인상을 남겨주어 자신이 떠남으로써 큰 틈이 생겼다는 느낌을 갖게 하거나, 그와는 반대로 그동안 공들여 쌓아올린 이미지를 짧은 시간 안에 망가뜨리기도 한다. 그러므로 아래에 소개되는 전형적인 실수는 피하도록 노력하라.

- **유혹이 생겨도 꿋꿋이 버텨내라:** 함께 일했던 상사나 동료에 대해 진심으로 어떻게 생각하고 있는지는 절대로 입 밖에 내서는 안 된다. 아무리 입이 근질거려도 참아야 한다.
- **어떤 것도 망가뜨리지 말고, 훔치지도 마라:** 무심코 회사 물건을 가지고 간 사람은 법적 분쟁에 휘말릴 수 있다.
- **자료를 요청하라:** 근무평가서는 요즘 형식적인 서류로 인식되고 있다. 그보다 더 중요한 것은 추천서다. 그것은 나중에 새로운 자리를 얻을 때 도움이 될 수 있다.
- **당신의 후임자에 대해 안 좋은 말은 절대 하지 마라:** 그런 행동은 당신을 나쁜 패배자처럼 보이게 한다. 축하 인사를 하고, 행운을 빌어주며, 도움이 되는 조언을 해주는 게 좋다.
- **새로운 직장에서 전에 일했던 곳의 고용주에 대해 안 좋은 말도 하지 마라:** 그렇게 해서 안 좋은 이미지를 갖게 되는 유일한 사람은 바로 당신 자신이다. 당신의 새로운 고용주도 언젠가는 과거의 고용주가 된다. 그 점을 유념하고 조심해야 한다.

모든 것을 바꿔야 할 때

미국의 경영 전문지 《패스트 컴퍼니》가 몇 년 전에 '변화할 것이냐, 아니면 죽을 것이냐'라는 주제를 크게 다룬 적이 있다. 그때 했던 주요 질문은, 당신의 인생을 완전히 바꿀 수 있는가에 대한 것이었다.

좋은 질문이다. 당신은 그런 일이 가능한가? 예를 들어 의사가 이렇게 말했다고 전제해보자. "미안하지만, 이제부터 당신은 그동안 살아왔던 방식을 모두 버리고 완전히 다른 삶을 살아가야 할 뿐 아니라, 그간 세워놓았던 계획이나 목표도 바꾸셔야 합니다. 안 그러면 죽게 됩니다." 여기서 계획이란 흔히 하는 금연이나 운동과 같은 것을 의미하는 게 아니다. 의사는 환자에게 완전히 다른 삶을 살아갈 것을 요구한다. 이를테면 직업, 사생활, 여가 시간, 그 모든 것을 완전히 바꾸라고 말하는 것이다.

당신은 커리어의 정점에 거의 가까이 올라가 있을 수도 있고, 거대한 프로젝트를 끝내기 직전일 수도 있고, 인생의 꿈이었던 직위가 바로 코앞에 놓인 상황일 수도 있다. 또 집을 사면서 받은 대출금도 아직 못 갚았고, 크게 마음먹고 주문한 자동차도 아직 못 받았고, 아이들은 공부를 끝마치지도 않았다. 그런데 이 모든 것이 불가능해졌다. 당신은 당신의 삶을 새롭게 인식해야 하고, 사표를 내고 익숙한 환경을 떠나야 한다. 친구들과 헤어지는 것은 물론, 재정적인 손실을 감수하고 완전히 새롭게 시작해야 한다. 그에 따른 연금이나 사회적인 지위도 변한다.

열 명 중 아홉이 그렇게 할 수 없다는 것이 그 기사의 설문 조사 결과였다. 이미 몇 가지를 포기해야 할 상황에 처해 있는 사람조차 그렇게 하지 않겠다고 했다. 그보다는 그동안의 소신을 지키고, 계획이 수포로 돌아가는 방법을 택했다.

미래의 노동 시장을 연구하는 학자들은 유연함이야말로 경쟁 사회에서 매우 중요한 자질이 된다고 말하고 있다. 회사, 고객의 요구, 기술, 시장, 그 모든 것들이 빠르게 변화한다. 따라서 빨리 적응할 수 있는 사람은 그만큼 이익을 볼 수 있다. 오늘날 많은 사람들이 자신은 유연하다고 주장한다. 그러나 실제로도 유연할까?

12월 18일
커리어를 위한 성공 규칙

접시닦이에서 백만장자 되기! 당신도 충분히 될 수 있다. 이런 이야기는 커리어를 다룬 책에서 자주 볼 수 있다. 많은 독자들이 이를 순전히 동기를 자극하기 위한 말로 받아들여 그런 조언을 비현실적인 자기 마케팅의 잡설에 불과하다고 생각한다. 하지만 그런 규칙들은 많은 진지한 연구 결과에 따라 만들어진 것이다. 대표적인 규칙들을 열 가지 소개하면 아래와 같다.

- 당신이 성공할 것이라고 계속 믿어야 한다.
- 맡은 일을 열정적으로 하라!
- 규칙을 지켜라!

● 당신의 장점에 집중하라!

● 실패할 수 있다는 생각은 절대 하지 마라!

● 적절한 계획을 세우라!

● 열심히 일하라!

● 인맥 관리를 부지런히 하고, 더 넓혀나가라!

● 계속 배우는 자세를 취하라!

● 인내하고, 자기 자신을 믿어라!

12월 19일
성공하고 싶은 사람은 여유가 있어야 한다

'변화처럼 지속적으로 일어나는 것은 없다'는 생각이 많은 사람들을 잠 못 이루게 하고, 불편하게 하고, 분노케 한다. 그렇게 흥분하면 좋은 결정을 내리기 어렵고, 성공을 즐기기도 어렵다. 무엇보다 여유가 있어야 한다. 고대 그리스인들이 존경해 마지않았던 덕망은 무기력이나 태만 혹은 무관심과 아무 관련이 없었다. 여유는 로마의 철학자 세네카가 말했듯이, '영혼이 육체를 능가한다'는 사실을 확인하기 위해 자신의 욕구와 감정을 조절하는 것이다. 다른 말로 하면, 여유는 생각하기 나름이다. 그것은 실망한 사람을 격려하거나, 좌절한 사람을 다시 일으켜 세우기 위해 흥분을 조절해준다. 쾌락주의자들의 말을 빌려 말하면, 그것은 '방해받지 않는 평화로운 영혼'이다.

스스로를 통제할 수 있어야만 다른 사람을 이끌 수 있다. 평화와 여유의 기운을 퍼뜨리는 사람이 절대적이고, 훌륭하고, 우월한 것처럼 보인다. 뇌 연구 결과를 보면 지나친 스트레스가 있을 때 전두엽은 엄청난 불안을 느껴 감정 이입, 분석, 임기응변에 대해 더 이상 생각할 수 없게 된다. 그럴 경우 우리의 영혼은 머릿속에서 다뤄야 할 정보량을 급격히 줄이고, 원천적인 계획에서 뒤로 물러서고, 경직되게 만든다. 그런 사람은 우상으로서의 역할을 하지 못한다.

여유는 선천적으로 타고나는 것이 아니라 후천적으로 훈련시켜야 하는 것이다. 여유를 가지려면 자기 통제와 삶의 경험이 사고의 각 3분의 1을 차지하게 하고, 나머지 3분의 1은 올바른 시각을 가져야 한다. 우리가 자기 자신을 어떻게 관찰하고, 업무를 얼마나 인식하고, 처해 있는 상황을 어떻게 바라보느냐가 우리의 행동에 영향을 준다. 그러한 인식에는 객관적 기준이 없으므로 우리의 결정은 온전히 우리에게 맡겨져 있다. 흔히 하는 말처럼 여유를 갖게 되면 '일어나게 되어 있는 일은 일어나고, 결국에는 모든 것이 잘되게 되어 있다'.

12월 20일
나이 들면 생각이 복합적으로 된다

많은 사람들이 노년에 대해 놀랄 만큼 안 좋은 이미지를 갖고 있다. 신체의 노령화와 기억력 상실, 우울, 퇴화부터 떠올린다. 그러나 뇌 연구 결과는 정반대로 나온다. 오히려 나이 든 사람이 정신 활동을 더 원활하게 하는 것으로 나타난다.

실제로 언어 능력이 좋아져 다양한 표현이 가능해지고, 동의어와 반대말도 더 쉽게 떠올린다. 그리고 이미 배운 것에 대한 접근도 더 잘하는 것으로 나타난다. 성숙한 정신이 아무것도 없는 상태에서 시작하는 게 아니라 기존의 알고 있는 지식에 새로운 벽돌을 하나 더 올려놓는 것처럼 하기 때문이다. 경험을 얻은 지혜와 전문가의 지식이 서로 연결되어 "돌에 조각해놓은 것 같다"고 뉴욕의 마운트 시나이 의과대학 신경학자 존 모리슨은 말했다.

그의 말이 맞다. 일리노이 대학 연구팀이 예순 살의 항공기 유도사가 서른 살이나 차이 나는 젊은 동료와 어떻게 일하는지를 비교해보았다. 먼저 반응 속도, 인지 능력, 주의력에 대한 전형적인 검증이 이뤄졌다. 그 결과, 예상한 대로 젊은 사람들이 더 나은 것으로 나왔다.

두 번째 검사에서는 직업적 실무가 더 강하게 평가되었다. 유도사는 여러 종류의 비행기에 대한 지식과, 비상시에 적절히 비행기를 유도할 수 있어야 한다. 이번에는 연배 있는 유도사가 젊은 동료에게 해야 할 일을 가르쳐주었다. 그들은 모의 비행기를 안전한 곳으로 유도하면서 지시도 더 적게 내렸다.

다음 검사에서는 업무에 집중하고, 관심을 다른 곳으로 돌리지 않는 능력을 점검했는데 나이 들어도 그 능력은 전혀 떨어지지 않았다. 성숙한 두뇌의 가장 큰 장점은 젊은 사람들이 문제를 단계별로 해결하려고 하는 데 비해 노인들은 머리에 저장되어 있거나 보존된 모형과 비교해 받아들이는 특징을 갖고 있었다.

그런 모든 능력, 즉 다른 사람의 느낌을 더 잘 이해하고, 상대의 동기를 이해하고, 자신의 느낌에 관심을 집중하는 능력은 나이 든 사람 쪽이 더 나은 것으로 판명되었다.

그런가 하면 시드니 대학에서는 사람들에게 온갖 종류의 느낌을 나타내는 초상화를 보여주고, 그와 동시에 뇌의 활동 능력을 측정했는데, 노인의 전두엽이 부정적인 감정을 다룰 때 더 뚜렷하게 활성화되었다. 다시 말해, 그들은 감성을 어떻게 다루는지에 대한 지혜를 갖고 있었다.

12월 21일
성공적인 퇴장을 위한 조언

죽은 사람만 다시 돌아오지 않는다. 다른 모든 사람들이 성공적인 퇴장으로 권력과 이미지를 극적으로 올릴 수 있는 계기를 만들거나 멋스러운 사라짐의 주체가 될 수 있다. 아름다운 작별은 자신의 이력에 긍정적인 영향을 미치는데, 이렇게 하면 된다.

사직: 다시 오려면 일단 가야 한다. 갈 때는 제대로 인사하고 떠나야 한다. 아는 사람, 거래처, 동료에게 떠난다는 사실을 알려주어야 한다. 인사는 짧고 명쾌할수록 좋다. 그렇지 않으면 효과가 떨어진다. 감사의 인사를 몇 마디 남겨두면서 그간 도와준 호의에 감사하고, 업무를 통해 많은 것을 배웠다고 인사한다. 그래야 좋은 기억을 남겨두고 떠날 수 있다.

재충전: 그렇게 회사에서 나오면 몇 주일간 휴가를 가는 게 아니라

그곳과의 인연을 완전히 끊게 된다. 그때 뭔가 새로운 것을 배우고, 책을 쓰거나 공부를 더 하는 것 등이 시간을 의미 있게 쓸 수 있는 일들이다. 그동안 무엇이 잘못되었는지 분석도 해본다. 그래야만 같은 실수를 반복하지 않을 수 있다. 그러나 공식적으로는 자신의 모습을 노출시키지 말아야 한다. 완전히 기억 속에 사라지게 해야 그 사람의 빈자리를 제대로 느낄 수 있게 된다.

준비: 다시 돌아갈 준비다. 물론 상황에 따라 비밀리에 한다. 그래야만 충격이 효과적이다. 당신의 장점에만 집중하라. 당신이 앞으로 무엇을 더 달성하고 싶은지를 고민하라. 당신은 어떤 것으로 성취감을 맛보고 싶은가? 하지만 과거에 이루었던 성공과 연계시키려는 노력은 하지 말아야 한다. 그런 노력은 어차피 불가능하고, 오히려 당신의 좋았던 옛날 이미지만 망칠 뿐이다. 성공적인 귀환은 새로운 시작이지, 과거의 반복이 아니다.

신선한 충격: 당신이 다시 등장한다! 당당하게 입성하는 것이다. 당신의 모습이 사회적인 모임이나 언론, 파티 등에서 보인다. 당신의 존재가 어느 곳에서나 눈에 띈다. 종소리를 내는 것처럼 주위의 주목을 받으며 당당하게 나타나는 당신의 등장이 당신을 전문가로 만들어준다. 그동안 쉬면서 당신이 무엇을 했는지에 대해서는 연막을 치는 게 좋다. 당신에 대한 궁금증이 커질수록 당신은 더욱더 흥미로운 대상이 된다.

12월 22일
부재중임을 알리는 메시지 작성

저는 오늘부터 한 달간 휴가를 갑니다. 긴급한 용무가 있을 경우, 저의 동료인 코발스키 씨에게 연락해주시면 감사하겠습니다.

현대식 의사소통 방법은 간단하다. 이메일이 생기고, 적당한 소프트웨어가 개발되면서 누구든 동료나 친구, 혹은 거래처와 부재중에도 소식을 전할 수 있게 되었다. 프로그램으로 짜놓은 인사말이 연락을 취해온 사람에게 자동으로 전달된다. 그 기술은 모두 사용 가능하지만 그 내용에 대해서는 조언해주지 않는다.

이메일을 보냈는데 지극히 사무적인 태도로 부재중임을 알리는 답장을 종종 받게 된다. '죄송하지만 문의해오신 질문에 대해 1월 22일까지는 답변해드릴 수 없습니다. 감사합니다.' 내용이 너무 짧다. 그래서 불충분해 보인다. 당신이 한 달간 휴가를 떠났다는 내용만 알고 싶은 사람이 세상에 어디 있겠는가? 그냥 무턱대고 '부재중'이라는 문자만 답장으로 날아온다면 그 사람에 대해 어떤 이미지를 갖게 되겠는가? 이는 '당신이 나에 대해 어떤 생각을 하든 개의치 않겠다. 연락해온 것도 귀찮으니까 내가 나중에 시간 있을 때 다시 연락해주기 바란다'는 의미가 된다.

예의를 갖추려면 이메일을 보내온 것에 대해 감사의 인사부터 해야 한다. 누군가 연락을 취해왔기 때문이다. 상대가 직장 상사일 수도 있고, 또는 중요한 고객일 수도 있다. 둘 다 별로 참을성이 없는 편이다. 무슨 이유 때문에 연락이 닿지 않는지는 그들이 갖고 있는 문제에 별로 중요하지 않은 정보다. 그러므로 이유를 설명하는 것은 양심의 가책을 느낀다는 표현이 될 수 있다. 당신이 부재중임을 알려주고 언제 다시 연락이 가능한지도 알려주면 된다. 대신 부재중에 연락받을 사람의 이름과 이메일 주소 및 전화번호를 알려주는 게 좋다. 그리고 마지막으로 돌아오면 곧바로 연락을 취한다는 약속을 남긴다. 국제적인 거래를 하는 사람은 영어로 번역된 문구를 함께 적어놓는다. 이런 식으로 부재중 메시지를 적으면 괜찮다.

보내주신 메일, 감사히 잘 받았습니다. 안타깝게도 저는 12월 31일까지 부재중입니다. 동료인 카린 코발스키가 저를 대신해 여러분을 기꺼이 도와드릴 겁니다. 코발스키의 전화번호는 02-234-5678이고, 이메일 주소는 kk@email.de입니다. 제가 복귀하면 곧바로 연락을 드리겠습니다. 양해 있으시기를 부탁드립니다. 감사합니다.

○○○ 올림

12월 23일
달달 외우는 것이 왜 가치 있는 일인가

그리스의 극작가 소포클레스는 돈을 여유 있게 썼다. 유산을 잔뜩 기대하고 있던 아들들의 입장에서는 그것이 불만스러웠다. 그래서 금치산자라는 판결을 받게 하려고 아테네 법정으로 아버지를 끌고 갔다. 판사가 소포클레스에게 정신이 멀쩡하다는 것을 어떻게 증명해 보일 거냐고 묻자, 소포클레스는 아무 말도 하지 않고 있다가 비극 〈오이디푸스 왕〉의 제1장을 완벽하게 암송해 보였다. 그가 제2장으로 들어가기 전에 판사는 그의 정신 능력이 정상이라는 확신을 가지고, 고소를 취하했다.

솔직히 말해서 우리가 그런 상황이었다면 늙은이로 판명받기 쉬웠을 것이다. 대부분의 사람들이 결혼기념일, 비밀번호나 이메일 주소 정도만 기억하는 것으로도 만족스러워한다. 친구의 전화번호나 이메일 주소를 알려면 전자수첩부터 꺼내 들어야 한다. 암기가 누구에게나 힘든 일이라는 것은 확실하다. 게다가 재미도 없는 일이다.

대부분의 사람들이 학교에서 불규칙 동사를 외웠던 기억을 떠올리기만 해도 골치가 아파올 것이다. 다행히 그 시절은 지나갔다. 그리고 요즘은 인터넷 시대가 아닌가? 인터넷 안에 온 세상의 지식이 다 들어 있다. 뿐만 아니라 언제라도 찾아서 볼 수 있다. 머리는 그런 쓸모없는 일로 부담을 느끼지 않게 되었고, 그보다 훨씬 중요한 일을 맡아서 하고 있다.

하지만 실제로 그런가? 뇌의 연구 결과는 다르게 나온다. 생각하는 것과 아는 것은 서로를 외면하지 않는다. 그것들은 서로를 보완해준다. 생각하는 사람은 기억의 도움을 받으며, 기억은 패턴을 알아보고, 정리하고, 평가할 수 있도록 도와준다. 그 과정에서 이해를 위한 일종의 지도가 만들어진다. 그런 지도가 없으면 우리는 방향 감각도 잡을 수 없다. 더구나 언어학자 콘라트 슈뢰더의 말처럼, "기억된 것은 가장 안전하고, 위기에 강한 인간의 정신적 보고다. 그것은 평생 동안 간직된다".

그런 정신적 보물이 영혼을 위한 청량음료다. 많은 사람들이 외우는 것만으로도 개인적인 위기를 모면한다. 가장 유명한 성경 구절이라 할 수 있는 것이 시편 23편에 나온 문구다.

"여호와는 나의 목자시니……." 너무 많은 것을 외워서 머리에 부담을 주지 않을까 걱정된다면 그런 생각은 아예 하지 않는 게 좋다. 두뇌 세포의 저장 능력은 무한대다. 모든 것은 의지와 훈련의 문제일 뿐이다. 오늘 첫머리에 소개한 그리스의 작가 이름을 아직도 기억하고 있는가?

12월 24일
종교적인 믿음이 성공에 도움이 될까?

《타임》지는 2004년 10월에 다음과 같은 헤드라인 기사를 실었다. '신의 유전자가 우리로 하여금 더 높은 권력을 쟁취할 수 있도록 우리의 DNA를 강요하는 걸까?' 국립암센터에서 유전자 연구를 했던 분자생물학자 딘 해머가 종교-유전자를 발견했다고 발표했다. 동료 학자들은 그의 발견이 종교적 믿음에 대한 인식이라며 아무 말도 하지 않았다.

하지만 그러한 발견은 흥미로웠고, 특히 영적인 것이 우리의 정신과 직업에 어떤 영향을 끼치는지에 대한 관심을 갖게 해주었다. 믿음으로 산을 옮겼다는 고린도의 비전은 무엇인가? 당황스럽게도 많이 있는 것 같다.

많은 경영자들이 말하기를, 종교적 믿음이 자신을 통제하고, 미래에 대한 비전을 제시해주었다고 한다. 그것이 갈등을 쉽게 해결하도록 도와주고, 감성적으로 안정되게 하고, 능력을 뛰어나게 해주며 더 성공할 수 있게 도와줬다는 것이다. 몇몇 과학자들도 이점을 인정한다.

경제학자들도 종교를 가진 사람들이 그렇지 않은 사람보다 돈을 더 많이 번다는 사실을 확인시켜주었다. 예배에 참석하는 횟수를 두 배로 늘린 사람은 최대 10퍼센트의 돈을 더 번다고 매사추세츠 공과대학의 조너선 그루버는 밝혔다. 그 이유를 일주일에 한 번이라도 늘 해오던 일이 아니라 머릿속으로 다른 것을 생각한 사람이 더 효과적으로 일할 가능성이 높기 때문이라고 추측했다.

영적인 것은 우리가 생각하는 것 이상으로 많은 일을 한다. 그것은 사람의 마음을 진정시켜준다. 믿음이 있는 사람뿐만 아니라 주변까지 진정시켜준다. 그래서 기독교를 믿는 경영인들은 ‘비관적인 상황’을 일찌감치 알아채는 감각을 지녔다고, 오스나브뤼크대학의 기독사회학과 교수인 만프레드 슈피커는 주장했다.

순종은 믿음 있는 간부 직원으로 하여금 감성적으로 반응해야 하는 분위기를 더 잘 감지하게 만들어준다. 실제로 기독교 정신으로 운영되는 회사에서는 도난 사고가 적고, 기만이나 태업도 덜 일어난다는 조사 결과가 나와 있다.

물론 종교가 전문성을 대체할 수는 없지만 혁신적인 장점을 가져다줄 수는 있다. 실제로 하느님의 사랑을 받고 있다는 믿음을 갖고 사는 사람들은 마음이 안정되어 있을 뿐만 아니라, 자존감도 회사 분위기가 안 좋거나, 개인적인 위기에 처해 있을 때 더 적게 파괴된다.

그것은 성탄절에 들을 수 있는 덕담처럼, 아버지가 자식을 사랑하는 것과 같이 자식이 실수를 저질러도 개인적인 패배가 구원받지 못하는 상황으로 이어지지는 않는다고 말해준다. 그것이 바로 믿음의 선물이다.

여러분 모두에게 기쁨과 축복이 전해지는 성탄이 되기를 빈다.

12월 25일
감사의 표시

한 여성이 아침마다 차를 타고 출근한다. 사실 차를 타고 간다고 말하는 것은 거의 과장된 표현이다. 출근길에 교통이 막히는 경우가 허다하기 때문이다. 누구나 서두르지만 아무도 빨리 갈 수 없다. 그래도 많은 사람들이 차선을 바꾸려고 한다.

어느 순간, 남성 운전자가 그녀의 옆 차선에서 가다가 차선을 바꾸겠다는 신호를 보내왔다. 여성은 그렇게 해주겠다는 신호를 보내고 간격을 벌려주었다. 그런데 남성 운전자는 앞으로 들어오더니 아무 말 없이 차를 몰고 갔다. 고맙다는 인사조차 하지 않고.

그런 상황은 역할이 달랐을지라도 누구나 한번쯤 경험했을 것이다. 그런 안 좋은 경험 때문에 그녀는 다음에 누군가 그런 신호를 보냈을 때 심사숙고하게 된다. 예의 바른 운전자라면 그런 경우 비상등을 잠시 켜서 고맙다는 인사를 한다. 당신도 그렇게 해야 한다.

감사의 표시는 성공의 열쇠다. 그것은 타인과의 관계를 좋게 해준다. 위에서 예로 든 남성 운전자가 한 번이라도 비상등을 켰다면 여성 운전자는 이후에도 차선 변경을 원하는 사람에게 관대하게 대했을 것이고, 그로 인해 하루를 더 나은 마음으로 시작했을 것이다. 항상 작은 몸짓으로라도 감사 표시를 하고, 상대를 격려해야 한다. 고맙다는 말조차 하지 않고 물건을 가져가는 사람은 결코 다른 이들을 이끌 수 없다. 모든 이들이 그런 사람을 멀리하려는 반응을 보일 것이다.

고맙다는 표시는 아주 작은 것부터 해야 한다. 해야 할 일이 너무 많은 데 비해 돈은 적게 받는다고 불평하는 사람들이 있다. 그들은 돈을 더 많이 받는다면 더욱더 열심히 일할 거라고 주장한다. 하지만 그들은 남의 집 정원이 항상 푸르고, 하늘은 파랗고, 이웃집 자동차는 자기 것보다 더 좋다고 여긴다. 고마워하지 않는 마음은 나약함이다.

괴테도 "훌륭한 이들 중에서 감사 인사를 하지 않는 사람을 못 봤다"고 했다. 많은 것을 갖고 있는 사람이 성공하는 게 아니라, 고마운 마음을 많이 표현하는 사람이 성공한다. 지금 가지고 있는 것에 고마워하는 마음을 갖지도 않으면서 미래의 성공에 고마워하는 사람은 없다. 물론 그런 태도는 쉽게 가질 수 있는 것이 아니다. 일부러 마음먹고 노력해야 한다. 직장에서나 도로에서.

12월 26일
말보다는 행동

　오늘은 이야기를 하나 들려주려고 한다. 세계적으로 이름 있는 대기업 이사진이 가장 비싼 식당에 초대받았다. 그곳은 본사에서 멀지 않은 곳에 있어 이사들은 제시간에 기분 좋게 나타나 고급스럽게 꾸민 식탁에 둘러앉아 샴페인을 마시며 가벼운 이야기를 나눴다. 모두들 오늘 먹게 될 수석 주방장의 음식에 큰 기대를 드러냈다. 그런데 일이 생각대로 되지 않았다. 밖에서 부랑인들이 지나가다가 유리창에 얼굴을 바짝 들이대곤 안을 들여다보며 창문을 두드렸다. 쾌적한 식사 시간을 갖기는 어려워졌고, 오늘의 초청자가 이 사태를 어떻게 해결할지 모두들 궁금해했다.

　부랑인들을 무시할 것인가, 아니면 경찰을 부를 것인가? 하지만 그런 일은 일어나지 않았다. 대신 초청자는 문을 열고 그들을 불러들였다.

　부랑인들의 몸에서는 고약한 냄새가 진동했다. 그리고 그들은 몹시 배고파했다. 이사진이 놀라는 가운데 부랑인들은 식탁으로 달려가 음식을 허겁지겁 먹고 주머니에 쑤셔 넣었다. 그런 다음 그들은 곧바로 나가지 않고 이사진을 향해 목청을 높였다. 자기들은 날마다 배를 곯고 사는데 어떻게 그렇게 맛있고 고급스러운 음식을 먹을 수 있느냐고 야단친 것이다.

　이사들이 자신들의 입장을 대변하려고 했다. 큰 기업을 경영하면서 많은 책임을 짊어지고 일하고 있다고 변명한 것이다. 하지만 부랑인들은 그들의 변명을 받아들이지 않았다. 그러자 이사들은 점점 방어하는 태도를 취했다.

마침내 그날의 초청자가 중재에 나섰다. 그는 부랑인들이 실제로는 연극배우들이었다고 이사들에게 털어놓았다. 오늘 만난 모임에서 다루려 했던 회사의 사회적 책임에 대한 준비의 일환으로 마련한 프로그램이었다는 것이었다.

초청자의 목적은 만족스러울 정도로 달성되었다. 그 효과는 대단히 컸다. 이 사례를 통해 두 가지가 확실해졌다. 인간은 이론적인 주장보다 실제 경험을 통해 훨씬 더 쉽게 설득될 수 있다. 그리고 줄거리가 있는 이야기로 보여주면 더 쉽게 문제를 인식한다.

12월 27일
해가 바뀌는 사이에 남는 시간

서양에서는 3백 년 전부터 27일에서 새해가 시작되는 1월 1일까지의 기간을 '해갈이 시간'으로 부르고 있다. 시대와 종교에 따라 새해가 서로 다르게 시작되면서 생겨난 시간이다.

17세기 후반에 들어와서야 1월 1일이 공식적인 새해 첫날이 되었다. 정확하게는 1691년에 인노첸시오 12세 교황이 공식적으로 인정했다.

해갈이 시간은 생산적인 시간이 아니다. 그 시간에 사람들은 '한 해가 그렇게 갔다'는 것과 '한 해가 이렇게 올 것이다'라고 생각하며 현재가 나뉘는 것을 몸으로 체험한다.

해가 바뀔 무렵에 일부러 많은 시간을 휴식 기간으로 잡아 마음의 평화를 느끼려는 사람들이 많다. 그들은 일을 중단하고, 휴식을 취하며, 그 시간을 이용해 자기 자신이나 자신의 인생 그리고 미래에 대한 생각을 한다. 말하자면 5일간 묵상 시간을 갖는다고 할 수 있다. 그것은 아주 좋은 시간이고, 정신 건강에도 큰 도움이 된다.

그런가 하면 해갈이 시간을 회사에서 보내는 사람들도 있다. 그들은 신체적으로나 정신적으로 회사 생활을 정리한다. 미뤄두었던 일을 끝내고, 사무실을 정리하고, 머릿속처럼 책상 위도 깔끔하게 치우고, 새로운 계획을 세운다. 그 시간은 매우 생산적인 시간이 될 수 있다. 회사에서 일을 방해하는 사람도 거의 없다. 이메일도 안 오고, 전화벨 소리도 들리지 않는다. 해갈이 시간이 1년 중에서 가장 생산적인 시간이 되는 것이다. 여러분도 그 시간을 잘 이용할 것을 권하고 싶다. 다른 복잡한 일은 새해에도 얼마든지 할 시간이 있다.

12월 28일
함께하지 않는 사람은 위험하게 산다

까마귀가 나무 위에 앉아 하루 종일 아무것도 하지 않고 게으름을 피웠다. 토끼 한 마리가 다가와 까마귀를 보고 말했다.

"까마귀야, 나도 거기에서 너처럼 하루 종일 아무것도 안 하고 가만히 앉아 있으면 안 될까?"

"얼마든지 할 수 있지."

까마귀가 말했다. 그래서 토끼는 까마귀가 앉아 있는 나뭇가지 아래 땅바닥에 자리를 잡고 앉았다. 그런데 시간이 조금 지나자, 여우가 뒤에서 살그머니 나와 토끼를 잡아먹었다.

이 이야기가 남긴 교훈은 무엇인가?

아무것도 안 하고, 그냥 앉아 있는 짓을 하고 싶다면 아주 높은 곳에서 해야 한다!

12월 29일
하와이 사람들에게 배울 만한 것

미국의 언어학자 막스 프리덤 롱이 1920년대에 하와이에서 일할 때 원주민의 토속 종교에 대한 조사를 했다. 그 과정에서 그는 폴리네시아의 무속인인 카후나스에 깊이 매료되었다. 하지만 그들은 자신들이 알고 있는 지식을 쉽게 알려주려 하지 않았다. 그래서 그는 그들의 철학인 '후나 원칙'을 어느 정도 이해했다는 확신이 들 때까지 그들의 언어를 배웠다.

사실 난 무속 신앙에 대해서는 잘 모른다. 하지만 후나 원칙에는 여러 세대를 거쳐 내려온 지혜로운 말들이 담겨 있는데, 그중 많은 것들이 지난 한 해 동안 이 책을 통해 배운 성공의 법칙들과 일맥상통한다. 이는 특정한 성공 법칙이 여러 세대를 아우르고, 국제적으로 통한다는 것을 의미한다.

세상은 당신이 생각하는 대로 움직인다: 우리가 우리의 가능성, 직장, 배우자에 대해 생각하고 있는 것을 진실로 받아들이면 그것은 우리의 행동에 영향을 미친다. 그래서 우리는 사물을 있는 그대로 보는 것이 아니라 우리의 생각대로 받아들인다고 작가 아나이스 닌은 말했다. 우리가 주변에 있는 것들을 통해 더 많은 것을 배울수록 우리의 세상은 커진다. 우리의 가능성 역시 마찬가지다.

한계는 없다: 5백 년 전에 인간은 지구를 원판 모양이라고 생각했다. 그리고 백 년 전에는 인간이 결코 하늘을 날 수 없다고 확신했으며, 60년 전에는 우주로 갈 수 없다고 믿었다. 이 모든 한계가 그사이 극복되었다. 누군가 불가능한 일을 가능한 것으로 만들기 시작했기 때문이다.

에너지는 관심사를 따라 움직인다: 너무 많은 계획을 세우면 힘이 분산된다. 반면, 힘을 한곳에 집중한 사람은 자신이 세운 계획을 달성한다. 유치한 소리처럼 들리겠지만 사실이다. 사람이 어느 한 가지에 집중하면 자기 자신의 에너지를 많이 쏟게 된다. 당신은 자신의 취약점이나 불행에 집중하는가? 아니면 목표나 성공에 집중하는가? 우리가 관심을 갖는 것은 성장하게 되어 있다.

지금 이 순간만 가능하다: 많은 사람들이 과거에 집착하고, 미래에 초점을 맞춘다. 그때 내가 만약 그렇지 않았더라면…… 혹은 내가 언젠가 그렇게 된다면……! 그 과정에서 현재는 어디에도 없다. 그러나 미래를 결정하는 것은 현재다.

사랑한다는 것은 어떤 것과도 조화를 이뤄 행복해진다는 것을 의미한다: 행복해지는 것은 무언가를 더 해야만 하는 상태가 아니다. 그것은 이미 달성한 것에 대한 무조건적인 결정이다.

모든 힘은 자기 내면에서 나온다: 그런 자각은 오래전부터 있었던 것이다. 흔히 행복은 자기가 만들기 나름이라고 말한다. 이는 자신의 행동에 책임을 지고, 남의 탓으로 돌리지 않겠다는 것을 의미한다.

영향력은 진실의 기준이다: 도구가 없는 말은 쓸모없다. 쓸데없는 잡담을 늘어놓고, 수많은 아이디어를 내놓지만 그 가운데 어떤 것도 실행하지 않는 사람들이 있다. 성공은 좋은 목표와 계획에서 시작된다. 그러나 성공은 목표를 달성해야 이뤄진다.

12월 30일
작심삼일이 안 되게 하는 방법

연말의 흥청대는 분위기가 다가올 때쯤이면 마음속으로 계획을 세우는 사람들이 있다. 그들은 담배를 끊고, 폭음하지 말고, 목표를 항상 주시하고, 일관성을 유지하고, 다정하고, 협동하고, 절제하고, 더 나은 인간이 되는 자신의 모습을 그린다.

즉, 승리자의 모습을 그려놓고, 거기에 맞는 몇 가지 계획을 세운다. 그러나 사흘만 지나면 두통을 가라앉히느라 아스피린을 삼키며 모든 것이 계획에서 어긋나버렸다는 사실을 깨닫게 된다. 그러고는 자신을 패배자로 여긴다.

해마다 그런 일이 반복된다. 많은 사람들이 새해가 되면 계획을 세웠다가 며칠이 지나면 까맣게 잊고, 심지어 그것 때문에 기분 나빠한다. 내년에는 팀장이 되겠다든가, 지금부터 예의를 갖춰 동료들을 대하겠다든가, 몸무게를 15킬로 빼겠다는 것처럼 즉흥적인 계획들이었으니 당연하다.

너무 많은 계획을 세우면 실패도 더 빨리 하게 된다. 그러므로 계획을 세울 때는 기분에 따라 하지 말고, 현실적이고 전체적인 조망이 가능하도록 세워야 한다. 중요한 것은 자신의 장점을 파악하고, 시간이나 정력 그리고 노력을 투자할 가치가 있는 일을 결정하는 것이다.

누구나 지난 과거에 익숙해진 버릇들과 단절하려는 계획을 세운다. 하지만 그것은 어느 날 하루아침에 일어나는 것이 아니라 단계별로 이뤄진다. 의욕에 대한 연구 결과를 보면, 사람들은 목표에 다가갈수록 더 많은 의욕을 불태운다. 그러므로 목표는 접근 가능하게 하고, 작게 나누고, 구체적으로 세워놓아야 한다.

목표를 종이에 적어 수시로 바라보며 자극을 받는 것도 좋은 방법이다. 예를 들면 쪽지에 '5킬로 감량!'이라고 써서 냉장고 문에 붙여놓는다. 그리고 '손님은 왕이다'라는 말을 적은 쪽지를 손님이 들어오면서 볼 수 있는 출입문이 아니라 계산대에 붙여놓는다.

그리고 목표 달성은 즐거운 일이 되어야 한다. 중간중간 부분적으로 거둔 성공을 자축하라! 당신이 원하는 방향으로 조금씩 변하는 것을 축하함으로써 전진할 수 있다.

그렇지 않으면 처음 나타나는 일시적 퇴보에 이내 포기하는 위험에 빠질 수 있다. 퇴보 현상은 언제든 일어나게 되어 있다. 그래도 앞으로 계속 나아가야 한다. 그간 당신이 이뤄낸 것들을 생각해보라.

12월 31일
유쾌하게 살아갈 것

지난 1년간 당신은 성공의 규칙, 권력 쟁취를 위한 전략, 커리어의 원칙, 삶의 지혜에 대한 글들을 읽고 당신의 일상에 자극이 되고, 의미가 되는 글들을 읽어왔다. 역사 속의 수많은 사람들이 일상에 지대한 영향을 미치고, 성공을 거두고, 행복해지는 모습을 보았을 것이다.

그들은 어떻게 하면 승리하고, 실수를 피하고, 실수를 하더라도 그것에서 배우고, 어디에 함정이 숨어 있고, 무엇이 가장 중요한지를 공부하며 노력해왔다.

그러나 중요한 것은 당신의 성공이다. 그것은 여기에 소개된 글이나 방법이 아니라 당신의 목표에 달려 있다. 이 책에서 가장 강조하고 싶은 말은, 목표가 없는 사람은 아무것도 달성할 수 없다는 것이다. 길을 떠나지 않은 사람은 그 어느 곳에도 도착할 수 없다. 중도에 포기한 사람도 마찬가지다.

"성공은 넘어진 횟수보다 한 번 더 일어나는 거다"라고 윈스턴 처칠은 말했다. 넘어지고 뒤뚱거리는 것은 앞으로 나아가면서 성공하는 것과 마찬가지로 소중한 경험이다. 그 과정에서 경험한 것들은 모두 귀중한 자료가 된다. 어차피 완벽한 길은 세상에 없다.

혹시 당신의 목표가 대기업 이사로서 일하는 것일 수도 있다. 혹은 언젠가 자신의 회사를 설립하는 게 목표일 수도 있다. 또는 목수, 음악가, 이상적인 아버지, 좋은 친구로서 행복하고 성공적인 삶을 살아가는 것이 목표일 수도 있다. 하지만 무엇보다 중요한 것은, 그것이 광고나 당신이 닮고 싶어하는 다른 사람을 기준으로 세운 목표가 아니라 당신 자신의 목표라는 점이다.

유명한 경구 중에 이런 말이 있다. "세상에서 가장 행복한 사람은 자기가 찾고자 하는 삶을 살아가는 사람이다." 당신도 그런 사람이 되기를 바란다. 오늘, 지금 이 자리에서. 그리고 앞으로 다가올 또 다른 해에도.

성공을 기원한다!

커리어 바이블 Die Karriere-Bibel

초판 1쇄 발행 | 2009년 12월 21일

지은이 | 요헨 마이
옮긴이 | 유혜자

발행인 | 김상규
본부장 | 이순영
편집장 | 이정아
책임편집 | 김수현
편집 | 손모아 서랑례 이창연
마케팅 | 신영병

진행 | 김형선
디자인 | 디자인붐
인쇄 | 미래프린팅

발행처 | 중앙북스(주)
등록 | 2007년 2월 13일 제2-4561호
주소 | (100-732) 서울시 중구 순화동 2-6번지
전화 | 1588-0950
팩스 | 02-2000-6174
홈페이지 | www.joongangbooks.co.kr

ⓒ요헨 마이, 2009

ISBN 978-89-6188-982-7 13320